AF547341

Armin Nassehi

GESELLSCHAFTLICHE GRUNDBEGRIFFE

Armin Nassehi

GESELLSCHAFTLICHE GRUNDBEGRIFFE

EIN GLOSSAR DER ÖFFENTLICHEN REDE

C.H.BECK

www.chbeck.de
Umschlaggestaltung: geviert.com / Christian Otto
Satz: Janß GmbH, Pfungstadt
Druck und Bindung: CPI – Ebner & Spiegel, Ulm
Printed in Germany
ISBN 978 3 406 80767 1

klimaneutral produziert
www.chbeck.de/nachhaltig

Inhaltsverzeichnis

Vorwort

Ein *Glossar der öffentlichen Rede* zu erstellen, ist ein merkwürdiges Unterfangen. Ein Glossar ist ein Wörterverzeichnis, eine Liste, eine Sammlung von Begriffen, deren Bedeutung Erläuterung verlangt. Genau darum geht es in diesem Buch. Es nimmt sich Begriffe vor, die aus den Sozialwissenschaften, speziell der Soziologie, ausgewandert sind, aber auch außerhalb der *academia* vorkommen und dort von Bedeutung sind. Ein solches Glossar dient nicht dazu, eine Orthodoxie zu begründen, also eine rechtgläubige Form des Begriffsgebrauchs anzuregen. Vielmehr geht es um die Rekonstruktion des Eigensinns und des Sinnüberschusses von Begriffen, die allzu selbstverständlich klingen. Es sind neunzehn Begriffe, nach lexikalischer Manier in alphabetischer Reihenfolge angeordnet, ohne dass dieses Buch ein Lexikon im engeren Sinne wäre.

Geschrieben habe ich das Buch im Winter 2022/23. Dem ging allerdings eine längere Suchbewegung voraus, wie die Textsorte anzulegen sei. Die nun gefundene Form soll für an öffentlichen Debatten interessierte Leserinnen und Leser ebenso lesbar sein wie für ein Fachpublikum, dem hier eine eigensinnige Lesart solcher Begriffe angeboten wird. Die Lemmata können je für sich gelesen werden und stehen je für sich – aber es dürfte bei der Lektüre deutlich werden, dass es einen inneren Zusammenhang der Texte gibt.

Das Schreiben an diesen Texten hat mir großes Vergnügen bereitet – was natürlich weder ein Gütekriterium ist, noch aber gegen die Texte sprechen sollte. Unterstützt haben mich dabei Leserinnen und Leser, von denen ich viel profitiert habe. An erster Stelle ist besonders Irmhild Saake zu nennen, mit der ich auch die Gesamtkonzeption mehrfach diskutiert habe. Ihr sei besonders gedankt. Während des Schreibprozesses mitgelesen haben Lena Göbl und Gina Atzeni, den gesamten Text hat am Ende Niklas Barth kritisch unter die Lupe genommen. Allen Genannten verdanke ich viele wertvolle Hinweise – dass alle Eseleien im Text allein mir zuzurechnen sind, versteht sich natürlich wie immer von selbst.

Matthias Hansl und dem Verlag C. H.Beck danke ich für die gute Zusammenarbeit und Simon Lindner für das kompetente Lektorat bei diesem nunmehr dritten gemeinsamen Buchprojekt.

München, im März 2023.

Einleitung

Zum Material der öffentlichen Rede gehören nicht nur Themen, sondern auch bestimmte Sprechweisen, was als einer der Grundsätze der Rhetorik gelten kann[1] – und Sprechweisen nutzen vor allem Begriffe. Man kann die Konjunktur von Begriffen an den Konjunkturen öffentlicher Themen festmachen; so erklärt sich die Konjunktur virologischer Begriffe angesichts einer Pandemie oder militärischer Begriffe während eines Krieges. Um debattieren zu können, bedarf es semantischer Voraussetzungen und der Unterstellung, dass auch andere die verwendeten Kategorien kennen. Erst diese Unterstellung macht gebrauchte Wörter zu Begriffen. Themenkonjunkturen sind Begriffskonjunkturen, so dass man an Begriffskarrieren etwas über die entsprechenden Themen und Konflikte ablesen kann, die in der Öffentlichkeit verwendet werden.

Alle Reflexion der Gesellschaft findet in der und als Gesellschaft statt. Und alle Reflexion findet in, mit und an Begriffen statt. Diese Begriffe haben spätestens seit den 1960er Jahren auch eine soziologische oder sozialwissenschaftliche Herkunft und sind Teil der außerakademischen Rede geworden. Die öffentliche Sprache ist mit Begriffen soziologischer Herkunft geradezu imprägniert – insbesondere wenn die öffentliche Rede das, worüber sie debattiert, als *gesellschaftliche* Themen behandelt. In diesem Buch geht es um solche Begriffe – und die Untiefen, die in solchem Begriffsgebrauch drohen. Wenn man so will, unternimmt das Buch eine Rückholaktion solcher Begriffe: Eingedenk ihrer Herkunft soll nach längerem Gebrauch reflektiert werden, ob die Begriffe noch angemessen funktionieren – und dieses Funktionieren ist wörtlich gemeint, doch dazu gleich mehr.

Eine Rückholaktion erfolgt dann, wenn ein Produkt sich als schadhaft oder untauglich, gefährlich oder insuffizient herausgestellt hat. Das kann man von den hier zu verhandelnden Begriffen nicht sagen. Wenn hier über Begriffe wie *Lebenswelt, Ungleichheit, Handeln, Konflikt, Kultur, Fremdheit, Identität, Macht, Wissen* und natürlich *Gesellschaft* und andere verhandelt wird, dann werden diese Begriffe nicht deshalb einer Rückholaktion unterzogen, weil sie untauglich oder gar unbrauchbar geworden wären. Sie sollen vielmehr überprüft werden im Hinblick auf ihre Funktion in Debatten, auf ihr Eigenleben, mit dem Sprecherinnen und Sprecher innerhalb und außerhalb der Soziologie womöglich gar nicht rechnen, und auf ihren bisweilen haltlosen Gebrauch.

Es geht hier darum, Begriffe daraufhin zu befragen, was sie selbst tun. Es geht aber nicht darum, irgendjemanden auf einen «richtigen» oder «legitimen» Begriffsgebrauch festzulegen. Auch das wäre naiv – und ziemlich problematisch. Es geht eher um die Einsicht, dass sich die Begriffe unabhängig von den Intentionen ihrer Sprecherinnen und Sprecher *selbst* bewegen, dass sie selbst einen Eigensinn haben, in ihrer Persistenz einen Sinnüberschuss enthalten, den man letztlich nur durch theorieförmige oder wenigstens theorieinformierte Reflexion aufdecken kann. Dazu soll dieses Buch beitragen. Als *Glossar der öffentlichen Rede* ist es keine Anleitung fürs richtige Sprechen. Es ist keine versteckte Orthodoxie, sondern ein Reflexionsangebot, das darauf hofft, dass sich mancher Begriffsgebrauch nach der Lektüre anders darstellt als zuvor – und wenn nicht der Begriffsgebrauch, dann wenigstens dessen Beobachtung.

Die Arbeit an den Begriffen dient nicht dazu, sich passende bessere Begriffe zu entwerfen, wie man «Freiheit» eigentlich verstehen sollte, was die «Demokratie» denn nun wirklich leisten könnte, dass wir einen besseren Umgang mit «Gleichheit» und «Ungleichheit» pflegen oder wie die «Gesellschaft» am besten aussehen sollte. Solche Texte gibt es viele. Sie schließen an Begriffe an, interessieren sich aber weniger für den Begriff und seine Funktion, sondern nutzen diese. Davon wollen die nachfolgenden Lemmata Distanz halten, denn es geht tatsächlich nicht um eigentliche und wirkliche Bedeutungen, sondern um den performativen Sinn des jeweiligen Begriffsgebrauchs. Dass die Analysen einen vielleicht reflexiveren Begriffsgebrauch zumindest anregen oder wenigstens darauf hinweisen wollen, dass die Funktion des Begriffsgebrauchs seiner mehr oder weniger intendierten Bedeutung widersprechen kann, ist freilich eingeschlossen.

Dieses Buch und seine Begriffsanalysen folgen dem Glauben, dass es sich lohnt, die Trägheit von Konzepten mitzusehen und auf die Nicht-Beliebigkeit von Begriffen und argumentativen Figuren hinzuweisen. In vielen (akademischen) Diskursen herrschen allzu große Freiheitsgrade, was mögliche Argumente angeht. Die öffentliche, auch die akademische Rede kennt in diesem Sinne bisweilen kaum Grenzen. Es scheint fast alles möglich zu sein, wenn es nur einen Effekt erzielt oder in einem Binnenmilieu Identität stiftet. Eine theorieförmige Beobachtung bedeutet dagegen: diese Beliebigkeit einzuschränken und den Dingen damit eine Gestalt zu geben. Dass es dafür keine objektive Form, keine allein mögliche gibt, versteht sich von selbst, denn die hier vorgetragenen theorieförmigen Analysen von Begriffen folgen einer reflexiven Selektivität: Das Selektionsprinzip besteht darin, eine bestimmte Perspektive stark zu machen, die methodisch und theoretisch reflektiert ist und genau genommen empirische Forschung an Begriffen und ihrem Gehalt darstellt. Gute Gründe sind stets ein Selektionsprinzip, weil sie sich gegen schlechtere Gründe zu behaupten trachten – oder gegen jene Form, die nur Wortgebrauch, aber keine Begriffsverwendung ist. Wäre man so naiv, zu glauben, dass sich argumentative Haltlosigkeit vollständig *aufklären* ließe, wäre das ein großer Fehler und würde die *performative* Logik des Begriffsgebrauchs unterschlagen, die ja gerade Gegenstand der Analysen ist – solche Aufklärung aber nicht einmal zu erwägen, würde eine ganz eigene Art der Kapitulation bedeuten, wenigstens für einen wissenschaftlichen Forscher, akademischen Lehrer und öffentlichen Sprecher.

Die Rückholaktion belässt die Begriffe nicht in der Maschinenhalle, sondern setzt sie wieder frei. Der Eigensinn und das Eigenleben der Begriffe, die sich nicht in einem kanonischen Bedeutungsfeld, sondern nur in ihrem praktischen *Gebrauch* aufweisen lassen, sollen ihr Potential entfalten. Ziel ist es, Debatten über sich selbst aufzuklären und sie mit der Möglichkeit auszustatten, Begriffe als Begriffe und nicht nur als Wörter zu gebrauchen.

Der Impetus der folgenden Lemmata speist sich aus dem Glauben, dass der Nachweis der Theoriebedürftigkeit öffentlicher Rede dabei helfen könnte, gesellschaftliche Auseinandersetzungen auf ein höheres Niveau zu heben – nicht weil die inhaltlichen Aspekte zu lösender Probleme präjudiziert werden könnten, sondern weil ein methodisches Instrumentarium bereitgestellt wird, um die Funktion von Begriffen in ihrem unmittelbaren Gebrauch und ihre Bezugsprobleme in Debatten zu begreifen. Zu glauben, dass das etwas ändert, ist zugleich aber auch Ausdruck einer besonderen Tragik, die im Gesellschaftsbegriff bzw. in der Totalität dieses Begriffs zum Ausdruck kommt. Wie gesagt: Alle Reflexion der Gesellschaft findet in der und als Gesellschaft statt. Daraus gibt es kein Entkommen, es könnte nur den Vorschein eines *angemesseneren* Umgangs mit der Komplexität der Gesellschaft darstellen, wenn deutlich wird, dass der öffentliche Gebrauch von «Gesellschaft» in der Gesellschaft stattfindet. Insofern sind die Lemmata dieses Glossars auf eine stupende Art immanent gehalten.

Zwei Wörterbücher

Dieses Buch ist inspiriert von zwei großen – von mir seit dem Studium immer wieder gern genutzten – Wörterbüchern, die interessanterweise beide Anfang der 1970er Jahre entstanden sind. Die Frage, ob es für diese zeitliche Koinzidenz einen besonderen Grund gibt, könnte womöglich so beantwortet werden, dass sich die Zeiten seitdem verändert haben.

Es lohnt sich, sich diese beiden Vorlagen genauer anzusehen, um die Ziele dieses Buches genauer zu bestimmen – nicht ohne zu erwähnen, dass diese mehrbändigen Werke einen ganz anderen Fokus und eine andere Reichweite haben als dieses Unterfangen, aber unter epistemologischen und methodischen Gesichtspunkten ist die Parallele durchaus von Bedeutung.

Es geht um die folgenden beiden Wörterbücher: das *Historische Wörterbuch der Philosophie*, ab 1971 konzipiert auf zwölf Bände und einen Registerband,[2] und die *Geschichtlichen Grundbegriffe*, seit 1972 auf sieben Bände und zwei Registerbände angelegt.[3] Um es deutlich zu sagen: Ein Vergleich mit diesen für die deutschsprachigen Geistes- und Sozialwissenschaften und die Philosophie epochalen und monumentalen Projekten verbietet sich von selbst. Aber sie sind unverzichtbare Begleiter dafür, sich im Dickicht der Begriffe zurechtzufinden, die für die genannten Wissenschaftsbereiche relevant sind.[4] Mich haben Begriffe stets fasziniert – vor allem weil ihre Bezeichnungsfunktion kontingent ist. Der Herausgeber Joachim Ritter zitiert 1970 im Vorwort zum *Historischen Wörterbuch der Philosophie* René Descartes. Dieser hatte die Vorstellung, «dass fast alle Kontroversen entfallen würden, wenn sich die Philosophen über die Bedeutung der von ihnen verwendeten Wörter einigen könnten». Daraus spreche das «Ideal voller ‹Verständlichung›» einer «wesentlich der positivistischen und der mathematischen Logik verbundenen Wissenschaftstheorie», die «aber in Spannung zu der sich geschichtlich begreifenden Philosophie und ihrem kritischen Bewusstsein»[5] stehe. Darin bildet sich schon in den 1970er Jahren jene Kontroverse zwischen «analytischer» und «kontinentaler» Philosophie ab, die heute nachgerade zu einer Polarisierung der akademischen Philosophie geführt hat. Dieser Gedanke soll hier nicht weiter vertieft werden, schon weil mir dazu die Sachkenntnis fehlt.[6]

An der programmatischen Einleitung von Joachim Ritter wird deutlich, dass Begriffsgeschichte nicht einfach eine definitorische Festlegung von Sachverhalten ist, sondern eben die Frage nach der Gegenstandskonstitution durch Begriffe. Begriffe sind nicht einfach semantische Entsprechungen von Anschauungen, sondern Abstraktionen und Verallgemeinerungen, oder in der Diktion Kants: «Die Anschauung ist eine einzelne Vorstellung (repraesentat. singularis), der Begriff eine allgemeine (repraesentat. per notas communes) oder reflektierte Vorstellung (repraesnetat. discursiva).» Daraus folgt für ihn: «Der Begriff ist der Anschauung entgegengesetzt, denn er ist eine allgemeine Vorstellung dessen, was mehreren Objekten gemein ist, also eine Vorstellung, sofern sie in verschiedenen enthalten sein kann.»[7]

Nun soll es hier nicht um den Begriff des Begriffs bei Kant gehen, überhaupt nicht um eine philosophisch befriedigende Begriffsbestimmung des Begriffs.[8] Für meine Zwecke ist aber Kants geradezu funktionalistisches Begriffsverständnis hilfreich. Die Frage lautet: *Welches Problem löst der Begriff?* Seine Antwort: Der Begriff trennt das Denken nicht von der bloßen Anschauung, sondern fügt der Anschauung erst jene Allgemeinheit und Abstraktion hinzu, die sie von ihrer Singularität emanzipiert und den Begriff erst zum Begriff macht.[9] Diese soeben schon *funktionalistisch* genannte Frage ist die erkenntnisleitende Frage dieses Buches. Aber dazu später mehr.

Reinhart Koselleck, der federführende Herausgeber der *Geschichtlichen Grundbegriffe*, erläuterte in der Einleitung zu diesem Werk, was ein Begriff sei, so: «Ein Wort kann eindeutig werden, weil es mehrdeutig ist. Ein Begriff dagegen muss vieldeutig bleiben, um Begriff sein zu können. Der Begriff haftet zwar am Wort, ist aber zugleich mehr als das Wort. Ein Wort wird – in unserer Methode – zum Begriff, wenn die Fülle eines politisch-sozialen Bedeutungszusammenhangs, in dem – und für den – ein Wort gebraucht wird, insgesamt in das eine Wort eingeht.»[10] Die Fragestellung seines Wörterbuchs ist es, «die Auflösung der alten und die Entstehung der modernen Welt in der Geschichte ihrer begrifflichen Erfassung zu untersuchen».[11]

Auch in dieser Begriffsbestimmung des Begriffs kann man einen *funktionalistischen* Gedanken finden. Es ging Koselleck nicht einfach um eine lexikalische Sammlung von Definitionen und Bedeutungen, sondern um die Verstrickung der Begriffe und vor allem ihrer Verwendung in der Geschichte. Auch hier wird gefragt, *für welches Problem die jeweiligen Begriffe Lösungen sind.* Die *Geschichtlichen Grundbegriffe* nehmen die Begriffe als Indikatoren dafür, wie sich die Zeitläufte verändert haben, die sich methodisch wiederum nur mit diesen Begriffen fassen lassen. Wie also die philosophische Begrifflichkeit nicht einfach *etwas* begreift, sondern als praktischer Vollzug die Sache selbst ist,[12] sind die historisch auftretenden Begriffe nicht einfach Repräsentationen eines Geschehens, sondern haben eine bestimmte Funktion innerhalb dieses Geschehens.

Es sollte deutlich geworden sein, dass der Rekurs am Anfang dieses Buches auf die beiden vielleicht bedeutendsten deutschsprachigen Publikationsprojekte in den entsprechenden Disziplinen methodischer oder methodologischer Natur ist. Die Unterschiede zu meinem Unterfangen sind freilich nicht nur quantitativer Natur, denn auch die Art und Weise, wie hier mit Begriffen umgegangen wird, ist anders. Das *Historische Wörterbuch der Philosophie* rekonstruiert die Philosophiegeschichte im Hinblick auf die philosophische Arbeit des

Begriffs. Es ist ein großes Netzwerk intertextueller Bedeutungsentwicklungen in der Philosophie, selbstverständlich orientiert an den Namen von Autoren (und manchmal Autorinnen), aber vor allem interessiert an der historischen Entfaltung der Begriffe und ihrer argumentativen Form. Das Ziel ist dabei eine Bestandsaufnahme nebst Historisierung philosophischer Grundbegriffe. Die *Geschichtlichen Grundbegriffe* dagegen sind weniger an der Genese der Begriffe selbst orientiert, sondern eher am performativen Gebrauch der Begriffe und ihrer Beteiligung an den denkerischen Umstellungen an der Schwelle zur Moderne. Das Interesse ist ganz nach Kosellecks methodischem Verständnis die Rekonstruktion gepflegter Semantiken als historischen Indikatoren für die Veränderung der historisch-gesellschaftlichen Welt.[13]

Ich habe oben die Frage gestellt, ob es Zufall sei, dass diese beiden monumentalen Werke Anfang der 1970er Jahre konzipiert wurden – und angedeutet, dass sich seitdem die Zeiten geändert hätten. Das freilich gilt stets, aber es lässt sich bezüglich der Entwicklung öffentlicher Debatten doch behaupten, dass Begriffsverwendungen beliebiger, idiosynkratischer und wohl auch weniger selbstkontrolliert sind. Vielleicht sind diese beiden Wörterbücher Ausdruck einer historischen Situation, in der womöglich zum letzten Mal eine kanonisierbare Bestandsaufnahme gemacht werden konnte. Sie sind gewissermaßen Selbstvergewisserung einer Tradition im Moment ihres beginnenden Verschwindens. Heute stellt sich die Situation anders dar, nämlich geprägt durch eine geradezu programmatische Fluidität und Freihändigkeit, die etwas mit Pluralisierung und der prinzipiellen Symmetrisierung von Sprecherpositionen zu tun hat, was hier nicht per se zu kritisieren ist. Insofern unterscheidet sich dieses Projekt fundamental von den beiden großen Vorlagen, ohne diese zu negieren, eher um sie zu historisieren. Haben diese Perspektiven eröffnet und schlicht informiert und Hilfestellung geboten, geht es jetzt eher um eine Wiedereinführung von Selbsteinschränkungen. Um nicht falsch verstanden zu werden: Selbsteinschränkung meint nicht, bestimmte Redeweisen, Bedeutungen oder gar Inhalte unter Verdacht zu stellen, heute sagt man womöglich: zu canceln. Es geht um eine methodisch kontrollierte Selbsteinschränkung, wie weiter unten noch zu zeigen sein wird.

Gesellschaftliche Grundbegriffe

Die in diesem Buch, den *Gesellschaftlichen Grundbegriffen*, rekonstruierten Begriffe und Begriffsanalysen sind weder wie in der philosophischen Vorlage an der Arbeit des Begriffs im engeren Sinne orientiert, noch wird mit ihnen wie in der historischen Vorlage behauptet, die Begriffe seien Indikatoren für eine gesellschaftliche Entwicklung oder gar für eine historisch-strukturelle Umstellung. Die Begriffe in diesem Buch werden vielmehr *empirisch* daraufhin befragt und bearbeitet, welche performative, also praktische Funktion sie in gegenwärtigen Debatten haben und wofür sie gebraucht werden, ohne dass das im Begriffsgebrauch unmittelbar ansichtig würde.

Für die hier behandelten Begriffe gilt: Es sind *gesellschaftliche* Grundbegriffe, weil sie die Gesellschaft (im weitesten Sinne) zum Gegenstand haben und weil sie im gesellschaftlichen Diskurs durch öffentlichen Gebrauch in Debatten von Bedeutung sind. Sie nehmen rekonstruierbare Funktionen in der öffentlich zugänglichen, hauptsächlich medienvermittelten Form der gesellschaftlichen Selbstbeschreibung und ihren Debatten ein. Genau genommen entspricht der Terminus des Gesellschaftlichen im Titel des Buches jenem Bezugsproblem, das im Lemma *Gesellschaft* herausgearbeitet wird: Der öffentliche Gebrauch des Begriffs dient vor allem der Identifizierung einer Adresse und der Ansprechbarkeit jener imaginierten Einheit, die als «Gesellschaft» angesprochen werden kann (→ Gesellschaft). Der öffentlich (und sehr oft auch akademisch) gebrauchte Gesellschaftsbegriff bringt eine eher amorphe Adresse ins Spiel, die fachwissenschaftlich nicht wirklich gedeckt ist, aber den performativen Sinn des Begriffs ausmacht. Der Hinweis auf den Begriffs*gebrauch* impliziert auch, dass die Rekonstruktion einiger Begriffe aus der Denk- und Ideengeschichte und der philosophischen Tradition eher sparsam erfolgt. Der Schwerpunkt liegt nicht in der Rekonstruktion eingeführter Doxographien, auch nicht in einer textnahen Form der Begriffsrekonstruktion, sondern tatsächlich darin, die praktische, die performative Problemlösungskapazität von Begriffen herauszuarbeiten.

Die Auswahl der Begriffe ist kontingent und ohnehin unvollständig. Es sind explizit *nicht* die Grundbegriffe der Soziologie; damit ist dieses Buch weder ein soziologisches Wörterbuch, noch ein soziologisches Lehrbuch über deren Fachbegriffe.[14] Die hier gewählten Begriffe haben aufgrund ihrer Migrationsgeschichte in der akademischen Welt eine besondere Bedeutung in öffentlichen Debatten, schleppen einen Bedeutungshof mit, sie «funktionieren» in der öffentlichen Debatte.

Als *Grundbegriffe* werden die Begriffe hier also nicht bezeichnet, weil sie innerhalb ihrer wissenschaftlichen Herkunft grundbegrifflicher Natur wären. Es sind zwar allesamt Begriffe, die im akademischen und wissenschaftlichen Kontext eine Rolle spielen, aber es sind keine fachkonstituierenden Grundbegriffe. *Grundbegriffe* nenne ich diese Begriffe, weil sie grundlegende Funktionen in öffentlichen Debatten einnehmen können – und zugegebenermaßen auch wegen der gelungenen semantischen Nähe zu den *Geschichtlichen Grundbegriffen*, die ähnlich zwischen Fachdiskurs und politischer Rede changieren.

Dieses Buch richtet sich auch an die soziologische Fachdiskussion, die oft genug von der «gesellschaftlichen» Funktion ihrer Begriffe zehrt oder sich an sie anpasst, und oftmals allzu schnell das Akademische mit dem Wissenschaftlichen gleichschaltet.[15] Ohnehin genießt die Soziologie oftmals besonders dann öffentliche Aufmerksamkeit, wenn sie sich als Reflexionstheorie des *eigenen* Milieus darstellt – von kreativen neuen Mittelklassen über Resonanzerfahrungen bis hin zur Partei in den Kulturkämpfen der Gegenwart. Etwas mehr Distanz neben dem Engagement bietet womöglich ein reflexiver Umgang mit Begriffen, vor allem wenn sie an der Schnittstelle zwischen akademischen und öffentlichen Publika lagern.[16] Insofern sind die Texte in diesem Buch auch als eine (Selbst-)Kritik der Soziologie zu verstehen, die bisweilen allzu ungenau mit ihren eigenen Grundbegrifflichkeiten umgeht.

Textsorte

Wer je einen Marketing-Kurs besucht hat (ich übrigens nicht), weiß, dass man niemals damit beginnen sollte, was man *nicht* anbietet. Dennoch: Die hier vorliegenden Texte erfüllen keine neutrale Chronistenpflicht, sie sind nicht unparteiisch in dem Sinne, dass sie im oben mit Ritter angedeuteten cartesischen Sinne «volle Verständlichung» suggerieren. Sie haben keine «enzyklopädische» Absicht im Sinne Diderots und d'Alemberts, denen es in der Aufklärung Ende des 18. Jahrhunderts darum zu tun war, das Weltwissen zu sammeln, um es späteren Generationen überliefern zu können.[17] Sie sind nicht einmal «gerecht» im Sinne einer neutralen Gesamtschau zu bestimmten Diskursen. Es sind vielmehr Versuche einer soziologischen Erklärung der Funktion dieser Begriffe für die gesellschaftliche Selbstbeschreibung – und als soziologische Erklärungen bewegen sie sich selbst an der Schwelle zwischen akademischer Gelehrsamkeit und Beiträgen zu den entsprechenden Debatten. Im Klartext: *Die Argumente in diesem Buch sollen einen Unterschied machen – und dieser Unterschied speist sich auch aus einer bestimmten Art des soziologischen Argumentierens.*

Die Lemmata lesen sich nicht wie übliche Lexikoneinträge, es sind eher Aufsätze, die den Begriff entfalten, die sozialwissenschaftliche Herkunft darlegen, vor allem aber die Funktion und das Bezugsproblem des Begriffs zwischen akademischer Herkunft und debattenfähiger Verwendung rekonstruieren. Es wird also nicht die *Bedeutung* von Wörtern erklärt, sondern deren *Funktion* als Begriff. Begriffe und Begriffsbestimmungen erfolgen nicht zufällig, sie fungieren als «Einschränkung der Möglichkeit weiterer Begriffsbestimmungen»[18] und haben Konsequenzen für den weiteren Begriffs- und Bedeutungsgebrauch. Die Textsorte ist also der Essay, der in zwei Welten funktionieren sollte: in der soziologisch-wissenschaftlichen und der öffentlichen. Im Idealfall sollten die Texte so gelesen werden können, dass nachvollziehbar wird, wie sich die Arbeit am Begriff selbst entfaltet und wie die Funktion der Begriffe sich daraus ergibt.

Methodik

Es wurde schon mehrfach erwähnt, dass die Begriffsanalysen methodisch kontrolliert erfolgen sollen – auch methodische Kontrolle ist eine Form der Selbsteinschränkung. Die funktionalistische Grundintuition lautet, dass etwas, das persistiert, das sich stabil in einer volatilen Umwelt erhält und das einen Eigensinn entwickelt, offensichtlich die Lösung für ein Problem sein muss – und in diesem Fall muss dann sowohl die Lösung als auch das (Bezugs-)Problem gefunden werden, und zwar im Horizont von alternativen Lösungen/Problemen. Diese Grundintuition ist es, die die *soziologische* Bedeutung dieser Rekonstruktion soziologischer Begriffe in außersoziologischen Feldern ausmacht. Es werden nicht einfach Begriffe danach untersucht, was sie «eigentlich» bedeuten, auch nicht danach, wer sie «falsch» und wer «richtig» gebraucht. Der Kampf ums richtige Sprechen ist zumeist ein Hinweis darauf, dass man überhaupt keine Kriterien für den Begriffsgebrauch hat. Hier herrschen oftmals Naivitäten vor, die offenbaren, dass kaum Kategorien vorhanden sind, mit der Komplexität von Situationen umzugehen. Man braucht dafür aber Kategorien, eine reflexive Form der Selektivität, eine Methode, einen Weg – also eine Idee davon, warum man zu Ergebnissen kommt und dass diese sich weder beliebig, noch im Sinne der eigenen Wünsche und Vorurteile ergeben.

Die hier versammelten Lemmata mit neunzehn Begriffen folgen einer solchen methodischen Vorentscheidung. Die methodisch kontrollierte Grundidee besteht darin, was ich oben schon eine *funktionalistische Methode* genannt habe.[19] Die Ausgangsfragen lauten:

- Welche Funktion hat der öffentliche Gebrauch dieser Begriffe?
- Wie unterscheidet sich das wissenschaftliche vom außerwissenschaftlichen Bezugsproblem dieser Begriffe?
- Für welches Problem ist der Begriffsgebrauch die Lösung?

Was meint eine funktionalistische Methode? Der Begriff des Funktionalismus hat innerhalb der Sozialwissenschaften eine merkwürdig schlechte Presse, weil ignoriert wird, dass es sich um eine Methode handelt, die sich selbst weiterentwickelt hat. Es ist hier nicht der Ort, dies ausführlich zu entwickeln, aber Andeutungen zum Verständnis der hier angewandten Methode sind doch vonnöten.[20]

Anders als der klassische, aus der Ethnologie stammende Funktionalismus in der Tradition von Alfred Radcliffe-Brown und Bronislaw Malinowski, in dem ein gewissermaßen vorempirisches Bezugsproblem vorausgesetzt wurde, wird Funktionalismus hier modifiziert verstanden. In der klassischen Figur wurden Bezugsprobleme absolut gesetzt (etwa die Erhaltung der normativen Ordnung oder Bedürfnisbefriedigung), während die empirische Beobachtung stets nur die Lösung dieses einen Bezugsproblems im Blick haben konnte. Aus dieser Konstellation ist dann der Vorwurf entstanden, der Funktionalismus unterstelle eine teleologische Struktur. Der Vorwurf wurde auch gegenüber Claude Lévi-Strauss oder Talcott Parsons formuliert und kulminierte bei Anthony Giddens in dem Teleologie-Vorwurf, den er damit zu bekräftigen meinte, man könne soziale Ordnung nur aus intentionalen Handlungen und ihren Nebenfolgen deduzieren.[21] Wie und warum es zu welchen intentionalen Handlungen kommt, bleibt aber im Dunkeln (→ Handeln).

Ein angemessener Funktionalismus und eine funktionalistische Methode kann auf dieser Reflexionsstufe nicht arbeiten.[22] Wenn y eine Funktion von x ist (y = f(x)), dann sind sowohl y als auch x kontingent gesetzt – und das verbietet es, eine der beiden Seiten absolut zu setzen oder Funktionen auf Zwecksetzungen oder Teleologien festzulegen. Stattdessen muss man sowohl y als auch x unabhängig voneinander bestimmen. Insofern kann man eine funktionale Analyse als eine interpretative Form der Soziologie begreifen, die diese unterschiedlichen Seiten in Beziehung zueinander setzt. «Die funktionale Analyse benutzt Relationierungen mit dem Ziel, Vorhandenes als kontingent und Verschiedenartiges als vergleichbar zu erfassen.»[23] Dieser Blick reagiert auf die Herausforderung, alles, was geschieht, sowohl als kontingent als auch keineswegs als beliebig anzusehen. Die funktionalistische Methode dieser Art betrachtet also ihren Gegenstand als eine Lösung, bezieht diese auf systemrelative Probleme und entdeckt dabei Alternativen auf beiden Seiten.

Ausführlich habe ich das etwa als Grundlage einer soziologischen Theorie der Digitalisierung durchgespielt, indem ich nicht fragte, was Digitalisierung sei, sondern welches Problem sie löse. Die Leitfrage lautete: *Für welches Problem ist die Digitalisierung eine Lösung?*[24]

Solche persistierenden Erscheinungen können auch Begriffe sein. Die in diesem Buch behandelten Begriffe sind Entitäten, die sich gegen eine sich verändernde Umwelt durchsetzen und erhalten – nur deshalb gibt es eine historische Forschungsperspektive auf Begriffe im Sinne von «Begriffsgeschichte».[25] Daraus entsteht die Frage, für welches Problem ein Begriff die Lösung ist. Der Untersuchungsgegenstand ist dann nicht der Begriff als eine ontologische Gegebenheit, sondern sein praktischer Gebrauch in *unterschiedlichen* Kontexten. Dieses Buch nimmt zwei Kontexte gleichzeitig in den Blick; den, der etwas unpräzise *gesellschaftlich* genannt wird, sowie den soziologischen Herkunftskontext.

Die einzelnen Lemmata folgen alle diesem Schema, dieser methodischen Kontrolle – unterscheiden sich aber am empirischen Fall, je nachdem, wie unterschiedlich die *Lösungen* respektive *Probleme* in ihren jeweiligen Kontexten ausfallen. Gelesen werden können die Texte als je einzelne, für sich stehende Stücke, verbunden durch die gemeinsamen Kriterien der Auswahl und die methodische Form. Das Register am Ende ist kein vollständiges Register, sondern ein Querverweisregister. Hier kommen die Begriffe selbst noch einmal vor, um mit Hilfe dieses Verweissystems auf unterschiedliche Kontexte der jeweiligen Begriffsverwendung an unterschiedlichen Stellen des Buches aufmerksam zu machen.

Haben wir nicht andere Probleme als Begriffe?

Diese Frage könnte durchaus ein legitimer Einwand dagegen sein, sich angesichts der grundlegenden Krisenerfahrungen unserer Zeit nur mit Begriffen zu beschäftigen. Dass die Lebensweise unserer Gattung seit der industriellen Revolution nicht nur extreme Wohlstands-, Pluralitäts-, Freiheits- und Gesundheitsgewinne gebracht hat, sondern auch die eigene Lebensgrundlage gefährdet, ist die vielleicht größte Herausforderung im nun so genannten Anthropozän.[26] Vielleicht werden alsbald die entscheidenden öffentlich wirksamen Begriffe aus den Klima- und Geowissenschaften kommen, aus der Biologie und womöglich der Katastrophenforschung. Aber vielleicht gilt auch exakt das Gegenteil. Denn die Gefährdung unserer Lebensgrundlagen und alles, was an Folgen daran hängt, sind nicht in erster Linie Klimaphänomene, sondern Phänomene, die etwas damit zu tun haben, ob es der modernen Form von Gesellschaftlichkeit gelingen kann, sich auf solche kollektiven Herausforderungen einzustellen. Schon zu wissen, dass auf solche kollektiven Herausforderungen nicht *kollektiv* reagiert werden kann, weil man Gesellschaft kaum als ein sozial integriertes Kollektiv angemessen beschreiben, aber unangemessen adressieren kann, setzt Arbeit an den Begriffen voraus (→ Gesellschaft; → Kritik).

Und die ökologische Herausforderung ist nur eine unter mehreren – es geht um die Gefährdung des Friedens, um weltweite soziale Ungleichheit, um Migrationsfragen, um Interessenausgleich, um die Gestaltung kalkulierbarer Lebenswelten, auch darum, ob die politische Form der Demokratie und die kulturelle Form des Pluralistisch-Liberalen eine Zukunft haben werden. Es stehen Debatten bevor, die vielleicht mehr als je zuvor auch begriffshygienische Maßnahmen erfordern, damit man weiß, worüber man redet. Es kommt hier aber nicht nur darauf an, worüber man redet, sondern auch wie. Spätestens seit Ludwik Flecks Untersuchung zur Entstehung von Denkstilen aus den 1930er Jahren kann man wissen, dass die Plausibilität von Argumenten und Theorien eine ästhetische, gewissermaßen eine vortheoretische Dimension hat und dass diese mehr erschließt, als man theoretisch womöglich einholen kann. Zur Aufklärung dessen soll hier auch beigetragen werden.[27] Dieses Buch wird dazu nicht die ultimativen Blaupausen liefern – ein solcher Anspruch wäre vermessen. Aber es soll zumindest einen Raum des Nachdenkens eröffnen und zeigen, dass im Begriffsgebrauch Möglichkeiten und Beschränkungen liegen, überhaupt angemessene Problembeschreibungen anfertigen zu können – und wenigstens kontrovers darüber zu diskutieren, dass Beliebigkeit über Begriffe und ihre Verwendung sich einschränken muss, um sprachfähig zu sein angesichts von Problemlagen, die sich erst durch angemessene Beschreibung als diejenigen erweisen, die sie sind. In diesem Buch wird explizit darauf verzichtet, diese drängenden Debatten explizit zu führen. Es nimmt sich aber die Freiheit, die Begrifflichkeit der Begriffe selbst zu begreifen, um sie dann zur Anwendung zu bringen. Auf die Rückholaktion folgt die Wiederauslieferung.

→ Demokratie

If voting changed anything, they'd make it illegal. Dieser oft Kurt Tucholsky zugeschriebene Satz stammt von der amerikanischen Anarchistin und Feministin Emma Goldman (1869–1940). Nun bildet ein solcher Satz aus anarchistischer Perspektive gewissermaßen das gesamte Geschäftsmodell bereits ab. Wenn man auf freie Assoziation im Sinne Proudhons setzt oder im Sinne Kropotkins auf eine dem Menschen bereits inhärente Sozialität, erscheint jegliche intermediäre Form zwischen dem Willen von Mitgliedern eines (vorgestellten) Kollektivs und kollektiv verbindlichen Entscheidungen schon als Abweichung von einem demokratischen Ideal.[1] Das gilt zumindest dann, wenn man den Terminus wirklich beim Wort nimmt: als *Herrschaft des Volkes.* Wer diese Bezeichnung ernst nimmt, kann die Delegation von Entscheidungsbefugnissen an gewählte Akteure und Strukturen nur für eine uneigentliche Form der politischen Entscheidungsfindung halten.[2]

Spuren solcher anarchistischer Kritik finden sich immer wieder dort, wo Protestbewegungen ihren Unmut gegen politische Entscheidungen zu einer generellen Kritik aufrunden, die Demokratie werde durch falsche Entscheidungen abgeschafft. Die sogenannte Querdenkerbewegung während der Pandemie hat es sogar geschafft, für falsch gehaltenen politischen Entscheidungen *Um-zu-Motive* zu unterstellen, in dem Sinne, dass etwa Pandemiemaßnahmen explizit darauf zielten, unangemessene Macht auf die Bevölkerung auszuüben und zu testen, was möglich wäre. Man kann daran sehen, dass der performative Gebrauch des Demokratiebegriffs durchaus auch ein Kampfbegriff sein kann, der sich an Inhalten orientiert. *Was man selbst will, ist demokratisch, die Gegenauffassung nicht.* Demokratie als Begriff changiert zwischen einem deskriptiven Begriff für ein politisches Programm bzw. Verfahren und einem postulierenden normativen Begriff für die eigene Selbstwirksamkeit. Gerade Protestbewegungen berufen sich auf Demokratie, wenn sie die Entscheidungen in demokratischen politischen Verfahren kritisieren.[3] «Demokratie» hat einen appellativen Charakter, so appellativ, dass sich auch Autokratien und Diktaturen gerne *demokratisch* nennen oder genannt haben.

Begrifflich gesehen, herrscht das Volk in der Demokratie über sich selbst. Demnach ist die Demokratie eine Autokratie. Die Auswanderung der Selbstherrschaft des Volkes in eigens dafür geschaffene politische Institutionen und Verfahren erzeugt die merkwürdige Paradoxie der Demokratie, dass zwischen Herrschern und Beherrschten eine Identität herrschen soll, dass sie zugleich aber nicht dieselben sind. Zwischen den einen und den anderen stehen Wahlen und ein staatliches Organisationsarrangement, das kollektiv verbindliche Entscheidungen ermöglicht, moderiert und mit Macht durchsetzt. Man muss also schon in einem ersten Schritt konzedieren, dass demokratische Wahlen Partizipation sowohl ermöglichen und organisieren als auch deutlich begrenzen. Sie organisieren und moderieren sie, indem zumindest in der repräsentativen Demokratie Wahlakte stattfinden, aber nicht zu Einzelfragen, sondern im Hinblick auf unterschiedliche programmatische Angebote, die üblicherweise durch Parteien repräsentiert werden, deren Differenzen zugleich institutionalisierte politische Konflikte abbilden. In westlichen Industrieländern gab es nach dem Zweiten Weltkrieg die Regel zweier großer Parteien – mitterechts und mitte-links orientiert –, die einen Großteil der Wählerstimmen einfingen und in ihrer Differenz zugleich die Richtlinienkompetenz in der Beschreibbarkeit gesellschaftlicher Konflikte und ihrer politischen Entsprechung hatten. Das Sozialistische/Sozialdemokratische war die andere Seite des Christdemokratischen/Konservativen/Bürgerlichen – und daneben entstanden kleine Klientelakteure fürs Nationalistische, fürs Liberale, später für ökologische Belange. Dieses Organisationsarrangement hat nicht auf ein existierendes «Volk» reagiert, sondern gab und gibt dem *demos* der Demokratie eine zurechnungsfähige und darin intern differenzierte Gestalt – und es bindet Kommunikation schon dadurch, dass eingeführte Grundkonflikte die vielfältig auftretenden Konflikt- und Interessenfragen einfangen und damit zivilisieren können. Das ermöglicht Partizipation weniger dadurch, dass Teile des «Volkes» jeweils abgebildet werden, sondern dadurch, dass jenes «Volk» dadurch entsteht, dass es sich in einer kommunikativen Arena verhandelbarer Konflikte und lösbarer Probleme wiederfindet. Engagierter politischer Bürger zu sein ist dann eine Form der Partizipation. Es ist deshalb kein Zufall, dass das *nation building* vor allem mit der hoch voraussetzungsreichen Idee einer entstehenden öffentlichen Sphäre der Kommunikation assoziiert wird, einer Sphäre, in der es um so etwas wie gemeinsame Belange geht, die als solche dadurch entstehen, dass sie kommunikativ sichtbar werden und damit aktive Zugehörigkeit ermöglichen.[4]

Dieser inkludierende Mechanismus wird durch beschränkte Partizipationsmöglichkeiten konterkariert. Große Teile der Bevölkerung werden von der unmittelbaren Form der Machtausübung ausgeschlossen und auf die Rollen als Wählerinnen und Wähler und eine mehr oder weniger engagierte Publikumsrolle des politischen Prozesses begrenzt.[5] Die Paradoxie der Identität von Herrschern und Beherrschten wird letztlich dadurch aufgehoben, dass die Rollen dieser beiden Seiten tatsächlich auseinandertreten und die «demokratische» Legitimation dieser Rollendifferenzierung über diese Paradoxie hinweghilft. Insofern changiert der Begriff der Demokratie zwischen einer starken normativen Idee der Partizipation und der gemeinschaftlichen Teilhabe einerseits und einer eher institutionellen Idee der verfahrensförmigen und legitimen Entscheidungsgenerierung andererseits.[6]

In einem ersten Schritt auf der Suche nach dem Bezugsproblem des Begriffsgebrauchs von «Demokratie» stoßen wir also darauf, dass die Demokratie ein Repräsentationsproblem und ein Entscheidungsproblem lösen will oder muss, man könnte auch sagen, ein soziales Problem («wer entscheidet?») und ein sachliches Problem («was wird entschieden?»). Dieses doppelte Bezugsproblem findet sich bereits in den frühen griechischen Quellen über die Demokratie, die diese Spannung zwischen sozialer Beteiligung und Sachkompetenz breit und kontrovers diskutieren. Auf die historische «Erfindung» der Demokratie wird zurückzukommen sein, aber zunächst seien zwei Umwege erlaubt, die sich vom Begriff der Demokratie wegbewegen, aber darauf zurückkommen.

Zwei Umwege

Gemeint sind zunächst die Pariser «ökonomisch-philosophischen Manuskripte» aus den Frühschriften von Karl Marx, in denen er 1844 aus dem Privateigentum die Differenz von Kapital und Arbeit ableitet und daraus als logische Folge die Entfremdung des Menschen von seinen Möglichkeiten.[7] Er schreibt: «Die Arbeit produziert nicht nur Waren; sie produziert sich selbst und den Arbeiter als eine *Ware,* und zwar in dem Verhältnis, in welchem sie überhaupt Waren produziert.»[8] Weil Arbeit zu einem Kostenfaktor im Produktionsprozess wird und der Kapitalist seinerseits gegenüber Konkurrenten und dem Bodenbesitzer unter Kostendruck steht, verselbständigt sich die Dynamik dieser Produktionsverhältnisse in dem Sinne, dass der Arbeitslohn geradezu von selbst sinken muss und damit knapp kalkuliert ist.[9] Entfremdete Arbeit liege also nicht primär an der Arbeit, sondern an den Bedingungen des Privatbesitzes, die wiederum auf die Arbeit zurückwirken. Nun geht es hier nicht darum, die ökonomischen Analysen des frühen Marx zu würdigen oder sie gar den späteren Analysen gegenüberzustellen, die als «wissenschaftlicher» und weniger polemisch-politisch gelten.[10] Stattdessen kann Marx' Utopie des Kommunismus etwas über das mögliche Bezugsproblem der Demokratie lehren, auch wenn Marx überhaupt nicht über die Demokratie als Lösung nachdenkt, im Gegenteil.

Marx stellt sich in den Pariser Manuskripten einen dreistufigen Weg zum Kommunismus vor. In der ersten Phase löst sich der «rohe Kommunist»[11] noch nicht vom Privateigentum, sondern möchte seine Logik auf alle übertragen und bringt damit eher primitive Verhältnisse hervor. In diesem Stadium sei der Kommunismus «nur eine *Erscheinungsform* von der Niedertracht des Privateigentums, das sich als das *positive Gemeinwesen* setzen will».[12] In der zweiten Phase dann passt sich der Mensch an die Kritik des Privateigentums an, ist aber «noch von demselben befangen und infiziert. Er hat zwar seinen Begriff erfaßt, aber noch nicht sein Wesen.»[13] Diese Phase ist für Marx «noch politischer Natur, demokratisch oder despotisch».[14] Gemeint ist wohl eine politische Aufhebung des Privateigentums. Die Alternative zwischen Demokratie und Despotie ist für Marx gar keine wirkliche Alternative, weil beide nur die staatliche Organisation der Verteilung meinen und letztlich zwischen Gemein- und Privateigentum changieren. Es dürfte diese Kritik am demokratischen Despotismus sein, die die ökonomisch-philosophischen Manuskripte für die realsozialistischen Regime eher unattraktiv machten, deren eigene Despotie unverkennbar war und die die eine Entfremdung nur durch eine andere ersetzten. Diese konnten genau genommen nicht einmal richtige Marxisten sein – und nicht ohne Grund nannten sie ihren Despotismus meistens demokratisch. Erst die dritte Stufe hebt das Privateigentum auf. Die Überwindung des Despotismus (die auch die Überwindung der bürgerlichen Demokratie wäre[15]) sei erreicht, wenn der Kommunismus eine freie Assoziation der Menschen darstelle, in der die Freiheit der Menschen einvernehmlich ermöglicht wird. Marx schreibt: «Dieser Kommunismus ist als vollendeter Naturalismus Humanismus, als vollendeter Humanismus Naturalismus, er ist die *wahrhafte* Auflösung des Widerstreites zwischen dem Menschen mit der Natur und mit dem Menschen, die wahre Auflösung des Streits zwischen Existenz und Wesen, zwischen Vergegenständlichung und Selbstbestätigung, zwischen Freiheit und Notwendigkeit, zwischen Individuum und Gattung.»[16] Zwischen Individuum und Gattung und zwischen Freiheit und Notwendigkeit zu vermitteln, wie Marx es formuliert, beschreibt eine Utopie, die gerade die Folgen der *gesellschaftlichen* Interessen- und Besitzdifferenzen aufzuheben trachtet. Es geht letztlich darum, das Wollen und Sollen der Einzelnen zusammenzubringen und damit auch die internen Differenzen der Gesellschaft aufzuheben. «Es ist vor allem zu vermeiden, die ‹Gesellschaft› wieder als Abstraktion dem Individuum gegenüber zu fixieren. Das Individuum *ist* das *gesellschaftliche Wesen.* Seine Lebensäußerung – erscheine sie auch nicht in der unmittelbaren Form einer *gemeinschaftlichen*, mit andern zugleich vollbrachten Lebensäußerung – *ist* daher eine Äußerung und Bestätigung des *gesellschaftlichen Lebens.*»[17] Die Utopie besteht in der Aufhebung aller Entzweiungen, aller Widersprüche, aller Differenzen in einer Form, in der die Gattung und das Individuum keine Schnittstellen mehr kennt.

Was hat all das nun mit der Demokratie zu tun? Man kann die Pariser Manuskripte als eine romantische Utopie abtun, als eine Art Verschmelzungsfantasie, gewissermaßen eine antigesellschaftliche

Gesellschaftstheorie, die spätestens der Marx des «Kapitals» weit hinter sich gelassen haben wird. Und man kann auch darauf hinweisen, dass die historische Logik, die Marx hier beschreibt, historisch in jenem «Despotismus» stecken geblieben ist, der sich dann realpolitisch demokratisierte und die Folgen des Privateigentums allenfalls entschärfen oder durch Umverteilung mäßigen konnte – so würde man wohl im Anschluss an Marx formulieren.

Vor allem zeigt der Umweg über die Marxsche Utopie aber sehr deutlich, worauf das Problem der Demokratie als politischem Programm am Ende hinausläuft: auf die Befriedung von unterschiedlichen Perspektiven, Interessen und Aspirationen innerhalb eines kollektiv verbindlichen Rahmens, den man Politik nennen kann. Worauf Marx nämlich in seiner unrealistischen Utopie abzielt, ist die Frage der Versöhnung jenes Unterschiedlichen, das man als das Grundproblem des Gesellschaftlichen ansehen kann: die Gleichzeitigkeit von Unterschiedlichem (→ Gesellschaft). Das Bezugsproblem, das Marx' historische Stufentheorie des Kommunismus offensichtlich hat, ist die Frage, wie sich eine Kollektivität denken lässt, die mit unterschiedlichen Perspektiven umgeht. Bemerkenswert an der Utopie der Pariser Manuskripte ist, dass die Menschen in einer gewissen Generationenfolge die Erinnerung an das Privateigentum erst *vergessen* müssen, um es zu überwinden – offensichtlich reichen hier Überzeugung und ein gutes Argument nicht aus, damit die Gesellschaft sich als Gesellschaft des Privateigentums überwinden kann, damit das gesellschaftliche Wesen des Menschen zu sich selbst kommt.

Und dieses gesellschaftliche Wesen komme erst dann zu sich selbst, wenn die freie Assoziation der Menschen nicht durch Differenzierung, durch Ungleichheit, nicht einmal durch Interessendifferenzen durchbrochen wird. Es wäre tatsächlich die radikalisierte Idee einer Demokratie als *Lebensform*, die den Staat nicht braucht, die aber wohl an der Gesellschaftlichkeit der Gesellschaft scheitert. Marx wäre dann derjenige Autor, dem das sozialwissenschaftliche Denken mit am stärksten die Einsicht verdankt, wie sehr das Handeln der Menschen durch ihre Gesellschaftlichkeit geprägt ist, zugleich aber eben auch derjenige, der die Gesellschaftlichkeit des Menschen fast aufheben muss, um die Gesellschaft auf die freie Assoziation zu bauen. Dass individuelle Interessen dafür zugunsten kollektiver Anforderungen eingeschränkt werden müssen, macht wahrscheinlich die Tragik dieses Denkens aus, das am Ende das Gegenteil dessen erzeugt, was Marx im Sinn hat: Zentralität als Form und eine autoritäre Notwendigkeit, Differenzen aufzuheben. Die Lösung des Problems des Umgangs mit unterschiedlichen Positionen liegt dann in der Eliminierung unterschiedlicher Positionen. Das ist vielleicht auch der Grund dafür, dass Demokratie bisweilen eher mit Konsens als mit Konflikt, mit Einigkeit statt Umgang mit unterschiedlichen Positionen und Interessen verwechselt wird.

Der Umweg zeigt, wie voraussetzungsreich es ist, an kollektiv verbindliche Übereinkünfte zu kommen, wenn innerhalb dieses Kollektivs unterschiedliche Perspektiven vorkommen, die einander ausschließen, und das im existentiellen Sinne einer durch gesellschaftliche Arbeit und Produktionsverhältnisse determinierten Weise. Marx löst das Problem darin auf, die gesellschaftlichen Differenzen aufzuheben – seine Utopie will die Gesellschaft gewissermaßen loswerden (was natürlich historisch gesehen keine korrekte Formulierung ist). Wenn man sie erst loswerden muss, um sie zu retten, muss das Problem tatsächlich radikal sein. Und es sollte nun deutlich geworden sein, dass es sich lohnt, bei einer Bestimmung des Demokratiebegriffs nicht wie üblich mit den griechischen Vorlagen zu beginnen, sondern mit dieser modernen Utopie, die am Ende nur so gelesen werden kann, dass die Demokratie letztlich nicht als *gesellschaftliches* Prinzip taugen kann. Ob die einzige Alternative dazu der Despotismus sein kann, den Marx als zweite Stufe auf dem Weg zum Kommunismus bestimmt und der als real existiert habender Sozialismus historische Wirklichkeit geworden ist, sei dahingestellt. Aber was Marx offensichtlich gesehen hat, ist das Grundproblem, dass eine moderne Gesellschaft mehr Differenz erzeugt, als es die Idee der kollektiven Willensbildung vertragen kann.

Moderner formuliert laboriert Marx an der Komplexität einer Klassengesellschaft, in der die Handlungen der Menschen eben keine freie Assoziation bedeuten, sondern Ausdruck jener Klassenzugehörigkeit sind, die ihnen gar keine Wahl lässt, etwas anderes zu tun, als es dem gesellschaftlichen Differenzierungsschema entspricht. Vier Jahre nach den Pariser Manuskripten, also 1848, erschien das «Manifest der kommunistischen Partei», in dem Marx und Engels die bürgerliche Gesellschaft als eine Gesellschaft von Umwälzungen und Komplexitätssteigerungen beschreiben: «Die fortwährende Umwälzung der Produktion, die ununterbrochene Erschütterung aller gesellschaftlichen Zustände, die ewige Unsicherheit und Bewegung zeichnet die Bourgeoisepoche vor allen anderen aus.»[18] Diese Komplexitätssteigerungen erzeugen Handlungsnotwendigkeiten für die Angehörigen unterschiedlicher Klassen, die übrigens auch den bürgerlichen Klassen als Klassenschicksal erscheinen muss und genau genommen auch als eine Entfremdung von einer freien Vergesellschaftung, die erst so etwas wie eine nicht-entfremdete Form des Interessenausgleichs ermöglichen würde. Die Bedingung dafür wäre eine Freiheit (→ Freiheit) und Gleichheit (→ Gleichheit/Ungleichheit), die aber von der Komplexität der modernen Gesellschaft (→ Gesellschaft) ausgeschlossen wird.

Und dies ist nun der Link zur griechischen Vorlage des Demokratiebegriffs, der den Umweg rechtfertigt und einen zweiten einleitet: Wäre Demokratie das Ziel der Marxschen Bemühungen, also freie Vergesellschaftung, in der tatsächlich der Demos herrscht, nicht einfach das Proletariat diktiert, wie in der zweiten historischen, der despotischen Stufe des Kommunismus, dann würde Demokratie die Freiheit und Gleichheit nicht herstellen, sondern voraussetzen. Genau diese Denkfigur ist es, die etwa in Platons *Politeia* eine gewisse Skepsis an der Demokratie aufscheinen lässt, denn die Demokratie mache aus den Ungleichen Gleiche in der Hinsicht,[19] dass sie alle die Freiheit eigener Interessen entdecken.[20] Die Gefahr der Demokratie liege dann darin, dass sich aus den Einzelwillen gerade keine Gemeinschaftlichkeit forme, sondern eher das Gegenteil: «So kommt denn natürlicherweise die Tyrannei aus keiner andern Staatsverfassung zustande als aus der Demokratie, aus der übertriebensten Freiheit die strengste und wildeste Knechtschaft.»[21] Die Demokratie vermag nach diesem Verständnis keine kollektiv verbindlichen Entscheidungen zu treffen. Deshalb führte Aristoteles eine ökonomische Dimension ein und meinte, die vernünftigsten Bürger seien ökonomisch die Mittleren: «Die Polis will aus möglichst Gleichen und Ähnlichen bestehen, und dies ist am meisten bei den Mittleren der Fall. Daher wird notwendig die Polis am besten regiert, die aus solchen besteht.»[22] Auch Aristoteles misstraut dem bloßen Mehrheitsprinzip der Demokratie und schlägt als eine Art Mischform mit der Aristokratie eine Regierungsform vor, in der «die besten regieren»[23].

All das bedeutet, dass nicht die Demokratie Gleichheit und Freiheit herstellt, sondern dass diese vorausgesetzt sein müssen, damit Demokratie nicht in Despotie umschlägt. Dass Gleichheit und Freiheit betont werden, hat für Aristoteles nicht nur *soziale* Gründe, im Sinne von Gerechtigkeit oder sozialer Partizipation, sondern vor allem *sachliche* Gründe: Er sieht das Bezugsproblem des Regierens darin, wie sachadäquate Lösungen hervorgebracht werden können, ohne dass diese durch die Eigeninteressen der handelnden Personen korrumpiert werden. Die Aristotelische Politie[24] setzt bereits eine Bürgerschaft voraus, die sich dem Gemeinwohl gewissermaßen von selbst verpflichtet fühlt, ähnlich wie Marx erst dann die wahrhafte Auflösung des Widerstreits zwischen den Menschen für möglich hält, wenn diese das Privateigentum und damit das egoistische Interesse historisch vergessen haben. Beide, Aristoteles und Marx, nennen die Lösung der Demokratie nicht einmal Demokratie, weil sie sehen, dass die Aufrundung der Individualinteressen mit dem Prinzip der bloßen Mehrheitsfindung vor der Gefahr des Despotismus steht, ähnlich wie Alexis de Tocqueville dies als Gefahr einer «Tyrannei der Mehrheit»[25] gebrandmarkt hat.

Die beiden Umwege noch einmal zusammengefasst: An Marx' Pariser Manuskripten lässt sich ablesen, dass sich die Widersprüche der Gesellschaft, bei ihm repräsentiert in der Frage des Privateigentums, nicht durch die Illusion einer Einheit auflösen lassen, zumindest wenn man den historischen Stand der Komplexität der Gesellschaft nicht zurückbauen will. Marx' Konsequenz wäre die Notwendigkeit, die Widersprüche und die Komplexität der Gesellschaft zu «vergessen», um mit ihr zurande zu kommen. Das ruft die Utopie einer demokratischen Gesellschaft auf, die dann in sich selbst jene Komplexität wieder auffinden würde, die die Demokratie durch die Ausdifferenzierung eines politischen Systems bearbeitet. Insofern dürfte die Demokratie davon profitieren, dass sie nur ein politisches Programm ist und kein gesellschaftliches – aber nur mit der Demokratie dürften in den anderen Funktionssystemen genug Entscheidungsalternativen vorgehalten werden können, um mit der Komplexität der Gesellschaft umzugehen.

Aristoteles dagegen erweist sich womöglich als der modernere Demokratietheoretiker, weil seine Politie die beiden Seiten der sozialen Anschlussfähigkeit und der Sachkompetenz und Komplexitätsbewältigung verbindet. Dass er das meiste den «Mittleren» zutraut, ist ein Hinweis darauf, dass das Problem der Bewältigung sozialer Ungleichheit als Sachproblem womöglich die größte Herausforderung für die politische Demokratie ist. Es entfaltet eine gewisse Ironie, dass ausgerechnet diese aus Marx' Sicht aus einer Sklavenhaltergesellschaft stammende Demokratietheorie in der Beschränkung der Demokratie einen entscheidenden Hinweis auf die Gefahr des ökonomischen Egoismus für die Demokratie enthält.

Aber ist der Weg über die Politikbücher Platons und Aristoteles' überhaupt ein Umweg? Nein, denn in ihnen wird genau die Spannung deutlich, in der eine aktuelle Begriffsbestimmung von Demokratie sich bewegt. Man könnte es als die Spannung zwischen Demokratie als «Lebensform» und Demokratie als Programmformel für die Entscheidungsformen des politischen Systems bezeichnen. Im ersten Sinne wird die gesamte Gesellschaft demokratisch, kulminiert in der Forderung, dass sich die Gesellschaft mittels «Solidarität» in einer «kooperativen, performativen und transformativen»[26] Praxis nicht einfach auf eine «Regierungs-, sondern eine Lebensform»[27] stützt. Diese Forderung ist nicht falsch, aber sie muss gewissermaßen eine *gute* Gesellschaft voraussetzen, damit der politische Entscheidungsprozess zu angemessenen Lösungen kommt – dieser muss gewissermaßen die individuellen Interessen «vergessen» (das meint Solidarität), und er muss die Gemeinwohlorientierung bereits voraussetzen. So verstandene Demokratie muss das, was sie erreichen will, voraussetzen. Das logische Problem ähnelt den späteren Vertragstheorien, wie sie bei Thomas Hobbes[28] im 17. Jahrhundert oder bei Jean Jacques Rousseau[29] im 18. Jahrhundert auftraten (→ Gesellschaft).[30] Hegel kritisierte an Hobbes, dass ein Gesellschaftsvertrag nicht wie ein privatrechtlicher Vertrag verstanden werden darf, sondern gerade jene Allgemeinheit des Staates immer schon voraussetzen müsse, die durch ihn erst hervorgebracht werden soll.[31]

Demokratische Gesellschaft oder demokratische Politik?

Wer Demokratie verstehen will, muss die Lebensform immer mit dem zweiten Verständnis des Demokratischen zusammendenken, nämlich mit seiner politisch-administrativen und damit staatlichen Seite. Der Gebrauch des Demokratiebegriffs in öffentlichen Debatten stellt meistens auf beide Seiten ab, einerseits auf den Aspekt einer Lebensform, andererseits auf die Regierungsform. In öffentlichen Debatten wird Demokratie in vier idealtypischen Fällen eingefordert:

- wenn darauf beharrt wird, dass alle Seiten, alle Meinungen und Auffassungen zu hören sind und dass die Pluralität der Gesellschaft abzubilden sei;
- wenn auch marginalisierte Positionen zu ihrem Recht kommen sollen;
- wenn auf das Gefühl der Selbstwirksamkeit in «gesellschaftlichen» Debatten hingewiesen wird;
- wenn auf Verfahren der demokratischen politischen Entscheidungsfindung Bezug genommen wird.

Diese Fragen sind die klassischen Fragen der politikwissenschaftlichen «Demokratietheorie», die sich sowohl mit den empirischen Bedingungen demokratischer Verfahren als auch mit der normativen Dimension der Legitimation, der Repräsentation und der Bedingungen für Deliberation beschäftigen.[32] Demokratietheorien, vor allem in ihrer normativen Variante, sind so etwas wie Reflexionstheorien des Politischen selbst, weil sie den internen Prozess abbilden, wie sich das politische System einen Reim auf sich selbst macht. Es geht vor allem um Legitimationsfragen und am Ende um die Frage in der Sozialdimension, ob tatsächlich so etwas wie ein Volkswille identifizierbar ist, ein Wille eines Demos, der dann durch Verfahren bestimmt wird und die Grundlage für Entscheidungen darstellt.

Eine besondere Bedeutung kommt in diesem Zusammenhang der Opposition zu.[33] Ämter sind in Demokratien Ämter auf Zeit – und deshalb ist nicht das Wählen der entscheidende Akt der Demokratie, sondern das Abwählen. Damit aber jemand abgewählt werden kann, muss innerhalb des politischen Systems eine Opposition etabliert werden, die im Falle der Abwahl gewählt ist – und die mit den entsprechenden Mitteln und Kompetenzen, mit einem angemessenen semantischen Vorrat und Programm, mit Personal und ansprechbaren Zielgruppen ausgestattet ist. Man kann freilich keine Landesverräter, keine abtrünnigen Untertanen ins Amt wählen, also nicht die, die man zuvor noch politisch verfolgt hat. Kritik an der Regierung ist keine Abweichung mehr, sondern wird in das politische System hineingeholt. Man hat die opponierende Seite als legitimen Teil des politischen Systems anzusehen begonnen. Aus zuvor fehlgeleiteten und illoyalen Untertanen wurde deshalb, wie es im Viktorianischen England in einer schönen Formulierung heißt, *Her Majesty's Loyal Opposition.*[34] Die Einheit des politischen Streits wird damit in der postabsolutistischen konstitutionellen Monarchie und in parlamentarisch-demokratischen Republiken nicht durch Versöhnung der Positionen, sondern durch Fokussierung auf ein politisches Zentrum ermöglicht, das immer schon gespalten ist. Demokratische Politik operiert mit einer Doppelspitze, deren beide Seiten von eigenem Recht sind.[35]

Von Demokratie kann erst gesprochen werden, wenn der Herrscher abgewählt werden kann. Für Monarchen bleibt mehr noch als in der alten Welt nur die Existenz als Körper übrig, nun nicht mehr als doppelcodierter Körper zwischen natürlicher und übernatürlicher Existenz im Zentrum der Macht,[36] sondern als performatives Symbol für die Einheit des politischen Systems oder als abgebildeter Körper in der Boulevardpresse.[37]

Wenn das Argument stimmt, dass die Abwahl bzw. ihre Möglichkeit das besondere Charakteristikum der Demokratie ist, dann lässt sich daraus schließen, dass es in erster Linie die andere Seite der Regierung ist, die den demokratischen Herrscher zum Demokraten macht. Der positive Wert der Demokratie ist die Opposition, nicht die Regierung. Regierungen gibt es überall. Man kann fast sagen: Regieren ist trivial, wenn man die Macht hat. Herrschaft ist dann ein asymmetrisches Verhältnis zwischen Herrschern und Beherrschten. Nicht trivial ist die Institutionalisierung von Opposition, was nichts an der Asymmetrie einer Herrschaftsbeziehung ändert, was aber die Frage, *wer* herrscht und *wie* geherrscht wird, selbst zum Gegenstand des politischen Prozesses macht. Wenn also Herrschaft selbst zum Thema wird, sind Wahlen dasjenige Scharnier, das die politischen Beobachter dazu zwingt, Herrschaft zu beobachten – und eine Abwahl zu erwägen.

Die demokratietheoretischen Forderungen an die Demokratie thematisieren vor allem ein Problem in der Sozialdimension: wie sich alle Gruppen eines (Wahl-)Volkes in den Institutionen des politischen Systems repräsentiert und abgebildet fühlen können. Dieser Gedanke kann zweierlei bedeuten: Er könnte von der Existenz eines Volkes ausgehen, das in seiner internen Differenziertheit eine parallel differenzierte Form der Repräsentation in den Parlamenten wiederfindet. Er könnte aber auch bedeuten, dass erst die politisch institutionalisierten Konflikte ein Spektrum erzeugen, innerhalb dessen sich die Grundgesamtheit des politischen Volkes wiederfindet bzw. wiederfinden soll. In Zeiten, in denen es gelungen ist, zentrale gesellschaftliche Konflikte zur Grundlage der politischen Auseinandersetzung zu machen, ist Repräsentation wahrscheinlicher als in Zeiten, in denen sich die Dinge nicht so sichtbar ordnen. Der Klassiker dazu ist sicher Ralf Dahrendorfs *Der moderne soziale Konflikt* von 1992. Dahrendorf entwickelt die These, dass sich politische Konflikte um die Achsen der Bürgerrechte, der Rechte um ökonomische Teilhabe und um eher fordernde und eher saturierte Gruppen herum ordnen, für die es dann politische Gestalten in Form von politischen Bewegungen und Parteien gibt.[38] Für Dahrendorf geht es darum, dass die Voraussetzungen der Demokratie tatsächlich nicht nur in den staatlich-politischen Verfahren zu finden sind, sondern als gesellschaftliche Voraussetzungen gedacht werden müssen, zu denen eben auch kulturelle und vor allem ökonomische Formen des Konflikts und damit auch der Teilhabe gehören.[39] Dahrendorfs Konflikttheorie zeigt sehr deutlich den *integrativen* Aspekt von Konflikten: Ein institutionalisierter Konflikt integriert, indem er die Konfliktparteien auf ein Konfliktschema verpflichtet und damit Ordnung in der Differenz schafft (→ Konflikt).[40]

In den meisten westlichen Industrieländern hatten große Mitte-Rechts- und Mitte-Links-Parteien eine integrative Funktion, deren Sog für eine vollständige Repräsentation sorgte, so dass eine Diversifikation solcher Angebote als krisenhaft erscheinen muss. Demokratietheoretisch gesehen sollte es so aussehen, als minimiere ein möglichst diverses Angebot an politischen Alternativen die Wahrscheinlichkeit von Repräsentationslücken. Aber es ist offensichtlich nicht die Frage der vollständigen Repräsentation einer bestehenden Grundgesamtheit, sondern eine Eigenleistung des politischen Systems, im Antagonismus politischer Angebote, Konflikte so zu strukturieren, dass sie Drittes weitgehend ausschließen oder in ihren Sog hineinziehen können – unter den Unterscheidungen einer eher rechten und eher linken Politik, einer eher angebots- oder nachfrageorientierten Wirtschaftspolitik und eher «progressiven» oder konservativen Wertorientierungen lässt sich alles abbilden – *alles* in dem Sinne, dass diese Unterscheidungen alles andere absorbieren. Die Differenzierung des politischen Publikums durch politische semantische Angebote ist tatsächlich eine Eigenleistung des politischen Systems, das solche Unterscheidungen nicht vorfindet, sondern unter Mühe herstellen muss. Und je genauer sich Sachkonflikte als soziale Konflikte abbilden lassen, desto übersichtlicher ist der politische Prozess. Die klassischen Konflikte der Industriegesellschaft haben es geschafft, politische Sachangebote und Lösungen, Programme und Problemformulierungen parallel zu sozialen Gruppen zu sortieren.

Passen Lösungen zu den Problemen?

Der berühmte Satz von Wolfgang Böckenförde über die Voraussetzungen des Staates argumentiert zwar nicht konflikttheoretisch, adressiert aber das Problem der Bindekräfte in einem heterogenen Raum. Er lautet: «So stellt sich die Frage nach den bindenden Kräften von neuem und in ihrem eigentlichen Kern: *der freiheitliche, säkularisierte Staat lebt von Voraussetzungen, die er selbst nicht garantieren kann.*»[41] Böckenförde und die daran anschließende Diskussion beschäftigt sich vor allem mit den *kulturellen* Voraussetzungen.[42] Der säkularisierte Staat ist eben *säkular* und kann nicht weiter auf religiöse Bindekräfte zugreifen, muss sich also ein anderes Band erschaffen – eines dieser Bande könnte die Demokratie sein, nun verstanden in dem Sinne einer vorpolitischen oder vorstaatlichen Idee eines Diskurses, der Differenzen aushält, Pluralität ermöglicht und Konflikte zivilisiert austrägt. Demokratie und Demokratien müssen mit unterschiedlichen Differenzkategorien umgehen: mit Klassenbildung, Schichtung und sozialer Ungleichheit, mit unterschiedlichen kulturellen und sozialmoralischen Milieus, mit divergierenden Interessen und nicht zuletzt mit unterschiedlichen Konzepten der Problemlösung. Es geht also um mehr als um die kulturelle Integration – gewissermaßen als funktionales Äquivalent für frühere, v. a. religiös und ständisch imprägnierte Weltbilder. Diese sind für moderne komplexe Gesellschaften nicht mehr möglich – ihr funktionales Äquivalent ist deshalb die politische Gemeinschaft. Die Funktion des politischen Systems in einer ausdifferenzierten modernen Gesellschaft ist nicht nur die Herstellung kollektiv bindender Entscheidungen, sondern auch die Herstellung zurechenbarer Kollektive, zurechenbar für die Geltung und Legitimierung politischer Entscheidungen. Es geht schlicht darum, das «Volk» überhaupt als Adresse zu etablieren, als Deutsche, als Franzosen, als Dänen oder Polen, und damit zugleich zu demonstrieren, wer *nicht* angesprochen wird bzw. wer außen steht.[43] Insofern ist die historische Parallele von Nationalstaat und Demokratie als politischer Form kein Zufall.

Die Nation als *imagined community*[44] war gewissermaßen der gesellschaftliche Ausdruck für die Gleichheitszumutung und das Gleichheitsversprechen des modernen Rechts und des Staatsbürgerstatus, das einen Widerspruch zu sozialen Ungleichheiten ökonomischer, kultureller und schichtspezifischer Natur darstellte. Die Nation war ein Versprechen von Gleichheitszumutungen und Gemeinschaftserwartungen, nicht generell, sondern in bestimmten Hinsichten. Diese Kollektivfigur war das funktionale Äquivalent für das, was der säkulare Staat nicht garantieren kann, aber politisch erzeugen muss. Deshalb kam es stets zu Übersteigerungen dieser vorgestellten Gemeinschaften im Nationalismus als Ersatzreligion,[45] im Faschismus, aber auch in realsozialistischen Regimen, die ihrerseits in den meisten Fällen trotz aller internationalistischen Rhetorik mit nationalistischen Konnotationen versehen waren.[46] Diese Übersteigerungen waren kein historischer Rückfall hinter Modernitätsstandards, sondern ganz im Gegenteil Modernisierungsfolgen mit einer bisweilen religiösen Form von Glaubensgemeinschaften, die den Aspekt der Gleichheit und Zugehörigkeit vor die Ungleichheiten und Differenzierungen des Gesellschaftlichen schoben.[47]

Es gehört zur Tragik der Geschichte der Demokratie, dass sie einerseits historisch darauf angewiesen ist, das Gleichheitsversprechen der Moderne in Anspruch zu nehmen (→ Gleichheit/Ungleichheit),[48] andererseits aber in ihren Gemeinschaftsideologien exakt an diesem Gleichheitsmechanismus der Zugehörigkeit ansetzt und ihm einen totalen Sinnüberschuss gibt – mit starken Abgrenzungen nach außen und der Verzerrungen von Ungleichheiten nach innen.

Interessanterweise operiert die Kritik an nationalen und faschistischen Formen des Politischen mit gewissermaßen sublimierten Formen von Kollektivitäten, die den Sinnüberschuss des Gemeinschaftlichen mit einem Sinnüberschuss des Rechts kompensieren wollen – man denke etwa an das Konzept des Verfassungspatriotismus, das ebenfalls an der Herstellung einer zurechenbaren Kollektivität ansetzt.[49] Solche Versuche der Zivilisierung von Kollektivadressen haben auch im Blick, die Gleichheitsangebote von kollektivistischen Ideologien ethnischer, nationaler und bisweilen auch religiös-konfessioneller Natur sowohl zu entdramatisieren als auch zu pluralisieren.

Demokratie ist gewissermaßen die postheroische Lösung dafür, Zugehörigkeiten trotz Verschiedenheit, kollektiv bindende politische Entscheidungen trotz innerer Pluralität und Partikularinteressen zu ermöglichen. Das Medium dafür sollte Kommunikation und Diskurs sein, die die konfligierenden Parteien verbinden und als Horizont das Austragen von Konflikten ermöglichen.[50] Kombiniert mit dem Umstand, dass die politischen Parteien und Programme komplementär gebaut waren, lösen demokratische Öffentlichkeiten und Verfahren das Problem der Adressierbarkeit der Gesellschaft in der Sozialdimension. Daraus entsteht dann die Konjunktur der Repräsentationsfrage – *Werden alle Gruppen der Gesellschaft politisch angemessen «abgebildet»?* – und der Frage nach den angemessenen Lösungen, die gerade aufgrund der komplementären Parteigestalten auf einige sich ergänzende Alternativen eingeschränkt sind. Wie oben schon formuliert: In einer eingeführten Unterscheidung kann *alles* abgebildet werden, aber eben nur innerhalb dieser Unterscheidung. Alles Dritte hat es schwer im Kampf um Aufmerksamkeit und Realisierbarkeit, schon weil es die eingeführten Konfliktlinien in Gefahr bringen würde (→ Konflikt).

Diese demokratische Integrationsfähigkeit gerät spätestens dann in Gefahr, wenn sich die Ergebnisse politischer Entscheidungen nicht in dem integrierenden Konflikt zwischen den Parteien wiederfinden. Als «Krise der Demokratie» wird unter anderem die Erfahrung diskutiert, dass sich Probleme und Problemlösungen nicht dem politischen Schema integrierender Konflikte fügen.[51] Man kann das im europäischen Parteiensystem deutlich beobachten: Es entstehen neue Parteien, die Parteibindung nimmt ab, Wechselwahlen werden wahrscheinlicher, populistische Parteien entstehen, und zugleich geraten Verfahren unter Druck, die selbst das Ergebnis integrierter und integrierender Konflikte sind und dadurch Legitimation spenden können (→ Populismus).[52] Es sind in Krisen vor allem die Angriffe auf die Verfahren selbst, die zeigen, wie integrativ stabile Konflikte sind und wie desintegrativ die Aufkündigung der entsprechenden Verfahren ist – das paradigmatische Beispiel dafür ist sicherlich die Regierungszeit von Donald Trump und das Chaos der Regierungsübergabe nach seiner Abwahl 2021. Der Lackmustest für die Demokratie besteht wohl darin, ob solche Parteien/Bewegungen auch wieder abwählbar sind, im Fall von Trump und Bolsonaro in Brasilien im Oktober 2022 wurde dies sorgenvoll beobachtet.

Nun geht es hier nicht um konkrete Wahlergebnisse, sondern um die Frage der Funktion politischer Konflikte für die Demokratie. Wenn es stimmt, dass das politische System vor allem lösbare Probleme «erfindet» und dies über die integrierenden Konflikte zwischen einer regierenden und einer opponierenden Seite bestärkt und stabilisiert wird, lässt sich die Frage stellen, ob hinter der «Krise der Demokratie» nicht die Frage steht, ob die Lösungen zu den Problemen passen.

Das Bezugsproblem des Demokratiebegriffs scheint exakt mit diesem Problem zu tun zu haben: *ob die Lösungen zu den Problemen passen.* Die Zufriedenheit mit der Demokratie erweist sich zumindest in Meinungsumfragen in Deutschland als recht stabil. 70–80 Prozent der Befragten geben regelmäßig, unabhängig von der Pandemiekrise oder auch den Folgen des Krieges in der Ukraine, an, mit der Demokratie zufrieden zu sein, nicht oder gar nicht zufrieden sind regelmäßig etwa 20 Prozent.[53] Dies wird durch Untersuchungen gestützt, die Deutschland keine «Spaltung» bescheinigen wie etwa den USA, deren Grundkonflikt zwar stabil,[54] aber kaum mehr zu begrenzen und in seinen Mitteln zu limitieren ist.

Die Frage, ob die Lösungen zu den Problemen passen, ist für die Demokratie konstitutiv. Politische Programmangebote präsentieren vor allem *lösbare* Probleme, will heißen: *An unlösbaren Problemen ist das System gar nicht interessiert.* Die politischen Angebote müssen eine Problem-Lösung-Konstellation präsentieren, die passende Probleme zur bestehenden Lösungskapazität formulieren, nicht umgekehrt. Deshalb ist die klassische parlamentarische Demokratie so erfolgreich damit gewesen, die Konflikte innerhalb des politischen Systems zwischen unterschiedlichen Parteien und Programmstilen an nachvollziehbaren Lösungskonzepten zu orientieren: Eine eher sozialdemokratische/sozialistische Programmatik wird andere als christdemokratische/konservative oder liberale Lösungskonzepte präsentieren und dazu die passenden Probleme benennen – und solange die eingeführten Konflikte kaum Drittes zulassen, mutet all das so kompetent an, dass mit der Abdeckung unterschiedlicher sozialer Gruppen auch die Sachfragen angemessen beantwortet sind (→ Konflikt). Der politische Machtkreislauf, also: der Tausch von Loyalität für Entscheidungen, wird nur dann nicht unterbrochen, wenn Sachprobleme sich prinzipiell als lösbar erweisen. Wenn das nicht der Fall ist, wird die Demokratie selbst zur Krise.

Das Bezugsproblem der Demokratie

Das Bezugsproblem der Demokratie dürfte weniger in der Frage der vollständigen Repräsentation der Bevölkerung in den Institutionen und Organisationen des politischen Systems liegen. Dies ist eher Mittel zum Zweck der Illusion einer Gesamtrepräsentation der «Gesellschaft» im politischen System. Dieses Repräsentationsproblem tut so, als sei das Volk schon da und müsse entsprechend abgebildet werden, doch ist dieses eher das Ergebnis jener Praktiken. Das «Volk» ist nicht schon da, es muss erst erzeugt werden – und es spielt verrückt, wenn die Deckung zwischen Problem und Lösung nicht innerhalb eines stabilen Konfliktrahmens stattfindet, in dem man sich selbst wiederfindet. Sichtbar wird das erst in Krisen, und zumindest für den deutschen Fall kann man konstatieren, dass die Zustimmungsraten zur Demokratie (als Chiffre für die geltenden Verfahren) auch in Krisenzeiten erstaunlich hoch bleiben, selbst wenn deutlich wird, dass Problem-Lösung-Konstellationen komplexer werden und nicht mehr in das Schema der Angebotsstruktur politischer Programme passen. Offensichtlich sind die Problemlösungskapazitäten größer, als es die veröffentlichte Meinung suggeriert. International steigt die Unzufriedenheit mit der Demokratie[55] und damit die Wählbarkeit von politischen Parteien, die nicht in die vorherigen integrativen Konfliktlinien passen, mit der Unzufriedenheit angesichts sachlicher Lösungen, die sich in mangelnden Leistungen des politischen Systems niederschlagen: steigende soziale Ungleichheit, Bildungsungerechtigkeit, dysfunktionale Gesundheitsversorgung usw.

Daraus kann man den Schluss ziehen, dass das grundlegende Bezugsproblem der Demokratie nicht die vollständige Repräsentation des «Volkes» ist, sondern die Fähigkeit, die Kapazität von Problem-Lösung-Konstellationen auf neue Herausforderungen einzustellen. Besonders deutlich ließ sich dies in der Pandemie studieren, als die Zustimmungsraten zu staatlichen Maßnahmen und vor allem die Qualität der Maßnahmen im internationalen Vergleich erstaunlich von der veröffentlichten Meinung abwichen. Weitgehende Massenloyalität gelang bei gleichzeitiger lautstarker Unterstellung von intendierter Freiheitseinschränkung, die wohl die etwa 20 Prozent abbilden, die laut Umfragen ohnehin mit der Demokratie unzufrieden sind.

Womöglich liegt also das Bezugsproblem der Demokratie nicht in der Sozialdimension, sondern eher in der Sachdimension. Demokratie ist nicht nur das Ergebnis normativer Forderungen in der Tradition der Aufklärung und als Konsequenz daraus entstehender Gleichheits- und Inklusionsforderungen (→ Gleichheit/Ungleichheit; → Kultur). Demokratie scheint auch auf Komplexitätssteigerungen der Gesellschaft zu reagieren, die vor allem ein Resultat moderner Institutionenarrangements, ökonomischer Potenzierungen, der Entstehung der sozialen Frage, der Urbanisierung des Lebens, der Verwissenschaftlichung des Wissenserwerbs, der notwendig gewordenen Gesamtinklusion der Bevölkerung in Bildungssysteme und nicht zuletzt der kulturellen Pluralisierung sind.

Westliche Formen der Demokratie bauen schon durch die Vielfalt von Parteien und ihrer unterschiedlichen Problemkonstruktionen alternative Möglichkeiten in das politische System ein - und zwar unter sachlichen Aspekten je unterschiedliche inhaltliche Gesichtspunkte der Gesellschaftssteuerung und unter sozialen Aspekten die Bindung unterschiedlicher Gruppen und Milieus der Gesellschaft. So setzen eher konservative Angebote an der Schwäche der Menschen an, achten darauf, dass latente Bedingungen des Zusammenlebens latent bleiben und Überforderungen durch Wandel unterbleiben; eher sozialdemokratische Modelle setzen an der Generalinklusion auch derer an, die weniger Chancen für Elitenzugehörigkeit haben, ihnen ist es wichtig, den sogenannten «kleinen Leuten» Rechte zu verschaffen, aber auch sozialen Aufstieg zu ermöglichen; liberale Parteien setzen letztlich an der Individualisierung von Risiken an; ökologische Parteien orientieren sich nicht nur an den Naturverhältnissen, sondern sind den Konservativen darin ähnlich, die Zugehörigkeit und Solidarität geradezu gemeinschaftlich mit einem Zeitindex über Generationen hinaus zu versehen; linke Parteien leben den Phantomschmerz eines nicht mehr existenten Proletariats aus und können deshalb kaum Kräfte binden; und rechte Parteien konkterkarieren das Demokratieprinzip des «one man one vote» mit der faschistoiden Idee der prinzipiellen Ungleichheit von Gruppen. Demokratie variiert in diesem Sinne das Verhältnis von Leistungs- und Publikumsrolle des politischen Systems. Diese unterschiedlichen politischen Programme etablieren unterschiedliche Steuerungsformen und imaginieren sich je unterschiedliche Publika - und bedienen damit das Bezugsproblem der Demokratie, das politische System mit Variationsmöglichkeiten auszustatten.

An der politischen Demokratie wie an anderen Funktionssystemen kann man beobachten, dass das moderne Grundproblem darin besteht, zwischen kontingenten Alternativen wählen zu müssen und mit Uneindeutigkeit umzugehen. Was in der Wissenschaft durch ergebnisoffene Forschung geleistet wird, in Kunst und Kultur durch die Pluralisierung von Formen, in der Wirtschaft durch die kontingente Konstellation von Angebot und Nachfrage und in der Bildung durch die zukunftsoffene Form der Veränderung des Menschen, ist in der Politik die Demokratie als Prozessierung und Etablierung unterschiedlicher Lösungen und Problembeschreibungen. Überall geht es um das Treffen von Entscheidungen, d.h. vor allem Entscheidungsalternativen zu erfinden, um Entscheidungen plausibel machen zu können. In der Demokratie geschieht das durch unterschiedliche Angebote, die Regierung und Opposition als zwei gleich legitime Alternativen einander gegenüberstellen. Oben habe ich das als «Doppelspitze» bezeichnet, also als den Versuch, die Alternative in den Prozess der Entscheidungsfindung einzubauen. Demokratie findet deshalb ihr Bezugsproblem vor allem in der Sachdimension, also darin, wie Entscheidungen über Sachverhalte und Strategien kollektiv verbindlich dargestellt werden können.

Dass dafür die unterschiedlichen Gruppen des «Volkes», Klassen, Schichten und Milieus, Interessengruppen, Berufsgruppen, sozialmoralische Formen usw. integriert und berücksichtigt und in Konfliktantagonismen abgebildet werden müssen, widerspricht dieser Hauptorientierung an der Sachdimension nicht. Denn dass sich das «Volk», dem im politischen Prozess ein Gleichheitsangebot gemacht wird, in einem Zustand erheblicher interner Ungleichheit befindet, gehört zu den zentralen Themen und Gegenständen politischer Entscheidungen. Die Demokratie muss also sachlich flexibel genug bleiben. «Demokratie heißt [...] Erhaltung der Komplexität trotz laufender Entscheidungsarbeit, Erhaltung eines möglichst weiten Selektionsbereichs für immer wieder neue Entscheidungen.»[56] Deshalb baut sie die Revisions- und Korrekturfähigkeit von Entscheidungen und nicht zuletzt Pluralität in die Entscheidungsprogramme ein – andernfalls erhöht sich der Druck populistischer, simplizistischer und autoritärer Angebote.

An dieser Stelle wird deutlich, wie eng das allgemeine Demokratiethema mit sozial- und wohlfahrtsstaatlichen Fragen verknüpft ist, für die sich wiederum spezielle Semantiken und Begriffsapparate etablieren.[57] Nicht umsonst unterscheiden sich Politikstile und -programme anhand von Fragen der ökonomischen Umverteilung,[58] indem sie durch unterschiedlichste Inklusionsangebote Gleichheitsformen in der Ungleichheit herstellen (→ Gleichheit/Ungleichheit). Deshalb ordnen sich auch die Parteienlandschaften der westlichen Demokratien bis heute wesentlich um Fragen des Verhältnisses von mehr oder weniger Umverteilung, interventionistischer oder liberaler

Modelle, angebots- oder nachfrageorientierter Politik, traditionell gesprochen: Kapital und Arbeit – neben der Achse kulturell eher konservativer oder progressiver Gesellschaftspolitik. Ob diese Differenzierungen für die zukünftigen Herausforderungen noch passen – man denke an die Herausforderung des Klimawandels oder an die Digitalisierung der ökonomischen Wertschöpfung –, ist eine offene Frage, vor allem für die ehemals «großen» Mitte-links- und Mitte-rechts-Parteien, die geradezu paradigmatisch an den «modernen» Achsen des Politischen hängen. Die Zukunft der Demokratie wird sich daran entscheiden, ob es gelingt, für die genannten Herausforderungen sowohl genügend Lösungskapazitäten bereitzustellen als auch flexibel genug zu bleiben, um demokratische Alternativen bereitzustellen, um die Illusion der Gesamtrepräsentation der «Gesellschaft» aufrechterhalten zu können.

Beim Demokratiethema fällt die Spannung zwischen der *Funktion* der Demokratie und der *Funktion der Rede* von der Demokratie besonders eklatant aus. Die Rede von der Demokratie verweist auf all die Themen, die hier angesprochen worden sind: Repräsentation, Verfahren, Konsentierung, Entscheidungsfähigkeit, Partizipation. Bis heute besteht eine der wirksamsten (Selbst-)Kritiken der Demokratie im Vorwurf mangelnder Partizipation, Beteiligung und Mobilisierung und arbeitet sich daran ab, dass die Entscheidungsträger sich zu weit von denen entfernt haben, die sie repräsentieren. Es wird geradezu ein Um-zu-Motiv unterstellt, vermeintlich demokratische Institutionen und Verfahren seien explizit dazu verfasst, solche Formen der Teilhabe zu minimieren.[59] Diese Kritik ist nicht von der Hand zu weisen, verweist aber auf exakt jene Spannung, die dem Demokratiebegriff inhärent ist. Die Rede von der Demokratie, der Gebrauch des Begriffes als deskriptiver wie auch appellativer und normativer Begriff, hat letztlich genau die Funktion, eine kommunikative Form für diese Spannung zu finden, zwischen Repräsentation, Teilhabe und Partizipation einerseits und der Moderation von Zielkonflikten und Interessen und vor allem des angemessenen Umgangs mit Steuerungsproblemen in einer komplexen Gesellschaft andererseits.

→ Freiheit

Freiheit ist die Abwesenheit von Zwang. Freiheit ist Orientierung am eigenen Willen. Freiheit ist das Gegenteil von Willkür. Freiheit ist das Gegenteil von Beliebigkeit. Freiheit ist Selbsteinschränkung aus Vernunftgründen.

Diese fünf Versuche, Freiheit zu definieren, thematisieren je unterschiedliche Bedeutungsräume, die mit dem Begriff der Freiheit aufgerufen werden. Im ersten Fall ist es Freiheit als Abwehrbegriff gegen Zwang, also negative Freiheit (Freiheit *von* etwas), im zweiten Fall geht es dagegen um positive Freiheit (Freiheit *zu* etwas), also um die Freiheit im Sinne der Umsetzung des eigenen Willens.[1] Im dritten Falle geht es um Freiheit im Unterschied zu Willkür, also einer völlig kriterienlosen Form des Verhaltens. Auch die vierte Bestimmung geht in eine ähnliche Richtung, denn als frei wird gerade nicht beliebiges Verhalten bezeichnet, sondern eines, das eine qualitative Dimension aufruft. Und die fünfte Bestimmung bindet Freiheit sogar an eine Selbsteinschränkung, die man vernünftig begründen können sollte. Das wäre ein erheblich anspruchsvollerer Freiheitsbegriff als derjenige, der nur die Abwesenheit von Zwang kennt: wenn eine Handlung als fast alternativlos erscheint, weil sie so gut begründet ist, dass die Begründung oder auch der Wille kaum andere Handlungen zulässt.

Der Begriff meint also durchaus Unterschiedliches – und nicht umsonst ist er sowohl Reflexions- als auch Kampfbegriff. Dass eine öffentliche Debatte über den Begriff der Freiheit gerade während der Covid-Krise stattfand, ist kein Zufall, zumal alle der angedeuteten Dimensionen des Gebrauchs des Freiheitsbegriffs aufgerufen wurden. Es waren vor allem die Diskussionen um das Verhältnis von Freiheit und äußerem Zwang (in Form etwa von Kontaktbeschränkungen, Lockdowns oder Schließungen von Einrichtungen) und das Verhältnis von Eigenverantwortung und kollektiver Regulierung, die an diesem Begriff andockten. Eine weitere Frage war, ob etwa die Selbstverpflichtung zur Impfung ein Akt der Freiheit sein kann. Vertragen sich Pflicht und Freiheit? Oder ist gar die Idee der Pflicht systematisch an ein Verständnis von Freiheit gebunden – denn eine Pflicht ist doch etwas anderes als ein äußerer Zwang? Schließlich stellt man sich den Träger einer pflichtgemäßen Handlung (→ Handeln) als prinzipiell frei vor. Freiheit wäre ein Korrelat der Erfahrung, dass jede Handlung nur deshalb Handlung ist, weil sie auch anders hätte ausfallen können. Wir rechnen etwas nur als Handlung zu, wenn wir dem Handlungsträger zutrauen, auch anders gehandelt haben zu können. Deshalb entzieht sich alles, was man etwa dem vegetativen Nervensystem oder dem habitualisierten Verhalten zurechnen würde, der Freiheit. Das gilt sogar für nicht-menschliche Akteure, Organisationen zum Beispiel, die durchaus eine Freiheit im Sinne von Handlungs- und Entscheidungsalternativen haben, oder Gott und den Göttern, die sogar unbedingt frei sind – Gott hätte die Welt auch *nicht* erschaffen können. In diesem Sinne wäre letztlich *alles* Ausdruck einer, seiner Freiheit.[2]

Aber wie ist es mit Tieren? Rechnen wir Primaten ihre durchaus vorhandenen Handlungsspielräume als Freiheit zu oder nur als eine gewisse Form der Verhaltensvariation? Wäre also höhere Komplexität schon «Freiheit» oder nur eine nicht so leicht auszurechnende Logik des nächsten Schritts, des Anschlusses an Ausgangsbedingungen? Und wie ist es mit Systemen künstlicher Intelligenz? Rechnen wir ihnen nicht schon mit der begrifflichen Festlegung auf Intelligenz Freiheitsgrade zu, die dem Selbstbild des Menschen als einem schon qua Natur freien Wesen entsprechen?

Der öffentliche Gebrauch von Freiheit ruft mehrere dieser Bedeutungen auf – wird aber von manchen auch als unterkomplexer Kampfbegriff verwendet. Die öffentliche Auseinandersetzung hat den Freiheitsbegriff zum Teil so instrumentalisiert, dass jegliche staatliche Maßnahme als Einschränkung von Freiheit in einem prinzipiellen Sinne gesehen wird, geradezu als Exerzitium zur Einübung von Unfreiheit, als Test, wie weit der Staat in der Gängelung der Bürgerinnen und Bürger gehen kann usw. Es lohnt sich also, dem Bezugsproblem des Freiheitsbegriffs etwas genauer auf den Grund zu gehen.

Das Bezugsproblem

Welches Problem löst der Begriff der Freiheit? *Für welches Problem ist «Freiheit» die Lösung?* Das Bezugsproblem von Freiheit ist zweierlei: zum einen die Uneindeutigkeit des Anschlusses, zum anderen die Frage, wie trotz dieser Uneindeutigkeit «angemessenes» Verhalten oder auch soziale Ordnung möglich sind. In einem engeren Sinne taucht der Freiheitsbegriff als politischer Begriff in der Neuzeit auf. Aber auch schon zuvor ging es darum, das Verhältnis möglichen und angemessenen Verhaltens zu bestimmen. So lässt Platon im Dialog *Protagoras* Sokrates sagen: «... und wenn einer Gutes und Böses erkannt habe, werde er von nichts anderem mehr gezwungen werden, irgend etwas anderes zu tun, als was seine Erkenntnis ihm befiehlt, sondern die richtige Einsicht sei stark genug, dem Menschen durchzuhelfen».[3] Das klingt sehr modern, ruft es doch exakt das ab, was in einer Hegel-Verballhornung (die übrigens von Friedrich Engels stammt) als «Einsicht in die Notwendigkeit» diskutiert wird.[4] Notwendigkeit meint hier keineswegs ein Art Zwang zu etwas Notwendigem, dem man sich nicht entziehen kann, sondern vielmehr, dass jemand eine bestimmte Position oder Handlung als das Richtige erkannt hat und sich deshalb an dieses Urteil gebunden fühlt. Freiheit wird dabei als eine Form eingeführt, die eben nicht Beliebigkeit und Willkür meint, sondern gute Gründe anführen kann. Auch die Idee der guten Gründe meint nicht, dass da Naturgesetze walten oder ein alternativloser Zwang entsteht. Gute Gründe muss man nur dann nennen, wenn die Sache sich nicht von selbst ergibt und wenn es genau genommen auch andere Gründe geben könnte. Demnach wäre schon die Nennung eines guten Grundes ein Ausdruck von Freiheit. Äußerer, autoritärer Zwang braucht keine guten Gründe und auch keine Einsicht, sondern lediglich Zwangsdrohungen, die das Verhalten des Gezwungenen letztlich fast alternativlos machen. Wer unter Zwang Gründe nennt, ist nicht frei – wer selbst Gründe wählt oder einem guten Grund folgt, muss auch die Freiheit dazu haben, den Grund abzulehnen.

Mit diesem sokratischen Gedanken ist ein Teil des Bezugsproblems des Freiheitsbegriffs schon aufgerufen: Die Verhaltensspielräume des Menschen sind stets größer, als man meint. Augustinus hat die Freiheit als «Fähigkeit zur Sünde»[5] bezeichnet. Um ein gottesfürchtiges, nicht-sündiges Leben führen zu können, bedarf es der Freiheit, das Falsche tun zu können, um das Richtige überhaupt benennen zu können. Bemerkenswert ist, wie sehr dieses theologische Argument der viel späteren Argumentation Immanuel Kants ähnelt, Freiheit als ein «Postulat der praktischen Vernunft»[6] anzusetzen, um sich ein frei handelndes Ich überhaupt vorstellen zu können, das mit seinen Urteilen und Entscheidungen auch scheitern kann (→ Handeln). Freiheit ist also die denknotwendige Voraussetzung dafür, dass sich ein Ich selbst im Hinblick auf Handlungsalternativen entscheiden und einschränken kann. Die vielbeschworene «Einsicht in die Notwendigkeit» würde dann postulieren, dass Freiheit und Pflicht keine Gegensätze, sondern zwei Seiten einer Medaille sind, zusammengehalten durch ein angemessenes Handlungsmotiv.

Das Bezugsproblem des Freiheitsbegriffs, besteht aus zwei Elementen: dem Umstand, dass Handlungen prinzipiell ergebnisoffen oder zumindest nicht eindeutig festgelegt sind – sie haben stets einen Aspekt von Unbestimmtheit –, und zweitens der Frage danach, wie trotz dieser Uneindeutigkeit des Verhaltens soziale Ordnung und erwartbares Verhalten möglich sind. Die bloße Einsicht in gute Gründe kann es nicht sein.

Mit Thomas Hobbes' *Leviathan* wird die Frage nochmals verschärft. Hobbes' Einschätzung, dass die Menschen im Naturzustand nicht friedlich miteinander leben können, weil sie sich gegenseitig um ihres eigenen Vorteils willen bekämpfen würden, wird gerne als ein negatives Menschenbild ausgelegt (mit Hinweis auch auf den historischen Kontext des *English Civil War* im 17. Jahrhundert). Aber genau besehen ist es ein Versuch, individuelle Freiheit unter politischen Bedingungen zu beschreiben. Es geht darum, wie individuelle Freiheit und Regiertwerden zusammengedacht werden können. Im *Leviathan* lautet die berühmte Formulierung: «Ich autorisiere diesen Menschen oder diese Versammlung von Menschen und übertrage ihnen mein Recht, mich zu regieren, unter der Bedingung, dass du ihnen ebenso dein Recht überträgst und alle ihre Handlungen autorisierst. Ist dies geschehen, so nennt man diese zu einer Person vereinte Menge Staat, auf lateinisch civitas.»[7] Die Untertanen übertragen ihre Macht, das heißt ihre Willkürfreiheit, auf eine legitime Regierung, um sich eine angemessene Freiheit zu ermöglichen. Freiheit wird an die Einschränkung von Willkür gebunden, das Bezugsproblem des Freiheitsbegriffs ist hier die Frage der (Selbst-)Einschränkung von Möglichkeiten, das Verhältnis von Möglichkeit und Wirklichkeit, die Selektivität von Elementen, genau genommen also: soziale Ordnung. Die Einschränkung meiner Freiheit ist die Freiheit des anderen *et vice versa.*

Wer also heute in einer libertären Weise das Problem der Freiheit schon im Gedanken der Selbstbestimmung und der Eigenentscheidung gelöst sieht, kappt letztlich die doppelseitige Form des Bezugsproblems der Freiheit, nämlich individuelle Entscheidungsfähigkeit und soziale Erwartbarkeit und Ordnung zusammenzudenken. Aus Freiheit wird dann Egoismus, den man zwar normativ als Grundlage einer freiheitlichen Ordnung aufblasen kann, der aber logisch schon am Bezugsproblem der Freiheit scheitert.

Entscheidend für den Freiheitsbegriff und seine Funktion ist der gesellschaftliche Kontext. Schon die theologische Postulierung der Sündhaftigkeit reagiert letztlich auf die Möglichkeit, sich anders verhalten zu können, als es angemessen ist.[8] Das setzt soziale Verhältnisse voraus, in denen mit einem Verhaltensspielraum gerechnet werden muss. Diese sozialen Verhältnisse bestimmen das Verhalten der Menschen nicht eindeutig, sondern machen Menschen zum Adressaten von Zurechnungen. Die individuelle Zurechnung von Zielen und Zwecken unterscheidet sich von kollektiv zurechenbaren Zielen und Zwecken.

Der politische Freiheitsbegriff entsteht an der Schwelle zur Moderne, als sich gesellschaftliche und politische Strukturen bilden, in denen das Leben der Menschen nicht mehr vollständig durch Gruppenzugehörigkeiten geregelt ist.[9] Freiheit muss sich einerseits gegen politische Herrschaft und Gängelei, auch gegen kirchliche und sogar familiale Zumutungen, durchsetzen, andererseits brauchen Gesellschaft und Politik diese Freiheitsidee, weil sie geradezu darauf angewiesen sind, Variationsreichtum und Ergebnisoffenheit in ihre eigenen Prozesse einzubauen.

Eine moderne Gesellschaft kommt gar nicht ohne die Idee der Freiheit aus, selbst wenn sich diese empirisch noch nicht durchgesetzt haben mag. In der *transzendentalen Analytik* schreibt Kant, dass das Selbstbewusstsein, also die moderne Figur eines auf sich selbst reflektierenden Ichs eben keine Anschauung sei, sondern «eine bloß intellektuelle Vorstellung der Selbsttätigkeit eines denkenden Subjekts».[10] Kant verdeutlicht, dass die Idee der Selbsttätigkeit und des denkenden Subjekts nur als denknotwendige, also apriorische Bedingung herangezogen wird, um mit jener empirischen gesellschaftlichen Erfahrung sich versöhnen zu können, dass die Freiheitsgrade individueller Selbsttätigkeit in einer allgemeinen Struktur gründen. Oder anders formuliert: Die *transzendentale* Figur des *vernünftigen* Subjekts reagiert auf die (wenigstens drohende) *empirische Unvernunft* der Menschen, denen die Vernünftigkeit ihres Tuns nurmehr in sich selbst und nicht mehr in den Verhältnissen oder gar in Gottes Geboten erscheinen kann.[11]

Solche Ideen entstehen in einer Welt, in der es für Handlungen keine eindeutigen Algorithmen mehr gibt. Gebote vermögen stets exakt zu sagen, was zu tun und was zu lassen sei. Gebote bewegen sich in einer Welt, die Situationen konkretistisch prädeterminiert. Auf die richtige Handlung kommt es Geboten an – Kant dagegen betont die *innere Verbindlichkeit* des Handlungs*motivs* und promoviert damit Variation. Von Was- wird auf Wie-Fragen umgestellt, um die Freiheitsgrade des Handelnden zugleich zu erhöhen und zu begrenzen: Sie werden erhöht, weil sie universell anwendbar sein müssen und deshalb rein prozedural angelegt sind; sie werden begrenzt, weil sie vernünftigen Prinzipien und Maximen unterworfen werden sollen.

Dieses Denken hebt die Außenleitung nicht einfach auf, sondern setzt eine Art Selbststeuerung ein, die im Bestimmungsbereich von Fremd- und Selbstzurechnung geschieht. Es trägt einer Gesellschaft Rechnung, in der die Menschen Unterschiedliches tun und dieses Tun erheblich weniger koordiniert wird als zuvor. Man ist nicht mehr nur Mitglied einer Gruppe, eines Dorfes, eines Hauses oder einer Kaste, sondern muss mehrere Rollen gleichzeitig spielen, die nicht mehr eindeutig miteinander verzahnt sind. Man ist Staatsbürger und entwickelt eine politische Meinung und zugleich auch Teilnehmer an Märkten unterschiedlicher Art, man bildet einen eigenen künstlerischen Geschmack und muss sich Ehepartner selbst suchen, man macht eine Bildungskarriere und kann womöglich sogar einen Beruf selbst wählen, man wird ein zurechnungsfähiges Rechtssubjekt, das Pflichten nachkommen muss, aber auch gegenüber anderen Rechte hat. Aktuell wird sogar die Bestimmung des eigenen Geschlechts von einer Naturnotwendigkeit zum Ausdruck der eigenen Freiheit.

Das Gesagte galt zunächst nur für bestimmte Trägergruppen, vielleicht kann man es bürgerliche Trägergruppen nennen, es galt zunächst geschlechtsspezifisch, es schloss ganze Gruppen etwa aufgrund von ethnischer Herkunft oder religiöser Konfession aus. Die modernen Gleichheitsversprechen wurden durch eine ungleiche Verteilung von Gütern, Rechten und Möglichkeiten konterkariert (→ Gleichheit/Ungleichheit). Aber als Prinzip war die Selbstbestimmung nicht mehr aus der Welt zu bekommen – und zwar einerseits als apriorisches Prinzip, um überhaupt ein Subjekt als zurechnungsfähigen Träger von Entscheidungen denken zu können, andererseits als wirksame Erwartung mit praktischen Konsequenzen, in einer Welt hoher Komplexität zum Zurechnungspunkt für individuelle Entscheidungen zu werden, für die man Freiheitsgrade braucht.

Das Bezugsproblem des Freiheitsbegriffs ist also nicht eine widerständige Welt, gegen die man sich durchsetzen müsste, am besten abgebildet im Freiheitsverständnis als Abwehrrecht gegen staatliche oder kirchliche oder sonstige gesellschaftlich tradierte Willkür bzw. Fremdbestimmung. Das tatsächliche Bezugsproblem liegt in der empirischen Bedingung der Freiheit, also in einer Welt, die weniger Bestimmtheit enthält als frühere Sozialformen und die Freiheit als eine Form braucht, damit die Selbstzurechnung und Fremdzurechnung miteinander in Einklang gebracht werden können. Man könnte auch sagen: *Für eine sich modernisierende Gesellschaft ist es funktional notwendig, Freiheit mitzudenken, weil sie nicht mehr alles vorherbestimmen kann.*

Das aber setzt bei den Trägern der Freiheit voraus, dass diese das oben begrifflich beschriebene Bezugsproblem der Freiheit praktisch und empirisch werden lassen können. Die Anforderungen an Sozialisation und Rollenverhalten, Kontinuität der Lebensführung und Entscheidungsbereitschaft steigern sich mit einem Freiheitsbegriff, der all das nicht nur ermöglicht, sondern auch einfordert. Deshalb sind wir in modernen Gesellschaften viel weniger in enge Sozialverbände eingegliedert, die die Freiheit des Einzelnen stark einschränken, sondern in unterschiedliche Funktionslogiken und Rollen mit unterschiedlichen Erfolgsbedingungen (→ Gesellschaft). Menschen werden nicht mehr in alternativlose Sozialverbände inkludiert, sondern gleichzeitig in unterschiedliche Funktionssysteme, die je unterschiedliche Anforderungen an die Menschen als zurechnungsfähige Individuen stellen. Die Differenzierung der Gesellschaft in unterschiedliche Funktionslogiken bringt je eigene Formen von Individualität und individuellen Entscheidungsräumen hervor. Hierin liegt die Herausforderung für die Freiheit des Einzelnen.

Die unterschiedlichen Logiken greifen recht direktiv in die Konstitution des Individuums ein. Dieses Argument ähnelt Michel Foucaults «Analytik der Endlichkeit», die «den Menschen» als kollektivsinguläre Einheit als Ergebnis von Diskursen vorstellt. Foucault beschreibt das selbst entscheidende Subjekt als das Resultat einer merkwürdigen Determination: «die Grundlage dieser Determination [ist] das Sein des Menschen selbst in seinen radikalen Grenzen.»[12] Und diese Grenzen sind dadurch gesetzt, dass sich Individualität im Bestimmungsbereich entsprechender Erwartungen vorfindet. Mit Foucaults berühmter Formulierung, in der «Leere des verschwundenen Menschen»[13] zu denken, wird der blinde Fleck der Behauptung einer Subjektivität des Subjekts auf seine diskursiven bzw. gesellschaftlichen Voraussetzungen hin befragt. In diesem Sinne erweisen sich manche programmatischen Strategien der Funktionssysteme als diejenigen diskursiven Techniken, in denen man mit Foucault die *Konstitution des Subjekts* erkennen kann – und darüber hinaus paradoxerweise auch den Grund seiner Freiheit. Darin wird das komplexe Bezugsproblem des Freiheitsbegriffs deutlich. Foucault wird üblicherweise zitiert, wenn man auf die Disziplinierung des Menschen verweisen möchte, wenn man das Machtvolle äußerer Bestimmung und innerer Formierung beschreiben will. An Freiheit denkt man hier wohl erst in zweiter Linie – aber bezogen auf das Bezugsproblem des Freiheitsbegriffs lässt sich gerade in der Konstitution des «Subjekts» durch diskursive Praktiken auch die merkwürdige Herstellung von Freiheitsgraden beobachten.

– So greift *Ökonomie* nicht nur auf individuelle Zahler zu und zwingt sie geradezu zur Teilnahme an Märkten unterschiedlichster Art, sondern konstituiert damit auch erst das interessegeleitete Subjekt utilitaristischen Zuschnitts, das die Freiheit hat, sich mit je eigenen Entscheidungen am Marktgeschehen zu beteiligen;

- *Recht* und *Politik* fordern individuelle Konformität, gesellschaftlichen Zwang zum Selbstzwang (Norbert Elias), Selbstkontrolle und Loyalität als subjektive Vermögen sowie die freiwillige Unterwerfung unter (staatliche) Kollektive ein – zugleich rechnen sie aber auch mit einer Freiheit, die sich alledem entgegenstellt und zu eigenen Urteilen führt;
- *(Human- und Bio-)Wissenschaften* «erfinden» den Menschen, verlangen von ihm Autonomie und konstituieren ihn als «empirisch-transzendentale Dublette» (Foucault) oder womöglich bald als industriell-genetisches Produkt, betonen aber vor allem seine innere Freiheit im Bestimmungsbereich einer Gesellschaft, die genau diese Lücken lässt. Deswegen empfinden moderne Individuen die Welt und die Gesellschaft als viel widerständiger als Bewohner früherer Sozialformen, die diese Lücken gar nicht kannten und deshalb keine Herausforderung für die Freiheit sein konnten. Sie waren wahrscheinlich nicht unfrei, weil Freiheit funktional nicht notwendig war;
- *Religion* übt Geständnisse ein, die sich im Recht, in der Liebe und in der Medizin säkularisieren – aber gerade diese Geständnisse setzen die Freiheit voraus, selbst zurechnungsfähig zu sein. Es kommt im Geständnis darauf an, was man sagt, weil man Alternativen hat;
- *Erziehung* trainiert Triebaufschub und Langsicht, verlangt den Zöglingen einiges ab und rechnet dann die Ergebnisse der Freiheit der Erzogenen zu. Die Ambivalenz der Erziehung ist die Kombination von Innen- und Außenleitung, und das symbolische Konstrukt «Bildung» ist das Kunstwort für jene Form der Persönlichkeit, deren Freiheit in der Selbsteinschränkung durch gute Gründe und innere Notwendigkeit liegt.
- Vermittelt wird dies in modernen Gesellschaften vor allem durch Mitgliedschaft in *Organisationen*, die sich von der Inklusion in kompakte Sozialverbände unterscheidet. Organisationen sind Sozialsysteme, die die Handlungsmöglichkeiten, die Freiheitsgrade ihrer Mitglieder erheblich einschränken – aber sie rechnen mit Mitgliedern, die mit dieser Diskrepanz zwischen Freiheit und

Fremdbestimmung selbstbestimmt umgehen können. Die Einschränkung der Freiheitsgrade in Organisationen kann im Gegenzug übrigens wiederum selbst für Freiheitsmöglichkeiten sorgen, man denke etwa an Zuständigkeiten, die von anderem entlasten und in einem definierten Rahmen Handlungsmöglichkeiten eröffnen. Oder man denke daran, dass man in Bildungsorganisationen gerade durch temporäre Einschränkung von Möglichkeiten jene Möglichkeiten erwerben kann, die wiederum Ausgangspunkt hoher Freiheitsgrade sind. Unternehmen, Schulen, Universitäten, Kirchen und Vereine sind eben keine «totalen Institutionen»,[14] sondern sie können die Freiheitsgrade ihrer Mitglieder nur einschränken und formen, arbeitsteilig aufeinander beziehen und temporär suspendieren, weil sie mit bestimmten Freiheitsgraden rechnen. Man muss die Freiheit des Individuums voraussetzen, um sie temporär einschränken zu können – und mit Freiheit ist hier nicht die rechtliche Kodifizierung der Freiheits- und Grundrechte gemeint, sondern die Unterbestimmtheit des Menschen in einer Welt, die explizit *nicht* aus kompakten Sozialverbänden und Gruppen besteht.

Für all das haben sich Semantiken und Traditionen eines Freiheitsbegriffs entwickelt, die als Tradition des Liberalismus eine sowohl politische als auch gesellschaftliche Bedeutung haben. Diese begriffliche Tradition verkennt oft die gesellschaftlichen Voraussetzungen von Freiheit, vermag aber mit einigem Pathos die Individualität des freien Individuums gut auf den Begriff zu bringen. Vielleicht ist das sogenannte Mill-Limit die schönste Formulierung in der Tradition des Liberalismus. John Stuart Mill schreibt 1859 in *On Liberty*, «dass der einzige Grund, aus dem die Menschheit, einzeln oder vereint, sich in die Handlungsfreiheit eines ihrer Mitglieder einzumischen befugt ist: sich selbst zu schützen. Dass der einzige Zweck, um dessentwillen man Zwang gegen den Willen eines Mitglieds einer zivilisierten Gesellschaft rechtmäßig ausüben darf: die Schädigung anderer zu verhüten.»[15] Das scheint wie für die Auseinandersetzungen um ein angemessenes Freiheitsverständnis in der Corona-Pandemie geschrieben. Es geht darum, die gesellschaftliche Ordnung, die zugleich Quelle und Hindernis der individuellen Freiheit ist, auf so wenig Einschränkung wie irgend möglich festzulegen, zugleich aber anzuerkennen, dass Freiheit eben nicht Willkür und Beliebigkeit bedeutet. In dieser Spannung bewegt sich stets die Konfliktlinie zwischen liberalen und regulierenden Formen sozialer Ordnung bzw. sozialer Steuerung – nicht nur im politischen Bereich, sondern auch in der Organisations- und Unternehmensführung, in der Frage kultureller Pluralität, in Erziehungs- und Bildungsstilen, in rechtlichen Regulierungen usw.

In libertären Formen, man denke etwa an Ayn Rand[16] oder anarchokapitalistische Ideen[17], wird die gesellschaftliche Genese der Freiheit fast völlig geleugnet – es bleibt nur eine Form des Egoismus, von dem man erwartet, dass er Eigen- und Fremdinteresse auf geradezu wundersame Weise verbindet. Dass solche Formen besonders anfällig für rechte Denkungsarten sind, liegt nicht an der klassischen rechten Idee der alternativlosen Zugehörigkeit zu Ethnien, Nationen oder Rassen, sondern daran, dass ein solches Verständnis in der Konsequenz nur das Recht des Stärkeren, des Glücklicheren und die Dominanz der Konkurrenz kennt: Was sich durchsetzt, ist demnach wertvoller als das, was nicht aus eigener Kraft existieren kann. Solche Theorien haben mit einem anspruchsvollen Begriff der Freiheit nichts zu tun, sondern verkehren ihn geradezu in ihr Gegenteil. Ob man ihnen mit der politischen Einordnung als «rechts» gerecht wird, muss zudem bezweifelt werden. Es ist ein Liberalismus, der zwar die Freiheit der Einzelnen stark macht, aber von dieser Aufwertung darauf schließt, dass Andere nur Konkurrenten um knappe Ressourcen seien. Solche Denkungsarten sind nicht an der gesellschaftlichen Form der Individualität interessiert, sondern nur an einem pathetischen Individualismus. Intellektuell muss man das nicht ernst nehmen – politisch und normativ schon.

Lücken der Freiheit

Die gesellschaftliche Form der Individualität und der Freiheit der Person findet sich nicht naturrechtlich vor, sondern ist eine Reaktion auf gesellschaftliche Erwartungsbildung. Die Entstehung eines gesellschaftlichen «Bedarfs» für Freiheit lässt sich nicht allein durch die

Träger der Freiheit und deren Subjektivität erklären, sondern vor allem an gesellschaftlichen Voraussetzungen, die Freiheitsformen geradezu strukturell implizieren. Das Folgende ist kein normatives Argument, sondern ein soziologisches. Es wird völlig davon abgesehen, ob «Freiheit» etwas «Gutes» ist oder nicht, stattdessen soll gezeigt werden, dass die Konzentration des gesellschaftlichen Selbstverständnisses im Hinblick auf das Verhältnis von individuellen Handlungsspielräumen und gesellschaftlicher Ordnung die Wahrscheinlichkeit von «Freiheit» – und ihre Bekämpfung – erhöht.

Was wir als Form der Freiheit kennen, ist nur auf einem gesellschaftlichen Komplexitätsniveau möglich (und nötig), auf dem die Gesellschaftsstruktur Lücken für die Gestaltung lässt und in dem Entscheidungsprozesse prinzipiell ergebnisoffen sind. Diese Lücken sind selbst nicht das Ergebnis eines politischen Programms oder von wertsensiblen bewussten Entscheidungen, sondern eine Folge der gesellschaftlichen Modernisierung. Die Komplexität der modernen Gesellschaft liegt gerade in der Unterbestimmtheit ihrer ökonomischen, ihrer rechtlichen, ihrer wissenschaftlichen, ihrer künstlerisch-ästhetischen Formen – und in der Unterbestimmtheit des Menschen, der für eigene Entscheidungen zurechnungsfähig und deshalb gebildet sein muss. Unterbestimmtheit meint: Wenig ist prinzipiell festgelegt – und deshalb wird die Gesellschaft innovationsfähig und risikobereit, lösungsorientiert und prinzipiell ergebnisoffen.

– Die Demokratie als *politisches* Tool setzt Ergebnisoffenheit voraus, wird dadurch fallibel, ermöglicht Regierungswechsel, braucht konkurrierende Angebote und muss sich vor einem Publikum bewähren. Kritik und Nein-Stellungnahmen etablieren sich und werden sogar institutionalisiert. Politische Herrschaft wird durch institutionalisierte Opposition und eine nicht kontrollierbare Öffentlichkeit zu guten Gründen geradezu gezwungen, und es gibt kaum einen Algorithmus, der die Freiheit alternativer Lösungen einschränken kann – außer die verfahrensgestützte Entscheidung, die zwischen Alternativen wählt. Allerdings wird in einer Gesellschaft nicht alles demokratisch-politisch entschieden. Aber auch in den anderen Bereichen setzen sich mit zunehmender Komplexität Erfahrungen der Ergebnisoffenheit durch. Man kann das Bezugsproblem der Demokratie weit über die übliche Frage der Repräsentation hinaus sogar als eine besondere Form der Verarbeitung von gesellschaftlicher Komplexität verstehen (→ Demokratie).[18]

- Nicht umsonst geht die politische Form der Demokratie stets mit marktwirtschaftlichen *Ökonomien* einher, die geradezu auf die Ergebnisoffenheit des Marktgeschehens angewiesen sind. Das darin zum Ausdruck kommende Freiheitsverständnis kollidiert oft mit der Idee politischer Freiheit, weil beide Bereiche je unterschiedliche Probleme lösen. Aber daran, dass beide auf Ergebnisoffenheit getrimmt sind, lässt sich schwer vorbeisehen. Die Ergebnisse ökonomischer Dynamiken sind prinzipiell ergebnisoffen – und damit eben auch riskant in dem Sinne, dass gerade als erfolgreich wahrgenommene ökonomische Prozesse zu Fehlallokationen und Fehlanreizen führen können. Der Preis der Unterbestimmtheit ist das Risiko der Konzentration auf Entscheidungen.
- Das positive *Recht* erzeugt eine Ergebnisoffenheit im Hinblick auf die verfahrensförmige Entscheidung – und es setzt eine Unterbestimmtheit insofern voraus, als rechtliche Entscheidungen keine eindeutigen Algorithmen sind, sondern mit der Kontingenz möglicher Alternativen zurechtkommen müssen.
- *Kunst* ist vielleicht der entscheidende Bereich, in dem die Nicht-Festgelegtheit von Möglichem geradezu zelebriert wird. Am Kunstwerk kann man widersprüchlicherweise feststellen, dass es selbst so sein muss, wie es ist, aber stets auch völlig anders sein könnte. In der Musik etwa lässt sich das am Verhältnis von gespielter notierter Musik und musikalischer Improvisation studieren. Beide verkörpern je besondere Formen von Unterbestimmtheit.
- *Bildung* zielt insofern auf Ergebnisoffenheit, als Bildung nicht einfach in der Übertragung von Wissen und Informationen in das kognitive Arsenal von Personen besteht, sondern in der Vermittlung von Selbsttätigkeit im Hinblick auf die Orientierung in sozialen Bezügen. Selbst wenn Bildung konzeptionell nur als Wissensübertragung angelegt ist, ist der Effekt zumeist die Fähigkeit der kognitiven Rekombination von Elementen. Das macht das Risiko von Bildung aus.

– *Wissenschaft* verkörpert Ergebnisoffenheit insofern, als es um die Institutionalisierung von Zweifel und die Überwindung von bisherigem Wissen geht, sublimiert im Verständnis von Erkenntnisfortschritt. Das Wissenschaftssystem ordnet sein Selbstverständnis in der Orientierung an neuer Erkenntnis (→ Wissen).

Wer das Bezugsproblem des Freiheitsbegriffs verstehen will, muss einsehen, dass es sich dabei nicht einfach um eine Wertentscheidung handelt, die vom Himmel fällt oder aus der inneren Unendlichkeit des ohnehin immer schon freien Menschen erwächst. Vielmehr ist es eine Reaktion auf eine Gesellschaft, die sich eben nicht mehr durch die vollständige Bestimmtheit von Menschen, durch Zugehörigkeit und Schichtung, durch Orientierung an einem hierarchischen Prinzip ordnet. Die Gesellschaftsstruktur lässt Lücken.[19]

Alexander Kluge hat in seinem Buch *Die Lücke, die der Teufel lässt* sehr eindringlich gezeigt, wie selbst in den bedrängendsten und bedrohlichsten Lebenssituationen stets Alternativen und Gegenbewegungen möglich sind.[20] Schon die Dinge unterschiedlich beschreiben zu können, verweist auf Freiheitsgrade, die noch durch den stärksten Totalitarismus nicht eliminiert werden können – eben weil die Dementierung, die Nein-Stellungnahme, die Abweichung möglich ist und weil Kontingenz kein abstraktes theoretisches Konstrukt darstellt, sondern allem eingeschrieben ist, was man modern nennen kann.[21] Das heißt nicht, dass frühere Sozialformen geradezu mechanisch und abweichungsfrei funktioniert hätten, ganz im Gegenteil. Aber das Ordnungsprinzip war bei aller Unübersichtlichkeit klarer.

Der Freiheit geht es also letztlich um die Lücken, die die Gesellschaft lässt. Sie lässt diese Lücken dadurch, dass sie als funktional differenzierte Gesellschaft mit sich selbst inkompatibel ist (→ Gesellschaft). Sie kann keine unwidersprochene Form ihres Selbstverhältnisses etablieren, weil diese Formen aus unterschiedlichen Perspektiven schlicht nicht eindeutig aufeinander abbildbar sein können. Schon die konkurrierenden Beschreibungen ökonomischer, politischer, wissenschaftlicher, künstlerischer und religiöser Natur lassen Lücken der wechselseitigen Übersetzbarkeit, von der Kontrolle der eigenen Umwelt ganz zu schweigen. Von keiner dieser Orientierungen aus lässt sich das Gesamtsystem eindeutig bestimmen – das Gesamtsystem lässt immer Lücken. Niemand muss solche Lücken lassen wollen, sie sind im System schon angelegt.[22]

Nur wo jene Lücken entstehen, kann sich auch eine Tradition der Freiheit entwickeln. Diese Lücken sind – um es noch einmal zu betonen – die unbestimmten Räume, in denen genug Kontingenz und Zufall eingebaut sind, um das Neue zu prämiieren. Man braucht keine Freiheit, wenn es vor allem darum geht, Strukturen aufrechtzuerhalten. Deshalb adressiert der politische Freiheitsbegriff einerseits als Form der negativen Freiheit vor allem die Willkür des Staates, der die Lücken allzu autoritär zu schließen versucht, und beruft sich andererseits im Hinblick auf die Pluralisierung von Lebensformen auf ein positives Freiheitsverständnis, das die Handlungsspielräume des Einzelnen entsprechend erhöht.

Es ist kein Zufall, dass sich viele sozialwissenschaftliche Theorien der modernen Gesellschaft nicht mehr auf Strukturen oder stabile Gerüste stützen, sondern auf Prozesse und Praktiken, auf ein *doing*. Gesellschaftsbeschreibung erscheint dann weniger als Taxonomie oder als Bauplan, als Organigramm oder als Programm einer wohlgeordneten Arbeitsteilung. All das gibt es auch, um es lehrbuchfest zu machen. Und oftmals begnügt es sich damit, die Gesellschaft für einen politischen Raum zu halten. Aber interessant wird soziologisches Denken erst, wenn es seine eigenen Begriffe verzeitlicht und prozeduralisiert. Diese Wendung hin zu operativem Denken ist der theoretisch innovativere Diskursstrang des soziologischen Diskurses der Moderne geworden[23] – und die Implikationen dieses Denkens haben direkt mit dem hier behandelten Bezugsproblem der Freiheit zu tun.

Es ist kein Zufall, dass ganz unterschiedliche soziologische Denkungsarten darauf stoßen, dass Ordnung, Bedeutung und Strukturen nicht einfach vorfindbar oder in einer großen historischen Wandelbarkeit verortbar sind. Letzteres führt zwar oft zu den großen Sätzen, nichts sei ganz sicher, alles sei geworden usw. Aber das sind informationsfreie Binsenweisheiten und Selbstverständlichkeiten. Aufregender wird es dort, wo soziologische Studien ganz konkret auf den operativen Ordnungsaufbau hinweisen. So interessiert sich eine phänomenologische Soziologie für Prozesse der Sedimentierung von

Bedeutungen und Deutungsformen durch die Erfahrungsaufschichtung, also durch Prozesse der Teilnahme an sozialen Praktiken;[24] George Herbert Meads pragmatistische Soziologie zeigt, wie sich Identität und Selbst dadurch entwickeln, dass Akteure in einem Nacheinander von wechselseitigen Prozessen und Wahrnehmungen eine soziale Wirklichkeit entstehen lassen, an die sie dann selbst anschließen.[25] Auch Georg Simmel interessiert sich für Wechselwirkungsprozesse, die einen starken Zeitfaktor haben.[26] Die Praxistheorie von Pierre Bourdieu setzt auf praktische Ereignisse, also auf gegenwartsbezogene Formen, in denen Bedeutung und Ordnung entstehen und sich verändern,[27] und spätestens mit Jürgen Habermas wird mit der Prozeduralisierung der Teilnahme an sozialen Prozessen der Kommunikationsbegriff explizit relevant.[28] Niklas Luhmann gibt ihm dann jene Gestalt, die die Offenheit der Anschlüsse zum Bezugsproblem von Kommunikation macht.[29] Das Bezugsproblem des Kommunikationsbegriffs ist mit dem des Freiheitsbegriffs verwandt. Denn Kommunikation verweist darauf, dass Prozesse nicht festgelegt, sondern offen sind. Von Kommunikation ist nur dann zu sprechen, wenn zwischen dem kommunikativen Ereignis p und dem Anschlussereignis q kein Kausalverhältnis besteht, sondern ein im weitesten Sinne stochastisches. Die Möglichkeiten von q werden gegenüber p zwar eingeschränkt, aber q wird nicht von p determiniert. Ordnung bzw. Anschlüsse sind dann letztlich stochastisch zu ermitteln. Die Konjunktur des Kommunikationsbegriffs ist nicht nur eine theoretische oder akademische Konjunktur, sondern auch eine gesellschaftliche. Kaum eine Gesellschaft zuvor musste so sehr daran arbeiten, Anschlussfähigkeit zu organisieren. Denn eine Gesellschaft, die so viele Lücken lässt, kann kommunikative Anschlüsse nicht vollständig rituell festlegen (→ Kommunikation).

Freiheit als Notwendigkeit?

Es wäre nun ein Fehlschluss, aus dem Gesagten eine strukturelle Notwendigkeit von Freiheit abzuleiten. «Humes Gesetz» bezeichnet die Regel, nicht von Ist-Aussagen auf Soll-Aussagen zu schließen. David Hume weist darauf hin, dass ein Sollen nicht aus einem Sein abgeleitet werden kann.[30] Es geht also um den Unterschied von normativen und deskriptiven oder besser: von Wertaussagen und empirischen Aussagen. Aber ein Fehlschluss würde nur drohen, wenn Freiheit hier als normativer Begriff rekonstruiert würde. Der Freiheitsbegriff hat selbstverständlich starke normative Implikationen, er kann als ein Wertbegriff gelesen werden. Aber das Bezugsproblem des Freiheitsbegriffs ist ein durch und durch empirisches Problem. Es verweist auf jene Lücken, die die Gesellschaft lässt und die praktisch ausgefüllt werden müssen. Anders formuliert: Freiheit wird dort zum praktischen Problem, wo vollständige Kontrolle unmöglich wird. Und dieses Problem muss gelöst werden.

Auch die Dementierung von Freiheit, also die totale Herrschaft, die autoritäre Attitüde, der Versuch der Kontrolle oder die Maßregelung von Abweichung sehen sich als Formen jenen Lücken gegenüber, die sie auf ihre Weise schließen müssen oder wollen. Es ist ein dialektischer Gedanke: Die Dementierung der Freiheit setzt am selben Bezugsproblem an wie die Freiheit selbst. Weil sie Lücken schließen wollen, sind Totalitarismus und Fundamentalismus, Populismus (→ Populismus) und Ideologie durch und durch moderne Phänomene. Sie setzen zumeist an jenen Praktiken an, die in die Lücken der Abweichung und der Diversität stoßen: freie Medien, Vielfalt von Lebensformen (etwa sexueller oder konfessioneller Natur), freier Handel, politische Opposition, jegliche Kritik und Wissenschaftsfreiheit. *Die Dementierung von Freiheit setzt direkt an der Freiheit an.*

Das heißt auch, dass sich aus den Lücken als solchen eben nicht Freiheit ablesen lässt – in dem Sinne, dass die gesellschaftliche Modernisierung geschichtsphilosophisch, geradezu automatisch abgesichert in Richtung einer liberalen Gesellschaft (was immer das bedeuten mag) strebe. Wer das behauptet, betreibt Ideologie und wird durch die empirische Erfahrung mit der modernen Gesellschaft immer wieder und nachhaltig falsifiziert. Das Argument muss umgekehrt werden: Die moderne Gesellschaft beinhaltet in sich selbst die strukturelle Möglichkeit, auf Freiheit zu verweisen, weil sie auf das Problem stößt, wie jene Lücken auszufüllen wären. Mit diesen Lücken kann sowohl liberal als auch illiberal umgegangen werden.

Man könnte die Freiheit, von der hier die Rede ist, eurozentrisch als eine bloß *westliche* Tradition verstehen, die eng mit der individualistischen Tradition, der neuzeitlichen Philosophie und dem westlichen Modell von Staatlichkeit und Menschenrechten entstanden ist. Ein solches Verständnis des liberalen Westens gegenüber weniger liberalen und weniger «entwickelten» Regionen gehört zum westlichen Selbstverständnis – und es ist nicht ganz falsch, wenn man bedenkt, dass liberale politische Modelle eher wenig globale Verbreitung finden. Das chinesische autoritäre Modell, das russische eurasisch-faschistische Modell, das sich in einer amalgamierten Tradition zwischen russischen Mythen und sowjetischem Kontrollwahn sieht, aber auch autoritäre Formen in postkolonialen und anderen Regionen der Welt – all diese Herausforderungen sind geradezu kulturunabhängig davon imprägniert, die Lücken, die die Gesellschaft lässt, auszufüllen. Sie operieren am Bezugsproblem der Freiheit – und überall gibt es jene Abweichungsverstärker, die sich dem entziehen (wollen).

Shmuel Eisenstadts Idee der *multiple modernities* verdeutlicht, wie sich Modernisierungsprozesse in ganz unterschiedlichen Regionen der Welt zwar sehr unterschiedlich entfalten, aber einander strukturell ähnlicher sind, als es auf den ersten Blick erscheint. Eisenstadt konzipiert die gesellschaftliche Moderne als Bewegung, als Projekt.[31] Modernität heißt für ihn Kontingenzbewusstsein und ein Verhältnis zur Welt, das auf Änderbarkeit und Gestaltbarkeit zielt. «Subjekt» solcher Änderung und Gestaltbarkeit ist nicht mehr die geschlossene Oberschicht, sondern sind politisch erzeugte und erzeugbare Kollektivitäten, deren ansprechbare Identität für revolutionäre Energien sorgt. Der enorme Vorteil von Eisenstadts Vorschlag besteht darin, *modernization* und *westernization* nicht identisch zu setzen.

Und liest man gegenwärtige postkoloniale Kritiken, sind diese zumeist ebenfalls imprägniert durch exakt jenes Bezugsproblem, das hier herausgearbeitet werden soll: die Wechselseitigkeit der Lücken, die die Gesellschaft lässt, und der praktischen Frage, wie diese Lücken geschlossen werden. Dies ist das Bezugsproblem der Freiheit – jener Freiheit, deren Praxis oftmals das Gegenteil dessen hervorgebracht hat, was der normative Gehalt des Freiheitsbegriffs impliziert, etwa wenn es um die Verteilung von Freiheitsrechten ging.

Denn eine der Nebenfolgen der Durchsetzung von Freiheitsrechten und des Aufforderungscharakters von Freiheitsversprechen besteht darin, dass diese Versprechen nun von allen Seiten beansprucht werden. Freiheit als Idee und als Praxis wurde in dem Moment virulent, als eine bestimmte bürgerliche Lebensform sich gegen die Ansprüche des Staates und der Kirche durchsetzen konnte – und dieses Bürgertum stellt nun fest, dass auch andere Anspruch auf Freiheit erheben. Mit der Zeit aber wundern sich gerade «bürgerliche» Perspektiven, dass nun auch andere Gruppen, zuvor Marginalisierte, Minderheiten, Ausgeschlossene, sozialmoralisch und ästhetisch Abweichende, soziale Bewegungen etc., sich auf jene Freiheit berufen, die die Bürgerlichen zuvor als Abwehrrechte gegen die Tradition, die Kirche und die Adelsherrschaft in Anspruch genommen haben. Neue Adressaten von Freiheit setzen damit gewissermaßen Abwehrrechte gegen jene durch, die sich zuvor ihrerseits auf Abwehrrechte berufen haben. Der Gebrauch des Freiheitsbegriffs beinhaltet durchaus ein Risiko: Man kann Freiheit, vor allem negative Freiheit, nicht den einen gewähren, die Ansprüche der anderen aber als illegitim betrachten. Das besondere Potential der Rede von der Freiheit besteht darin, inhaltlich indifferent sein zu können – das ist eben das besondere Risiko des Freiheitsbegriffs.

Insbesondere rechtlich normierte Freiheitsrechte sind formal blind dafür, wer sie in Anspruch nimmt, was natürlich nicht bedeutet, dass die Chancen auf erfolgreiche Geltendmachung in der Gesellschaft gleich verteilt wären. Dass dies als Ungleichheit auffällt, ist bereits ein Hinweis auf ein Gleichheitsversprechen, das im Gebrauch des Freiheitsbegriffs immer mit aufbewahrt ist (→ Gleichheit/Ungleichheit).

Freie Entscheidungen

Zum Ende dieser Überlegungen sei auf eine weitere Dimension des Freiheitsbegriffs hingewiesen, nämlich auf die Frage der Freiheit von Entscheidungen. An dieser Frage lässt sich noch einmal zeigen, wie sehr Freiheit in einer Welt situiert ist, die schon da ist. Entscheidungen haben es stets mit einer bestimmten Form der Offenheit zu tun – wenn die Dinge schon festgelegt, gar determiniert sind, ist kein Raum mehr für Entscheidungen. Wer gezwungen ist, etwas Bestimmtes zu tun, entscheidet nicht, sondern kann nicht anders, zumindest entscheidet er nicht frei. Entscheidungen gibt es nur in offenen Situationen, weswegen man komplexe moderne Gesellschaften auch als Entscheidungsgesellschaften bezeichnet hat.[32] Das bedeutet nicht, dass tatsächlich alles, was in modernen Gesellschaften geschieht, Ergebnis von Entscheidungen ist. Man kann aber durchaus beobachten, dass die Zurechnung auf Entscheidungen dazu dient, Orientierung, Beschreibbarkeit und damit eine gewisse Reduktion von Komplexität zu erreichen. Jede Entscheidung wird als Handlung zugerechnet, und diese Zurechnung verdeckt, dass damit gleichzeitig eine Konstruktion von Ursachen und Wirkungen vorgenommen wird (→ Handeln). Das wird vor allem in Organisationen sichtbar, die sich ohnehin in Form ihrer eigenen Entscheidungsgeschichte beobachten.[33]

Entscheidungsfreiheit besteht nun darin, dass Entscheidungen stets einen Handlungsspielraum beinhalten, also exakt jene Offenheit im Sinne dessen, was oben als Grundlage des Erlebens von Freiheit beschrieben wurde. Entscheidungen rechnen also einerseits mit einer Form der Zukunftsoffenheit, andererseits sind sie Operationen in einer Gegenwart, die die Zukunft zu binden versuchen. Weil die Zukunft in nicht-kausalen Systemen weder eindeutig prognostizierbar, noch im engeren Sinne gestaltbar ist, steht die Entscheidungsfreiheit vor dem Paradox, eine Zukunft binden zu wollen, die sich aber durch die Entscheidung niemals eindeutig determinieren lässt. Deswegen werden Entscheidungen auch nicht voraussetzungslos gefällt, sondern durch Institutionen, durch Wissen (→ Wissen) und wissenschaftliche Formen, durch Zuständigkeiten, durch die Etablierung von Expertise, durch Hierarchien, Rituale, symbolisches Handeln, Verfahren und Konditionalprogramme sozial handhabbar gemacht. Entscheidungen sind empirisch davon geprägt, dass sie stets in einem Rahmen erfolgen, in dem bestimmte Entscheidungsalternativen sozial erwartbar sind – institutionalisiert oder durch Routinen und Pfadabhängigkeiten strukturiert. Die Entscheidungsfreiheit ist also zumeist keine Entscheidungsbeliebigkeit, sondern eine strukturierte Freiheit, eine sozial gestaltete Freiheit.

Wer öffentlich Entscheidungen einfordert oder begründet, setzt gern auf entsprechende rationale Kriterien. Rationalität bedeutet in diesen Fällen eine verstehbare Begründung, warum so und nicht anders entschieden wird. Mit einer starken Unterstellung von Rationalität kommt man aber nicht weiter, wie etwa Julian Nida-Rümelin geradezu unfreiwillig demonstriert, wenn er die Nachvollziehbarkeit und damit Rationalität von Gründen an eine Bedingung bindet, die kaum empirisch vorzufinden ist und deshalb wohl eher als eine Art transzendentales Argument fungiert. Diese Bedingung ist ein starkes Verständnis einer Lebenswelt (→ Lebenswelt), die er sich weniger perspektivisch als einheitlich vorstellt: «Die Einheit der Lebenswelt hat aber vor allem eine interpersonelle Dimension. So verständigen wir uns über unsere normativen wie deskriptiven Orientierungen, wir müssen uns einig sein, was existiert und was nicht, was wohl begründet ist und was nicht.»[34] Dieses philosophische Argument ist empirisch deshalb unbrauchbar, weil es eine unerfüllbare Bedingung aufstellt, nämlich eine konsistente Lebenswelt in einer komplexen Gesellschaft. Es demonstriert aber deutlich, wie der Begriffsgebrauch der guten Gründe performativ funktioniert: durch Unterstellung eines über die konkrete Entscheidung hinaus gültigen Entscheidungsgrundes.

Genauer sieht es die Organisationsforschung, die bereits seit den 1950er Jahren die Figur der *bounded rationality* geprägt hat.[35] Die Begrenzung der Rationalität meint nicht das Fehlen guter Gründe, sondern bezieht sich auf die Perspektivität und die begrenzten Ressourcen, die in konkreten Situationen für Entscheidungen zur Verfügung stehen. Jeder Versuch, diese Begrenzung aufzuheben, würde wieder zu neuen Begrenzungen führen. Der Traum der rationalen Entscheidung bricht sich an der empirischen Begrenztheit der eigenen Perspektive und daran, dass vollständige Information unmöglich wäre, ist doch Information selbst schon eine selektive Form. Und selbst wenn man wie Nida-Rümelin die Gesamtrationalität einer Lebenswelt voraussetzt, um die Verstehbarkeit guter Gründe begründen zu können, ist dies letztlich ein Hinweis auf die Begrenztheit und Bedingtheit aller Gründe. Man kann also sagen, dass Entscheidungen stets ein Moment an Unvorhersehbarkeit und Irrationalität eingeschrieben ist.[36]

Das Eigentümliche an Entscheidungen ist ihre selbsttragende Form. Entscheidungen sind davon abhängig, dass Entscheidungsalternativen bereitstehen. Konflikte etwa stabilisieren sich an konkreten Entscheidungsalternativen (→ Konflikt), und ganze öffentliche Debatten (→ Öffentlichkeit), politische Programme, organisatorische Strategien und konkrete Entscheidungssituationen greifen auf denkbare Entscheidungsalternativen zurück, die dadurch strukturiert sind, dass die Welt schon so ist, wie sie ist. Man kann von einer Paradoxie der Entscheidung sprechen, die darin liegt, dass Entscheidungsalternativen immer schon vorliegen. Ob man sich für A oder B entscheidet, setzt bereits voraus, dass es diese beiden Alternativen gibt. Es ist die Einheit der Unterscheidung von A und B, die die Entscheidung strukturiert. Niklas Luhmann bringt das gut auf den Begriff, wenn er sagt, es gehe «nicht um die eine oder die andere Seite der Alternative, sondern eben um dies ‹oder› oder um dies ‹zwischen›».[37]

Das heißt nicht, dass Entscheidungen nur Exekutionen bereits vorhandener Alternativen und Entscheidungsprämissen sind. Diese können sogar geändert werden. Wenn man von Rationalität sprechen will, dann müsste man wohl das «Oder» ernst nehmen und die Entscheidungsprämissen befragen. Was ist das ausgeschlossene Dritte allzu eingefahrener Entscheidungsprämissen und daraus abgeleiteter Entscheidungsalternativen? Diese Frage setzt voraus, sich der paradoxalen Form von Entscheidungen zu stellen – und vielleicht wäre das die Funktion eines wissenschaftlichen Beobachters, auf diese selbsttragende Form aufmerksam zu machen – wohl wissend, dass auch über veränderte Entscheidungsprämissen entschieden werden müsste.

Kehren wir zurück zur Frage der Entscheidungsfreiheit. Vielleicht ist die Frage der Entscheidung eine schöne Parabel darauf, welche Funktion der Gebrauch des Freiheitsbegriffs hat. Er simuliert eine Form der Ungebundenheit und der prinzipiell unbegrenzten Offenheit – findet sich aber in einer Welt vor, in der Alternativen bereits vorliegen, was tatsächlich eine paradoxe Figur ist. Das Pochen auf Freiheit wäre also stets der Hinweis darauf, wie sich Einschränkungen, wie sich Begrenzungen, wie sich Alternativlosigkeiten unmerklich etablieren. Genau genommen wäre die anspruchsvollste Form der Freiheit die paradoxale Form aller Entscheidungen und die Möglichkeit, das ausgeschlossene Dritte ins Boot zu holen. Dass auch das ausgeschlossene Dritte nur ein mögliches ausgeschlossenes Drittes ist und nicht die Gesamtheit aller Möglichkeiten repräsentiert, zeigt, wie voraussetzungsreich es ist, Freiheit in Anspruch zu nehmen.

Die Gesellschaft ist nicht einfach eine Einschränkung von Freiheitsmöglichkeiten, sondern die Quelle, mit Freiheit überhaupt umgehen zu können: durch die Herstellung und Ermöglichung von erwartbaren Entscheidungs- und Handlungsalternativen, die sowohl Beliebigkeit wie völlig haltlose Komplexität verhindert (→ Gesellschaft). Dazu gehört übrigens auch die mögliche Erwartung, konkrete Erwartungen zu enttäuschen.

→ Fremdheit; der Fremde

Wenigstens in der Mengenlehre der booleschen Algebra ist es sehr einfach: Fremd sind zwei Mengen, deren Durchschnitt leer ist, zwischen deren Elementen es keine Übereinstimmung gibt.[1] Fremd wären sie also insofern, als sie gar keine Übereinstimmungen haben, es also nicht einmal eine Schnittmenge gäbe. Die Frage ist in diesem Fall, wem das eigentlich auffällt, also welcher Beobachter dies sehen kann. Es könnte nur ein Dritter sein, der weder zu der einen noch zu der anderen Menge gehört. Für diesen Beobachter erscheint es so, dass die beiden Mengen «fremd» sind, aber man kann davon ausgehen, dass die Teilmengen nichts voneinander «wissen» können. Insofern sind sie sich nicht fremd, sondern erscheinen nur für einen dritten Beobachter als jeweils fremd. Das gilt aber nur für einen Dritten.

Für Fremdheit aus der Perspektive der sich wechselseitig beobachtenden «Fremden» gilt das nicht. Sicher gibt es Beobachter, die so tun, als sei das Fremde so fremd, dass es nicht die geringste Gemeinsamkeit zwischen dem Fremden und dem Beobachter gäbe. Aber schon der Umstand, dass ein Beobachter darauf kommt, den oder das Andere als fremd zu markieren, verweist darauf, dass es beim Beobachter wenigstens eine Vorstellung davon gibt, was an der anderen Seite fremd sein könnte. In der einen Menge käme also das Fremde als solches vielleicht nicht vor, aber zumindest eine Vorstellung des Fremden – gegeben, dass es sich bei den Mengen (oder zumindest bei einer von beiden) um solche Entitäten handelt, die eine Vorstellung von etwas (und damit auch: von sich) haben können. Was dann am Fremden in jedem Falle für einen solchen Beobachter auffällt, ist dessen Fremdsein.

Das Bezugsproblem des «Fremden»

Man kann sich ernsthaft die Frage stellen, wie diese abstrakten Überlegungen helfen sollen, um etwas über den Gebrauch des Fremdheitsbegriffes zu sagen. Aber es geht tatsächlich um nichts anderes als um diese Frage: Wen oder was qualifizieren wir als fremd – und gemäß der hier zugrundeliegenden methodischen Frage: *Welches Problem löst der Begriff des Fremden?* Nach dem Gesagten kann man zumindest mit einiger Sicherheit sagen, dass der alltagssprachliche Gebrauch des Fremdheitsbegriffs kein algebraisches Problem löst. Dieser algebraische Begriff kommt fast ohne Beobachter aus, zumindest problematisiert er nicht den Beobachter als Dritten, der Mengen definiert und dann nach Schnittmengen Ausschau hält. Der öffentliche Gebrauch des Fremdheitsbegriffs ist, wenn man es in der Sprache der Mengenlehre ausdrücken will, vielmehr an den Schnittmengen interessiert – und vor allem daran, was in diesen Schnittmengen *nicht* enthalten ist. Aber auch das ist noch zu ungenau. Denn etwas als fremd zu qualifizieren, setzt eine Vorstellung dessen voraus, was da als fremd qualifiziert wird und was am Fremden fremd ist.

Die frühe Soziologie kämpft mit der Frage der Gemeinsamkeit und der Alterität des Fremden.[2] Klassisch definiert Georg Simmel: «Es ist also der Fremde nicht in dem [...] Sinn gemeint, als der Wandernde, der heute kommt und morgen geht, sondern als der, der heute kommt und morgen bleibt.»[3] Soziologisch bedeutsam ist nur der, der bleibt, weil sich nur durch den Bleibenden jene Spannung aufbaut, die Simmel als «Einheit von Nähe und Ferne»[4] bezeichnet. Der Begriff der Fremdheit problematisiert also die Dazugehörigkeit des Fremden. Das Entscheidende an Simmels knapper Definition ist, dass für ihn der Fremde gerade nicht im Sinne der oben beschriebenen algebraischen Definition gewissermaßen beziehungslos zum Nicht-Fremden gedacht werden kann. Fremdheit ist für ihn ein sozialer Status, eine soziale Kategorie, er ist die andere Seite einer zweistelligen Relation: «Denn das Fremdsein ist eine ganz positive Beziehung, eine besondere Wechselwirkungsform; die Bewohner des Sirius sind uns nicht eigentlich fremd [...], sondern sie existieren überhaupt nicht für uns, sie stehen jenseits von Fern und Nah. Der Fremde ist ein Element der

Gruppe selbst, [...] ein Element, dessen immanente Gliedstellung zugleich ein Außerhalb und Gegenüber einschließt.»[5]

Die Bewohner des Sirius und wir sind uns im algebraischen Sinne fremd, nicht aber im soziologischen. Denn wir kennen die Bewohner des Sirius nicht nur nicht, wir wissen nicht einmal, ob es sie gibt. Der Fremde, der uns auf Straßen, in U-Bahnen, in bestimmten Stadtvierteln, in Flüchtlingsunterkünften, vor allem aber in unseren Kategorien begegnet, ist meistens ein Fremder, über den wir einiges wissen – zum Beispiel, dass er fremd ist. Der Fremde wird damit «ein Element der Gruppe selbst»[6] – und dann stellt sich die Frage, ob der Fremde eigentlich fremd ist.

Sieht man sich die Geschichte der Soziologie des Fremden genauer an, so reflektieren die Fremdheitsbegriffe jeweilige gesellschaftliche Erfahrungen mit Migration und Pluralismus. Anders als Simmel, der den Fremden zwar soziologisch als Element einer positiven Relation beschreibt, aber am Ende doch als den Angehörigen einer *anderen* Kultur, wird in der Chicago School, namentlich bei Robert E. Park der *marginal man* schon als ein Wanderer zwischen den Welten, an der Grenze zweier Kulturen, beschrieben.[7] Der *marginal man* findet ökonomische und soziale Nischen in der Gesellschaft und Chancen zu kultureller Innovation und Anpassungsfähigkeit – was die Situation der US-amerikanischen Einwanderungsgesellschaft des frühen 20. Jahrhunderts gut abbildet, entsprechend wurde das Konzept von Simmel im amerikanischen Strukturfunktionalismus weiterentwickelt.[8]

Ganz ähnlich verhält es sich beim dritten Klassiker der Soziologie des Fremden: Alfred Schütz beschreibt den Fremden als eine Art Eindringling in eine bestehende Struktur. Der Fremde gerät in eine persönliche Krise, weil er andere Deutungsmuster kennt und andere Relevanzen hat als die autochthone Mehrheitsgesellschaft. Erwartet wird vom Fremden dann eine geradezu vollständige Korrektur des eigenen Relevanzsystems, damit er sich in die neue Struktur integrieren kann.[9] Für Schütz bleibt der Fremde ein «kultureller Bastard an der Grenze von zwei verschiedenen Mustern des Gruppenlebens».[10]

Diese fast einhundert Jahre alte «klassische Theorie und Soziologie des Fremden»[11] ist für die Beantwortung der Frage nach dem

Bezugsproblem des Fremdheitsbegriffs deshalb von besonderer Relevanz, weil sein Gebrauch stets und immer wieder genau das imaginiert, was hier vorausgesetzt wird: dass die Fremdheit des Fremden gewissermaßen ein Eindringen von etwas anderem in eine bestehende, vergleichsweise konsistente oder wenigstens als das Eigene zu beschreibende Entität ist. Soziologisch kann solch eine Position nicht überzeugen, weil hier Gesellschaft(en) offensichtlich als Container verstanden werden, in die man eindringen kann oder in die man nicht hineingehört. Diese Position reproduziert eher die Semantiken des Fremden, wie sie im politischen Raum auftreten, als einen Versuch darzustellen, deren gesellschaftliche Genese zu verstehen. Das erstaunt vor allem bei Georg Simmel, dem bereits eine solche Perspektive zur Verfügung gestanden hätte, im Falle von Alfred Schütz dagegen weniger, weil diese Tradition der Soziologie bis heute nicht einmal die Spur eines ausgearbeiteten Gesellschaftsbegriffs aufweist und in einer, wie Habermas das später genannt hat, «kulturalistischen Verkürzung»[12] des Gesellschaftsbegriffs verharrt. Gesellschaft wird hier als Container imaginiert, in dem man entweder drin ist oder eben draußen – und dass dies eine eklatante Verkürzung ist, liegt auf der Hand. Das kann man alles soziologisch dekonstruieren und darauf hinweisen, dass ein Containerbegriff der Gesellschaft diese nicht annähernd angemessen beschreiben kann, selbst wenn es gar keine «Fremden» (was immer das dann wäre) gäbe. Gesellschaft dient zumeist als Imaginationsbegriff für eine soziale Einheit, der begrifflich mehr Einheit unterstellt wird, als tatsächlich vorzufinden ist (→ Gesellschaft).

Nun entsteht hier eine gewisse Spannung zwischen dem öffentlichen oder alltäglichen Gebrauch des Begriffs und seiner sozialwissenschaftlichen Fassung. Das ist auch erwartbar, müssen wissenschaftliche Begriffe doch ganz andere Probleme lösen. Aber in diesem Fall ist dies insofern interessant, als sich die merkwürdige Imagination der Stabilität einer eigenen Einheit in Differenz zu einem eindringenden Fremden in der soziologischen Begrifflichkeit selbst abbildet. Wie gesagt, verwundert das bei Simmel, aber in Schütz' Soziologie gehört dies geradezu zum Programm, wenn so etwas wie ein ausgearbeiteter Gesellschaftsbegriff gar nicht erst zur Verfügung steht. Und insofern verweist die Parallele der beiden Begriffsebenen um so deutlicher auf das grundlegende Bezugsproblem des Fremdheitsbegriffs: Wer eindeutig sagen kann, was fremd ist bzw. wer der Fremde ist, kann die Position, von der aus das Fremde als fremd qualifiziert wird, hinter dem blinden Fleck der eigenen Beobachtung verschwinden lassen. Der Fremde hat für den Beobachter geradezu die Funktion, die Vertrautheit mit dem Eigenen behaupten zu können – nicht explizit, sondern implizit und performativ.

Die Funktion des Fremden und seines Begriffs reagiert also auf das Bezugsproblem, das Eigene unterscheiden zu können, ohne es konkret benennen zu müssen. Man muss also die Denkrichtung umdrehen: nicht einfach den oder das Fremde qualifizieren, sondern die Qualifikation des Fremden in der Unterscheidung von Eigenem und Fremden auffinden. Dass man Fremde identifiziert, verweist stets darauf, dass angeblich die Integrität des Eigenen gestört wird, denn anders kann man das Fremde gar nicht als Fremdes qualifizieren. Diese eher begriffs- und unterscheidungstechnische Sicht auf den Fremden korrespondiert mit der empirischen Herstellung von Fremdheit.

Das Eigene und das Fremde

In der Moderne ist der klassische Fremde ohne Zweifel der Ausländer, also derjenige, der nicht zur eigenen Nation gehört bzw. kein Staatsbürger des eigenen Landes ist. Das muss nicht unbedingt ethnisch oder kulturell, sondern kann auch je nach Staatsbürgerschaftskonzept rein politisch begründet werden.[13] Aber die *imagined communities* moderner Nationen fungieren nur als solche, wenn sie Innen/Außen-Verhältnisse imaginieren und stabilisieren können.[14] Das Deutsche ist ohne das Französische nicht denkbar, und zugleich markieren die geografischen und kategorialen Grenzen des Nationalstaates klassischerweise die Unterscheidung von Eigenem und Fremdem. Man kann den Nationalstaat, oder besser: die Idee der nationalen Zugehörigkeit, als eine vereinfachende Form der Gesellschaftsbeschreibung bezeichnen (→ Gesellschaft). Was man den klassentranszendierenden Charakter der Nation genannt hat,[15] bezieht sich darauf, dass eine moderne Gesellschaft mit ihrem ausdifferenzierten politischen System sich eine politische Selbstbeschreibung gibt, die sich einerseits nach außen abgrenzt und andererseits über alle internen gesellschaftlichen Unterschiede – Schichten, Klassen, Milieus, Regionen etc., aber auch Funktionen und Logiken – hinweg eine Einheit imaginiert, deren artifizieller Charakter durch besondere semantische Kraft kompensiert werden muss. Die Nation als «Ersatzreligion»[16] zu bezeichnen, meint also, ihren gemeinschaftsstiftenden Charakter und die Form des Bekenntnisses zu dieser Gemeinschaft in den Vordergrund zu stellen.

Die Selbstbeschreibung der Gesellschaft als Nationalgesellschaft und der starke Aufforderungscharakter von Nationalsprachen, nationaler Geschichtsschreibung, sogar konfessioneller Formen erzeugt das Material, mit Hilfe dessen man Innen/Außen-Verhältnisse stabilisieren kann. Deshalb ist der klassische Fremde eben der «Ausländer im Inland», wie es Alois Hahn einmal formuliert hat.[17] Und diese Konstitution des Fremden durch die Imagination gesellschaftsweiter nationaler oder ethnischer semantischer Potentiale macht den Fremden vor allem zu einem Topos der Migration – wie ja auch die klassische Soziologie des Fremden anzeigt. Fremd ist, wer von außen in eine bestehende Struktur einwandert, nicht sofort wieder verschwindet und sich irgendwie an die bestehenden Verhältnisse anpassen muss, ob multikulturell oder integrativ oder assimilatorisch ist dann eine empirische Frage.[18]

Im Unterschied zum «Ausländer» als klassischer Figur des Fremden ist die Figur des Juden als gewissermaßen internem Fremden noch subtiler im Hinblick auf die Unterscheidung des Eigenen und des Fremden.[19] Als bedrohlich wurde konstruiert, dass die Juden gleichermaßen Innen und Außen repräsentierten, dass sie gleichzeitig Teil der eigenen Kultur waren, aber eben auch als kulturell anders markiert werden konnten. Sie waren Fremde, aber bekannte Fremde, weil man allzu genau wusste, wie es sich mit den Juden verhielt. Noch mehr als die Konfrontation mit außereuropäischen kolonisierten Kulturen waren die Juden ein Hinweis auf die Kontingenz der Kultur, eben weil man ihre Andersartigkeit gegen die konkrete Empirie ihrer Ununterscheidbarkeit durchsetzen musste – denn sie waren gar nicht deutlicher anders, als alle anderen anders waren. Man kann es nicht einfacher ausdrücken.[20]

Wer davon einen Eindruck bekommen möchte, lese Richard Wagners antisemitisches Pamphlet über «Das Judenthum in der Musik» von 1869.[21] Man darf diesen Text übrigens nicht nur aus der Perspektive der Schoah des 20. Jahrhunderts lesen, sondern als ein Pamphlet an die Zeitgenossen des 19. Jahrhunderts. Adressaten Wagners waren die intellektuellen Zeitgenossen, nicht die späteren Mörderbanden. Wagner oszilliert hier ebenso böse wie perfide zwischen Hass und Bewunderung: Hass auf das angebliche «Nachkünsteln» der Juden bar jeder Originalität, zugleich Bewunderung für ihren Erfolg. Besonders Felix Mendelssohn-Bartholdy hatte Wagner im Blick, den protestantisch erzogenen Enkel Moses Mendelssohns: ein getaufter Jude also, der Wiederentdecker der Musik Johann Sebastian Bachs war und zugleich großen Einfluss auf Wagners eigene Musik hatte.

Man kann Wagners Schrift als einen Ausdruck dessen lesen, dass der Jude als der interne Fremde, der «Nachkünstler», auf das Problem der Authentizität des Kulturellen hinwies. Wagner war auf der Suche nach einer authentischen deutschen Kunst, die Leben und Arbeiten, Mythos und Gegenwart in einer großen Einheit versöhnt, wirklich authentisch ist und die Grundfesten einer deutschen, ungekünstelten Kunst sichtbar machen will. Im «Gekünstelten» freilich entdeckt Wagner «fremde» Kultur, und zwar in kulturellen Formen, die bürgerlicher und «eigener» gar nicht sein konnten als die Musik eines Mendelssohn-Bartholdy – aber er entdeckt offensichtlich nicht nur fremde Kultur, sondern «Kultur» überhaupt und wird darauf verwiesen, dass Kultur immer auf andere Möglichkeiten verweist, also auf die Unmöglichkeit dessen, was er da an Authentischem sucht (→ Kultur).

Der Judenhass Wagners ist ein Hass darauf, dass die Spannung von Universalem und Partikularem auch das trifft, was er tut. Es ist der Hinweis darauf, dass man kaum mehr etwas finden kann, was den Juden Mendelssohn-Bartholdy von ihm selbst unterscheidet – außer dass er ein Jude ist (und wenn auch nur, oder besonders perfide, ein protestantisch getaufter und erzogener).[22]

An diesem Beispiel wird die Funktion des Fremden besonders deutlich, nämlich die Funktion, die das Fremde für das je Eigene hat. Fremdheit ist, wie oben schon angemerkt, ein Konstrukt eines Beobachters. Wären die Fremden «fremd», wüsste man im algebraischen Sinne nichts über sie. Aber es gehört zu aller Empirie des Fremden, dass über sie mehr gewusst wird, als man erwartet. Dieses Wissen ist zumeist ein Wissen, das nicht unbedingt empirisch abgesichertes Wissen sein muss und es nur in den seltensten Fällen ist. Dieses Wissen besteht aus sagbaren Sätzen über das Fremde. Man konstruiert nationale Stereotype, hat Vorurteile oder wenigstens Muster sagbarer Sätze über bestimmte Gruppen im Kopf und findet Assoziationsketten über das Fremde vor. Es ist meist ein Wissen aus zweiter Hand – was freilich kein besonderes Merkmal ist, denn das meiste Wissen in einer komplexen Gesellschaft ist Wissen aus zweiter Hand, speist sich aus flottierenden Semantiken, die uns mit Sagbarkeiten versorgen und so eine sinnhaft strukturierte Welt erzeugen (→ Wissen). Man wird diese Bilder des Fremden schwer wieder los, weil sie eben den Zugang zum Fremden stabilisieren. Und selbst wenn sich der konkrete Fremde anders verhält, als man es erwartet hat, ist schon die Erfahrung, dass da etwas anders ist, eine Bestätigung des Stereotyps, von dem man nur abweichen kann. Die Abweichung setzt voraus, dass das Stereotyp funktioniert und dafür semantisches Material zur Verfügung steht. All das ist aus der Forschung über Stereotype, über Vorurteile und über die Stabilität von kognitiven Mustern wohlbekannt.[23] Es gibt keine Beobachtung ohne solch strukturierendes Material, das Erwartungen stabilisiert und bestätigt – selbst in der Enttäuschung.

Zugehörigkeiten

Für die Frage des Bezugsproblems des Fremdheitsbegriffs freilich hat dies eine besondere Bedeutung. Das Besondere des Fremden ist, dass die Fremden nicht fremd sind. Wir wissen ziemlich genau, was es mit den Fremden auf sich hat – es sei denn, sie sind wirklich fremd. Der letzte Satz hört sich an, als sei er widersinnig, aber das ist er nicht. Das Fremde ist nicht wirklich fremd, sondern es stabilisiert sich als Fremdes insofern, als wir schon viel über den Fremden wissen. Was Georg Simmel als eine positive Beziehung zwischen Eigenem und Fremdem beschrieben hat, bezieht sich darauf, dass das Fremde nur als fremd markiert werden kann, wenn man es sich vertraut macht. Die Vertrautheit des Fremden besteht darin, dass man ziemlich genau bestimmen kann, was das Fremde ausmacht. Stereotype über das Fremde sind also keineswegs Betriebsunfälle im Verhältnis zum Fremden, sondern unter logischen Gesichtspunkten die das Fremde konstituierenden Mechanismen. Sie integrieren den Fremden nicht in dem Sinne, dass er nicht mehr fremd wäre und deshalb gewissermaßen aus dem Fokus der Aufmerksamkeit verschwände, sondern legen ihn auf Merkmale fest, die ihn als fremd und womöglich desintegriert qualifizieren. Das Integrationsmerkmal des Fremden wäre dann seine Desintegriertheit.

Eine der interessantesten Fragen von Einwanderungsländern ist, wie lange Migranten eigentlich Migranten bleiben, ab wann eingewanderte Personen nicht mehr als Einwanderer angesehen werden.[24] Zumeist dauert dieser Prozess mehrere Generationen. Im Land geborene Angehörige von «fremden» Gruppen bleiben selbst insofern fremd, als sie als solche zurechnungsfähig werden. Ihre Fremdheit würden sie dann verlieren, wenn ihre Namen oder ihre Konfession oder sonstige Dinge nicht mehr als fremd markiert werden, also keinen Informationswert mehr haben würden – oder wenigstens entdramatisiert würden. Deshalb lässt sich deutlich beobachten, dass zwischen unterschiedlichen Gruppen von «Fremden» unterschieden wird.

Es sollte deutlich geworden sein, dass der Begriff des Fremden vor allem eine performative Bedeutung hat. Wirklich fremd bleibt das Fremde nicht, weil es eben da ist und man sich sogar daran gewöhnt. Das gilt übrigens manchmal auch für die «Fremden» selbst, die sich daran gewöhnen, irgendwie fremd zu sein. Vielleicht wäre es genauer, nicht vom Fremden, sondern vom Anderen zu sprechen, also von der Markierung von etwas, das anders ist – aber: anders als was? Selbst wenn man so argumentiert, wird das Bezugsproblem, die Problemlösungskapazität des Fremden als Figur sichtbar. Auch das Andere imaginiert ein Eigenes, das nicht wirklich qualifizierbar ist, weil auch im Eigenen Vieles vorkommt, das irgendwie fremd bleibt. Die Funktion des Begriffs verweist also darauf, wie die Selbstbeschreibungen einer modernen Gesellschaft so etwas wie homogene Räume imaginieren, die in dieser Form letztlich nicht existieren.

Die Sozial- und Kulturwissenschaften haben darauf unterschiedlich reagiert – entweder mit einem Gesellschaftsbegriff, der nicht nur einen Container mit Innen/Außen-Verhältnissen imaginieren kann, oder mit einem Verständnis von globaler oder Weltgesellschaft (→ Gesellschaft). Und wo man sich nicht auf einen Gesellschaftsbegriff kapriziert, wird eine eher normative Kritik formuliert, die den stereotypisierenden und markierenden Charakter von Fremdheitsunterstellungen in den Blick nimmt. Die Markierung von Fremdheit oder das, was man «Othering» oder «Veranderung» nennt,[25] wird dann als eine Praktik kritisiert, die die normative Idee der Generalinklusion ganzer Bevölkerungen, deren Ungleichbehandlung und Diskriminierung anprangert – und das zu Recht. Aber auch diese kritische Betonung einer unangemessenen Befremdung des Anderen, oder besser: Kategorisierung nach geradezu kontingenten Merkmalen der Herkunft, der Religion, der Hautfarbe, des Geschlechts und welche Humankategorien auch immer denkbar sind,[26] verfehlt das Bezugsproblem. Denn spätestens wenn man auf solches «Othering» verzichtet, stellt sich die Frage nach den internen Unterschieden und wechselseitigen Kategorisierungen erneut. Oder anders gewendet: Auch hier muss letztlich die andere Seite, das Nicht-Andere, das Eigene, das Nicht-Fremde kontingent gesetzt und vorausgesetzt werden. Die Rede vom «Othering» taugt dann allenfalls als Kritik, aber nicht als analytische Perspektive, zumal solche Kritik zumeist kaum in Sichtkontakt mit soziologischen Selbstverständlichkeiten bezüglich Alltagskategorisierungen, Typenbildung und Erwartbarkeiten formuliert ist und sich eben mit der kritischen Pose begnügt.

Die größte Herausforderung des Fremden ist sein Gegenteil – und wenn die These stimmt, dass die Funktion des Fremdheitsbegriffs darin besteht, das Eigene unsichtbar machen zu können, dann zeigt sich in dieser Herausforderung sehr deutlich, wie leistungsfähig der Begriff des Fremden (und sein Derivat, der Andere) diese Funktion erfüllt. Denn der Begriff des Fremden (und der leibhaftige Fremde) entlastet davon, die Frage zu beantworten, was eine Gesellschaft eigentlich zusammenhält, und zwar in der Sozialdimension. In der Sachdimension, also im Hinblick auf Funktionen, auf spezielle Problemlösungstools, auf Spezialisierungen wird die Gesellschaft durch Differenzierung zusammengehalten. Politische, ökonomische, wissenschaftliche, rechtliche Differenzierung bringt eine bestimmte Ordnung in die Welt – eine Ordnung, die kaum integrierbar erscheint, aber immerhin leistungsfähig funktioniert und zumindest Handlungen verstehbar und zurechnungsfähig macht (→ Handeln). In der Sozialdimension ist das aber schon schwieriger zu handhaben. Wir können wohl recht leicht identifizieren, ob eine Handlung einen ökonomischen, politischen oder wissenschaftlichen «Sinn» hat und entsprechend daran anschließen (was nicht bedeutet, dass das auf Konsens oder Harmonie hinausläuft), aber die Frage der gesellschaftlichen Kohäsion in der Sozialdimension ist erheblich schwieriger auf den Begriff zu bringen.

Die moderne Gesellschaft erzeugt keine eindeutigen Zugehörigkeiten, keine kompakten Lebensräume, keine kollektiven Container. Das haben frühere Gesellschaften eher vermocht – moderne Gesellschaften aber nicht. In der bürgerlichen Gesellschaft gab es dafür noch stabilere Konstrukte in Form von Klassen und geschlosseneren Milieus, in der Massengesellschaft gibt es diese selbstverständlich auch noch, aber mit erheblich weniger Aufforderungs- und Identitätscharakter. Wahrscheinlich ist deshalb Identität der Konfliktstoff moderner Gesellschaften, nicht erst seit über Identitätspolitik verhandelt wird (→ Identität). Nationen und ethnische Vergemeinschaftungen, auch konfessionelle Zugehörigkeiten, mussten mit Identitätsansprüchen aufgerüstet werden, um zu funktionieren. Dasselbe galt und gilt für Klassen- und Milieuidentitäten – genau genommen ist fast alles identitätsfähig, was ja nur ein Hinweis darauf ist, wie fragil Identitätszurechnungen und vor allem ihre Stabilisierungen sind. Man stößt auf diese Fragilität, wenn man das Eigene dann wirklich stabilisieren soll – es bleibt dann wenig mehr übrig, als das Eigene tautologisch als das Eigene zu qualifizieren.

Ich habe das selbst mit einem der Protagonisten der Neuen Rechten vor inzwischen fast einem Jahrzehnt einmal durchgespielt, in einem schriftlichen Gespräch, das heute vermutlich nicht mehr möglich wäre. Dem Gespräch kann man deutlich entnehmen, in welche Sackgassen das rechte Denken führt – von den moralischen und politischen Fragen ganz zu schweigen. Gemeint ist hier nicht das Konservative, was man «Mitte-rechts» nennt, so wie Sozialdemokraten als «Mitte-links» bezeichnet werden. Das rechte Denken bleibt fast ohne Rest eingeschlossen in der Behauptung, dass das Eigene letztlich der größte Horizont für die Erklärung der gesellschaftlichen Ordnung ist. Auf Nachfrage, was dieses Eigene sei und was es im speziellen Falle ausmacht, konnte der Gesprächspartner nur auf Stereotype verweisen, auf allbekannte Formeln, letztlich eben auf das Eigene in einer eigentümlich tautologischen Form.[27]

Das ist insofern bemerkenswert, als es die gleichen performativen Schwierigkeiten hat wie die Beschreibung des Fremden. Wenn also das Fremde dazu dient, die Unbeschreibbarkeit des Eigenen zu verschleiern, und dafür semantische Formen anbietet, auf die man zurückgreifen kann, dann erscheint das, was dieser rechte Gesprächspartner angeboten hat, als ein Hinweis darauf, dass das Fremde und das Eigene sich performativ nicht unterscheiden. Mir ist das «Eigene» selten so fremd gewesen wie in diesem Gespräch, weil es seine Informationen letztlich ähnlich unbeholfen, stereotyp und ähnlich konturenlos geordnet hat, wie man über den Fremden oder das Fremde spricht. Fremde seien wir uns selbst, lautet ein Buchtitel von Julia Kristeva,[28] was dies ziemlich genau auf den Begriff bringt.

Das Bezugsproblem des Fremden bzw. des Fremdheitsbegriffs verweist also auf den performativen Sinn des Begriffsgebrauchs. Aber wie verhält es sich nun mit dem Fremden selbst? Diese Frage klingt erheblich naiver, als sie es ist, denn ohne Begrifflichkeiten lässt sich nichts begreifen. Man kann nicht daran vorbeisehen, dass manches vertrauter ist als Anderes und dass die Unterstellung des Eigenen vor allem über so etwas wie lebensweltliche Vertrautheits- und Vertrauensvorschüsse stabilisiert wird, die letztlich unsichtbar bleiben (→ Lebenswelt; → Kultur). Eben deshalb hat das Fremde einen höheren Informationswert und ist leichter zu benennen als das Eigene, das ja zugleich die Bedingung seiner eigenen Beschreibung ist. Insofern ist es tatsächlich eine ernsthafte Frage, die Grenzen des Eigenen zu bestimmen. Wahrscheinlich geht das nur über so etwas wie Zumutbarkeiten und die Frage: Wie viel Abweichung ist wo zumutbar?

Man mag diese Frage für illegitim halten, ganz in dem Sinne der Kritik an «Othering», Unterschiede zu machen, für die es normativ keine Entsprechung gibt. Aber gerade in den kritischen Milieus, also dort, wo man sich soziale Differenzen eher verbittet, oder besser: wo man sie zu entdramatisieren trachtet, gibt es eine hohe Sensibilität für soziale Zumutungen – was ja ein Hinweis darauf ist, wie unvermeidlich die Herstellung von Anschlussfähigkeit durch Erwartbarkeiten und soziale Muster ist. Daraus freilich lässt sich keine «rechte»

Argumentation deduzieren, wonach soziale Kohäsion am Ende nur am Eigenen hängen könne. Es ist dann eher eine empirische Frage, wie viel Zumutungen an Pluralität, an Abweichung, an Unverständnis, an Differenzen usw. auszuhalten sind. Die Vermutung liegt nahe, dass mehr aushaltbar ist, als in allzu geschlossenen und konservativen Milieus angenommen wird, aber auch weniger, als etwa in den kritischen kultur- und sozialwissenschaftlichen Milieus an prinzipieller Offenheit gefordert wird. Vielleicht kann die Einsicht in das Bezugsproblem des Fremdheitsbegriffs dabei helfen, dieses Problem funktional und nicht nur prinzipiell beobachten zu lernen.

Die Renaissance des Eigenen

In den vor allem akademischen Kulturkämpfen ist eine merkwürdige Renaissance des Eigenen zu beobachten, und zwar eine Renaissance im Sinne der Pluralisierung des Eigenen. Auf der politisch rechten Seite wäre das Pendant das Konzept des Ethnopluralismus, wie es von der identitären Bewegung vertreten wird. Die Idee besteht darin, die Vermischung der Völker zu verhindern und jeglichem Eigenen seine Eigenheiten zu lassen – auf seinem Territorium natürlich.[29] Am besten drückt es ein Selbstzeugnis der identitären Bewegung aus: «Unter Ethnopluralismus verstehen wir die Vielfalt der Völker, wie sie sich über Jahrtausende entwickelt hat. Wir setzen diesen Begriff bewusst als positiven Gegenentwurf zur One-World-Doktrin ein, um zu verdeutlichen, dass eine rücksichtslose globalistische Entgrenzung diese Vielfalt bedroht. Es gibt ein Recht auf Verschiedenheit. Jedes Volk hat das Recht, ihre Kultur, ihre Bräuche und Traditionen, also ihre ethnokulturelle Identität, zu erhalten.»[30] Die Konsequenz wäre die Verhinderung jeglicher Migration und die Separierung des Eigenen vom Fremden, um das jeweilige Eigene zu schützen. Auch hier wird die Funktion des «Fremden» deutlich – indem er als solcher markiert wird, kann das Eigene um so besser bezeichnet werden.

Freilich folgt die eher linke Kritik der *kulturellen Aneignung* einer ähnlichen Logik. Die Diskussion um *cultural appropriation* ist mehr als eine Kritik von Stereotypisierung, sondern eine Kritik an der Übernahme kultureller Formen von vor allem kolonisierten oder anderweitig unterprivilegierten «Kulturen». So sehr es gute Gründe für eine Sensibilität solcher Aneignungen geben mag und sich dafür akademische Reflexionsformen etabliert haben – von *postcolonial* bis *critical whiteness studies* –, hat sich diese Denkungsart zumindest in seinem Trägermilieu verselbständigt und erzeugt als Effekt so etwas wie eine Re-Etablierung kultureller Identitäten *sui generis*. Wenn ernsthaft das Tragen von Rastalocken durch weiße Menschen oder die Übernahme «schwarzer» musikalischer Kultur durch «weiße» Musiker oder von Symbolen indigener Kulturen als Kinderverkleidung – um nur einige Beispiele zu nennen – kritisiert wird, so ist das nicht mehr Ausdruck einer sensibilisierenden Diskussion um die Frage kulturimperialistischer Ungerechtigkeiten oder um Symbole der kolonialen und rassistischen Unterdrückung.[31] Es ist auch ein Zeichen einer merkwürdigen Selbstverunsicherung im Hinblick einerseits auf die Beschreibbarkeit des eigenen Lebens und der eigenen Position, andererseits im Hinblick auf den Umgang mit Pluralität und Pluralismus. Dass solche Konflikte nicht nur zwischen sogenannten «woken» oder gesellschaftspolitisch avantgardistischen Milieus und dem sogenannten Mainstream der Gesellschaft auftauchen, sondern vor allem *innerhalb* solcher Milieus, ist bezeichnend. Man fühlt sich fast an Zeiten linker K-Gruppen in den 1970er Jahren und an den Umgang mit Binnenpluralismus in den sozialen Bewegungen der 1980er Jahre erinnert, die symbolische Kämpfe geführt haben, Authentizität und Gemeinschaft versöhnen wollten und dabei den Blick auf sich selbst geradezu kultivierten.[32] Starke Selbstbeobachtung freilich setzt starke Fremdbeobachtung und -abgrenzung geradezu voraus, deshalb erzeugt die Konzentration auf Identitäten auch eine Konzentration auf Differenzen, wobei die Gründe für solches Differenzieren empirisch vielfältig sein kann. Formal gesprochen jedenfalls scheint die Fremdheitserfahrung im Eigenen, was immer das heißt, zu wachsen.

Dass das Thema freilich gerade in den USA virulent ist, ist kein Zufall, denn trotz aller rechtlichen Gleichstellung von – im US-amerikanischen Sprachgebrauch – sogenannten «Rassen» ist die Ungleichheit zwischen Schwarzen und Weißen erheblich – sie ist gewissermaßen der alltäglich beobachtbare Hinweis darauf, dass die kulturellen und politischen Versprechen der amerikanischen Lebensform fast unheilbar dementiert werden, weswegen die materiellen Differenzen symbolische und «kulturelle» Formen annehmen (→ Kultur). All das sind Fragen, um die es hier nicht gehen soll,[33] auch nicht um die Debatte um die *cancel culture*, die unübersichtlich geworden ist, weil sich um diese Frage kulturkämpferische Formen entwickelt haben. Ebenso wenig ist von begrifflichem Interesse, dass so etwas wie das *Canceln* von Kulturgütern, etwa von Schulbüchern mit Inhalten über Homosexualität, auch von Seiten der US-amerikanischen Rechten betrieben wird.[34]

Hier geht es um den Sinnüberschuss, der durch solche Kulturkonflikte ausgelöst wird und der nicht nur dem Ethnopluralismus der Rechten und Identitären nahekommt, sondern das Bezugsproblem des Begriffs des «Fremden» deutlich illustriert. Die Verweigerung der Übernahme kultureller Symbole durch die «Falschen» erzeugt im Effekt eine Ordnung und Sicherheit, die vor allem dem Eigenen eine Würde verleiht, die davon zehrt, nicht das andere zu sein. Der angedeutete Kulturkampf nutzt gewissermaßen die Herstellung von Fremdem, von Fremden und Fremdheit, die freilich nicht im algebraischen Sinne fremd sind, sondern sehr vertraut damit, was das Fremde ausmacht. Es sind manchmal geradezu Fremdheitsstrategien, weil es Identitätszumutungen gegen die Mehrheitsgesellschaft oder auch gegen Minderheiten richtet und diese Selbstbeschreibung dazu nutzt, adressierbar zu werden (→ Identität). Im Falle der Kritik an *cultural appropriation* will man dem Fremden eine Würde geben – und erreicht doch nur eine Restabilisierung kultureller Muster.[35] Und im Falle von Fremdheitserfahrungen des sogenannten Mainstreams ist der Mechanismus ähnlich: Man imaginiert ein Fremdes, dem man gewissermaßen die Zerstörung des Eigenen, der «Kultur» und des ohnehin Gültigen vorwirft.

Wie wenig all die *-studies*, die sich mit diesen Dingen beschäftigen, eine wissenschaftliche Distanz aufbringen, sondern die Sache selbst *sind*, lässt sich daran erkennen, dass die Dekonstruktion von Identitäten, von geschlossenen kulturellen Räumen, von unwandelbaren Bedeutungen und nicht zuletzt Stereotypen nun dadurch konterkariert wird, dass sie selbst kulturelle Symbole exklusiv zurechnet.[36] Dass alle Kulturentwicklung notwendigerweise immer schon kulturelle Aneignung war und keine primordialen Formen kennt, kann man wissen, man muss es aber verdrängen, wenn es darum geht, Sprecherpositionen zu markieren. Die vormalige Ausgrenzung des Fremden kehrt sich um in die Selbstbefremdung, mit dem Zweck, gehört zu werden. Das soll hier nicht beurteilt werden, sondern verweist auf das Bezugsproblem und die Funktion des Begriffs des Fremden.

→ Gesellschaft

In einer Gesellschaft zu leben, ist alternativlos. Schon geboren zu werden und danach nicht aus eigener Kraft lebensfähig zu sein, erfordert soziale Strukturen im weitesten Sinne, damit man überleben kann. Das ist zwar etwas, das auch für andere Spezies gilt, insbesondere für Säugetiere, aber wahrscheinlich ist *homo sapiens* die einzige Gattung, die dafür eine gesellschaftliche Form braucht – eine gesellschaftliche Rollenverteilung, Erwartungs- und Versorgungsstrukturen und eine symbolische oder kulturelle Flankierung dieses Geschehens, das weit über die unmittelbare Phase der Geburt und der ersten Versorgungsschritte hinausgeht. In der Anthropologie des 20. Jahrhunderts hat man den Menschen als ein «Mängelwesen» konzipiert, «er wäre in jeder natürlichen Umwelt lebensunfähig, und so muß er sich eine *zweite Natur*, eine künstlich bearbeitete und passend gemachte Ersatzwelt [...] erst schaffen»,[1] heißt es bei Arnold Gehlen. Gehlen spricht von einer «Entlastungsfunktion der Institutionen»,[2] die dem Menschen jene Orientierung geben, die ihm in seiner prinzipiellen Weltoffenheit abhandenkommen kann. Für Gehlen waren diese anthropologischen Überlegungen der Ausgangspunkt für eine modernitätskritische und kulturkritische Zeitdiagnose. Denn die «Spätkultur» steigere Reflexion und schöpferische Anstrengung so sehr, dass es kaum möglich sei, daraus Institutionen zu destillieren, die dem Menschen jene Außenleitung geben, die ihm auch Innenleitung ermöglicht. Diese sehr skeptische Diagnose ähnelt übrigens Sigmund Freuds «Das Unbehagen in der Kultur» von 1930, auch wenn Gehlen und Freud in vielerlei Hinsicht eher als Antipoden zu führen wären.

Auch Freud beklagt die dem Menschen zugleich notwendige, ihn aber auch überfordernde kulturelle Sphäre, die sich vor allem in gesellschaftlichen Über-Ich-Erwartungen ausdrücke. Freud erläutert, dass die Spannung zwischen dem Individuum und der Kultur mit deren Höherentwicklung eklatant zunimmt. Er beschreibt einen Menschen, der nicht wirklich modernitätsfähig ist. In einem «kleinen Kulturkreis» mit hinreichender Übersichtlichkeit sei die Bindung der Menschen aneinander einfacher möglich, weil der Aggressionstrieb «einen Ausweg an der Befeindung der Außenstehenden gestattet. [...] Es ist immer möglich, eine größere Menge von Menschen in Liebe aneinander zu binden, wenn nur andere für die Äußerung der Aggression übrigbleiben.»[3]

Von Gesellschaft war bis hierhin gar nicht die Rede – und doch rufen beide kulturkritischen Perspektiven auf die moderne Zeit einen Grundgedanken auf, der in eines der Grundcharakteristika mündet, die mit dem Begriff der Gesellschaft aufgerufen werden: dass Gesellschaft nicht einfach Summe oder emergentes Produkt individuell-menschlicher Lebensäußerungen ist, sondern etwas, das einen Eigensinn besitzt, eine eigene Logik hat, ein Gegenstand eigener Art ist, eine Entität *sui generis*. Was mit dem Begriff der Gesellschaft bezeichnet wird, lässt sich in einer schönen Formulierung von Emile Durkheim ablesen. Er stellt in seinem Klassiker «Regeln der soziologischen Methode» die elementare Frage danach, wie sich «der Zustand der Gruppe» und der Einzelne zueinander verhalten. Er schreibt, der Zustand der Gruppe sei «in jedem Teil, weil er im Ganzen ist, und er ist nicht im Ganzen, weil er in den Teilen ist. [...] Der Zusammenklang der Empfindungen ist nicht die Folge einer spontanen und vorgeplanten Harmonie, sondern ein und derselben Kraft, die alle im selben Sinn bewegt. Der Einzelne wird von der Gesamtheit hingerissen.»[4]

Was hier von einem der Begründer des Faches Soziologie – Durkheim war der Erste, dessen Lehrstuhl die Denomination «Soziologie» trug – gewissermaßen als wissenschaftliche Form der Gegenstandskonstitution formuliert wird, findet sich auch im außerwissenschaftlichen Sprachgebrauch wieder. Durkheim war es darum zu tun, die Entität «Gesellschaft» als etwas zu bezeichnen, das einen Eigensinn hat, das unabhängig von den beobachtbaren Handlungen von Individuen eine Realitätsebene eigener Art ist, das, wie zuvor schon Lorenz von Stein formulierte, «als ein selbstständiger Organismus auftritt».[5] Als historischer Begriff taucht der Gesellschaftsbegriff spätestens in dem Moment auf, in dem deutlich wird, dass Menschen sich je nach ihrer sozialen Lage anders verhalten und dass ihr Tun Ausdruck einer gesellschaftlichen Struktur ist, die sie durchaus als widerständig erleben – widerständig deshalb, weil die eigene soziale Lage als Grund der eigenen Handlungsmöglichkeiten sichtbar wird.[6]

Dabei sind zwei Aspekte bedeutsam, die sich auf den ersten Blick widersprechen. Der Historiker Paul Nolte formuliert das besonders prägnant: «Die Erfahrung des Sozialen auf den Begriff der ‹Gesellschaft› zu bringen, drückte eine Vorstellung von Einheit, von Zusammengehörigkeit aus, welche die Zeitgenossen wahrnahmen oder jedenfalls für die Zukunft anzustreben versuchten. Aber daneben stand die andere Erfahrung, dass die Gesellschaft aus verschiedenen, ungleichen Teilen bestand, aus größeren Verbänden, die hierarchisch übereinander angeordnet waren.»[7] Eine Funktion des Gesellschaftsbegriffs scheint also zu sein, einen gemeinsamen Raum zu imaginieren, in dem sich Unterschiedliches wiederfindet. Es ist eine Erfahrung von Einheit und Differenz, die die Rede von der Gesellschaft plausibel macht. Wer «Gesellschaft» sagt, hat beides im Blick: eine Adresse, die eine All-Einheit imaginiert, aus der man sich nicht heraushalten und schon gar nicht herausstehlen kann, und einen Hinweis darauf, dass diese All-Einheit in sich Differenzen unterschiedlichen Typs kennt – als soziale Ungleichheit, als Schichtung, als regionale oder kulturelle Differenz oder schlicht als eine Form, in der sich nur deswegen Unterschiedliches sehen lässt, weil es in einem gemeinsamen Raum stattfindet.

Wahrscheinlichkeiten

Das Problem des Gesellschaftsbegriffs ist es, dass dieser eine Adresse formuliert, die stets abstrakt bleiben muss, die also nicht wirklich positiv vorliegt und deren Sichtbarkeit stets eine vermittelte Sichtbarkeit ist – eine begrifflich vermittelte Sichtbarkeit. Die *Hegel-Lecture* der Freien Universität Berlin, eine Vortragsreihe, die einmal jährlich stattfindet, wurde 2017 unter der Fragestellung gehalten, wovon wir reden, wenn wir von Gesellschaft reden. Bewusst war die Frage so gestellt, dass es eben nicht darum geht, was Gesellschaft *sei*, sondern was es bedeutet, *darüber zu reden.*[8] In Ermangelung eines positiv vorliegenden Gegenstandes wurde versucht, die Sichtbarkeit des Gesellschaftlichen an der Person des Vortragenden festzumachen, und zwar an Dingen, die an der Person sichtbar werden. Schon sprachliche Performanz und Kleidungsstil verweisen auf Dimensionen der sozialen Verortung, und zwar insofern man sie von anderen unterscheiden kann. Die vom Redner bevorzugten Konsumprodukte, etwa Schreibgeräte oder Computer bestimmter Marken, sind für seine soziale Lage vergleichsweise erwartbar. Dass er in seiner Freizeit gerne Musik eines bestimmten Typs macht, erwartbare Lieblingskomponisten nennen kann, ein Automobil besitzt, dessen Marke und Typ gut zu seinen sonstigen Konsumgewohnheiten passt, dass er sich ferner in vielen Dingen als sehr tolerant erweist, in manchen aber auch gar nicht, dass sein Beruf ihn in seiner Denkungsart sehr prägt und dass ihn dieser Beruf mit einem Gehalt ausstattet, das wiederum seine Lebensweise unterstützt, und dass es diesen Beruf nur gibt, weil die Gesellschaft ein Funktionssystem für Wissenschaft vorsieht, dass seine Karriere zwar selbst erarbeitet ist, aber seine Klassenherkunft und damit bestimmte Voraussetzungen diese Karriere zu einem großen Teil mitbefördert haben – all das sah aus wie eine sehr selbstverliebte und zugleich allzu selbstbewusste Form der Beschreibung, eine Form, die man von jemandem in einer solchen Position wohl auch erwarten könnte und die Material ebenso für Spott wie für Distinktionsbemühungen sein könnte.

Der Move dieser Selbstbeschreibung war allerdings ein völlig anderer. Zwar charakterisierten die berichteten Dinge einen erfolgreichen, selbstbewussten, mit Anerkennung und Respekt belegten Universitätsprofessor, boten Material für eine sehr individuelle und unverwechselbare Geschichte. Aber genau besehen war just das Gegenteil der Fall. Fast alles, was der Redner über sich selbst sagen konnte (und das wurde in der Situation entsprechend inszeniert), war ziemlich erwartbar, geradezu konventionell, sogar erschreckend konventionell. Natürlich ließe sich keines der einzelnen Merkmale vollständig deterministisch aus der Lebenslage des Redners ableiten, in allen Parametern gab und gibt es starke Abweichungsmöglichkeiten und individuelle Gestaltungsmöglichkeiten. Aber in der Summe sind die Dinge durchaus sehr konventionell erwartbar. Nicht unbedeutend ist, wie sehr die Beschreibung unabhängig von unmittelbaren *Persönlichkeitsmerkmalen* funktioniert, dafür aber Konsumprodukte, Markennamen, Stile und Distinktionskategorien eine Rolle spielen. Man hätte die Geschichte auch am eigenen Ich orientiert erzählen können, würde dann aber gleichfalls auf erwartbare Muster und Chiffren kommen, die wir etwa aus den Konstruktionsprinzipien von Bildungsromanen oder literarischen Biografien kennen.[9]

An diesem Beispiel wird deutlich, was Durkheim damit meinte, etwas sei nicht kollektiv, weil es in den Einzelnen sei, sondern etwas sei in den Einzelnen, weil es kollektiv sei. Noch einmal: Es geht nicht um ein Determinationsverhältnis, sondern um Wahrscheinlichkeiten. Man kann Gesellschaft mathematisch vielleicht als einen diskreten Wahrscheinlichkeitsraum bezeichnen, in dem die mögliche Rekombination von Elementen nicht determiniert, sondern nach Wahrscheinlichkeiten verteilt ist. Das lässt sich im Alltag daran beobachten, wovon wir überrascht sind und wovon nicht. Einen besonderen Informationswert haben Ereignisse nur dann, wenn sie auf einem niedrigeren Wahrscheinlichkeitslevel geschehen, wenn sich andere Ereignisse, Ergebnisse oder Konstellationen einstellen, als es erwartet wurde. Die Gesellschaftlichkeit unserer Wahrnehmung tritt daran zutage, was uns *nicht* auffällt, was also als wahrscheinliche Normalität aufgefasst wird – und dann fällt sie besonders auf, im Moment der Störung, der Abweichung und der Fehlallokation, an die man sich wiederum evolutionär gewöhnen kann.

Besonders schön lässt sich das an einem berühmt gewordenen Diktum von Margaret Thatcher, der britischen Premierministerin von 1979 bis 1990, aufzeigen. Sie sagte, so etwas wie eine Gesellschaft gebe es gar nicht, wörtlich 1987 in einem Interview mit der Zeitschrift *Woman's Own*: «I think we have gone through a period when too many children and people have been given to understand ‹I have a problem, it is the Government's job to cope with it!› or ‹I have a problem, I will go and get a grant to cope with it!› ‹I am homeless, the Government must house me!› and so they are casting their problems on society and who is society? There is no such thing! There are individual men and women and there are families, and no government can do anything except through people and people look to themselves first. It is our duty to look after ourselves and then also to help look after our neighbour and life is a reciprocal business and people have got the entitlements too much in mind without the obligations, because there is no such thing as an entitlement unless someone has first met an obligation [...].»[10] Liest man diese Interviewpassage nicht als Beitrag zur Gesellschaftstheorie, sondern in ihrem Kontext, muss man zu dem Ergebnis kommen, dass es sich um sehr erwartbare Sätze einer Politikerin handelt, deren liberale Wirtschaftspolitik als Thatcherismus in die Geschichte einging.[11] Diese Sätze sind typisch für das, was sie darstellen. Man kann sie politisch kritisieren oder sachlich für falsch halten, nutzt dann aber selbst wiederum Muster, die sich nicht aus der Kritik oder der Interpretation ergeben, sondern die Muster und Erwartungen in Anspruch nehmen, die nicht einfach die Summe oder ein Aggregat aus Einzelhandlungen sind, sondern deren Musterhaftigkeit selbst jenen überindividuellen Eigensinn hat, den man mit dem Begriff der Gesellschaft belegen kann. Man kann mit einiger Wahrscheinlichkeit voraussagen, wer den Begriff der Gesellschaft oder bestimmte Konnotationen für entbehrlich hält oder sogar die Existenz des Gegenstands in Frage stellt. Am kuriosesten fand ich eine Formulierung, die ich einmal gefunden habe, Gesellschaft existiere nicht, sie sei nur ein soziales Konstrukt, was man als eine klassische *contradictio in adiecto* bezeichnen kann.[12]

Gesellschaft ist also zunächst ein adressierbarer Raum und zugleich etwas, dessen eigensinnige Struktur Wahrscheinlichkeiten organisiert; es ist ein Raum von *organized complexity*, wie es in der Kybernetik heißt,[13] in dem bestimmte Formen wahrscheinlicher sind als andere. Man kann das sehr deutlich an öffentlichen Debatten zu zahlreichen Themen studieren, in denen zumeist die üblichen Verdächtigen mit den üblichen Argumenten und in üblichen Konfliktlinien die üblichen Redebeiträge platzieren. Man weiß ungefähr, wie sich die Argumente verteilen, wer in Debatten üblicherweise welchen Typus von Argument verwendet, und wird darüber hinaus feststellen, dass solche Debatten sich auch an eingeführten und wahrscheinlichen Problem-Lösung-Konstellationen entlang reproduzieren. Dafür gibt es im politischen Raum Parteien mit ihren Ideologien und dazu passenden Sprechweisen und Lösungshorizonten. Ferner gibt es in den Medien verteilte Rollen im Hinblick auf den Typus von Darstellungsform und inhaltliche Präferenzen, in wissenschaftlichen Disziplinen sind es theoretische Voraussetzungen, Methodologien und unterschiedliche wissenschaftliche Stile, und in Kulturkämpfen oder sozialmoralischen Debatten weiß man ebenfalls ungefähr, wer wie spricht und schweigt, und selbst Protestbewegungen weichen als Formen abweichenden Verhaltens zumeist wenig von den Erwartungen ab. Vieles, was geschieht, sieht aus, als liege dem ein Drehbuch zugrunde und als spielten die Akteure Rollen, die dieses Drehbuch vorschreibt – ohne dass dies von einem Regisseur eingeübt wäre oder dieses Drehbuch irgendwo explizit nachgelesen werden könnte.[14] Das Drehbuch sind die Erwartungen und Erwartungen von Erwartungen, die soziologisch gesprochen nichts anderes als *Strukturen* sind. Und die Ordnung dieser Erwartungen, also die Strukturen, sind das, was die Gesellschaft in ihrer Form ausmacht.

Einer der deutlichsten Hinweise auf die Gesellschaftlichkeit der Gesellschaft ist der Siegeszug der Digitalisierung als Leittechnik der gesellschaftlichen Gegenwart (→ Technik).[15] Digitalisierung bedeutet nicht einfach den Wechsel der Informationsübertragung auf digitale Medien. Digitalisierung geschieht dort, wo mit Hilfe rechnerischer, also digitalisierender Methoden Mustererkennung und Datenverarbeitung stattfindet. Digitale Methoden untersuchen Regelmäßigkeiten und Muster in Datenform, die ihrerseits selbsterzeugte Formen der Repräsentation der Welt sind. Daten können Unvergleichbares vergleichen, sie sind in der Lage, Korrelationen und Abhängigkeiten, statistische Kausalitäten und stochastische Modelle zu erzeugen, die einem Gegenstand eine Erkenntnis abringen, die mit bloßen Augen oder natürlichem Bewusstsein nicht zugänglich sind.

Das Entscheidende für die Frage nach der Gesellschaft ist aber dies: Digitale Technik kann Muster etwa in Form von Bewegungsmustern, von Konsummustern, von forensisch relevanten Verhaltenswahrscheinlichkeiten, von Krankheitsverläufen, von militärischen Bewegungen, von Zahlungsvorgängen etc. nur deshalb erheben und verwerten, weil ihr Gegenstand ein strukturierter Gegenstand mit internen Zonen höherer Wahrscheinlichkeit ist. Auch wenn Gesellschaft als ein chaotischer, als ein pulsierender, als ein geradezu unübersichtlicher Gegenstand erscheint, so zeigt die Digitaltechnik doch eine erstaunliche Regelmäßigkeit und sogar Berechenbarkeit unkoordinierten Verhaltens. In einer Studie habe ich gezeigt, dass digitales Denken und digitale Selbstbeobachtung der Welt bereits vor der Erfindung des Computers stattgefunden hat, genau genommen im selben Moment, in dem sich die Gesellschaft als Gesellschaft zu beobachten begonnen hat.[16] In der Massengesellschaft berechnet man Mittelwerte in der Wirtschaft, in der Stadtplanung, in der Medizin, in den forschenden Wissenschaften, in der politischen Bearbeitung der sozialen Frage, in der Militärplanung, in der Bearbeitung und im Transport von Gütern, der Abwasserbewirtschaftung oder der Nahrungsmittelversorgung, man kalkuliert typische Muster und generiert damit Wissen, das nicht mehr einfach auf die Kontinuierung tradierter Erfahrung setzen kann – eben weil sich die gesellschaftlichen Abläufe verändert haben. Digital ist daran, dass man begonnen hat, die Selbstbeobachtung der Gesellschaft in Datenform zu bringen und Daten so miteinander in Beziehung zu setzen, dass komplexe Muster abgebildet werden können.

Mit der Erfindung der Digitaltechnik bekam dies in der zweiten Hälfte des 20. Jahrhunderts einen technischen Schub, der ganz neue Möglichkeiten eröffnete. Im Übrigen ist der Umgang mit digitalen Daten zur Mustererkennung zu politischen, militärischen, ökonomischen, medizinischen, forensischen, wissenschaftlichen und vielen weiteren Zwecken der empirischen Sozialforschung sehr ähnlich, die ja in ihren Fragestellungen gerade nicht an Einzelfällen interessiert ist, sondern vor allem an stochastischen Modellen über gesellschaftliche Strukturen. Man kann dann berechnen, mit welcher Wahrscheinlichkeit ein bestimmtes Verhalten, bestimmte Anschlüsse und bestimmte Praxisformen in bestimmten Situationen, unter bestimmten Bedingungen bei bestimmten Teilpopulationen wahrscheinlicher sind – und das gilt sowohl für die quantitative Sozialforschung, also diejenige, die mit numerischen Daten operiert, als auch für die qualitative, die mit sprachlichen Auskünften (Interviews), teilnehmenden Beobachtungen oder Dokumentenanalysen arbeitet. Stets geht es um die Erkennung von Mustern und um den regelmäßigen, nicht zufälligen Zusammenhang unterschiedlicher Parameter.

Damit erweist sich die Gesellschaft mit ihrer internen Form mehr oder weniger wahrscheinlicher Muster als der eigentliche Gegenstand der Digitalisierung. Deshalb kann man von einer *digitalen Entdeckung der Gesellschaft* sprechen: Die gesellschaftlichen Strukturen sind das Material, mit dem die digitale Selbstbeobachtung und Gestaltung der Gesellschaft arbeitet – und das, wie gesagt, als politische Beobachtung, als Geschäftsmodell oder als Forschungsperspektive.

Solche stochastischen Berechnungen sind es auch, die sprach- und textbasierte Künstliche Intelligenz vornehmen, um «selbständig» auf Fragen zu antworten, Texte zu generieren und zu «verstehen». Diese Technik versteht nicht im emphatischen Sinne, sondern ist ausschließlich eine Software, die unter Nutzung von großen Textmengen die Wahrscheinlichkeit anschlussfähiger Formulierungen berechnen kann. Es bedarf dafür keiner individuellen Urteilskraft – und scheitern dürften solche Systeme vor allem an Formulierungen, Begriffen und Zusammenhängen sehr kleiner sozialer Sprachinseln, deren Verstehbarkeit ja auch begrenzt ist, wenn sie von «natürlichen» Sprechern außerhalb solcher Sprachinseln verwendet werden. Ansonsten «verstehen» solche Systeme (deren bekanntestes ChatGPT der Firma *OpenAI* ist) nur insoweit, als es erwartbare Anschlussformen gibt, die wahrscheinlicher sind als andere. Zu behaupten, dass diese Systeme nicht wirklich verstehen, ist freilich nur die eine Seite der Medaille, denn sie zeigen auch, wie überhaupt verstanden wird: indem kommunikative Akte anschlussfähig sind. Verstehen wäre in diesem Sinne jenes Element der Kommunikation zwischen einer kommunikativen Offerte und dem nächsten kommunikativen Akt. Diesen Begriff des Verstehens hat die soziologische Systemtheorie bereits Jahrzehnte vor Erfindung von sprachbasierter KI entwickelt, indem sie das Verstehen als drittes Element der Kommunikation (neben Information und Mitteilung) nicht im Sinne psychischen Verstehens meint, sondern als Anschluss kommunikativer Akte aneinander,[17] und genau so würde man heute den Mechanismus erklären, der textbasierte KI ermöglicht – als Navigation in einem stochastischen Raum eigener Art. All das setzt also voraus, dass es so etwas wie eine Gesellschaft gibt.

Lorenz von Stein, einer der Ersten, die sich Mitte des 19. Jahrhunderts systematische Gedanken über eine mögliche Gesellschaftswissenschaft machten, meinte, «dass die selbständige Existenz einer menschlichen Gesellschaft zwischen Güterleben und Staat erst an den Störungen erkannt ist, welchen die Gesellschaft selbst unterworfen ist».[18] Das ist eine sehr hilfreiche Beobachtung zur Beantwortung der Frage, wann und warum die Gesellschaft in ihrer Selbstbeschreibung als Gesellschaft erscheint. Man kann wohl grob drei *Entdeckungen der Gesellschaft* unterscheiden, die exakt mit solchen Störungen zu tun haben: Die erste fand, wie bereits erwähnt, im 19. Jahrhundert mit der Entstehung moderner Nationalstaaten und der sozialen Frage statt, die zweite lässt sich in die 1960er Jahre datieren, jener ökonomischen und kulturellen Aufbruchsphase (nicht nur) westlicher Gesellschaften, die die Gesellschaftswissenschaften als Leitwissenschaften entdeckten, auch weil sich die internen Formen sozialer Praktiken veränderten und die Gesellschaftlichkeit aller Praxis noch sichtbarer wurde als zuvor. Mit der dritten, der digitalen Entdeckung der Gesellschaft, erfährt dies eine weitere Steigerung: Sie reagiert auf die merkwürdige Störung und auch Verstörung, die von der Digitalisierung ausgeht, nämlich eine exakte Selbstbeobachtung der Gesellschaft mit einem erheblichen Kontroll- und Steuerungsüberschuss, der übrigens nur deshalb so radikal erscheint, weil er direkt an gesellschaftlichen Strukturen und Erwartungsformen ansetzt.

Wie oben mit der Figur des Drehbuchs angedeutet, kapriziert sich der Rekurs auf Gesellschaft vor allem auf die Struktur der Gesellschaft, auf seine innere Logik, auf die Trägheit ihrer Wahrscheinlichkeiten, auf höhere Regelmäßigkeiten, als es auf den ersten Blick erscheint. Diese sind es, die die Erwartungen an die Gesellschaft ausmachen – ein Raum von *organized complexity*, der begrifflich für sich selbst nicht trivial erreichbar ist.

Das Bezugsproblem

An dieser Stelle stoßen wir auf die Unterscheidung zwischen dem öffentlichen Gebrauch von «Gesellschaft» und einem methodisch kontrollierten Gesellschaftsbegriff, der sich für die Struktur der Gesellschaft interessiert. Der öffentliche Gebrauch des Begriffs dient vor allem der Identifizierung einer Adresse und der Ansprechbarkeit jener imaginierten Einheit, die «Gesellschaft» genannt werden kann. Die Adressierung der Gesellschaft meint meistens, ein angebbares

Kollektiv zum Adressaten von Forderungen und Charakterisierungen zu machen. Vor allem wenn Veränderungs-, Handlungs- oder Korrekturbedarf angemahnt wird, lautet das Subjekt solcher Sätze oftmals «Wir als Gesellschaft», und das Prädikat heißt dann «sollten». Das Bezugsproblem des Gesellschaftsbegriffs ist die kollektive Ansprache einer Arena, die als Einheit angesprochen, und der exakt als solcher etwas abverlangt wird. Die Rede von der Gesellschaft ist in diesem Sinne, wie von Paul Nolte formuliert, von der Vorstellung einer Einheit geprägt, die eine inklusive Form hat und aus der es kein Entrinnen gibt. Letztlich ist Gesellschaft nicht nur aus Gattungsgründen alternativlos – der neugeborene Mensch kann ohne eine gesellschaftlich strukturierte Welt nicht überleben – sondern auch im Hinblick darauf, dass die Adressierung als Gesellschaft tatsächlich eine Totalität im Sinn hat, aus der es kein Entrinnen gibt, weil alles, was geschieht, Teil und Ausdruck des Gesellschaftlichen ist.

Wohlgemerkt: Das sind keine soziologisch tauglichen Sätze (auch wenn man sogar Soziologinnen und Soziologen in öffentlichen Statements bisweilen die Sentenz «Wir als Gesellschaft» sagen hört, was zumindest mich stets schaudern lässt).[19] Freilich kommen solche soziologisch kaum tauglichen Sätze auch in soziologischen Texten vor – um nur ein Beispiel zu nennen, verwechselt Hartmut Rosa die Diagnose, die moderne Gesellschaft könne nicht aus einem Guss handeln und kenne weder Spitze noch Zentrum, mit der Fähigkeit des Staates, in Ausnahmesituationen durchregieren zu können – und bringt als Beispiel die Erfahrungen mit der Pandemie.[20] Aber gerade die Pandemie hat doch gezeigt, wie voraussetzungsvoll und nachgerade unmöglich ein vollständiges Durchregieren vor allem in der Phase des ersten Lockdowns 2020 war und wie wenig kontrollierbar dessen Folgen, ganz zu schweigen von den Zentripetalkräften, die mit den ersten «Lockerungen» einhergingen.

Es geht hier um das Bezugsproblem des Begriffsgebrauchs, und das besteht darin, die Gesellschaft als Gesellschaft adressierbar zu machen. An diesem soziologischen Beispiel wird deutlich, wie stark auch die Soziologie manchmal von jenem Bezugsproblem der Adressierbarkeit geprägt ist, wenn gewissermaßen der Wunsch der Vater jenes Gedankens ist, die Gesellschaft nicht nur adressierbar zu machen, sondern der Adresse auch noch etwas Planvolles abzuverlangen. Hier negiert der soziologische Wunsch die empirische Form des Gesellschaftlichen – und wird selbst zum Opfer der performativen Möglichkeiten des Begriffs als historischem und politischem Begriff, in Differenz zu seinem soziologischen Gebrauch. Wer sich mit der strategischen Potenz der Adressierbarkeit eines Gegenübers ohne Adresse zufriedengibt, kann starke Sätze formulieren und ein «kritisches» Milieu zufriedenstellen, verfehlt aber die Augenhöhe der Problemlagen – die hier an der Pandemie angedeutet wurden, aber für andere Herausforderungen ebenfalls gelten. Der Schlüssel für die Lösbarkeit der Klimafrage wird nur über den Umweg einer solchen begrifflichen Selbstkritik möglich sein (→ Kritik).

Gesellschaft *als* Gesellschaft adressierbar zu machen, hört sich wie eine Tautologie an, ist aber keine, denn zum öffentlichen Gebrauch des Gesellschaftsbegriffs gehört ohne Zweifel jene Vorstellung, die erst der Gesellschaftsbegriff aufruft: die Imagination einer Einheit, die aber vor allem durch ungleiche Schichten, Milieus, Gruppen oder Klassen geprägt ist. Wer die Gesellschaft anspricht, spricht also ein Ganzes an, das in sich ungleiche Teile enthält – dies adressiert gewissermaßen die beiden Elemente von Gleichheit und Ungleichheit: Alle Mitglieder einer Gesellschaft gehören zur Gesellschaft dazu und sind darin gleich, aber die Lebensverhältnisse sind durch Ungleichheiten unterschiedlicher Dimension (Ökonomie, Bildung, Kultur, Region, Ethnizität, Konfession etc.) geprägt (→ Gleichheit/Ungleichheit).

Die historische Genese des Selbstverständnisses der *Gesellschaft als Gesellschaft* erzeugt diese Spannung zwischen Gleichheitsversprechen und Ungleichheitserfahrung, die seit der Entstehung nationalstaatlicher, betriebskapitalistischer und schulischer Institutionen im 19. Jahrhundert die öffentliche Selbstbeschreibung der Gesellschaft prägen (→ Öffentlichkeit). Aufgrund dieser historischen Genese ist der Gesellschaftsbegriff von Beginn an politisch imprägniert, und zwar aus zwei Gründen: Zum einen fällt die Etablierung des Selbstverständnisses als Gesellschaft mit der Etablierung des modernen Nationalstaates spätestens im 19. Jahrhundert zusammen, zum anderen zielt der Gesellschaftsbegriff auf die Funktionen des modernen politischen Systems, nämlich die Kapazitäten zur Herstellung kollektiv bindender Entscheidungen[21] und die Definition, Abgrenzung und

Etablierung politischer Kollektivitäten.[22] Die Funktion des politischen Systems besteht nicht darin, die Gesellschaft zu sein oder sie gar zu steuern, aber gerade das Bezugsproblem, eine Einheit adressierbar zu machen, verweist auf eine politische Funktion. Daran liegt es, dass der Gesellschaftsbegriff in seinem *öffentlichen* Gebrauch letztlich als eine *politische* Kategorie erscheint – was noch durch den appellativen Aspekt verstärkt wird, der in der begrifflichen Form der Adresse und damit der Adressierbarkeit liegt. Und hier hat, *horribile dictu*, Margaret Thatchers Behauptung, da sei «no such thing» wie Gesellschaft, mehr Sinn, als sie selbst imaginiert haben kann, insofern sie die Adressierbarkeit der Gesellschaft (in Form ihrer politischen Regierung) meinte, auf die man nicht schlicht setzen könne.

Gesellschaft wird zum Kollektivbegriff, letztlich zu einer Großgruppe – und der öffentliche Gebrauch des Begriffs suggeriert, dass diese Großgruppe so ähnlich funktioniert wie eine soziale Gruppe, die ein Wir ausbilden kann, in der es vor allem um Zusammenhalt und Ähnlichkeit geht, um gemeinsame Werte und Normen und vor allem die Wechselseitigkeit des Interessenausgleichs. Diese Suggestion zehrt nicht nur von der Logik des Politischen, sondern auch von der Logik des Familialen, die als Zumutung und *Erinnerung* an unbedingte Formen der Zugehörigkeit gewissermaßen einen kritischen Stachel gegen die Differenzierungen der Moderne stellt. Der *politische* Aspekt des Begriffsgebrauchs von Gesellschaft zielt darauf, überhaupt Kollektivitäten benennbar zu machen, die Mitglieder auf diese Kollektivität zu verpflichten und darin bindende Entscheidungen zu ermöglichen; der Aspekt des *Familialen* pocht auf eine Form der Zugehörigkeit, die einen Rest klassischer Familienzugehörigkeit mitführt: aufeinander angewiesen und damit füreinander verpflichtet zu sein. Nicht umsonst ist bei Hegel die Familie nicht nur die partikularste Stufe des Sittlichen.[23] Sie gilt auch als die natürlichste Form, weswegen sich auch hier die klassischen Geschlechtscharaktere als quasi-natürliche Formen entwickeln.[24] Nur die Ideologie des Familialen kann behaupten, dass der Mensch dort ganz bei sich sei. Das Familiale trägt wenigstens konzeptionell eine überzeitliche, eher mythische Erfahrung eines übersichtlichen Sozialverbandes mit sich, fast als wäre es das soziale Erbe einer segmentären Stammesgesellschaft, in der quasi-natürliche Formen der Bindung vorherrschen. Die

Logik des Familialen erscheint als Urform der Vergesellschaftung – obwohl diese Art enger Bindung an die «eigene» Familie selbst modernen Ursprungs ist.[25]

Der Gebrauch des Gesellschaftsbegriffs als Kollektivbegriff enthält eine starke Überforderung und Überlastung, denn die Adressierung der Gesellschaft als Großgruppe, in der ungleiche Verhältnisse und sonstige Konflikte befriedet werden (sollen) und die auch definiert, wer nicht dazugehört, erzeugt unrealistische Perspektiven auf das «Ganze». Dieses Argument ähnelt Freuds Befund, dass ein Über-Ich angesichts der Kultursteigerung in Großverbänden überfordert und die Forderung, die Angehörigen einer Großgruppe zu lieben, unrealistisch ist. Und dennoch zielt der öffentliche Gebrauch des Gesellschaftsbegriffs exakt darauf: auf gesellschaftsweite Kritik, auf Verantwortung und Solidarität – aber die Sorge um den «gesellschaftlichen Zusammenhalt» reduziert gesellschaftliche Problemlagen auf die Frage nach der Herstellung einer gemeinsamen Perspektive.

Ich habe diese Denkungsart an anderer Stelle als «Soziodizee des Gemeinschaftlichen» bezeichnet.[26] Unter einer Soziodizee verstehe ich Versuche einer vereinfachten Beschreibung gesellschaftlicher Komplexität. Gesellschaftliche Komplexität wird dann auf die Frage der Intensität gemeinschaftlicher Bande zurückgeführt – etwa indem zumindest der Gebrauch des Gesellschaftsbegriffs exakt auf die Einforderung einer solchen gemeinschaftlichen Perspektive zielt, freilich mit dem kritischen Impetus einer Forderung.

Dass der Gesellschaftsbegriff in der frühen Soziologie mit Ferdinand Tönnies als Gegenbegriff zum Gemeinschaftsbegriff geführt wird, gerät dabei geradezu in Vergessenheit, auch die wahrscheinlich auf Tönnies verweisende Unterscheidung Max Webers zwischen Vergemeinschaftung und Vergesellschaftung.[27]

Wenn es stimmt, dass der *öffentliche* Gebrauch des Gesellschaftsbegriffs eine familien- und gemeinschaftsähnliche Form darbietet, gewissermaßen an die Erinnerung an unmittelbare Sozialbeziehungen appellierend, dann verweist schon dieser öffentliche Begriffsgebrauch auf die innere Komplexität seines Gegenstandes. Man könnte dann behaupten, dass der *Gebrauch* des Gesellschaftsbegriffs unter anderem die Funktion hat, die *Gestalt* dessen, was er bezeichnet, zu verdecken. Der Effekt ist die Adressabilität von etwas, das empirisch besehen keine Adresse *ist* oder *hat* – und da nur das politische System in Form des Staates eine solche Adresse konstruiert (und konstruieren muss), ist die Politisierung des Gesellschaftsbegriffs nahezu unvermeidlich. Damit ist sowohl ein historischer als auch ein systematischer Grund benannt, warum der Gesellschaftsbegriff geradezu verdeckt, was er zu bezeichnen vorgibt. Um dies aufzudröseln, sei auf zwei Theorieformen des Gesellschaftlichen verwiesen, die mit unterschiedlichen Metaphern arbeiten, woraus zwei unterschiedliche Verständnisse der Struktur der Gesellschaft ableitbar sind. Zur Erinnerung: Die *Struktur* wurde oben eingeführt als Form der Erwartung und damit als Einschränkung von Möglichkeiten in einem Raum organisierter eingeschränkter Wahrscheinlichkeiten.

Vertrag und Organismus

Wenn der öffentliche Gebrauch des Gesellschaftsbegriffs die Komplexität der Gesellschaft dadurch handhabbar zu machen sucht, eine ansprechbare Adresse zu formulieren, die selbst nicht wirklich identifizierbar ist, aber im Modus der politischen Rede am Ende die politische Funktion und den Staat meint, muss eine weitergehende Klärung des Gesellschaftsbegriffs an der Komplexität der Gesellschaft selbst ansetzen. Aber was bedeutet das? Um sich dieser Frage zu nähern, lohnt es sich, zwei zentrale Metaphern der Gesellschaft zu besichtigen. Es sind eine rechtliche und eine Naturmetapher: die rechtliche gründet die Integrität der Gesellschaft auf einen *Vertrag*, den Gesellschaftsvertrag,[28] der Rekurs auf Natur konzipiert Gesellschaft als *Organismus*. Diese beiden Metaphern, wie sie vor allem von Susanne Lüdemann beschrieben worden sind,[29] sind die Grundlage für unterschiedliche methodisch kontrollierte Bestimmungen des Gesellschaftsbegriffs und bringen zentrale Aspekte eines sozialwissenschaftlichen Verständnisses von Gesellschaft auf den Begriff.

Die *rechtsförmige* Vertragsmetapher geht vor allem auf Thomas Hobbes, aber auch auf Jean-Jacques Rousseau zurück. Hobbes' Ausgangspunkt ist, dass die Menschen im Naturzustand nicht friedlich miteinander leben können und ihre jeweiligen Einzelinteressen absolut setzen, was gesellschaftliche Ordnung unmöglich macht. Es sei ein Befehl der Vernunft, der den Menschen «zu Friede und Gehorsam»[30] zwinge und ihn dem *sterblichen Gott* unterwerfe, «dem wir unter dem *unsterblichen Gott* unseren Frieden und Schutz verdanken».[31] Menschen gehen dann aus freien Stücken einen Vertrag auf Wechselseitigkeit ein und treten einem Dritten, nämlich dem Staat, die Aufsicht über die Ordnung ab: «Ich autorisiere diesen Menschen oder diese Versammlung von Menschen und übertrage ihnen mein Recht, mich zu regieren, unter der Bedingung, dass du ihnen ebenso dein Recht überträgst und alle ihre Handlungen autorisierst.»[32] Die Grundidee besteht darin, den Gesellschaftsvertrag wie einen privatrechtlichen Vertrag zu gestalten, in dem sich Einzelpersonen zusammentun, um ihre Privatinteressen mit einem Kollektivinteresse zu versöhnen. Das Bezugsproblem von Hobbes richtet sich in erster Linie an der historischen Erfahrung einer «Eigentumsmarktgesellschaft»[33] und des Selbstbewusstseins von Bürgern aus, das sich wiederum insbesondere einer durch Besitz erzeugten Individualität verdankt.

Hegel hat in seiner Kritik der Vertragstheorie darauf hingewiesen, dass der Gesellschaftsvertrag nicht einem privatrechtlichen Vertrag gleiche, denn ein privatrechtlicher Vertrag gehe auf zwei identische «Willen» zurück und sei «nur *ein durch sie gesetzter*, somit nur *gemeinsamer*, nicht an und für sich allgemeiner»[34] Wille, mithin also nicht in der Lage, der Idee des Staates tatsächlich zu entsprechen. Aber für Hegel ging es darum, sich nicht mit dem Staat als bürgerliche Besitzgesellschaft zufriedenzugeben, sondern ein wirklich Allgemeines denken zu können. Man muss diese Diskussion hier nicht weiterverfolgen, um doch zu sehen, dass gerade die Anwendung einer Metapher des Rechts ein Allgemeines immer schon voraussetzen muss. Auch hier ist das Ganze, das später als Gesellschaft firmieren sollte, von dem Bezugsproblem geprägt, die gesellschaftliche Komplexität mit dem Gedanken erträglicher zu machen, die Subjekte an ein Allgemeines zu binden und damit die Versöhnung von subjektivem und objektivem Geist zu gewährleisten.[35] Aus Gesellschaft wird dann ein politischer Raum – und aus dem Nationalstaat die Nationalgesellschaft. Es bräuchte noch einige weitere Argumentationsschritte, um zu zeigen, wie daraus letztlich ein Gesellschaftsbegriff wird, der sich von seiner politischen Kontamination nicht befreien kann – aber hier liegt auf jeden Fall die Schnittstelle, an der der logische (und auch der historische) Kontext einer solchen Politisierung des Gesellschaftsbegriffs deutlich wird. Gesellschaft wird zu einer Arena, in der sie sich selbst durch Ansprache und Kritik, durch Appelle an Zusammenhalt und kollektiv bindendes Entscheiden konstituiert. Rousseau hat dies in der Nachfolge von Hobbes etwas weiter entfernt vom Besitzindividualismus zu einer *volonté generale* aufgerundet[36] – wohl die klassischste Formulierung dessen, was ich oben eine Soziodizee des Gemeinschaftlichen genannt habe.

Die *organische* Metapher setzt an der Struktur höherentwickelter Organismen an, d. h. an einer Ganzheit, deren Teile sich wie Organe eines Körpers zusammenfügen. Die Teile sind für sich jeweils nicht lebensfähig, leisten aber alle einen entscheidenden Beitrag zur Stabilisierung des Ganzen. Der *locus classicus* dieses Modells ist Emile Durkheims *Teilung der sozialen Arbeit* und darin die Beschreibung der gesellschaftlichen Moderne entlang der Metapher der *organischen Solidarität.* Ausgangspunkt von Durkheims Gesellschaftstheorie ist die Frage des *sozialen Bandes*, der Bindung individueller Aspirationen an die gesellschaftliche Herstellung von Gemeinsamkeit. *Solidarität* meint bei Durkheim die Frage, wie es einer Gesellschaft gelingt, unterschiedliche Tätigkeiten aufeinander zu beziehen und die Individuen mit Mentalitäten auszustatten, die das *Band* des Gesellschaftlichen stärken. Und je stärker sich Unterschiedlichkeiten in einer Gesellschaft etablieren, je höher der Grad der Arbeitsteilung, die Spezialisierung der unterschiedlichen Teile ist, desto größere Anforderungen sind an das soziale Band, an die soziale Solidarität zu stellen, um gesellschaftliche Stabilität zu erreichen.

Durkheim rekonstruiert eine historische Entwicklung von mechanischer zu organischer Solidarität. Er formuliert, «daß alle sozialen Bande, die der Ähnlichkeit entstammen, allmählich ihre Kraft verlieren. Dieses Gesetz allein reicht bereits hin, um die ganze Gewichtigkeit der Rolle der Arbeitsteilung aufzuzeigen. Denn in der Tat, da die mechanische Solidarität immer schwächer wird, muß sich entweder das eigentliche soziale Leben vermindern, oder eine andere Solidarität muß nach und nach an die Stelle derer treten, die im Begriff ist, sich aufzulösen. Man muß wählen. Vergeblich hält man daran fest, daß sich das Kollektivbewusstsein zugleich mit dem der

Individuen erweitert und festigt. Wir haben bewiesen, daß die beiden sich im umgekehrten Verhältnis verändern.»[37] Die stärkere Arbeitsteilung in der Gesellschaft führt laut Durkheim zugleich zu höheren Anforderungen an das Kollektivbewusstsein, er spricht an anderer Stelle von einer gesellschaftlichen Moral. Aber entscheidend ist für ihn, dass das Grundcharakteristikum der Gesellschaft sich von der Kollektivität des Zusammenhalts hin zur Form der Arbeitsteilung verschiebt. Durkheim beschrieb diese Arbeitsteilung noch in Form von Berufsgruppen und unterschiedlichen Tätigkeiten.

Die organische Metapher bildet die Grundlage für das, was in der Soziologie später funktionale Differenzierung heißen sollte: Die entscheidende Struktur der Gesellschaft besteht demnach darin, dass sich Logiken unterschiedlichen Typs mit je eigenen Funktionen für die Gesellschaft ausdifferenzieren, die nicht aufeinander abbildbar sind. Der Grundgedanke findet sich bereits in Max Webers Überlegungen zur Differenzierung von Wertsphären und später bei Talcott Parsons und der systemtheoretischen Gesellschaftstheorie.[38] Die Komplexität der Gesellschaft wird vor allem darin gesehen, dass es in der Gesellschaft gleichzeitig unterschiedliche Formen von Erfolgsbedingungen, von Funktionslogiken und Problemstellungen gibt. Um es sehr einfach zu formulieren: Wer politische Mehrheiten organisieren und vor allem die Plausibilität von Sachlösungen vor einem politischen Publikum vertreten muss, der hat andere Probleme zu lösen als ein wirtschaftlicher Akteur, dessen entscheidende Erfolgsbedingung darin besteht, Knappheitsprobleme zu lösen und die wirtschaftlichen Aktivitäten auf einem Markt anschlussfähig zu machen. Wissenschaft dagegen ist von politischen Vorgaben ebenso abhängig wie von wirtschaftlichen Möglichkeiten der Forschungsfinanzierung, aber wissenschaftliche Forschung und Kommunikation orientiert sich an wissenschaftsintern erzeugten Wahrheitskriterien, die weder durch Geld noch durch Mehrheiten zu substituieren sind. Und rechtliche Formen haben vor allem im Blick, normative Erwartungssicherheit sowie normative Konsistenz herzustellen, was wiederum einer anderen Logik folgt als die zuvor genannten. Daneben lassen sich medizinische, religiöse, erzieherische und auch familiale Formen unterscheiden, die je eigene Handlungslogiken kennen und sich darin kategorial und auch praktisch unterscheiden.

Gesellschaft wäre dann nicht mehr ein adressierbarer Raum in der Sozialdimension – Ganzheit in dem Sinne, dass alle Mitglieder der Gesellschaft Teil der Gesellschaft und somit Adressaten, aber auch Autoren von Ansprüchen und Kritik sind oder sein können. Die organische Metapher des Gesellschaftlichen kennt letztlich diese Form der Adressierbarkeit nicht – stellt sie doch gerade die unheilbare Differenziertheit der Gesellschaft heraus. Von einem lebendigen Organismus unterscheidet sich eine solche Gesellschaft dadurch, dass der Organismus tatsächlich eine physische Integrität kennt, dass seine Teile (eben organisch) zusammenpassen. Die organische Gesellschaftsmetapher kennt gerade diese Integrität nicht. Und deswegen fragen die unterschiedlichen Differenzierungstheorien je unterschiedlich nach der *Integration* der unterschiedlichen Teile: Max Weber kaprizierte sich noch auf die Persönlichkeit, in der die unterschiedlichen Ansprüche der Gesellschaft ausgehalten werden müssen,[39] Durkheim hoffte auf eine abstrakte gesellschaftliche Moral, Talcott Parsons sah in einer «gesellschaftlichen Gemeinschaft» ein Integrationspotential,[40] Jürgen Habermas setzte auf die Integrationsfähigkeit einer Lebenswelt und einer politischen Öffentlichkeit.[41] Niklas Luhmanns Differenzierungstheorie ist ohne Zweifel die radikalste Perspektive, weil sie den integrativen Ort weder sachlich, noch sozial bestimmt, sondern allenfalls zeitlich: integriert wird die Gesellschaft nicht durch wechselseitige Abstimmung der Teile, sondern weil sie weiterprozessiert und mit ihrer eigenen Nicht-Integriertheit in der vergehenden Zeit umgehen muss.[42]

Komplexe Schnittstellen

Die öffentliche Rede über und an die Gesellschaft arbeitet sich nicht nur am Bezugsproblem der Benennbarkeit von Komplexität ab, sondern erzeugt auch einen Ort für den Sprecher. Gesellschaft ist der Ort, an dem mehr oder weniger allgemeine Stellungnahmen in einer gesellschaftlichen (sic!) Arena formuliert werden können, und Gesellschaft ist auch eine Art Platzanweiser. Spätestens seit den 1970er Jahren diffundieren sozialwissenschaftliche Grundbegriffe in das alltägliche Selbstverständnis der Menschen – alle wissen, dass sie sozialisiert wurden und dass das, was sie für richtig und falsch halten, auch ein Effekt ihres gesellschaftlichen Ortes ist, dass sie kulturell geprägt sind, dass ihre Konsum- und Lebensstile einem gesellschaftlichen Muster folgen und dass sie im Alltag Rollen spielen, die viel mit lebensweltlichen Vertrautheiten zu tun haben. Sie können Ungleichheit an habitualisiertem Verhalten ablesen und wissen auch, wer warum über wie viele Ressourcen in Form von Bildung oder Einkommen verfügen kann. Sie erleben die Gesellschaft als geschichtet, vielleicht sogar als Klassengesellschaft. Inzwischen werden sie auch darauf hingewiesen, dass sie als Männer und Frauen gesellschaftliche Erwartungen erfüllen, die historisch kontingent und kulturell wie klassenspezifisch variabel sind. All das wird zwar nicht im wissenschaftlichen Stil eines soziologischen Seminars verhandelt, aber die Menschen nutzen im Alltag Kategorien oder zumindest Denkungsarten, die direkt aus der sozialwissenschaftlichen Nomenklatur stammen. Auch daran kann man erkennen, dass die Gesellschaft der Ort ist, an dem sich Sprecher wiederfinden, und zwar jene «Gesellschaft», die als Adresse und Basis des eigenen Handelns gleichermaßen fungiert.

Dass es aber zu diesen Begriffen, dieser Denkungsart, dieser wenigstens elementar reflexiven Form der Selbstpositionierung kommt, hat viel mit dem Bezugsproblem des Gesellschaftlichen zu tun. Die Erzeugung einer vereinfachten Adresse trifft auf eine Gesellschaft, die intern mit einer Komplexität zu kämpfen hat, die aus der Perspektive von Sprechern vor allem damit zu tun hat, dass es keine vorbestimmten Orte für die einzelnen gibt. «Gesellschaft» simuliert diesen Ort, ist aber mehr ein Horizont, vor dem die Dinge nicht wirklich zusammenpassen. In einer modernen Gesellschaft zu leben, ist sicher anstrengender als in früheren Sozialformen, in denen der gesellschaftliche Ort viel alternativloser war und soziale Orte wie Behältnisse fungierten, in derem Inneren die einzelnen Aspekte des Lebens weitgehend zusammenpassten – durch strikte Schichtung, durch klare und vor allem unmittelbare Herrschaftsverhältnisse. All das gilt für die moderne Gesellschaft nicht mehr. Es gibt selbstverständlich Schichtung und auch Herrschaft, aber es gibt keine festen Orte mehr – und auch keine klaren Adressen, weswegen der öffentliche Gebrauch von «Gesellschaft» auch eine Adresse simuliert, die stets Enttäuschungen produzieren muss, weil niemand abnimmt – oder zu viele unterschiedliche.

Dass es keinen Ort gibt, heißt nicht, dass es keine Orte gibt. Eine moderne Lebensform zeichnet sich dadurch aus, dass einerseits die Gesellschaft in die Gleichzeitigkeit unterschiedlichster Logiken zerfällt und es andererseits kein koordinierendes Zentrum dafür geben kann. Die Individualität moderner Lebensformen ist genau genommen die Dividualität unterschiedlicher, zum Teil widersprüchlicher Anforderungen an die Lebensform.[43] Wir sind alles zugleich: Familienmitglieder, Erwerbstätige, Erzogene und zu Bildende, Gläubige (oder auch nicht), Teilnehmer auf Märkten, Rechtssubjekte, Staatsbürger, Kunstgenießer, Mediennutzer, Kunden, Patienten und vieles mehr. All diese unterschiedlichen Formen sind weniger miteinander vermittelt als in früheren Gesellschaftsformen. Indem sie aber weniger vermittelt sind, leiten sie konkrete Situationen. «Gesellschaft» ist gewissermaßen in jeder Situation wirksam – in Form von Rollen und Erwartungen, von Handlungsmustern und Selbstverständlichkeiten, in Gestalt sinnhafter Verstehbarkeit von Erfolgsbedingungen usw. Wir können in konkreten Situationen ökonomische Transaktionen von politischen Geltungsansprüchen unterscheiden, haben einen Sinn für die Differenz von Wissens- und Glaubensansprüchen und können eine pädagogische Intervention in der Situation als solche dechiffrieren. All das wäre nicht denkbar, ohne die Gesellschaftlichkeit aller Formen in Rechnung zu stellen.

All das läuft darauf hinaus, dass die moderne Gesellschaft weniger ein Behälter ist, weniger jene Einheit, die der Begriff imaginiert, sondern ein System mit internen Grenzen, die wie Schnittstellen zwischen unterschiedlichen Logiken aussehen. Das gilt für konkrete Lebensformen ebenso wie für gesellschaftliche Funktionssysteme. Gesellschaftliche Herausforderungen, Krisen, Steuerungsprobleme und Gestaltungsstrategien brechen sich an diesen Schnittstellen. Um es schematisch und exemplarisch zu formulieren: Selbst eine kollektive Herausforderung wie eine Pandemie kann nicht kollektiv bewältigt werden (weil die Gesellschaft kein Kollektiv ist), sondern nur aus den je unterschiedlichen Perspektiven. Aus ökonomischer Perspektive erschien die Pandemie als ein anderes Problem als aus medizinischer, politischer, familialer oder rechtlicher Perspektive. Das klingt auf den ersten Blick trivial, bringt aber die ganze komplexe Struktur der modernen Gesellschaft auf den Begriff.

Komplex ist eine Situation, wenn sie gleichzeitig unterschiedliche Zustände annehmen kann, wenn innerhalb eines Systems Positionen differenter Perspektiven je unterschiedliche Zugriffe auf das Ganze haben, wenn Ordnung eher retrospektiv als prospektiv kalkulierbar ist und wenn es keinen eindeutigen Zugriff auf den Systemzustand gibt, mit anderen Worten: wenn sich der Systemzustand und die Anschlüsse nicht linear berechnen und kontrollieren lassen.[44]

Exakt das gilt für die moderne Gesellschaft, in der die unterschiedlichen Perspektiven nicht nur für Komplexitätssteigerungen sorgen, sondern auch für wechselseitigen Kontrollverlust. Nähme man nur an, man wüsste wissenschaftlich genau, wie man das Problem des Klimawandels lösen könnte, dann wäre damit noch nicht das Problem gelöst, wie das ökonomisch, politisch, rechtlich und nicht zuletzt von den mentalen Bedingungen der beteiligten Akteure her zu bewerkstelligen wäre. Dass man mit politischen Programmen gewählt werden muss, dass Rechtsregeln konsistent sein müssen und dass Märkte reagieren, wie sie es tun, kann man kritisieren, aber nicht einfach stillstellen. Das Problem sind die Schnittstellen. Genau genommen passt in der modernen Gesellschaft nichts zusammen, und die Gesellschaft als Ganze ist am Ende gar nicht erreichbar – oder eben nur politisch, rechtlich, ökonomisch usw. Diese Nicht-Erreichbarkeit der Gesellschaft wird durch den öffentlichen Gebrauch des Begriffs «Gesellschaft» oder der Formulierung «Wir als Gesellschaft» kompensiert und hat deshalb eine geradezu tragische Form.

Aus der «Gleichzeitigkeit von Unterschiedlichem», eine Formulierung, die als Parabel auf die Funktion des Gesellschaftlichen dienen kann, ergeben sich folgenreiche temporale Konsequenzen. Man könnte sagen, dass der Stoff, aus dem die Gesellschaft besteht, Zeit ist. Gesellschaft hat eine *soziale* Dimension in der Frage der Teilhabe, der sozialen Ungleichheit, der Frage danach, wer beteiligt ist und wer nicht. Und Gesellschaft hat eine *sachliche* Dimension in dem Sinne, dass sie in unterschiedliche Funktionen differenziert ist. Die *zeitliche* Dimension der Gesellschaft besteht darin, dass soziale Ordnung sich prozesshaft entwickelt und Strukturen praktisch reproduziert werden müssen.[45]

Schon die Gleichzeitigkeit unterschiedlicher sachlicher Prozesse (politischer, ökonomischer, rechtlicher, wissenschaftlicher, medialer, erzieherischer, religiöser Art etc.) verweist auf eine geradezu logische Gegenwartsorientierung einer komplexen Gesellschaft, weswegen man von einer «Gesellschaft der Gegenwarten»[46] sprechen kann. Gleichzeitigkeit kann logischerweise nur in einer Gegenwart stattfinden, was aber auch bedeutet, dass man sich gesellschaftliche Praxis als eine gegenwartsbasierte Form von Ereignissen vorstellen muss. Die Adressierung der Gesellschaft, vor allem die fordernde Ansprache an die Gesellschaft, sie solle dies oder das sein oder werden oder tun, verkennt, dass jegliches Ereignis in einer Gegenwart stattfindet und nur die Ressourcen hat, die in der konkreten Gegenwart zur Verfügung stehen – zu diesen Ressourcen gehört vor allem die eigene Perspektivität.[47] Man kann dies schon daran erkennen, dass man selbst in den einfachsten Situationen einen Plan hat, etwa eine Preisverhandlung zu führen oder sich zu einem Rendezvous zu treffen, eine Prüfung abzulegen oder in eine engagierte Diskussion zu gehen. Aber selbst der beste Plan, die beste Absicht, das schönste antizipierte Ergebnis kann schon durch den nächsten Spielzug des Gegenübers zunichtegemacht werden. Dann muss man in Echtzeit reagieren und mit den Mitteln auskommen, die man gerade hat. Gerade die Gegenwartsbasiertheit aller Prozesse verhindert es, sich vorher vorstellen zu können, wie die Konstellation der beteiligten Elemente, Personen, Spielzüge sich letztlich verhält.

Vor allem die kritische Adressierung vergisst das oft und stellt sich als Problemlösung eine Welt vor, in der die beteiligten Akteure genau das tun, was zum gewünschten Ergebnis führt. So kann man sich für die Familienkommunikation vorstellen, dass das Familienleben besser funktionieren würde, wenn sich die unterschiedlichen Personen an ein bestimmtes Skript hielten oder ihre Rolle so ausfüllten, dass sie optimal zu den anderen passt – nur um festzustellen, dass dieses Modell in den konkreten Gegenwarten durch die Perspektivität der Beteiligten und ihre Ressourcen korrumpiert wird. Bei den großen gesellschaftlichen Krisen gilt das genauso. Der Klimawandel würde sich am besten bewältigen lassen, wenn man vom politischen System angemessene Entscheidungen erwarten könnte, von Unternehmen angemessene Produkte und von den Alltagsakteuren angemessenes Verhalten – und schon stellt man fest, dass die Produkte auf Märkten funktionieren, dass politische Akteure mit diesen Entscheidungen auch gewählt werden und dass die Alltagsakteure ihre alltäglichen Probleme lösen müssen. Die Konstellation ist zu komplex, man kann sie nicht wie ein Romanautor am Schreibtisch auf ein weißes Blatt Papier schreiben und die Dinge so anordnen, wie sie zusammenpassen. Die Position des Autors ist gottähnlich – sie kann Konstellationen aus der Warte eines ausgeschlossenen Dritten so gestalten, dass die erzählte Geschichte aufgeht. Dem Autor stehen aber andere Zeitverhältnisse zur Verfügung – er kann die Zeit anhalten, springen oder beschleunigen, er kann in Erwartung des Romanendes in der Mitte Vorbereitungen treffen, die auch auf den gewünschten Ausgang zielen – aus der Perspektive der gesellschaftlichen Akteure ist das nicht möglich, denn diesen stehen nur die Ressourcen ihrer Gegenwärtigkeit zur Verfügung.

Zur Verdeutlichung lässt sich dies gut an der Metapher des Zinnsoldaten aufzeigen. Stellt man sich einen Sandkasten vor, in dem eine historische militärische Schlacht nachgebildet wird, kann man den Ausgang der Schlacht aus der Perspektive eines Außenstehenden ziemlich direktiv beeinflussen, indem man die einzelnen Akteure, also die Soldaten aus Zinn, so anordnet, dass der Kampf einen bestimmten Ausgang nimmt. Es ist sehr verführerisch in der Position dessen zu sein, der die Zinnsoldatenkonstellation verändern kann und dies nicht nur für den eigenen Zinnsoldaten, sondern für alle. Es ist die Simulation einer Beobachterposition, die gewissermaßen gar keine Perspektive hat, sondern das Gesamtsystem in den Blick nehmen kann und Handlungskoordination nicht als das Ergebnis von einzelnen Spielzügen aus ihren jeweiligen Perspektiven sieht. Die reale Schlacht besteht aus je konkreten gegenwartsbasierten Ereignissen, die jeweils die Situation neu definieren können und die Bedingungen für den nächsten Spielzug ändern. So muss man sich eine Gesellschaft vorstellen, bevor man gewissermaßen zeitentlastet als ausgeschlossener Dritter die Ereignisse so aufeinander bezieht, dass sie passen. Utopien kann man so bauen – dass alle an einem Strang ziehen, dass sie sich im richtigen Moment für das Richtige entscheiden, dass sie sich auf die Entscheidungen der anderen verlassen können, dass sie gemeinsame Ziele haben und entsprechend zurücknehmen, damit das Gesamte integriert werden kann – realiter aber gibt es diese Form nur als Text- oder Sandkastenfiktion.[48]

Oben wurde die Funktion des öffentlichen Gebrauchs des Gesellschaftsbegriffs als einfache Adressierbarkeit eines komplexen Gegenstandes bestimmt. Dasselbe bestätigt sich hier unter temporalen Aspekten: Die Adressierung der Gesellschaft als Gegenstand hat bisweilen die Funktion, die radikale Temporalität und das Gefangensein in der Gegenwärtigkeit aller Handlungen semantisch zu entschärfen (→ Handeln) – nur um dann festzustellen, dass das Postulat mit dem Subjekt «Wir als Gesellschaft» ins sachlich Leere läuft, aber sozial als besondere Form der Kritik wertgeschätzt wird. Dass solche Formulierungen manchmal sogar von professionellen Soziologinnen und Soziologen zu hören sind, ist neben fachlicher Insuffizienz auch ein Hinweis darauf, dass auch die wissenschaftliche Selbstbeschreibung der Gesellschaft in der Gesellschaft stattfindet.

Und auf der Ebene der gesellschaftlichen Selbststeuerung, ihrer Versuche, sich von innen zu reformieren (weil es kein Außen gibt), sich um notwendige Anpassungen zu bemühen usw., universalisiert sich dann die Erfahrung geradezu, dass «Gesellschaft» immer zu spät kommt. Die Verspätung der Gesellschaft ist eine Funktion ihrer Gegenwartsbasiertheit durch interne Differenzierung. Auch hier ist der Klimawandel ein geradezu paradigmatischer Fall: Wissen über das Notwendige, über Gefahrenlagen und Risikofragen liegt seit Jahrzehnten vor, aber die Aufmerksamkeit liegt stets auf dem gegenwärtig Erreichbaren. Und je größer die Widerständigkeit der Gesellschaft gegen das als notwendig Einsehbare sich darstellt, desto schöner kann man von der Adressierungsfunktion der «Gesellschaft» zehren. Und wer so diagnostiziert, wird dann von der «kritischen» Fraktion derer, die den Hinweis auf Gesellschaft per se für einen kritischen Gestus halten, wohl als Bremser und Abwiegler geziehen – weil all die großsprecherische Kritik nicht die Gesellschaft im Blick hat, sondern die «Gesellschaft» mit ihrer Adressenfunktion. So freilich verpufft die Kritik zur Affirmation ihrer eigenen Pose (→ Kritik).[49]

→ Gleichheit/Ungleichheit

«We hold these truths to be self-evident, that all men are created equal, that they are endowed by their Creator with certain unalienable rights, that among these are life, liberty and the pursuit of happiness.» So beginnt der zweite Absatz der *Declaration of Independence* vom 4. Juli 1776.[1] Dieser berühmte Satz aus der Deklaration, mit der dreizehn britische Kolonien ihre Unabhängigkeit von der Britischen Krone erklärten, enthält ein Gleichheitsversprechen, das auf eine naturrechtliche und theologische Begründung aufbaut. Menschen seien gleich erschaffen und von ihrem Schöpfer mit gleichen, unveräußerlichen Rechten ausgestattet. Die beiden Begründungsquellen sind durchaus kompatibel miteinander, bereits Samuel Pufendorf hatte es stilbildend so formuliert, und bei John Locke wurde es grundgelegt.[2]

Die naturrechtliche Begründung der Gleichheit der Menschen ist nur vor dem Hintergrund existierender Ungleichheit zu verstehen. Die emphatische Betonung, die Menschen seien von Natur aus gleich, hat nur einen Informationswert, weil diese Gleichheit durch die Welt, wie sie ist, offensichtlich gefährdet oder korrumpiert wird. Jede naturrechtliche Begründung von Gleichheitsansprüchen stemmt sich gegen eine Welt, die von Ungleichheiten durchzogen ist. Deshalb kann man den Gleichheitsbegriff auch nur als Unterscheidung gebrauchen, als Unterscheidung von Gleichheit und Ungleichheit.

Gleichheitspostulate in einer Welt der Ungleichen

Historisch und systematisch gesehen ist Ungleichheit der Normalfall, weswegen es paradoxerweise letztlich keine Ungleichheit gab. Eine ständische Gesellschaft kennt allenfalls so etwas wie eine Standesgleichheit, also Symmetrie im Hinblick auf die Zugehörigkeit zum selben Stand, was aber wiederum das Merkmal der Ungleichheit in sich trägt.[3] Und die aristotelische Begründung der naturgegebenen Ungleichheit der Menschen im Hinblick auf ihre soziale Position und Funktion ist weniger ein Argument, als es eine Abbildung der historischen gesellschaftlichen Gliederung darstellt, in der Sklaven und Freie, Frauen und Männer, Diener und Herrscher «von Natur» sind, was sie sind.[4] Erst auf dieser Basis konnte für die Demokratie behauptet werden, dass sie auf Gleichheit und Gerechtigkeit aufbaue, weil sich die männlichen freien Bürger wider alle sonstige Ungleichheit als Gleiche verstehen bzw. konstituieren konnten (→ Demokratie).[5] Es war dies keine Gleichheit, die sich faktisch in einer Welt der Ungleichen vorfand. Sie musste vielmehr konstituiert, postuliert und festgeschrieben werden, kontrafaktisch gewissermaßen.

Gleichheit als ein gewissermaßen überempirisches oder vorempirisches Postulat tritt erst dort in Erscheinung, wo sich die Ungleichheit der Menschen nicht mehr unmittelbar und alternativlos ergibt. Das ist schon ein erster Hinweis auf den performativen Gebrauch des Gleichheitsbegriffs: Gleichheit wird der *mögliche* Fokus gegenüber einer *wirklichen* Ungleichheit. Wo man die Ungleichheit der Menschen mit der Natur oder der Schöpfung erklärt, ist die Gleichheit die negative Seite der Unterscheidung. Dieser Zusammenhang lässt sich gut an zwei Beispielen festmachen, die die Ungleichheit als Übel der Welt ansehen und sie mit einer Gleichheitsfigur konfrontieren.

Das erste Beispiel ist Martin Luthers These vom Priestertum aller Gläubigen, nach der die Gleichheit aller Menschen vor Gott sich darin zeigen soll, dass es keiner hierarchisch gebauten Kirche bedarf, um das Priestertum zu begründen. Die These symmetrisiert die Gläubigen untereinander in der Asymmetrie zu Gott als gleiche Menschen.[6] Schon hier wird deutlich, dass Gleichheit keine mathematische Gleichheit im Sinne vollständiger Identität meint, also als Kopie voneinander. Auch eine mathematische Gleichung hat es mit durchaus Ungleichem, oder besser: Unterschiedlichem, zu tun, das aber in einer bestimmten Hinsicht gleich ist. Rechts und links einer Gleichung stehen in einer bestimmten Hinsicht unterschiedliche, in einer anderen Hinsicht gleiche Terme. So ähnlich ist es auch in Luthers Kritik der Kirchenhierarchie: Es wird nicht behauptet, dass die Menschen alle gleich seien, sondern dass sie *in einer bestimmten Hinsicht* als gleich zu betrachten sind: als Geschöpfe Gottes, die insofern alle gleich nah zu Gott sind, als sie daraus ein prinzipielles und allgemeines Priestertum ableiten können. Die Gestalt der (katholischen) Kirche entsprach in ihrem Bilde der ständischen Gesellschaft, die Gleichheit nur als Standesgleichheit und Ebenbürtigkeit kennt und ansonsten den Stand des Klerikers als eine von Gott gespendete Ungleichheit interpretiert.[7]

Es geht hier nicht um die Geschichte der Kirche und auch nicht um die (falsche) Behauptung, der Protestantismus habe die Ungleichheit empirisch aufgehoben. Aber es wird doch deutlich, dass ab einem bestimmten Zeitpunkt mehr Energie darauf verwendet werden musste, die Ungleichheit zu legitimieren und die prinzipielle Gleichheit der Menschen zu leugnen.

Das führt zum zweiten Beispiel: Einer der wichtigsten Texte auf diesem Gebiet ist sicher Jean-Jacques Rousseaus «Abhandlung über den Ursprung und die Grundlagen der Ungleichheit unter den Menschen» von 1754. Rousseau unterscheidet zwei Arten von Ungleichheit: «Ich erkenne in der menschlichen Gattung zwei Arten von Ungleichheit (*inégalité*): die eine, welche ich die natürliche (*naturelle*) oder physische (*physique*) nenne, weil sie von der Natur eingerichtet ist, und die im Unterschied des Alters, der Gesundheit, der Kräfte und der Eigenschaften des Geistes oder der Seele besteht; die andere, die man die gesellschaftliche (*morale*) oder politische (*politique*) Ungleichheit nennen kann, weil sie von einer Art Übereinkunft abhängt und durch die Zustimmung der Menschen eingerichtet oder wenigstens gebilligt wird.»[8] Die «natürliche Ungleichheit» darf man nicht verwechseln mit einer Natur der Stände oder Ähnlichem, sondern Rousseau stellt hier tatsächlich darauf ab, dass die unzweifelhafte phänotypische Ungleichheit unter den individuellen Menschen von kategorial anderer Art ist als die durch die Vergesellschaftung selbst hervorgebrachte Ungleichheit, die auf der gesellschaftlichen Praxis beruht, auf Besitzverhältnissen und Arbeitsteilung, komplexer Organisation und Herrschaftsbeziehungen. Dennoch begründet Rousseau die Gleichheit der Menschen *als Menschen* naturrechtlich und damit unbedingt. Gleichheit, so schreibt er im «Gesellschaftsvertrag», sei begründet in der «Natur des Menschen»[9] und damit prinzipiell unveräußerlich, aber empirisch reduzierbar.[10]

Rousseaus Zivilisationskritik gründet in dieser naturrechtlichen Begründung, und ob sein allzu romantischer Ausweg über den Gemeinwillen funktionieren kann, muss hier nicht diskutiert werden. Jedenfalls besteht eine der Herausforderungen beim Gebrauch des Begriffs der Gleichheit und Ungleichheit darin, dass es nicht um faktische Gleichheit geht, sondern darum, wie die Gesellschaft sozial erzeugte, in dieser Diktion: künstliche, Unterschiede, Differenzen und Ungleichheiten mit dem Anspruch auf Gleichheit versöhnen kann.

Mit der Entstehung von Stadtgesellschaften, von bürgerlichen Formen des Umgangs, von Öffentlichkeiten (→ Öffentlichkeit) und durch ein Unplausibelwerden von ständischen Logiken kam es im 18. und 19. Jahrhundert zu Denkbewegungen, die die Idee der Subjektivität, der bürgerlichen Freiheiten, der Rechtsgleichheit und nicht zuletzt des Welterlebens als individuelles Erleben stark machten. Dass die Menschen gleich seien und dass sie darauf einen Anspruch haben könnten, war eine abstrakte Idee, die sich gegen eine Welt stemmte, in der sich einerseits die ständische Logik der Gesellschaft verschob und andererseits individuelle Lebensverläufe kontingenter wurden.

In der alten Gesellschaft stellte die Einteilung der Welt in Schichten stabile Kontinuitäten her, die Zugehörigkeiten ziemlich eindeutig regelten. Menschen mussten zwar einige Mühe darauf verwenden, den eigenen Status zu wahren und symbolisch zu unterfüttern, aber es waren überschaubare, transparente Kriterien, die die Position von Menschen im gesellschaftlichen Gefüge ausmachten. Man denke etwa an die symbolische Herstellung von Ehre[11] oder an das höfische Konzept der «Ebenbürtigkeit», das die Ungleichheit der Schichten mit der Standesgleichheit kombinieren musste. Satisfaktionsfähigkeit gab es nur unter Gleichen, mit den meisten also nicht. Am sichtbarsten wurde all dies in dem Bemühen um standesgemäße Verheiratungen – an der Schwelle zur gesellschaftlichen Moderne ein beliebter Topos der Literatur, paradigmatisch in den späten Romanen von Jane Austen etwa, in denen gerade Frauenfiguren zwischen dem alten Konzept der ständischen Logik und dem neuen einer persönlichen Individualisierung changierten – ein Konflikt, der hier noch stets mit der Verheiratung der Protagonistin endete.[12]

Dass alle Menschen von Geburt an gleich seien, wie es in der amerikanischen Unabhängigkeitserklärung heißt, ist das Motiv, das sich durch die gesamte Ideengeschichte der rechtlichen und politischen Selbstvergewisserung der frühmodernen Gesellschaft zieht. In seiner Schrift «Zum ewigen Frieden» von 1795 schreibt Kant über die *republikanische* Verfassung: «die erstlich nach Prinzipien der *Freiheit* der Glieder einer Gesellschaft (als Menschen); zweitens nach Grundsätzen der *Abhängigkeit* aller von einer einzigen gemeinsamen Gesetzgebung (als Untertanen); und drittens die nach dem Gesetz der *Gleichheit* derselben (*als Staatsbürger*) gestiftete Verfassung».[13] Gleichheit wird zu einer Norm, zum grundlegenden Prinzip neu entstehender Nationalstaaten, deren Verfassungen durchaus noch ständische Elemente trugen, die aber immer unplausibler wurden.[14]

Die Gleichheitsnorm gut zu begründen, die rechtliche Gleichheit vor dem Gesetz und die staatsbürgerliche Gleichheit als politischer Bürger zu betonen, ist die eine Sache.[15] Aber eine andere ist es, die Ungleichheit generierenden Effekte moderner Gesellschaften in den Blick zu nehmen. In dieser Hinsicht war Rousseaus Unterscheidung von einerseits natürlichen und andererseits gesellschaftlichen, in den Sozialwissenschaften spricht man von *sozialen*[16] Ungleichheiten stilbildend. Rousseau beklagt an der Vergesellschaftung, dass sie die natürliche Gleichheit der Menschen korrumpiere und die Menschheit damit gewissermaßen von ihrer eigentlichen Bestimmung entferne. Was noch nicht zur Verfügung stand, war der soziologische Gedanke, dass sich in der Gesellschaft gleichzeitig unterschiedliche Logiken und Ordnungsformen herausbilden (→ Gesellschaft). Um es auf eine Formel zu bringen: Die rechtlichen und politischen Gleichheitsversprechen werden konterkariert durch die Ungleichheit generierenden Lebensverhältnisse in wirtschaftlicher, kultureller und bildungsmäßiger Hinsicht. Diese Spannung ist es, die die meisten politischen Auseinandersetzungen seit der Etablierung des modernen Nationalstaates charakterisiert.

Gleichheitsversprechen und Ungleichheitseffekte

Karl Marx' Kritik des bürgerlichen Gleichheitsideals spielt eine paradigmatische Rolle.[17] Marx warf 1843 in einer Rezension zweier Texte von Bruno Bauer, die sich der sogenannten «Judenfrage» zuwandten, die Frage auf, warum die Idee der Gleichheitsrechte, wie sie in der Deklaration der Menschenrechte 1791 formuliert worden war, einen inneren Widerspruch enthält. Er schreibt: «Die *droits de l'homme*, die Menschenrechte werden als *solche* unterschieden von den *droits du citoyen*, von den Staatsbürgerrechten. Wer ist der vom *citoyen* unterschiedene *homme*? Niemand anders als das *Mitglied der bürgerlichen Gesellschaft*. Warum wird das Mitglied der bürgerlichen Gesellschaft ‹Mensch›, Mensch schlechthin, warum werden seine Rechte *Menschenrechte* genannt? Woraus erklären wir dies Faktum?»[18] Marx bezweifelt, dass mit der rechtlichen Emanzipation des Staatsbürgers, also auch: des Juden als Staatsbürger und Träger von Rechten, die Emanzipation zum Menschen vollständig erreicht werden könne. Zwar wird der Staatsbürger dadurch «Mensch», dass er bestimmte Rechte erhält, die dann als allgemeine Menschenrechte fungieren können. Aber diese Rechte werden dadurch relativiert, dass sie dem Menschen nur als Mitglied der bürgerlichen Gesellschaft zukommen. Deshalb beantwortet Marx seine selbst gestellte Frage, woraus sich der Name «Menschenrechte» für die Rechte eines Mitglieds der bürgerlichen Gesellschaft ergibt, so: «Aus dem Verhältnis des politischen Staats zur bürgerlichen Gesellschaft, aus dem Wesen der politischen Emanzipation.»[19]

Marx insistiert darauf, dass die Gleichstellung der Juden nur *de iure* erfolgt sei, nicht aber praktisch, weil die bürgerliche Gesellschaft eine Differenz zwischen dem Wirtschaftsbürger und dem Staatsbürger etabliert. Damit wandelt sich für Marx die Menschlichkeit des Menschen, wie sie vordergründig in den Menschenrechten niedergelegt ist, zur entfremdeten Bürgerlichkeit des Bürgers, dessen Identitätsquelle nicht er selbst und seine Humanität sei, sondern seine bloße Stellung zu den Produktionsmitteln. Marx schreibt: «Aber das Menschenrecht der Freiheit basiert nicht auf der Verbindung des Menschen mit dem Menschen, sondern vielmehr auf der Absonderung des Menschen von dem Menschen. Es ist das *Recht* dieser Absonderung, das Recht des *beschränkten*, auf sich beschränkten Individuums. Die praktische Nutzanwendung des Menschenrechtes der Freiheit ist das Menschenrecht des *Privateigentums*.»[20] Die Idee der Menschenrechte basiert also auf Freiheit und Gleichheit, ihre praktische Realisierung aber wird durch die ökonomische Ungleichheit der Wirtschaftssubjekte konterkariert, die eben keine Verbindung von Gleichen, sondern eine Absonderung von Ungleichen herstellt (→ Freiheit).[21]

Die Freiheit und Gleichheit der Menschen, ausgestattet mit denselben Rechten, ermöglicht es Marx zufolge erst, dass sie auf einem Markt Beziehungen miteinander eingehen – auf einem Markt, für den die *ungleiche* Stellung zu den Produktionsmitteln in den Produktionsverhältnissen konstitutiv ist. Es lohnt sich, dies mit Marx zu rekonstruieren, weil hier deutlich wird, wie sehr sich Gleichheitsversprechen und Ungleichheitsfolgen nicht nur in derselben Gesellschaft vorfinden, sondern sogar logisch aufeinander bezogen sind. Was marxistisch als ein Grundwiderspruch erscheint, erweist sich freilich als Konstruktionsprinzip einer Gesellschaft, die davon lebt, den Menschen weitgehend unterbestimmt zu lassen – das könnte man durchaus als eine Form der Freiheit interpretieren. Die Volatilität des Marktes, der kapitalistischen Umwälzung der Produktion, aber auch die daraus resultierenden revolutionären Veränderungen von Lebensformen und deren Entlassung aus traditionalen Fesseln sind von dieser Unterbestimmung des Menschen abhängig. Sie wirft den Menschen auf sich selbst zurück und macht ihn zu einem Einzelnen, der mit Gleichheitsrechten ausgestattet wird, aber als Einzelner in die Dynamik einer Gesellschaft gerät und sich zwangsläufig in gesellschaftlichen Verhältnissen wiederfindet.

1857 schreibt Marx in der «Einleitung zur Kritik der Politischen Ökonomie»: «Erst in dem 18. Jahrhundert, in der ‹bürgerlichen Gesellschaft›, treten die verschiednen Formen des gesellschaftlichen Zusammenhangs dem Einzelnen als bloßes Mittel für seine Privatzwecke entgegen, als äußerliche Notwendigkeit. Aber die Epoche, die diesen Standpunkt erzeugt, den des vereinzelten Einzelnen, ist gerade die der bisher entwickeltsten gesellschaftlichen (allgemeinen von diesem Standpunkt aus) Verhältnisse. Der Mensch ist im wörtlichsten Sinn ein *ζῷον πολιτικόν*, nicht nur ein geselliges Tier, sondern ein Tier, das nur in der Gesellschaft sich vereinzeln kann.»[22] Marx verdanken wir also einen ersten soziologischen Hinweis auf die Funktion der Gleichheitssemantik. Gleichheit ist gewissermaßen jener Horizont, vor dem erst die ungeordneten Ungleichheiten einer modernen Gesellschaft möglich werden. Zwar entsteht mit dem

Kapitalismus die Klassenbildung als eine Form der Schichtung, die Lebensverhältnisse nach einem stabilen Kriterium ordnet, aber das ist etwas anderes als das Ungleichheitsprinzip der ständischen Gesellschaft. Marx verweist darauf, wie in einer sich ausdifferenzierenden Gesellschaft unterschiedliche Logiken der Gesellschaft gleichzeitig wirksam, aber auch aufeinander bezogen sind. Die «bürgerlichen» Gleichheitsrechte sind die eine Seite, die Ungleichheit generierenden Praktiken der Gesellschaft die andere. Dass Marx dies in erster Linie auf ökonomische Ungleichheit bezieht, liegt in der Natur der Sache, aber mit seinen Thesen zur «Judenfrage» gibt er bereits Hinweise darauf, dass diese Differenz von Gleichheitsversprechen und Ungleichheitspraktiken auch in nicht primär ökonomischen Feldern greift, hier etwa in der Differenz der rechtlichen Emanzipation der Juden und ihrer kulturellen/religiösen Ungleichheit. Man könnte das auf andere Dimensionen ausweiten, etwa auf die Differenz von eigenen und fremden Staatsbürgern oder auf kulturelle/ethnische Differenzierungen (→ Fremdheit; der Fremde).

Gleichheit kann als normative Signatur der Moderne gelten - und das, wie gezeigt, nicht nur aus normativen Gründen, sondern durchaus abzuleiten aus gesellschaftsstrukturellen Gründen. Dasselbe gilt letztlich auch für Dementierungen dieser Norm, die als moderne Formen aufgefasst werden müssen. Die extremste Form ist das, was man unter dem Sammelbegriff „Faschismus" subsummieren kann. So uneindeutig der Begriff ist, besteht doch Einigkeit darüber, dass faschistische Bewegungen und Denkungsarten vor allem an der Annahme der wenigstens denkbaren Gleichheit der Menschen als Menschen ansetzen. Der Faschismus opponiert deshalb unmittelbar gegen „Gleichheit", in dem er eine Form der „Ungleichheit" annimmt, die vor allem an der Höherwertigkeit und der Durchsetzungskraft des Eigenen ansetzt und einen quasi-natürlichen Kampf des Höheren gegen Niederes postuliert. Gleichheit nach innen, radikale Ungleichheit nach außen ist das Grundprinzip, dessen Modernität sich an der Orientierung an dieser Unterscheidung auszeichnet, die damit gegen eine Grundform der Moderne opponiert und eine kompensatorische Haltung zur Degeneration der Moderne annimmt.[23]

Die Funktion von «Gleichheit»

Die neuzeitlichen Ideen der Freiheit und Gleichheit dürfen nicht nur als eine normative Frage verstanden werden, sondern haben durchaus etwas mit der gesellschaftlichen Struktur zu tun. Es entstand so etwas wie ein funktionaler Bedarf für Gleichheit bzw. für das Verständnis von Gleichheit. Die Frage lautet also: *Für welches Problem ist Gleichheit die Lösung?*

Würde die Antwort lauten, *zur Überwindung von Ungleichheit*, würde man die Logik des Begriffs verfehlen. Denn der Gleichheitsbegriff entlastet eher die Gesellschaft davon, die Inklusion von Personen in kompakte Verhältnisse unflexibel und unbeweglich werden zu lassen. Gleichheitszuschreibungen bei gleichzeitiger offenkundiger Ungleichheit erfüllen die Funktion, die Komplexität der Gesellschaft erst zu ermöglichen. Denn würden Menschen bereits vor aller Praxis mit zu vielen Eigenschaften versehen, so wäre das ein Hindernis für eine Gesellschaft, die auf die Volatilität von Praktiken angewiesen ist. Die moderne Gesellschaft als funktional differenzierte Gesellschaft (→ Gesellschaft) kennt keine kompakten Inklusionsformen mehr, die die gesamten Lebensverhältnisse bestimmen würden. Wies die alte Welt die Menschen mehr oder weniger festen Gruppen mit wenig sozialer Aufwärts- und Abwärtsmobilität zu, werden Individuen in einer funktional differenzierten Gesellschaft eben nicht derart inkludiert, sondern müssen ihre wirtschaftliche, berufsmäßige, bildungsmäßige, politische, rechtliche, religiöse und familiale Inklusion selbst erzeugen. Natürlich geschieht das innerhalb von Pfadabhängigkeiten, die mit Herkünften, Ressourcen und Traditionen zu tun haben und die keineswegs zur freien Verfügung stehen. Aber diese Formen sind nicht organisiert oder gesellschaftsstrukturell festgelegt. Wenn man es genau nimmt, werden Menschen alle *gleich* in die unterschiedlichen Systeme inkludiert – und wem das als eine zynische Beschreibung aufstößt, muss zunächst in Rechnung stellen, dass es in modernen Gesellschaften tatsächlich im Regelfall zu einer Generalinklusion in die Leistungs- und Funktionsbereiche der Gesellschaft kommt. Jeder und jede wird ökonomisch, politisch, bildungsmäßig, rechtlich oder familial inkludiert – und das setzt eine

Vorstellung von Freiheit und Gleichheit voraus, für die exakt diese Ideen entwickelt worden sind.[24] Die Gleichheitsideen, wie ich sie oben mit der amerikanischen Unabhängigkeitserklärung, mit Rousseau und Kant angedeutet habe, ermöglichen es in ihrer postulierenden Allgemeinheit, die Ungleichheit generierenden Praktiken der Gesellschaft mit so vielen Freiheitsgraden auszustatten, dass sie Formenvielfalt und Pluralität erlauben, die ihrerseits anders nicht denkbar gewesen wären. Ständische Logiken und ihre Derivate wie zum Beispiel die Exklusion kulturell «Fremder», die Benachteiligung von Frauen oder der Rassismus, die durchaus in modernen Gesellschaften persistieren, wirken letztlich dysfunktional, weil sie nicht nur der Idee, sondern auch der Logik der Generalinklusion widersprechen (→ Fremdheit; der Fremde).

Die *gleiche* Inklusionsform für alle ermöglicht erst jene zum Teil radikalen Formen sozialer Ungleichheit, wie wir sie in der Moderne kennen – so der paradox anmutende Befund. Man könnte sagen: Soziale Ungleichheit wird vor allem unter modernen Bedingungen *wild.* Hatten ungleiche Positionszuweisungen in der alten Welt eine konkrete Logik und eine reziproke Form der Anerkennung, gilt das später nicht mehr.[25] Eine als *natürliche* Gliederung der Gesellschaft verstandene Form der Gesellschaft ist zwar radikal ungleich, wird aber wohl kaum als ungleich erlebt, weil der Horizont der Gleichheit gar nicht zur Verfügung stand. Zwischen einem Freien und einem Sklaven herrschte eine viel radikalere Differenz als die zwischen zwei Ungleichen in einer modernen Gesellschaft, die beide dieselben Rechte haben, Staatsbürger desselben Staates, Angehörige einer Kirche sein können und dasselbe Geldmedium verwenden. Darin sind sie, so hatte es Marx strukturell beschrieben, gleich – und das ermöglicht erst jene wilde Form der Ungleichheit, die sich keinem konkreten Schema mehr fügt. Wahrscheinlich war die Vorstellung zweier stabiler Klassen gerade deswegen politisch so attraktiv, weil sie Ordnung in die Form der Ungleichheit brachte. Diese Ordnung wurde freilich sowohl durch die Differenz von «objektiver» und «subjektiver» Klassenlage[26] korrumpiert als auch empirisch durch eine Vielfalt und Unübersichtlichkeit von unterschiedlichen Ungleichheitsdimensionen abgelöst– man denke etwa an die Ungleichheitsdimension, die in der sogenannten «Identitätspolitik» zum Ausdruck kommt (→ Identität).

Der Gleichheitsbegriff löst also das Problem, wie eine regulative Idee immer wieder zu ermöglichen, Ungleichheit als etwas Kontingentes darzustellen. Zugleich produziert der Gleichheitsbegriff angesichts seiner permanenten empirischen Dementierung einen Zugzwang, der der Struktur der modernen Gesellschaft inhärent ist. Exakt das unterscheidet «moderne» von «vormoderner» Ungleichheit: War sie einst das Ordnungsschema schlechthin, in dem Ungleichheit kaum beobachtbar war, weil die Folie der Gleichheit fehlte, ist sie nun Folge eines neuen Ordnungsschemas, das Ungleichheit insofern produziert, als dass Vollinklusion alle gleichsetzt – und darin ungleich behandelt.

Dieses Ineinander von Gleichheit und Ungleichheit lässt sich etwa daran beobachten, dass die Generalinklusion ins Wirtschaftssystem sehr unterschiedlich ausgeprägt sein kann. Hohes oder niedriges Einkommen zu haben, ein Vermögen oder Schulden – in allen Fällen wird das Geldmedium als Inklusionsform vorausgesetzt. Oder wer sich politisch nicht repräsentiert fühlt, ist genau mit diesem Affekt ins politische System inkludiert, das hat mit generalisierten Erwartungen an die Leistungen des politischen Systems zu tun (→ Demokratie). Wer sich rechtlich ungerecht behandelt glaubt, muss prinzipiell ins Rechtssystem inkludiert sein und dessen Leistungen in Anspruch nehmen können. Es gibt niemanden der keine Rechtsperson ist – sogar ein Staatenloser ist dies im Sinne einer Rechtsform. Wer das Bildungszertifikat nicht erhält, kann das nur aufgrund seiner Inklusion ins Bildungssystem usw. In diesem Sinne sind alle *gleich* in die Funktionssysteme der Gesellschaft inkludiert – die ihrerseits daraus ungleiche Formen erzeugen. Das Bezugsproblem des Gleichheitsbegriffs besteht also letztlich darin, zwischen der normativen Gleichheitserwartung und der empirischen Ungleichheitserfahrung zu vermitteln. In der gesellschaftlichen Selbstbeschreibung geht es dann vor allem um normative Kämpfe mit guten natur- oder vernunftrechtlichen Gründen.

Die Semantik der Menschenrechte symbolisiert den inklusiven und universalistischen Mechanismus: Dem Menschen kommen Inklusionsberechtigungen qua Existenz zu[27] – was ein Korrelat zur Unterbestimmung des Menschen im Vergleich zu ständischen Gesellschaften ist, in der die Mitgliedschaft und Zugehörigkeit zu einem Stand nicht einfach dem Zufall der Geburt geschuldet ist, sondern der

Essenz des konkreten Menschen kategorial vorgeordnet ist.[28] Zu «Menschen» werden Menschen erst, wenn man von akzidentiellen Merkmalen absehen kann – was der gesellschaftlichen Praxis in Wirklichkeit schwerer fällt, als es die normative Setzung nahelegt. Aber die normative Verve ist ja nur damit zu erklären, dass es Vergesellschaftung ohne die Etablierung von sozialen Ungleichheiten nicht gibt und wohl auch nicht geben kann. Das normative Gleichheitspostulat erzeugt erst die Voraussetzungen für eine Form der Ungleichheit, die eben nicht in der Gesellschaftsstruktur selbst begründet ist, sondern Resultat entsprechender Praktiken ist.[29]

Inklusionsdruck

Den Zugzwang, der daraus resultiert, kann man als Inklusionsdruck beschreiben. Modernisierungsprozesse zeichnen sich dadurch aus, dass sie die Ungleichheit von immer mehr Gruppen identifizieren und dadurch einen Druck erzeugen, der auf die Inklusion dieser zielt. Anders formuliert: Es wird immer schwieriger, bestimmte Gruppen *systematisch* von den Leistungsbereichen der Gesellschaft auszuschließen – empirisch und als Ergebnis von Pfadabhängigkeiten geschieht das aber permanent und ist nur deswegen skandalisierbar, weil Ungleichheit im Hinblick auf Gleichheitsversprechen fungiert.

Einer der eindrucksvollsten Texte dazu stammt von dem Soziologen Talcott Parsons und trägt den Titel «Full Citizenship for the Negro American? A Sociological Problem»[30] – die Wortwahl für die Bezeichnung von Schwarzen und das Fragezeichen weisen auf die historische Datierung, 1965, hin. Darin beschreibt Parsons, wie das Problem von *race* den Lackmustest einer vollständigen Modernisierung der amerikanischen Gesellschaft darstellt. Er unterscheidet sehr deutlich zwischen der institutionellen Gleichberechtigung der schwarzen amerikanischen Bevölkerung in Form von rechtlichen Standards einerseits und den symmetrischen Zugangsbedingungen von *full citizenship* als einer Form der latent bleibenden Zugehörigkeitsunterstellung andererseits. Ähnlich machte übrigens schon Thomas H. Marshall in seinem berühmten Vortrag «Citizenship and Social Class» von 1949 auf die beiden widerstreitenden Logiken des Modernisierungsprozesses aufmerksam: Es gebe auf der einen Seite ein Gleichheit generierendes Staatsbürgerschaftsrecht, das für ein historisch nie dagewesenes universalistisches Mitgliedschafts- und Partizipationspotential sorgt, und auf der anderen einen Ungleichheit generierenden Industriekapitalismus und ein ebensolches liberales Wirtschaftssystem. Marshall meint, diese Spannung durch eine höhere Loyalität zur gesellschaftlichen Gemeinschaft auflösen zu können, vor allem aber betont er, dass zu jenen Gleichheit generierenden Formen auch soziale Rechte gehören, die zwar nicht Gleichheit herstellen, aber Ungleichheit abmildern, also wohlfahrts- und sozialstaatliche Mechanismen aufrufen, die ihrerseits aus dem Inklusionsdruck der Gesellschaft resultieren.[31] Das Resultat sind unterschiedliche «Wohlfahrtsregime», für deren Analyse vor allem die von Gøsta Esping-Andersen stammende idealtypische Differenzierung in ein «liberal-angelsächsisches», ein «konservativ-kontinentaleuropäisches» und ein «sozialdemokratisch-skandinavisches» Modell stilbildend war.[32] Bezogen auf den amerikanischen Fall müsste man mit Parsons davon ausgehen, dass auch sechs Jahrzehnte nach dem Erscheinen dieses Aufsatzes die vollständige Modernisierung der amerikanischen Gesellschaft auf sich warten lässt – und das nicht wegen der eklatanten Ungleichheit, sondern weil diese sich signifikant an den Grenzen von *race*, verstanden im US-amerikanischen Sprachgebrauch, orientiert. Als Skandal erscheint das auch deshalb, weil es gerade die amerikanischen Gründungsdokumente sind, die die Gleichheitssemantik in einem naturrechtlichen Sinne ins Spiel bringen.

Die westliche Moderne ist von Inklusionsentwicklungen geprägt, die zunächst auf der rechtlichen und politischen Ebene stattfinden, sich dann aber auch auf ökonomische und soziale, kulturelle und bildungsmäßige Formen ausgedehnt haben. So waren die faktischen Adressaten jener modernen Gleichheitsversprechen zu Beginn männliche Besitzbürger, und in politischen Wahlen galt zunächst ein Klassenwahlrecht, das Frauenwahlrecht entstand erst später, Rechtsnormen verloren ihren Schichtindex, die Bedeutung der Konfession für andere Inklusionsformen verminderte sich. Die unteren Schichten wurden mit der Zeit rechtlich gleichgestellt und erhielten eine legitime politische Repräsentation innerhalb des politischen Systems, später änderten sich Geschlechterrollen, nicht-heterosexuelle Lebensformen wurden emanzipiert. Kulturelle Fremdheit und Rassismus verschwanden bisher nicht, aber sie geraten schon deshalb unter Druck, weil die gesellschaftliche Praxis und die entsprechenden rechtlichen und moralischen Normen auseinanderfallen. Die Geschichte der Moderne lässt sich tatsächlich als eine Geschichte der Generalinklusion und der Universalisierung von Anspruchsberechtigungen erzählen, die sich in der Literatur in erweiterten Citizenship-Konzepten niederschlägt: von *transnational citizenship*[33] und *postnational citizenship*[34] über *multicultural citizenship*[35] und *global citizenship*[36] bis hin zu *cosmopolitan citizenship*[37] und dem *Weltbürgerstatus*[38].

Neben dieser Erweiterung von Citizenship-Konzepten sind es Sozial- und Steuerpolitik, die die Gleichheit generierende Form des Inklusionsdrucks ausmachen. Wie Pierre Rosanvallon gezeigt hat, steht die Gleichheitserwartung in einer «Gesellschaft der Gleichen» in Spannung zu gesellschaftlichen Praktiken und bildet zugleich den Antrieb für Praktiken der Milderung sozialer Ungleichheit, insbesondere durch Umverteilung und Sozialpolitik,[39] und Marc Buggeln hat kürzlich eine Studie dazu vorgelegt, wie sich in der Veränderung der Steuerpolitik die Handhabung von Gleichheitserwartungen und sozialer Ungleichheit ausdrückt.[40]

Gleichberechtigung und Gleichstellung

Der Gebrauch des Gleichheitsbegriffs ist längst von der Frage der ökonomischen Ungleichheit zu eher kulturellen und Identitätsdimensionen gewandert, was im Übrigen in Marx' Überlegungen «Zur Judenfrage» durchaus historische Vorläufer hat. Man denke auch an die vor allem konfessionellen Kulturkämpfe des 19. Jahrhunderts.[41] Die Pluralisierung von Lebenswelten und die daraus resultierenden Möglichkeiten für neue Sprecherpositionen von Minderheiten oder zuvor nicht anerkannten Lebensformen haben eine Dimension von Gleichheitsansprüchen und Ungleichheitserfahrungen in den Vordergrund gerückt, die zuvor eher unsichtbar war. Die Sprecherpositionen treten nun gerne als Gruppenansprüche auf – etwa von Menschen mit bestimmten sexuellen Orientierungen oder geschlechtlichen Selbstidentifikationen oder mit als «Rasse» oder «Ethnie» klassifizierbaren

Merkmalen. Dass solche Gleichheitsansprüche als gruppenbezogene Ansprüche formuliert werden, ist ein Hinweis darauf, dass in diesen Fällen die Form der Vollinklusion bei gleichzeitiger Individualisierung der Inklusion nicht gelungen ist – *nicht gelungen* meint kein Defizit, sondern den empirischen Befund, dass die Inklusion der Personen in die unterschiedlichen Bereiche der Gesellschaft von dem jeweiligen Gruppenmerkmal (Frau, Schwarzer, Migrant usw.) überlagert wird. Parsons' These war es, dass die Vollinklusion Schwarzer in den USA geradezu als Lackmustest der Modernität angesehen werden muss. Gemeint ist damit nicht, dass Schwarze nicht mehr als Schwarze sichtbar werden sollen, sondern dass diese Zuschreibung nicht mehr alle Inklusionsformen überlagert, wie es etwa der Fall ist, wenn eine Gruppe systematisch am Arbeitsmarkt, in der politischen Teilhabe oder der kulturellen Repräsentation benachteiligt wird. Solche Ansprüche nehmen die Gleichheitsversprechen der Moderne ernst und betonen die Differenz, um auf Gleichheit pochen zu können. Deshalb haben Identitätsfragen derzeit Konjunktur, und deshalb werden auch Milieus, die zuvor solche Ansprüche nicht formulieren mussten, dazu genötigt, sich *identitätspolitisch* zu identifizieren (→ Identität).

Nun soll es an dieser Stelle nicht um Identitätsfragen gehen, sondern um einen daraus resultierenden neuartigen Gleichheitsanspruch, der in Strategien solcher Debatten deutlich wird. Man kann zwei Strategien unterscheiden: die Forderung nach Gleichberechtigung und die Forderung nach Gleichstellung.

Gleichberechtigung entspricht dem klassischen Gleichheitsversprechen, das darauf baut, dass jeder Mensch dieselben Rechte hat und somit vom Staat oder vor dem Gesetz weder bevorzugt noch benachteiligt werden darf. Dies ist die liberale Idee der Freiheitsrechte gegenüber dem Staat, für die das Prinzip der Gleichheit konstitutiv ist und die entsprechenden Zugzwänge erzeugt (→ Freiheit). Gleichberechtigung ist ein formales Prinzip, und es verhält sich letztlich als Gleichheitsforderung zu den Dingen wie die klassischen liberalen Gleichheitsrechte zu den Ungleichheitsfolgen der gesellschaftlichen Praxis. Gleichberechtigung ist ein Rechtsprinzip, das nicht an den Konsequenzen, sondern am Ausgangspunkt ansetzt.

Gleichstellung zielt dagegen nicht auf Gleichberechtigung, also nicht (alleine) auf die Antezedenzbedingungen, sondern auf die

Konsequenzen. Ein klassischer Fall: Es gibt keine formalen Beschränkungen für Frauen, bestimmte Positionen zu erreichen, z. B. eine Professur an einer Universität. Alle Bewerber und Bewerberinnen sind gleichberechtigt, aber im Resultat entspricht das Verhältnis von Professoren und Professorinnen nicht einer zu definierenden Grundgesamtheit – denkbar wäre hier die Gesamtbevölkerung oder nur der Pool von Bewerberinnen und Bewerbern oder auch die Geschlechterverteilung in einem bestimmten Fach. Es stellt sich also eine Definitionsfrage. Gleichstellung wäre dann erreicht, wenn die entsprechend (politisch) vordefinierten Raten erreicht wären. Mittel dafür sind Gleichstellungspläne, *gender mainstreaming*, Gleichstellungsgesetze usw. Dieses Prinzip denkt nicht vom Ausgangspunkt, sondern vom Ergebnis her.

Es soll hier nicht darum gehen, für oder gegen das eine oder andere Prinzip zu votieren. Zu konstatieren ist lediglich, dass hier unterschiedliche Gerechtigkeitsvorstellungen den jeweiligen Strategien zugrunde liegen. Man könnte von Leistungsgerechtigkeit sprechen, die der Idee der Gleichberechtigung zugrunde liegt, und von Verteilungsgerechtigkeit, die für Gleichstellungsstrategien konstitutiv ist.[42] Dass sich die Strategien teilweise gegenseitig ausschließen, liegt auf der Hand – um Gleichstellung zu erreichen, muss in konkreten Fällen partiell vom Prinzip der Gleichberechtigung abgesehen werden; und um Gleichberechtigung zu wahren, lässt sich das Ziel der Gleichstellung nicht erreichen.

Der Gebrauch des Gleichheitsbegriffes verschiebt sich hier insofern, als insbesondere bei Gleichstellungsmaßnahmen nicht mehr die Semantik der Gleichheit der Menschen als individuelle Rechtsträger aufgerufen wird, sondern die Gleichheit von Gruppen. Genau genommen geht es um die Gleichberechtigung von Gruppen, die statistisch dadurch entstehen, dass Individuen als Individuen entsprechende Gleichheitsziele nicht erreichen werden, sondern nur als Angehörige von Gruppen. Das bildet jene Antinomie ab, die der gesellschaftlichen Moderne prinzipiell inhärent ist: dass Gleichheitsversprechen in Politik und Recht auf Ungleichheitseffekte in der ökonomischen, schulischen, beruflichen, alltäglichen und kulturellen Praxis stoßen. Dieser Widerspruch ist schon deshalb nicht aufzulösen, weil die Selektionsprinzipien in den unterschiedlichen Bereichen der Gesellschaft tatsächlich nicht mit den Gerechtigkeitsprinzipien einer Gleichstellung im Hinblick auf zu definierende Kriterien kompatibel sind. Man könnte es auf die Formel bringen, dass Gleichberechtigung als abstraktes Prinzip mit allen Praktiken in allen Funktionssystemen der Gesellschaft kompatibel ist, Gleichstellung aber nicht.

Daraus nun die Konsequenz zu ziehen, Gleichberechtigung sei ein angemessenes Prinzip und Gleichstellung nicht, wäre voreilig und zu kurz gegriffen. An diesen Debatten kann man aber ablesen, inwieweit sich eine Gesellschaft mit ihren bestehenden Mustern, Pfadabhängigkeiten, Trägheiten, Gewohnheiten, Typisierungen und bewährten Selektionskriterien abgefunden hat und wie stabil ihre Reproduktion gegenüber der prinzipiellen Offenheit für abweichende Lösungen ist – abweichend von den bisherigen Praktiken. Gleichheitsversprechen und Ungleichheitseffekte können nicht ohneeinander gedacht werden, und gesellschaftliche Muster sind stabiler als die Selbstbeschreibungen der Gesellschaft. Schön lässt sich das an Pierre Bourdieus bildungssoziologischen Arbeiten illustrieren. Wie sehr egalisierende Forderungen – etwa mit Programmen zur Erhöhung der Inklusionsrate im Schulsystem – an die Grenzen der habituellen Möglichkeiten stoßen, zeigen Pierre Bourdieus klassische Studien über die «Illusion der Chancengleichheit»[43] und über die Persistenz von Milieu- und Klassenhabitus.[44] Bildung ist ohne Zweifel ein Medium sozialen Aufstiegs und auch ein Gleichheitsgenerator, zugleich können aber Bildungsprozesse Ungleichheit auch festigen und bestätigen.[45]

Neben schwerlich durch Gleichheitsversprechen kompensierbare Habitus sind es Stereotype, Vorurteile und zum Teil kulturell tief verankerte Ungleichheitsvorstellungen, die Pfadabhängigkeiten in der gesellschaftlichen Praxis erzeugen. Man denke etwa an rassistische Einstellungen, die man durch Gleichheitsversprechen nicht loswird, gerade insofern die Gleichheitsversprechen gegen die Folie dieser Muster formuliert werden. Veränderungen in diesem Sinne finden eher evolutionär als disruptiv statt. Beispielhaft dafür sind die vielleicht radikalsten Veränderungen in der Kultur westlicher Gesellschaften, nämlich die Emanzipation nicht-heterosexueller Lebensweisen und nicht-männlicher Geschlechterrollen. Auf diesen Gebieten haben bisweilen Veränderungen stattgefunden, die noch nicht im semantischen Haushalt der Gesellschaft angekommen sind.

Bemerkenswert ist jedenfalls, dass rechtliche und politische Gleichheitsversprechen und ihre gesellschaftliche Relevanz und Praktikabilität zeitlich erheblich auseinanderfallen können. Meist sind die Rechtsnormen schneller geändert als die gesellschaftlichen Praktiken. Und vielleicht ist die Strategie der Gleichstellung auch nur ein Ausdruck dafür, wie schwach und wie stark die Gleichheitsversprechen gleichermaßen sind.

→ Handeln

Endlich ins Handeln zu kommen, gilt als eine der plausibelsten Aufforderungen überhaupt. *Endlich zu handeln*, fordert dazu auf, einen Schnitt in die Welt zu setzen und sie zu verändern. Der Begriff des Handelns hat in diesem Sinne etwas Emanzipatorisches. Er setzt Aktivität gegen Passivität, Autonomie gegen Heteronomie, Kontrolle gegen Widerfahrnisse. Die Formulierung, «das Heft des Handelns in die Hand zu nehmen», hebt das Handeln in den Rang einer Durchsetzungsmacht – das «Heft» ist nämlich der Griff des Degens, mit dem dieser geführt wird. Wer handelt, ist ein Bewirker und wird letztlich – vielleicht ist das das Emanzipatorische daran – zum Subjekt, was immer das heißen mag.

Um es an einem plakativen Beispiel zu verdeutlichen: In einem Interview mit einem deutschen Wochenmagazin sagte eine prominente Klimaaktivistin: «Es gibt kein Rezept gegen Ohnmacht. Aber durch Handeln entsteht Hoffnung. Und ich kann berichten, dass die Ohnmacht es schwer hat, durchzudringen, wenn man einmal angefangen hat, sich einzubringen. Sobald man was macht, sei es klein oder groß, verändert sich der Blick auf die Welt.»[1] In diesen vier Sätzen ist die performative Funktion des Begriffs des Handelns ziemlich gut auf den Begriff gebracht. Es wird nicht gesagt, dass handelnd das Klimaproblem gelöst wird, sondern dass Handeln die Funktion habe, sich der Unmöglichkeit oder wenigstens der Schwierigkeit entgegenzustellen, das Problem handelnd nicht direkt in den Griff zu bekommen. Das ganze Interview dreht sich um die Frage, warum sogar die Einsicht in die Gefahren des Klimawandels und das Wissen um die Zusammenhänge nicht dazu führen, dass die nötigen Schritte eingeleitet werden. Dies zu konstatieren, stellt keine Entlarvung der Befragten dar, sondern zeigt lediglich, welche Funktion das «Handeln» in der kommunikativen Bewältigung des Geschehens hat.

Unterschieden wird Handeln gerne vom bloßen Reden, vom Nichtstun, vom Abwarten und von der Reflexion der eigenen Unentschiedenheit. Eine erste Verunsicherung im Hinblick auf das Emanzipatorische, das dem Begriff des Handelns inhärent ist, dürfte die Beobachtung verursachen, dass auch das bloße Reden, das Nichtstun, die Reflexion der eigenen Unentschiedenheit und selbst das Nicht-Handeln als Handlung zugerechnet werden. Das ist ein erster Hinweis darauf, dass das, was eine Handlung ist bzw. als solche verstanden wird, das Ergebnis einer Zurechnung von außen ist. Wenn auch ein Vorgang, der offenkundig nicht als Handlung «gemeint» war, als Handlung zugerechnet werden kann, dann hängt der Umstand, ob etwas als Handlung gilt, offensichtlich von mehr ab als von der Handlung selbst.

Emanzipation und Sichtbarkeit

Verfolgen wir zunächst den Pfad des Emanzipatorischen. Üblicherweise gelten die Schottischen Moralphilosophen David Hume und Adam Smith als Begründer einer individualistischen Handlungstheorie. Beiden ist eigen, dass sie soziale Ordnung aus dem Handeln von Individuen erklären wollen. Das Soziale wäre dann eine emergente Eigenschaft aus individuellen Handlungen. Bei Hume sind es vor allem rationale Erwägungen, wobei er Rationalität nicht als eine abstrakte Kategorie einführt, sondern als eine Form der empirisch abgewogenen Praktikabilität des Handelns.[2] Ob Humes Kategorisierung als Utilitarist wirklich greift und was das am Ende bedeuten würde, muss hier nicht diskutiert werden. Interessant an Hume ist jedenfalls, dass er die Position des Handelnden gerade nicht als eine heroische Position beschreibt. Er macht darauf aufmerksam, dass der Mensch mit den Tieren das Gewohnheitsmäßige teilt und dass Emotionen und Situationslogiken sein Handeln stark bestimmen – aber er besteht darauf, dass es die rationalen Erwägungen des Menschen selbst sind, die den Grund für die soziale Ordnung bilden.

Auch Adam Smith positioniert das Individuum nicht als heldischen Entscheider, sondern emanzipiert das Eigeninteresse als eine moralisch relevante Kategorie, mit der die Kumulation sozialer Ordnung erklärt werden kann. Beispielsweise ist Arbeitsteilung als eine

Form der Handlungskoordination für Smith darauf angewiesen, dass die Individuen aufgrund von Eigeninteressen in solche Kooperationen eintreten und gerade diese Wechselseitigkeit dafür sorgt, dass die jeweiligen Eigeninteressen den Interessen der anderen nicht entgegenstehen müssen. Auch das wird als eine emergente Ordnung reflektiert, die nicht *immer schon* gilt.[3]

Bereits zu Beginn einer systematischen Auseinandersetzung mit dem sozialen Handeln wurde also nicht einfach die individuelle Aspiration beobachtet, sondern die soziale Genese, vor allem aber gerieten die sozialen Auswirkungen des individuellen Handelns in den Blick. Das Emanzipatorische dieses Denkens bestand darin, die Ordnung überhaupt als das Ergebnis individuellen Handelns zu begreifen und sie damit als ein emergentes Phänomen zu betrachten. Dadurch werden die Individuen davon emanzipiert, bloße Ausführende zu sein. Ihr Handeln macht sowohl bei Hume als auch bei Smith einen Unterschied, weil es zum einen auch anders hätte ausfallen können und weil es zum anderen zu jener Ordnung beiträgt, auf deren Boden weitere Handlungen möglich sind. Auf diesem Denkmotiv – nicht unbedingt auf einem Rekurs auf Hume und Smith – gründet wohl noch heute jener Nimbus des Handelns.

Überhaupt von «Handeln» zu reden, hat etwas Emanzipatorisches – denn haben die Menschen früherer Zeiten wirklich in diesem emphatischen Sinne *gehandelt,* oder haben sie eher Dinge ausgeführt, für die es erheblich weniger Spielräume gab? *Handelt* jemand wirklich, der Befehle ausführt oder dessen Spielräume sehr begrenzt sind? *Handelt* jemand, wenn er etwas tut, das so gut wie keinen Eigenanteil besitzt und sich innerhalb eines Prozesses gewissermaßen von selbst ergibt und eher durch den Prozess als dieser durch das Handeln gesteuert wird? Betrachtet man etwa mechanische Tätigkeiten an einem Fließband oder das Bedienen einer Maschine, so beobachtet man natürlich handelnde Personen, aber man wird die besondere Information in dieser Beobachtung gerade nicht darin sehen, dass da jemand explizit handelt.

«Handeln» hat wohl erst dann einen Informationswert und macht erst dann einen Unterschied, wenn man auch etwas anderes hätte tun können – in Lebensformen, in denen weniger Entscheidungen zwischen Alternativen zu treffen waren, ging es wohl weniger um «Handeln» in diesem Zuschreibungssinn. Das heißt selbstverständlich nicht, dass die Menschen in solchen Konstellationen gar keine Handlungsspielräume hatten. Aber es liegt auf der Hand, dass in komplexeren Situationen mit hohen Abweichungsmöglichkeiten die Wahrscheinlichkeit für die exklusive Zurechnung eines Geschehens aufs Handeln steigt. Und es liegt auch nahe, dass sich in modernen Lebensformen häufiger ein Handlungszwang ergibt, also Situationen entstehen, in denen notwendig gehandelt werden muss, das heißt hier: etwas so oder eben auch anders zu tun. Damit man etwas so oder auch anders tun kann, bedarf es aber einer Situationslogik, die Handlungs- und damit Abweichungsmöglichkeiten vorsieht.

Dass die Sozialwissenschaften, besonders die Soziologie, mit einem Schwerpunkt aufs Handeln beginnen, hat einen doppelten Grund: einen historischen und einen beobachtungstheoretischen. Der historische Grund liegt darin, dass die Soziologie in einer Zeit entstand, in der ganz im Sinne der Schottischen Moralphilosophen die Handlungen von Individuen oder deren Kumulation in den Blick gerieten und die historischen Zeitläufe nicht über einen geschichtsphilosophischen, einen fortschrittstheoretischen oder einen universalgeschichtlichen Mechanismus erklärt werden konnten. Handlungen und die darin zum Ausdruck kommende Kontingenz aller Möglichkeiten gerieten also in den Blick, als deutlich wurde, dass man stets – mehr oder weniger ausgeprägt – auch anders handeln könnte.

Dieser Einbau von Kontingenz in den eigenen begrifflichen Apparat kommt eben besonders gut im Begriff des Handelns zum Ausdruck. Dabei muss es hier nicht um die subtile Frage gehen, ob man eher mit einem konstitutionslogischen oder einem Emergenzbegriff des Handelns arbeitet. Zumeist sind es Mischformen. Entscheidender ist vielmehr, dass die Abhängigkeit des Handelns von den sozialen Strukturen, Erwartungen, Bedeutungen usw. konstatiert wird. Am deutlichsten lässt sich das an Max Webers Handlungsbegriff ablesen. Handeln meint nach Weber bekanntlich ein «menschliches Verhalten (einerlei ob äußeres oder innerliches Tun, Unterlassen oder Dulden) [...], wenn und insofern als der oder die Handelnden mit ihm einen subjektiven Sinn verbinden».[4] Das hört sich auf den ersten Blick so an, als meinte Handeln etwas rein Subjektivistisches, etwas, das ganz und gar im handelnden Subjekt fundiert sei. Max Weber so zu lesen, wäre ein eklatantes Missverständnis, denn ihm geht es darum, dieses Verhalten «deutend (zu) verstehen und dadurch in seinem Ablauf und seinen Wirkungen ursächlich erklären»[5] zu können. Es deutend zu verstehen, heißt, den Sinn der Handlung in der Kulturbedeutung des jeweiligen Handlungskontextes zu rekonstruieren – denn genau darauf kam es Max Weber an: bestimmte Typen von erwartbaren Handlungen in Abhängigkeit zu historisch veränderbaren und kulturellen Variablen zu «verstehen» und damit erst handhabbar zu machen. Webers handlungstheoretische historische Analysen entstehen in einem historischen Kontext der Kontingenzerfahrung. Beispielsweise leistet seine Rekonstruktion der Wirtschaftsethik der Weltreligionen einen Beitrag zur Beantwortung der Frage, warum der moderne betriebsförmige Kapitalismus im Westen entstanden ist und warum bestimmte Handlungstypen so erwartbar geworden sind, dass der Kapitalismus sich als Kulturerscheinung historisch durchsetzen konnte.

Die zentrale Bedeutung des Handelns ergibt sich aus dem Grund, den ich oben einen beobachtungstheoretischen genannt habe – genauer wäre wohl gewesen, von einem beobachtungs*praktischen* Grund zu sprechen. Denn was lässt sich am besten beobachten? Die Antwort ist einfach: Handlungen, zurechenbare Handlungen. Oder besser: Das Tun von Menschen, das man so rekonstruiert, als sei es ein Handeln im Sinne Max Webers, nämlich ein Verhalten, mit dem der Handelnde einen subjektiven Sinn verbindet, der letztlich nichts anderes ist als die Form der Zurechnung selbst. Dass die Soziologie bei der Analyse gesellschaftlicher Wirklichkeit aufs Handeln kommt (und nicht auf eine sich entfaltende Geschichtslogik oder substantielle Universalien), ist gewissermaßen historisch gegenstandsadäquat. Die Soziologie tut dasselbe wie ihr Gegenstand: Sie rechnet das, was geschieht, als Handeln zu. Genau besehen behauptet Max Weber gar nicht, dass jeder Handelnde mit seinem Handeln explizit einen subjektiven Sinn verbindet, aber Weber rechnet das Verhalten so zu, als ob darin ein subjektiver Sinn aufzufinden wäre. Es ist tatsächlich eine methodische Frage, die sich der Soziologe letztlich von seinem Gegenstand selbst abschaut und die darauf verweist, dass auch die Wissenschaft, speziell die Sozialwissenschaft, eine Kulturerscheinung ist, die man mit denselben Mitteln verstehen muss wie ihren Gegenstand: Sie rechnet genauso zu wie ihr Gegenstand, muss das aber methodisch kontrolliert machen.

Dass man auf Handlungen zurechnet, ordnet die Welt soziologisch – und das könnte ein Hinweis darauf sein, dass die Zurechnung auf Handlungen auch eine Art alltagsmethodische Einstellung ist, um die Welt zu ordnen. So ruft der Gebrauch des Begriffs dazu auf, mehr Ordnung in die Welt zu bringen, als bisweilen angemessen wäre. In den meisten Alltagssituationen fällt das nicht auf. Es fällt erst dort auf, wo die Zurechnung nicht gelingt. Klassisch gilt das etwa in Organisationen, deren Entscheidungen zumeist das Ergebnis komplexer Handlungszusammenhänge und zugleich auch eher «künstlicher» Formen der Zurechnung auf den korporativen Akteur sind, dem man einen subjektiven Sinn nur im übertragenen Sinne zurechnen kann. Oder es fällt dort auf, wo man es mit nicht vollständig routinisiertem Verhalten zu tun hat, etwa in einem Beziehungsstreit, in dem man genauer bestimmen möchte, welche Handlung zu der Misere geführt hat. Es gibt im rechtlichen Bereich ganze Verfahrensformen, die nichts anderes im Sinn haben, als die Zurechnungsmöglichkeit und die Zurechnungsfähigkeit von Akteuren zu ermitteln. In Strafverfahren ist es sogar möglich, den Anteil der «Täterschaft» an einer strafbaren Handlung zu bestimmen.[6] Um den performativen Sinn und damit die Funktion des Handlungsbegriffs herauszuarbeiten, muss also dieser Zurechnungsfrage eine besondere Aufmerksamkeit gewidmet werden.

Zuvor aber ist es nötig, noch einmal auf die historische Genese des Handlungsbegriffs zurückzukommen. Die Konzentration auf den Handlungsbegriff und die Erklärung von gesellschaftlichen Phänomenen aus den Handlungen von Akteuren heraus fällt historisch damit zusammen, dass die Gesellschaft sich selbst in ihren Regelmäßigkeiten und Abweichungen zu beobachten beginnt. Ich habe an anderer Stelle ausführlich gezeigt, wie sich mit der Entstehung des klassisch modernen Institutionengefüges moderner Gesellschaften (Betriebskapitalismus, Unternehmen, Staatsverwaltung, Bildungsinstitutionen, Militär, Wissenschaft/Forschung, Medizin, Stadtplanung, Wirtschaftsplanung etc.) ein Bedarf an der Rekonstruktion von Regelmäßigkeiten einer Gesellschaft herausbildet, die nicht einfach in ihrer tradierten Selbstähnlichkeit verharren, sondern die eine Veränderungsdynamik mit der Regelmäßigkeit individueller Verhaltens- und Handlungsdimensionen verbinden.[7]

Zurechnungsfähigkeit

Dass Sozialwissenschaften in dem Moment auf den Plan traten, in dem gegenläufige Erfahrungen zu machen waren, ist kein Zufall. Sie entdecken die Kontingenz von Handlungen und die Veränderungen der Gesellschaft; und sie entdecken zugleich die Regelmäßigkeiten des individuellen Verhaltens, die den gesellschaftlichen Selbstbeschreibungen zum Teil widersprechen. Der Versuchsaufbau lautet wie folgt: Wenn man die Gesellschaft als einen Raum handelnder Menschen beobachtet, bekommt die Regelmäßigkeit der Handlungen und Handlungsmuster einen besonderen Informationswert. Dass die Handelnden handeln, heißt, dass sie auch anders handeln könnten. Also wird der Sachverhalt erklärungsbedürftig, dass sie vergleichsweise stabil Mustern, Strukturen und Regelmäßigkeiten folgen. Und genau damit fängt das sozialwissenschaftliche Denken an: dass sich Menschen unterschiedlicher Klassen, Schichten, Milieus, kultureller, konfessioneller, religiöser und sozialmoralischer Gruppen, im Hinblick aufs Geschlecht, auf Alter, Hautfarbe usw. vergleichsweise stabil erwartbar verhalten. Und noch entscheidender ist, dass dieses Wissen in erster Linie durch statistische Beobachtung entsteht und statistische Gruppen nicht identisch mit sozialen Gruppen sind. Will heißen: Die Menschen verhalten sich ähnlich nach Mustern, ohne voneinander zu wissen. Eine der frühesten Diagnosen dieser Art war im marxistischen Sinne die Unterscheidung von Klasse «an sich» («objektive Klassenlage») und Klasse «für sich» («Klassenbewusstsein»).[8]

Statistische Gruppen sind ein Hinweis darauf, dass dem Handeln der Menschen offensichtlich etwas vorgeordnet ist, das durch den Handlungsakt selbst nicht kontrolliert oder bestimmt werden kann – sonst wäre soziale Ordnung schlicht unmöglich. Aus dem bloßen Handlungsakt selbst lässt sich also die Handlung nicht wirklich verstehen bzw. erklären, denn die beobachtbare Regelmäßigkeit und Erwartbarkeit des Handelns verdeutlicht, dass man das Handeln offensichtlich nicht allein vom individuellen Akt her erklären kann. Gemeinsam ist aber allen soziologischen Handlungstheorien, dass sie die *sozialen* Voraussetzungen des Handelns in den Blick nehmen, die erst erklären können, warum Menschen so handeln, wie sie handeln.[9]

Die Voraussetzungen des Handelns sind von besonderer Bedeutung – und sie geben dem Begriff des Handelns etwas Subtiles, geradezu Widersprüchliches. Und auch hier muss man den emphatischen Gebrauch des Begriffs und seine analytische Beschreibbarkeit deutlich unterscheiden. Die Emphase im Handlungsbegriff wird nämlich dann gebrochen, wenn man mitbedenkt, dass die Zurechnung eines Geschehens auf Handlungen auf doppelte Weise Unschärfen produziert: Es bedürfte keiner expliziten Zurechnung, wenn diese nicht kontingent wäre; und das Handeln hängt offensichtlich von Voraussetzungen ab, die der Handelnde selbst nicht kontrollieren kann.

Exemplarisch lässt sich wohl am Modell des «Allgemeinen Handlungssystems» von Talcott Parsons zeigen, was mit den Voraussetzungen des Handelns gemeint ist. Parsons besteht auf einem «voluntaristischen» Handlungsbegriff, er betont also durchaus die Aktivität des Akteurs, stellt aber die Handlung als ein «System» dar, das von Komponenten oder Teilsystemen der Handlung abhängig ist, die dem konkret beobachtbaren Akt äußerlich sind. Diese Komponenten nennt er «Organismus, Persönlichkeit, Sozialsystem und Kultursystem»[10] und ihre Komponenten treten in Austauschprozesse. So ist «Organismus» als Verhaltensorganismus relevant im Hinblick auf die biologischen/körperlichen, aber auch umgebenden Voraussetzungen des Handelns; «Persönlichkeit» bezieht sich auf die sozialisatorische Disposition und sorgt für Ziele und Motive des Handelns; das «Sozialsystem» ordnet Rollen, Handlungsmuster und Situationen so an, dass Handlungen sich auf andere Handlungen beziehen können und somit integrierbar sind; das «Kultursystem» sorgt für latent vorhandene, im Akt des Handelns letztlich nicht zu verhandelnde Bedeutungen, Sinnschichten und Werte, die der Strukturerhaltung dienen. All das bedürfte erheblich genauerer Erläuterungen im Hinblick auf die systemtheoretische und funktionalistische Konstruktion des Modells,[11] aber an diesem Modell wird schon deutlich, dass man Handlungen nur angemessen beschreiben kann, wenn man ihr Eingebettetsein in soziale, kulturelle und verhaltensrelevante Bedingungen betont.

Auf den ersten Blick mag das nur von akademischem Interesse sein, aber auf der Suche nach der Funktion des Handlungsbegriffs und seines öffentlichen Gebrauchs wird schon anhand der soziologischen Begriffsbestimmung auch seine alltagsweltliche Widersprüchlichkeit deutlich. Der Begriff wird dann emphatisch benutzt, wenn man einen Schnitt in die Welt setzen will – «endlich handeln!» –, andererseits stößt genau das an die Grenzen des Eingebettetseins des Handelns in Bezüge, die sich wechselseitig kontrollieren und bei genauerem Hinsehen für Uneindeutigkeit sorgen. Ein gutes Beispiel dafür ist das, was man in den Politikwissenschaften «Mehrebenensysteme» oder «Multilevel Governance» nennt.[12] Selbstverständlich lassen sich stets einzelne Handlungen beobachten, also, dass bestimmte Leute etwas Bestimmtes tun. Aber ob nun ein Gesetz verabschiedet, eine Verordnung umgesetzt, ein Ausweis ausgestellt oder auch nur ein Bescheid verschickt wird, lässt sich schwer auf eine einzelne konkrete Handlung zurückführen. Man wird dem Vorsitzenden der Parlamentsfraktion zurechnen, dass eine Mehrheit zustande kam, oder dem Amtschef, dass es mit der Ausweisausstellung nun schneller geht, usw. Aber man wird nicht ernsthaft auf die Idee kommen, hier Einzelhandlungen für ein solch komplexes Geschehen verantwortlich machen zu können.

Das Beispiel von Mehr-Ebenen-Systemen in Politik und Verwaltung ist ein besonders eindringlicher Fall, weil hier sogar organigraphische Symbolisierungen die formalen Zuständigkeiten in komplexen Geschehen abbilden und das Material für informelle und prozessuale Prozesse darstellen. Dass man Zuständigkeit am Ende jemandem – als natürlicher Person oder als Organisation – zurechnet, ist eine Vereinfachung der Beschreibung. Solche Vereinfachungen kommen aber überall vor – man kann es schon daran erkennen, wie wir komplexe Prozesse oder vielschichtiges Geschehen erzählen, nämlich meistens angeordnet als eine Abfolge von Dingen, die Menschen tun, und als Geschehen, das wir auf Personen zurechnen. Damit spannen wir eine Kausalitätsgeschichte auf, die im Nacheinander von Handlungen so etwas wie einen inneren Zugzwang konstruiert. Einer konsistenten Erzählung muss es im Nacheinander sprachlicher Ausdrücke gelingen, dem Geschehen eine gewisse Logik zu verleihen, damit die Sache tatsächlich beschreibbar wird. Auch der Hinweis auf Brüche oder Inkonsistenzen steht unter dem Vorbehalt solcher Konsistenzanforderungen, denn etwas als Bruch darstellen zu können, setzt Erwartungen einer «Normalität» voraus, von der dann eine Abweichung beschrieben werden kann. Erst in Konfliktsituationen wird deutlich, dass die Zurechnung auf Handlungen tatsächlich eine Zurechnung darstellt, also eine kontingente und vereinfachende Form der Beschreibung. Man kann dann darüber streiten, wessen Handeln und Unterlassen für ein bestimmtes Ergebnis gesorgt hat oder welches andere Handeln zu einem anderen Ergebnis gekommen wäre.

Das Bezugsproblem des «Handelns»

Für welches Problem ist «Handeln» begrifflich die Lösung? Eine Funktion des Handlungsbegriffs wäre es, eine einfachere Version eines komplexen Geschehens anzubieten – und diese Funktionsbestimmung hat zwei voneinander abhängige Dimensionen:

Sie hat zum einen den *sozialwissenschaftlichen* Sinn, genauer einordnen zu können, was empirisch an Handlungen bzw. am Handeln der Menschen sichtbar wird. Wer empirisch forscht und etwa die Verhaltenspräferenzen von Akteuren misst, wird diese stets schon mit einem entsprechenden Vorverständnis in die Bedingungen der Möglichkeiten der konkreten Handlungen einordnen – und dass man sich auf Handlungen kapriziert, liegt schlicht daran, dass dies das «Material» ist, das man am besten beobachten kann. Daran schließt sich natürlich die Frage an, was man nicht so einfach beobachten kann und doch konstitutiv für das Handeln ist. Man wird diese Frage aus den genannten Gründen nicht so einfach beantworten können. Niklas Luhmann schlug vor, deshalb den Handlungsbegriff hinter den Kommunikationsbegriff in die zweite Reihe zu verschieben. Er schreibt: «Handlungen werden durch Zurechnungsprozesse konstituiert. Sie kommen dadurch zustande, dass Selektionen, aus welchen Gründen, in welchen Kontexten und mit Hilfe welcher Semantiken (‹Absicht›, ‹Motiv›, ‹Interesse›) immer, auf Systeme zugerechnet werden. [...] Was eine Einzelhandlung ist, lässt sich deshalb nur auf Grund einer sozialen Beschreibung ermitteln.»[13] Dies ermöglicht eine Empirisierung des Handlungsbegriffs. Handlungen sind dann Ereignisse in Kommunikationsprozessen, also im Sinne eines systemtheoretischen Kommunikationsbegriffs: Ereignisreihen, die mit Semantiken beobachtet werden und die man mit handlungsadäquaten Semantiken beschreibbar macht (→ Kommunikation). Er nennt Absichten, Motive und Interessen – und man könnte alle möglichen anderen Formen finden, mit denen wir uns im Alltag Handlungen erklären.

Wem die systemtheoretische Verfremdung nicht behagt, kann auch auf Max Weber zurückkommen. Auch er beobachtet seinen Gegenstand, *als ob* der Handelnde einen subjektiven Sinn vor Augen hätte, und weiß doch, dass die konkreten Prozesse dem vorgeordnet sind. Oder man konsultiert Alfred Schütz' Weber-Kritik, die darauf insistiert, dass die Beobachtung der Handlung ganz anders ausfallen kann als die Handlung und ihr Motiv selbst – auch hier geht es um Motivunterstellung, nicht um das positive Vorliegen jener Handlungsantriebe.[14] Oder man bezieht sich auf James Coleman, einen der Begründer der Rational Choice-Theorie, der sehr deutlich darauf hinweist, dass der Rekurs auf Daten, die vor allem auf individuell zurechenbare Handlungen sich kaprizieren, als eine Vereinfachung zum Zweck der Erforschbarkeit der Phänomene zu verstehen ist.[15] So unterschiedlich und auch inkompatibel manche der Konsequenzen dieser Theorien auch soziologisch sind, so sehr sind sie sich darin einig, wie skeptisch man der Emphase des Handlungsbegriffs begegnen muss. Etwas als Handlung zuzurechnen ist ein komplexer Prozess – und das gilt sowohl auf der Seite der theoretischen Beschreibung und der Methodologie der Soziologie als auch auf der Gegenstandsseite, auf der die Zurechnung sich kontingent darstellt (sonst wäre es keine Zurechnung).

Dies leitet nun über zur zweiten Dimension der Funktionsbestimmung des Handlungsbegriffs. Die Vereinfachungsfunktion des Handlungsbegriffs in der Soziologie dient der forschungsadäquaten Gegenstandskonstitution, also der Frage, was man eigentlich beobachten kann. Im Alltag wie in der öffentlichen Rede schließt der emphatische Gebrauch des Handlungsbegriffs an etwas Ähnliches an: Er findet einen semantischen Anker für die einfache Beschreibbarkeit eines komplexen Geschehens. Auf Handlungen zuzurechnen, ist die vielleicht wirksamste Alltagstechnik überhaupt, und diese Form der Zurechnung erzeugt dann die Bilder der «Person» in sozialen Prozessen – als Organisationsmitglied, im Verhältnis von Leistungs- und Publikumsrolle, in informellen Kontakten ebenso wie in exklusiveren Kontakten etwa in Freundschaften oder Familien. Überall sind Rollenkonzepte und Erwartungen so gebaut, dass diese komplexen Formen der Relationierung von Handlungen, Handlungsformen und vor allem von Handlungskoordination in erster Linie nicht dem komplexen Geschehen zugerechnet werden, sondern den beteiligten Personen.

Wohlgemerkt ist dies keine Abwertung, sondern eine empirische Beschreibung davon, wie das soziale Geschehen geordnet wird und wie die beteiligten Menschen dadurch zu Akteuren werden. Denn diese sind zwar in einem gewissen Sinne Urheber von Handlungen, mindestens in einem zugerechneten Sinne, aber eben auch deren Produkte und Effekte.[16] Für uns sind Leute also vor allem Handelnde und damit die Welt, wie wir sie sehen, das Resultat von Handlungen von Leuten. Es wäre merkwürdig, diese Sätze zu negieren. Natürlich ist die soziale Welt das Resultat sozialen Handelns – und dass das auch umgekehrt gilt, ist so banal wie voraussetzungsreich.

Die Soziodizee des «Handelns»

Endlich zu handeln bekommt als starke Aufforderung nun einen anderen Charakter. Dass gesellschaftliche Missstände zum Handeln auffordern, ist erwartbar und keineswegs falsch. Natürlich muss gegen den Klimawandel und seine Folgen gehandelt werden, um die vielleicht größte derzeitige Herausforderung anzusprechen. Die veröffentlichte Meinung und der Buchmarkt sind voll von gut recherchierten und ebenso gut begründeten Handlungsempfehlungen. Es entsteht dazu ein Textgenre, das sehr gute Argumente und Begründungen ästhetisch mit einem Aufforderungs- und Machbarkeitssiegel versieht und das tatsächlich im Handeln jenen Umschlagspunkt sieht, der einen Schnitt in die Welt setzt. Die am Buchmarkt besonders erfolgreichen Titel enthalten zumeist einen Aufforderungscharakter zum Handeln[17] und ähneln der Ratgeberliteratur, die es inzwischen zu jedem möglichen Thema gibt und Leserinnen und Leser ins Handeln bringen soll.[18] Solche Texte sind keine wissenschaftlichen Texte im engeren Sinne; auch wenn in ihnen oftmals viel wissenschaftliches Wissen verarbeitet wird, sind sie eher Versuche des Transfers von Wissen in Handeln und Handlungsfähigkeit – letztlich reagieren sie darauf, wie schwierig exakt dies ist, und stehen unter wissenschaftlichen Kriterien oft unter dem Verdikt der Vereinfachung. Aber das wäre ein wohlfeiler Vorwurf, denn das ist gerade die Funktionsbestimmung der Zurechnung auf Handlungen.

Überhaupt bricht sich der Handlungsbegriff am Wissensbegriff (→ Wissen). Wenn Wissen zumindest sagen kann, *was* zu tun ist und *welche* Ziele erreicht werden müssen, enthält dieses Wissen meistens wenig Brauchbares darüber, *wie* diese Ziele erreichbar sind – von der Reduktion des Körpergewichts über angemessene Elternschaft oder eine bessere Tagesorganisation bis hin zu einem solidarischen Leben oder der Bekämpfung des Klimawandels. Die Diskrepanz zwischen Wissen und Handeln macht auf ein Problem des Handelns aufmerksam, das man mit dem alten Theodizee-Problem vergleichen könnte. Die Theodizee-Frage lautete, sehr kurz formuliert, wie Gott trotz seiner Allmacht die Schlechtigkeit der Welt zulassen könne.[19] Übertragen auf das Handlungsproblem lautet diese Frage, warum unser (vermeintlich) angemessenes Wissen allzu häufig nicht handlungswirksam wird. Ich habe an anderer Stelle vorgeschlagen, dies als eine «Soziodizee» zu bezeichnen.[20] Der Begriff stammt ursprünglich von Pierre Bourdieu, meinte bei ihm aber etwas anderes. Bourdieu schreibt, die Gesellschaft sei dazu angetan, «einer illusorischen Vorstellung von ihr allen Anschein einer realen Grundlage zu verleihen. Kurz, die soziale Ordnung produziert im wesentlichen ihre eigene Soziodizee. So dass es ausreicht, die objektiven Mechanismen sich selbst oder sich ihnen zu überlassen, um die bestehende Ordnung zu billigen, ohne es auch nur zu wissen.»[21] Soziodizee hat bei Bourdieu einen legitimatorischen Charakter, gewissermaßen ein Arrangement mit den Verhältnissen, die in Form einer «illusorischen Vorstellung» über die Welt deren Praxis erst ermöglicht. Ich erweitere diesen Begriff dahingehend, unter Soziodizeen semantische Formen zu verstehen, die dabei helfen, die Komplexität der Welt bzw. der Gesellschaft durch semantische Anker und Signale gewissermaßen unsichtbar zu machen. Solche begrifflichen Soziodizeen verdecken die Komplexität ihres Bezugsproblems und erzeugen ganz im Sinne Bourdieus *illusorische Vorstellungen* darüber, wie die Dinge funktionieren. Als Soziodizeen habe ich vorgeschlagen das *Gemeinschaftliche* (→ Gesellschaft), die *Gewohnheit* (→ Lebenswelt) und schließlich das *Handeln.*

Die Idee des *Handelns* erzeugt ein Pathos, das die Form der Soziodizee schlechthin darstellt. Der Begriff des Handelns vermittelt die Idee, dass es nur noch der angemessenen Entscheidung (→ Freiheit) bedarf, *es nun doch zu tun*, um die Ziele zu erreichen. Allerdings ist Handeln sowohl eine emanzipatorische Idee des Empowerments und der Durchsetzung von Wirksamkeit als auch begrenzt durch jene Komplexität, die gerade in der soziologischen Gestalt des Handlungsbegriffs zum Ausdruck kommt. Wenn es stimmt, dass Handeln von Bedingungen abhängt, die nicht selbst handelnd kontrolliert werden können, dann wird die Emphase der Handlungsaufforderung durch die konkrete Bedingung des Handelns gebrochen.

Das Bezugsproblem des «Handelns» als Soziodizee spielt dann auf die Vermittlung zwischen dem Selbstverständnis des Menschen als Akteur und seinem Unvermögen an. Das ist kein Fatalismus, sondern beschreibt eine Vermittlungsfunktion. Denn in einer komplexen Gesellschaft ist der handelnde Zugriff auf deren Eigendynamik tatsächlich mit Restriktionen verbunden, die sich nicht durchs Handeln selbst, sondern vielleicht durch Neukonstellationen, durch vernetzte Beobachter, durch Neuarrangements von Beziehungen usw. überwinden lassen. Auf diese muss paradoxerweise wiederum handelnd zugegriffen werden bzw. sie müssen handelnd ins Werk gesetzt werden.

Weiterhin geht es vor allem um Zurechnungsprozesse. Dass Diskurse der Veränderung gerne «aktivistisch» genannt werden, ist eine schöne semantische Koinzidenz. Der Aktivismus, oftmals pejorativ gemeint, ist gewissermaßen die Verve der Soziodizee, einem Sinn durch Handlungsfähigkeit, eben aktivistisch, zum Durchbruch zu verhelfen. Die Erfolgsbedingung des Aktivismus muss gar nicht in der faktischen Durchsetzung der Forderungen liegen, die Zurechnung von Handlungsfähigkeit reicht aus. Aktivismus meint den Vorrang des Handelns vor seinen Möglichkeiten, also der Durchsetzungsfähigkeit der aktivistisch verstärkten Ziele. Die Komplexität der Durchsetzungsbedingungen ist eine der großen Herausforderungen für eine Gesellschaft, die auf umfassende Probleme nicht aus einem Guss reagieren kann, vor allem nicht kollektiv, sondern nur gesellschaftlich, d. h. in der Vielheit ihrer funktional differenzierten Stimmen (→ Gesellschaft).

Die emphatische Soziodizee des «Handelns» wird manchmal Analysen der Komplexität von Problemen gegenübergestellt. Diese erscheinen dann wie Bremser auf dem Weg zur Lösung des Problems, weil sie sich der Soziodizeefunktion verweigern und stattdessen auf die empirischen Bedingungen des Handelns aufmerksam machen. Zusammenfassend lässt sich jedenfalls sagen, dass die Soziodizeefunktion des Begriffs auch den performativen Gebrauch des Handlungsbegriffs erschließt: «Handeln» löst das Problem, dass es so etwas wie einen direkten Zugriff auf die Beeinflussung von komplexen Problemlagen nicht gibt. Die Emphase des Begriffs, insbesondere wenn er mit einem Aufforderungscharakter versehen ist, verbürgt diese Funktion, indem sie die Illusion vermittelt, dass es nur darauf ankommt, *es zu tun*. Es gibt nichts Gutes, außer man tut es, soll Erich Kästner gesagt haben.

Genau besehen hat die Aufforderung zum Handeln zumeist einen desillusionierenden Charakter, weil die meisten Handlungskonzepte jenes Schicksal erleiden, das auch dem Begriff des Handelns inhärent ist: dass sie von Bedingungen abhängig sind, die durch das Handeln selbst nicht zu kontrollieren sind. Diese Desillusionierung hat durchaus etwas Gutes in dem Sinne einer Entlastungsfunktion und der methodischen Konstruktion einer Adresse für Lösungen.

Eine der größten Restriktionen des Handelns ist, dass auch andere handeln. Lösungskonzepte unterschiedlicher Natur setzen sehr oft bei einer idealen Lösung an und rechnen von dort zurück auf die Handlungen der Akteure. Man wird dann etwa in einer Kriegssituation sagen, dass es besser ist zu verhandeln, anstatt weiterhin militärische Mittel zu verwenden, oder in einem Ehestreit wird man empfehlen, dass die Partner aufeinander zugehen sollten. In einem Innovationskonzept für Unternehmen stellt man sich vor, dass Akteure unterschiedlicher Aufgabenfelder und Hierarchieebenen so kooperieren, dass eine Verbesserung entsteht. Die Beschreibung solcher Konstellationen kann sehr kreativ sein und wird gerne von der Lösung her entwickelt – in den angedeuteten Beispielen kann man sich solche Lösungen durchaus vorstellen. Allerdings rechnen solche Beschreibungen und Lösungsvorschläge stets damit, dass die beteiligten Akteure ihre Handlungen so miteinander koordinieren, dass die antizipierten Lösungen auch greifen. Das Problem ist nur, dass auch die

Koordination das Ergebnis von Handlungen wäre, die sich an den Handlungsmöglichkeiten anderer Handelnder brechen. Das Problem ist, dass weder das Konfliktlösungskonzept noch die beteiligten Betroffenen die Bedingungen der Handlungen der anderen kontrollieren können – und damit auch die eigenen nicht.

Schon die Tatsache, dass Handlungen immer in einer Gegenwart stattfinden, die dann auf die Gegenwarten anderer Handelnder trifft, kann die Bedingung der nächsten Handlung *in actu* verändern oder sogar *ad absurdum* führen. Dieses Problem kann man ein Komplexitätsproblem nennen, denn in den genannten Lösungskonzepten ist schwer abzubilden, dass in jeder operativen Gegenwart auch etwas anderes geschehen könnte, als es im Sinne des Modells erwartbar ist. Schließlich ist dies die Pointe des Handelns: dass man auch etwas anderes hätte tun können.

All das gilt auf unterschiedlichsten gesellschaftlichen Ebenen – vom Klimawandel über Krieg und Frieden bis hin zur Lebensführung in Familien. Die Emphase des Handelns reagiert darauf, dass so etwas wie ein direkter Zugriff immer schwieriger wird. Es gibt Situationen, in denen man das, was geschieht, eher erlebt. Die Unterscheidung von Erleben und Handeln meint eine Zurechnungsfrage: Wird etwas als «Handeln» oder als «Erleben» zugerechnet, wird also Aktivität oder Passivität unterstellt?[22] Der emphatische Gebrauch des Handlungsbegriffs stemmt sich gewissermaßen gegen die Passivität des Erlebens und pocht darauf, zurechnungsfähig zu sein. Wahrscheinlich besteht eine der großen Herausforderungen des Lebens in einer komplexen modernen Gesellschaft darin, dass es wohl noch nie so viele Handlungsmöglichkeiten gegeben hat, dass aber trotzdem ein Verlust von Selbstwirksamkeit und Handlungsmacht erlebt wird. Die permanente Rede vom Empowerment widerspricht dem nicht, sondern unterstreicht es.

→ Identität

Jeder Text hat einen Verfasser, nicht aber einen Autor. Michel Foucault beschrieb 1969 in einem Vortrag vor der französischen Gesellschaft für Philosophie die Figur des Autors als eine Diskursposition. Der Autor verbürgt, dass der – zumeist literarische oder wissenschaftliche – Text nicht nur einem Verfasser zurechenbar ist, sondern auch *Teil eines Werkes* ist. Wir belegen ganze Diskurse mit Autorennamen – wir sagen etwa «Foucault» und wissen Bescheid. Wie voraussetzungsreich das ist, weiß jeder, der versucht, vom Verfasser zum Autor zu werden. Es wird dann nicht nur ein Band zwischen unterschiedlichen Texten geknüpft, das aus ihnen einen Werkzusammenhang macht, es wird auch eine Diskursposition geschaffen, die dem Text Autorität, *auctoritas*, Autorenschaft verleiht. Der Autor ist also nicht einfach jemand, der schreibt, sondern er ist, in den Worten Foucaults, eine *Funktion.*[1] In den Literaturwissenschaften wird das seitdem unter dem Motto «Tod des Autors» diskutiert – die Formulierung stammt von Roland Barthes, der betont, dass nicht der Autor Grundlage des Textes sein könne, sondern umgekehrt der Text den Autor erzeuge.[2] Die poststrukturalistische Literaturwissenschaft beschäftigt sich mit Intertextualität, mit der Selbständigkeit des Kunstwerks oder dem Eigensinn von Diskursen, in denen Autoren letztlich nur Positionen markieren, die den Diskursen eine Ordnung geben. Die starke Subjektivität des Autors gilt seitdem zumindest in literatur-, kultur- und sozialwissenschaftlichen Seminaren als eine veraltete Kategorie – allerdings taucht der Autor in den Literaturlisten und auf dem Buchmarkt auf, ebenso in der rechtlichen Kategorie des «geistigen Eigentums». Und Hausarbeiten über den Tod des Autors werden nach wie vor den jeweiligen Studierenden zugerechnet.

Die Kritik des Autors trifft aber einen wichtigen Punkt. Denn fast alles, was wir wissen, wissen wir aus der Rezeption von vorherigem

Wissen (→ Wissen); unser Verhalten wird durch wechselseitige Rollenerwartungen erzeugt; die Sprache, die wir sprechen, war schon vor uns da; unsere Namen, Titel und Funktions- und Mitgliedschaftsbezeichnungen sind soziale Adressen, zugewiesen durch etwas, das wir selbst nicht kontrollieren können. Genau genommen, dekonstruiert das sozial- und kulturwissenschaftliche Denken von Anfang an die Urheberschaft dessen, was wir denken und tun. Wir sind ohne Zweifel Effekte unserer Praktiken, und unsere Praktiken sind nur insofern *unsere* Praktiken, als sie im Rahmen sozialer Erwartungen stehen und wir sie selbst vollziehen.[3]

Wir erleben eine deutliche Wiederkehr des Autors bzw. der Figur der Autorenschaft. Es ist keineswegs so, dass es zuvor egal gewesen sei, wer spricht oder schreibt. Das ist es ja, was Foucault beschreibt: Die Position des Autors hat die Funktion, dem Verfasser eine Autorität zu verleihen, und das ist an bestimmte Privilegien, Erwartungen und Institutionen gebunden. Aber spätestens wenn sich Sprecherpositionen pluralisieren, wenn es nicht nur «legitime» Sprecher gibt, wenn man sich nicht darauf verlassen kann, dass schon irgendwie geregelt ist, wer sprechen darf und wer nicht, dann wird die Figur des Sprechers und des Autors aufgewertet. *Es kommt nun expliziter darauf an, wer spricht, weil das nicht immer schon klar ist.* Dagegen zu polemisieren, es sei auch zuvor darauf angekommen, ist dann nur eine aktivistische Position, keine analytische.

«Identitätspolitik» verhandelt exakt diese expliziter gewordene Frage danach, wer spricht. Hatte Foucault seinen oben zitierten Vortrag über den Autor noch mit dem Satz beendet «Wen kümmert's, wer spricht?»,[4] kümmert es derzeit sehr. Am bekanntesten sind die skandalisierbaren Beispiele: Darf die deutsche Übersetzerin des Gedichts, das Amanda Gorman bei der Inauguration von Präsident Biden vortrug, eine Weiße sein? Können Männer für unterdrückte Frauen sprechen oder Nachfahren von Kolonialherren angemessen über den Kolonialismus? Und darf ein Weißer oder eine Weiße Dreadlocks tragen? Solche Fragen sind leicht zu skandalisieren, und es ist ebenso leicht, sich schaudernd von ihnen abzuwenden und zu tun, als entstehe die Sprecherposition völlig ohne Grundlage und Voraussetzung. Das ist aber nicht der Fall – vielmehr verweist diese Illusion auf das Problem der Identität des Autors oder des Sprechers. Autoren und

Sprecher, Autorinnen und Sprecherinnen entstehen gewissermaßen durch zweierlei – durch Selbstidentifikation und durch Fremdidentifikation. *Wer spricht* ist das eine Thema, und *wer sprechen darf* und wem das Sprechen abgenommen wird, ein zweites. Die Rede vom Autor setzt also voraus, dass die Quelle des Sprechens einerseits identifizierbar ist und andererseits als Autorenschaft erst beglaubigt werden muss.

Soziale Bewegungen, wie etwa die Frauenbewegung, die LGBTQI+-Bewegungen oder politische Befreiungsbewegungen, sowie ethnische Bewegungen, erzeugen Identifikation und Sichtbarkeit durch den Auftritt von *Autoren* und *Sprechern*, die für die ganze Gruppe sprechen. Ganz im Sinne Foucaults geht es hier um eine Funktion: durch Identifizierbarkeit des Autors/Sprechers eine diskursive Ordnung herzustellen. Identitätspolitik ist deshalb nichts anderes als der Vorgang der Identifizierung von Sprechern, die dadurch für sich selbst wie für andere zu Identitätsträgern *werden* – sie *sind* es aber nicht von Anfang an. Vielleicht ist jede Politik, die darauf zielt, irgendwelche Teilgruppen, Kollektive, Interessengruppen usw. sichtbar zu machen, unvermeidlich Identitätspolitik – auch wenn der Terminus nur für die gebraucht wird, an die man sich noch nicht gewöhnt hat.

Selbstähnlichkeit

Am Autor lässt sich sehr gut verdeutlichen, was mit dem merkwürdigen Begriff der Identität belegt wird. Dem Autor wird Identität zugeschrieben. Er kann identifiziert werden, er bleibt derselbe, auch wenn er oder seine Texte sich verändern. Literaturwissenschaftlich wird man dann rekonstruieren, dass die frühe Elfriede Jelinek des skandalisierten Stücks «Burgtheater» von 1985 eine andere sei als die spätere des nach ihrem Nobelpreis in München 2008 uraufgeführten Stückes «Rechnitz (Der Würgeengel)». Und in der Wissenschaft kann man Sätze wie: Der Jürgen Habermas der Schriften über die Stufen moralischen Bewusstseins bis zur *Theorie des kommunikativen Handelns* von 1981 war soziologischer als der Philosoph Jürgen Habermas bis zu seiner *Auch eine Geschichte der Philosophie* von 2019. Diese Sätze wirken unspektakulär, aber sie bringen einen wichtigen Aspekt des

Identitätsbegriffs gut auf den Punkt. Denn über die literarische Autorin Elfriede Jelinek oder den wissenschaftlichen Autor Jürgen Habermas zu sagen, dass sie sich im Verlauf ihres Werkes verändert haben, setzt eine zeitliche Kontinuität von etwas sich Veränderndem voraus.

Immanuel Kant hat das in der transzendentalen Analytik als ersten von drei Modi der Zeit als «Beharrlichkeit der Substanz» bezeichnet. Die Veränderung ein und desselben Gegenstandes kann es, so Kant, nur dann geben, wenn dessen Beharrlichkeit, sein Fortbestand in der Zeit, gewährleistet ist. «Die Beharrlichkeit drückt überhaupt die Zeit, als das beständige Correlatum alles Daseins der Erscheinungen, alles Wechsels und aller Begleitung, aus. Denn der Wechsel trifft die Zeit selbst nicht, sondern nur die Erscheinungen in der Zeit [...]. Wollte man der Zeit selbst eine Folge nacheinander beilegen, so müsste man noch eine andere Zeit denken, in welcher diese Folge möglich wäre.»[5] Nur Akzidenzen wechseln, Substanzen nicht, und die Beharrlichkeit der Substanz ist es, die durch die Einheit der Zeit trotz des Wechsels der Zustände gewährleistet wird. Von diesen beiden Autoren, Elfriede Jelinek und Jürgen Habermas, lässt sich also in der angedeuteten Weise nur sprechen, weil sie sich selbst ähnlich sind. Ihre Identität ist eine Identität mit sich selbst, die Veränderungen erst registrierbar macht.[6]

In Wittgensteins «Tractatus» heißt es geradezu polemisch zum Identitätsbegriff: «Beiläufig gesprochen: Von *zwei* Dingen zu sagen, sie seien identisch, ist ein Unsinn, und von *Einem* zu sagen, es sei identisch mit sich selbst, sagt gar nichts.»[7] Die erste Bemerkung ist darauf gemünzt, dass zwei angeblich identische Dinge immer noch *zwei* Dinge sind, also darin unterschiedlich. Die zweite Bemerkung Wittgensteins dagegen spielt auf *genetische Identität* an, also auf die Frage, wie etwas, das einer Veränderung unterliegt, dennoch mit sich identisch bleiben kann.[8] Es ist vor allem dieses Identitätsverständnis, das für psychologische und sozialwissenschaftliche Fragen relevant ist: *Wie kann ein Individuum, das im Laufe seines Lebens seine Zustände wechselt und damit sich selbst verändert, also: nicht-identische Momente enthält, mit sich identisch sein/bleiben/werden?*

Eine erhebliche Leistung einer über die Zeit hinweg operierenden Einheit besteht darin, sich selbst ähnlich zu bleiben. Während ich das schreibe, bin ich 62 Jahre alt, und ich bin demjenigen, der 1966 unter gleichem Namen in einer Münchner Grundschule eingeschult wurde, 1971 in einer Teheraner deutschen Schule den Übertritt aufs Gymnasium schaffte und 1979 in Gelsenkirchen eine mäßige Abiturprüfung ablegte, durchaus ähnlich. Aber diese Identität in der Zeit ist nicht einfach da. Sie wird für andere unter anderem dadurch erzeugt, dass ich sie so hier hinschreiben kann. Für mich selbst oder mein Bewusstsein wird sie durch Reflexivität erzeugt. Es reicht dazu nicht einfach die Selbstreferenz, dass meine Gedanken natürlich an meine Gedanken anschließen und es irgendwie in der Zeit weitergeht. Nein, es ist eine sinnhafte, aktive, intentionale, durch sich selbst erzeugte Beobachtungsform, die die Funktion hat, eine Identität in zeitlicher Differenz herzustellen.[9]

Das Identische trifft auf Differenzen, und es ist eine Eigenleistung der operierenden Einheit, sich mit sich selbst identisch zu halten, was übrigens nicht bedeutet, dass sich nichts ändert, ganz im Gegenteil. Denn eine Identität muss ich nur markieren, wenn permanent, etwa durch zeitlichen Verlauf, die Nicht-Identität droht. Es ist sogar besonders lohnend, sich der eigenen Identität zu vergewissern, gerade wenn sich etwas ändert; nach biografischen Brüchen oder neuen Erfahrungen, in Lernprozessen oder schlicht beim Älterwerden.[10] Eine Identität hat man nicht, sondern man erzeugt sie operativ – und es gibt sozial erwartbare Formen, wie man das macht: durch Namensgebung, durch Karrieren, durch Biografiegeneratoren wie das Tagebuch oder andere Selbstauskünfte wie die Beichte, die medizinische Anamnese oder das Verfassen von Lebensläufen, ebenso durch Lebensplanung und langfristige Kredite usw.[11] Die Zurechenbarkeit über die Zeit setzt eine Form der Identitätsbildung und -sicherung voraus, die vor allem mit Brüchen, Diskontinuitäten und nicht zuletzt Konflikten umgehen muss. Offensichtlich ist eines der Probleme, die mit dem Identitätsbegriff gelöst werden, ein Differenzproblem – aber dazu später.

Zunächst ist noch zu betonen, dass nicht nur Menschen Identitäten ausbilden können, sondern auch soziale Gebilde. Vor allem bei Organisationen mit besonderen Zwecken und Zielen kann man das beobachten: bei Unternehmen, die sich eine *corporate identity* geben oder die mit früheren Verfehlungen konfrontiert werden, bei Parteien, die sich von anderen Parteien abgrenzen, bei Staaten, die sich eine nationale Identität geben, bei Universitäten, die sich Namen oder ein *mission statement* geben usw. Selbst Familien erzeugen eine Identität – über Geschichten, die man sich erzählt, durch Eingrenzung und Ausgrenzung von Mitgliedern und durch aktives Vergessen und Verschweigen der eigenen Geschichte.

Jürgen Habermas fragt sogar, ob komplexe Gesellschaften eine Identität ausbilden können, sogar eine vernünftige.[12] Und als Mittel dafür empfiehlt er nichts anderes als das, was man auch an einem Bewusstsein, an Organisationen oder Familien beobachten kann: Reflexion zur Herstellung einer formulierbaren Identität.

Entscheidend ist dies: Das Ergebnis einer solchen Reflexion ist nicht einfach eine Identität, sondern eine weiterverwendbare und praktikable Beschreibung. Die oben mit Kant beschriebene «Beharrlichkeit der Substanz» muss sozial bestätigt und immer wieder neu verbürgt werden, zumindest bei Gegenständen, die diese Beharrlichkeit nicht durch schlichte Materialität voraussetzen können. Natürlich erzeugen Operationen Pfadabhängigkeiten – an einer Person kann man dann besondere Gewohnheiten, Schrulligkeiten oder einen unverwechselbaren Charakter entdecken, an einer Familie eine bestimmte Tradition oder schlicht Routinen, in einer Zweierbeziehung die Wiederholung der immer selben Konflikte und Konfliktformen und bei einem Bewusstsein so etwas wie wiederholte Assoziationen.

Jede Identitätsbehauptung reagiert auf das Problem, dass man alles auch anders beschreiben könnte und nicht nur das; womöglich liegen die Dinge wirklich ganz anders. In einer typischen Formulierung von Niklas Luhmann wird Identität dann auch als «Kompensativ für Kontingenz» bezeichnet, das «die Funktion erfüllt, das Dissoziationsrisiko aller Selektivität zu neutralisieren».[13] Das bedeutet: Die operative Erzeugung von «Identität» reagiert auf die stete Gefahr der Unter- oder Überbestimmtheit. Sie bietet eine Lösung dafür, wie man sich selbst in einer komplexen und instabilen Umwelt stabil halten kann. Ein Bedarf für Identität entsteht dann, wenn die Dinge auch anders sein könnten – deshalb ist sie ein «Kompensativ für Kontingenz». Sie kompensiert die Gefahr der Beliebigkeit und ermöglicht die Abgrenzung gegen anderes – gegen eine andere Beschreibung und gegen andere Identitäten. Niemand und nichts *hat* in diesem Sinne eine Identität, sondern sie muss in der Zeit erzeugt und stabilisiert werden.

Wir sind auf der Suche danach, für welches Problem der Identitätsbegriff die Lösung ist. Eine erste Antwort geht in die Richtung, Identität als das Ergebnis von Selbstidentifikationsprozessen zu sehen, das heißt, sich gegen die Kontinenz unendlich vieler Möglichkeiten, also gegen Unbestimmtheit und Beliebigkeit zu stemmen. Der Einstieg über die Funktion des Autors mit Foucault hat gezeigt: Der Autor gibt dem Text und dem Zusammenhang von unterschiedlichen Texten eine Kontinuität, die in der Identität des Autors aufgehoben wird. Identität ist damit eine Funktion von Selbstreflexion. Der nächste Schritt zur Beantwortung der Frage nach dem Problem, das Identität löst, führt über den Umweg eines sozialpsychologischen *locus classicus*, nämlich die Identitätstheorie von Erik H. Erikson, die in den 1940er und 50er Jahren entstand und der sozialwissenschaftlichen Identitätsdebatte die entscheidenden Stichworte lieferte.

Erikson ging es um die Frage, wie man in einer komplexen Gesellschaft Ich-stark bleiben/werden kann. Für ihn zeichnet sich ein «starkes Ich»[14] dadurch aus, dass es «durch seine Gruppe in seiner Identität gesichert ist» und insofern keine abweichenden/pathologischen Reaktionen hervorbringt. Auch Erikson weiß, dass Identität keine starre Form ist, sondern operativ erzeugt werden muss und gerade unter den Bedingungen einer modernen Gesellschaftsstruktur erhebliche Flexibilität, Revisions- und Entwicklungsbereitschaft ermöglichen muss: «Der geheilte Patient wird imstande sein, die Diskontinuitäten des amerikanischen Lebens und die polaren Spannungen in seinem eigenen Kampfe um eine wirtschaftliche und kulturelle Identität ins Auge zu fassen, nicht als eine von außen auferlegte feindliche Realität, sondern als potentielles Versprechen einer universalen kollektiven Identität.»[15] Eine gelungene Identität ist nach diesem Verständnis also eine Identität, die zwischen den Zielen einer Gruppe und denen eines Individuums vermittelt, das also gewissermaßen auf dem Boden einer allgemeinen Sittlichkeit steht und individuell eine Ich-Identität ausbildet, das heißt ein reflexives Bewusstsein dieser gruppenspezifischen Quelle des Individuellen erlangt.[16] Man könnte in Abwandlung von Hegels Affirmation des Wirklichen mit dem Vernünftigen sagen: Das Gesunde ist das Vernünftige.

Nach Erikson – und im Gefolge im soziologischen Identitätsverständnis – erweist sich Identität als eine Art Brückenkonzept zwischen den multiplen Anforderungen einer volatilen, zum Teil widersprüchlichen Gesellschaft und einem Ich, das durch erhebliche Eigenanstrengung eine Kontinuität des eigenen Lebens herstellen muss. Besonders erfolgreich war hier im deutschsprachigen Raum die Adaption des Identitätsbegriffs durch Lothar Krappmann, dem es vor allem um diese Vermittlung ging, gewissermaßen um die Versöhnung von allgemeinen Erwartungen und individuellen Besonderheiten, wohl wissend, dass diese Vermittlung keineswegs konfliktfrei vonstattengeht.[17]

Bezugsproblem

Das Bezugsproblem des Identitätsbegriffs ist also einerseits die Herstellung einer kontinuierlichen Form der Selbstidentifikation, im Sinne einer Bewältigung und Einschränkung von Kontingenz. Andererseits orientiert sich diese Bewältigung an sozialen Erwartungen, an Formvorschriften für angemessene Identitätskommunikation und nicht zuletzt an institutionalisierten Formen der Vermittlung individueller Entscheidungen im sozialen Raum. Identität, so könnte man sagen, *ist* dann Differenz, weil sie stets im Lichte anderer Möglichkeiten aufscheint.

Dass das Identitätsthema vor allem in den 1970er Jahren aufkam, ist vermutlich eine Reaktion auf eine pluralistischer werdende Kultur in den westlichen Gesellschaften, in denen bloße Gruppenzugehörigkeiten immer weniger zählten. «Jenseits von Klasse und Stand», heißt ein berühmter Aufsatz von Ulrich Beck,[18] der die damalige Reflexionsform ziemlich gut auf den Punkt bringt. Klasse und Stand spielten durchaus weiterhin eine Rolle für die Reproduktion sozialer Ungleichheit. Die These war eine andere: dass das bürgerliche Muster einer reflexiven Form der Selbstidentifikation als gesellschaftliches Distinktionsmittel nun auch in anderen Milieus um sich greift und deshalb Identitätsfragen virulent werden.

Identität wurde zum Thema, weil mit komplexer werdenden Lebensverläufen, längeren Bildungskarrieren, pluralistischeren kulturellen Mustern und nicht zuletzt mobileren Lebensweisen sich schlicht mehr Anlässe für Selbstbeschreibungen boten. Mitgliedschaftsbedingungen in der Gesellschaft konnten nicht mehr nach dem Muster von Erikson organisiert werden, der sich wohl noch so etwas wie eine universale Mitgliedschaft in einer weitgehend homogenen Gesellschaft vorstellen konnte. Nun kam eher die Frage auf, wie eine individualisiertere Form der Selbstidentifikation Unverwechselbarkeit thematisch werden ließ. Eine neue, postmaterielle Generation wurde daran gewöhnt, über sich zu sprechen und damit Identitätsarbeit zu leisten, also sich einen Reim darauf zu machen, wer man sei.[19] In den westlichen Gesellschaften war das stark mit den kulturellen Veränderungen verbunden, für die die Chiffre «1968» steht, also einer jugendlichen Bewegung und kulturellen Pluralisierung, die sowohl eine selbstbezogene Reflexionsform hervorbrachte, als auch den Siegeszug der Popkultur. Sie etablierte eine vorher kaum gekannte Vielfalt von Identifikationsangeboten, man denke allein an Kleidungsgeschmack, an kunstvolle Abweichungsformen von der «bürgerlichen» und «herrschenden» Kultur und vor allem an die Diversifikation von Musikgeschmäckern.[20]

Man könnte also fast sagen, dass in dem historischen Moment, in dem literaturwissenschaftlich der «Tod des Autors» verkündet wurde, Autorenschaft tatsächlich ubiquitär wurde und man sich nun um die eigene Identität nicht nur Gedanken machte, sondern auch Redevorlagen brauchte. Popkultur eignet sich perfekt dafür, weil sie vergleichsweise folgenlose Formen des Bekenntnisses und der stilistischen Distinktion anbietet, für die es weniger Expertenkenntnisse braucht als Wahrnehmungsfähigkeit und ein Gespür für die eigene *peer-group.*

Konsum ist wohl der zweite niedrigschwellig erreichbare Identitätsgenerator.[21] Konsum begründet eine spezielle Ökonomie von Affirmation und Distinktion– die Anpassung an einen Gruppengeschmack bietet interne und externe Abweichungsmöglichkeiten, die dann als Individualität markiert werden können und in eine identitätsfähige Geschichte passen. Konsumformen gelingt es, Bedeutungen zwar nur arbiträr herzustellen, zugleich aber die durchaus sichtbaren Bedingungen dieser Arbitrarität latent zu halten.[22] Deshalb kann man mit aller Ernsthaftigkeit Konsumstile miteinander vergleichen und zu Identitätsmarkern machen, in denen es dann um mehr geht als um die Sache selbst. Konsum lebt von der symbolischen, also über sich selbst hinausweisenden Bedeutung der Marke und des Images.

Dies ist keine Kulturkritik in dem Sinne, es handele sich nicht um echte, authentische oder angemessene Identitätszuschreibungen. Es ist eher eine Beobachtung, die ernst nimmt, dass die früheren Identitätsformen von sozialer Zugehörigkeit abgelöst werden von einer wenigstens angedeuteten Spannung zwischen sozialen Zumutungen und individuellen Selbstbeschreibungsmöglichkeiten. Dass Popkultur und Konsum die vielleicht sichtbarsten Marker sind, verdeckt wohl nur, dass sich auch andere Formen von Identifikationen in solche Richtungen verändern. Politische Bekenntnisse und Wahlpräferenzen werden multipler und hängen weniger an fester Milieuzugehörigkeit, werden deshalb auch anders emotionalisiert als zuvor.[23] Durch Bildungsaufstieg und eine komplexer und vielfältiger werdende Arbeitswelt multiplizieren sich Entscheidungsmöglichkeiten, auch die Aufweichungen von Geschlechterrollen ermöglichen und erfordern mehr Entscheidungen, die wiederum individuell zurechenbar sind.

Individuelle Identitätsbildung folgt zwar einem gesellschaftlichen Muster, das Unverwechselbarkeit erwartet, kann dann aber doch auf nicht viel mehr zurückgreifen als das, was an gesellschaftlichen Identifikationsangeboten zur Verfügung steht – und zum Teil auch strategisch, als Geschäfts-, als Bildungs- oder als Kulturmodell, zur Verfügung gestellt wird. «Identität» ist vielleicht der Verlegenheitsbegriff, mit dem diese Spannung zwischen dem gesellschaftlichen Muster, sich individuell zu identifizieren, und der individuellen Notwendigkeit, dafür auch Material zu brauchen, ausgedrückt wird. Der Identitätsbegriff dient dazu, zu sagen, wer man sei, und er produziert interessanterweise eine Art Identität zwischen Aussage und Vorlage. Sobald der Identitätsbegriff eingeführt ist, gibt es letztlich keine Überraschungen mehr, weil die Abweichungen immer schon eingepreist sind.

Für eine klare Milieu- und Klassenidentität, eine regionale, familiale oder schichtspezifische Chiffrierung von Zugehörigkeit sind kunstvoll ausdifferenzierte Formen der Selbstidentifikation und der individuellen Abweichung entbehrlich, ja sogar störend – und vor diesem Hintergrund wird deutlich, wie erwartbar die Formen der Abweichung dann sind. Andreas Reckwitz spitzt dies in Richtung einer «Gesellschaft der Singularitäten» zu und ist dann allzu nah an den Selbstbeschreibungen dieser Singularitäten, wenn er betont, in dieser Singularitätengesellschaft sei «das Allgemeine» auf dem Rückzug.[24] So anschaulich diese Diagnose ist, so sehr ist sie doch an einer Mittelschicht orientiert, die tatsächlich daran glaubt, aus Singulären zu bestehen – zumindest an der von ihm so genannten «neuen Mittelschicht»,[25] die jene Identitätsarbeiter beinhaltet, die seit den 1970er Jahren gleichermaßen von der Soziologie, dem Konsummarkt, dem Arbeitsmarkt und dem Bildungssystem entdeckt wurden und die man mit den eher kosmopolitischen urbanen Trägergruppen gleichsetzen kann.[26]

Dieses Modell ist kritisiert worden, etwa von Nils Kumkar und Uwe Schimank, die mit guten Gründen anzweifeln, dass Reckwitz' Systematik dreier Klassen – einer prekären Klasse sowie einer alten und einer neuen Mittelklasse – allzu viel Ordnung suggeriert und gerade die Erfindung einer «neuen Mittelklasse» empirisch nicht gedeckt ist. Kumkar und Schimank sehen den Erfolg dieses Modells vor allem darin, dass es den Meinungseliten nach dem Mund redet und die Illusion einer Mittelschichtsgesellschaft nährt, deren interne Differenzen mit den angemessenen Motiven beigelegt werden könnten.[27]

Reckwitz' teils gescheiterte Mittelschichtsdiagnose macht unfreiwillig deutlich, wie ubiquitär und vielfältig die angeblich nur mittelschichtsspezifische Orientierung an Selbstidentifikationen ist. Dies ist kein bürgerliches oder auch nur milieuspezifisches Muster mehr, sondern ein tatsächlich gesellschaftsweites, das man fast eine «allgemeine» Erwartung nennen kann. Popkultur und Konsum sowie die Ästhetisierung von Urteilen und die Selbstdarstellungsfertigkeiten in sozialen Medien vor allem in der jüngeren Generation sind dafür die besten Indikatoren.[28] Man kann beim besten Willen nicht behaupten, dass es sich dabei um schichtspezifische Formen handelt, was insbesondere in der neuen Bedeutung von Bildmedien zum Ausdruck kommt.

Damit lässt sich die Frage beantworten, *für welches Problem der Identitätsbegriff eine Lösung ist.* Die Lösung besteht darin, mögliche Selbst- und Fremdbeschreibungen zu stabilisieren, sie gegen zu viel Differenz zu schützen und sie zeitfest zu machen. Etwas hat eine

Identität, wenn unmittelbare Änderungen und Differenzzumutungen diese Stabilität nicht in Frage stellen. Das Problem, das der Identitätsbegriff löst, ist also die stets drohende Abweichungsmöglichkeit von gewohnten, kontinuierlichen und erprobten Identifikationen. Die Funktion solcher Identifikationen ist es, mit wenig Informationen auszukommen, um Identität zu behaupten, und das gelingt nur, wenn diese Identitätsbehauptung in der sozialen Kommunikation anschlussfähig ist und beglaubigt werden kann. Der Eigenname von etwas oder jemandem ist dafür die vielleicht augenfälligste und einfachste Form. Die Formenvielfalt von Identifikationsmöglichkeiten und Identitäten steigt mit der Komplexität der Gesellschaft. Und deswegen wird sogar der tatsächlich merkwürdige Satz sagbar, dass man mehrere Identitäten gleichzeitig haben kann – was womöglich selbst wieder ein Charakteristikum der eigenen Identität ist.

Kampf um Identitäten

Die klassische bürgerliche Reflexionsform und der klassische Identitätsgenerator war der Text, vor allem der Tagebuchtext, in dem das Ich zum Ich spricht und einübt, was es zum Du sagen könnte, wenn es gefragt wird. Bildmedien – vom Fernsehen über die Bravo bis hin zu Instagram – sind unmittelbarer und pluraler, weniger geordnet und kontingenter. Identitätsarbeit könnte derzeit schwieriger sein als in den Zeiten des klassischen Autors – als es noch um das geschriebene Wort und die konsistente Erzählung ging. Mit Identität verbindet sich seit einiger Zeit eher so etwas wie ein Claim auf Adressierbarkeit und Emanzipation. Der berühmte Ursprung des Begriffs der Identitätspolitik liegt vielzitiert beim Combahee River Collective,[29] einer Gruppe schwarzer lesbischer Frauen, die als Identitätspolitik die bewusste Herstellung einer ernst zu nehmenden, zurechenbaren Adresse verstanden. Im Sinne der obigen Ausführungen könnte man sagen: Es ging um die Inszenierung von Autorenschaft und Sprecherpositionen, und das Medium, das eine stabile Adresse erzeugen soll, ist hier eine Identitätszuschreibung – als Zugehörigkeit zu einer unterdrückten Minderheit und als individueller Claim für Anerkennung.

Identität war in den 1970er Jahren ein Begriff, der auf die nicht mehr eindeutige Positionierung von Menschen in Großgruppen, Milieus, Klassen und Karrieren reagierte. Heute wird der Identitätsbegriff zur Visibilisierung und Identifizierung von Gruppen verwendet, die damit als Adressen und Kandidaten für Anerkennung in Erscheinung treten.[30] Man kann sagen, dass der Identitätsbegriff von einer Individualisierung der Identifikation zu einer Form der kollektiven Zurechnung zurückkehrt. Identität ist dann nicht mehr eine Chiffre für gelungene, im Sinne von Erikson *gesunde* Vermittlung zwischen gesellschaftlichen Ansprüchen und individuellen Handlungsmöglichkeiten, sondern eine Chiffre für die emanzipatorische Vergewisserung von Gruppen oder Kollektiven, die selbst zu Identitäten aufgerundet werden. So ist dann schwarz zu sein, einer ethnischen Minderheit oder einer nicht-heterosexuellen Sexualität anzugehören oder eine bestimmte Behinderung zu haben – die Liste ist im Sinne *kultureller* Identifikationen beliebig verlängerbar (→ Kultur) –, nicht mehr nur ein individuelles Merkmal neben anderen. Vielmehr wird dadurch eine Kollektivität erzeugt, die Identität gegen interne Differenz setzt, also mehr Homogenität in Anspruch nimmt, als faktisch zu beobachten ist. Identität wird dann zu einem strategischen Begriff, der etwas sichtbar macht, das nicht nur auf gemeinsame Erfahrungen verweist, sondern auch gemeinsame Erfahrungsmöglichkeiten und ihre Erzählbarkeit überhaupt verbürgt.

Diese Sätze könnten insofern missverstanden werden, als sei Identitätspolitik illegitim, unauthentisch oder empirisch nicht gedeckt. Das ist aber nicht der Punkt. Es geht vielmehr darum, die Funktion von Identitäten und Identitätsbehauptungen zu verstehen. Wie oben gezeigt, erzeugt Identität eine Kontinuität, eine Identifizierbarkeit über zeitliche und sachliche Differenzen hinweg. Das ist die Funktion des Begriffs, und deshalb ist der öffentliche Begriffsgebrauch für die Herstellung solcher Identifikationen und Adressen so wirksam, gewissermaßen changierend zwischen Realität und Realfiktion.[31] Obwohl es unter schwarzen Menschen, unter Schwulen und Lesben, unter Migranten einer bestimmten Herkunft – oder welchen Gruppen man auch immer eine «Identität» unterstellt – viele Unterschiede gibt, gelingt die Identifikation als Identität, um eine sichtbare Adresse zu erzeugen. Man kann das für die Geschichte aller kollektiven Identitäten rekonstruieren. Benedict Anderson hat etwa die Nation als eine *imagined community* beschrieben.[32] Die «Erfindung der Nation», wie sein berühmt gewordenes Buch auf Deutsch heißt, meint gerade nicht, dass diese Erfindung, diese Imagination des nationalen Kollektivs deshalb unbedeutend oder gar wirkungslos wäre – ganz im Gegenteil. Diese kollektive Adresse dürfte eine der wirksamsten sozialen Adressen überhaupt sein. Eine nationale Identität ist nur unmittelbar erfahrbar, weil diese semantische Erfindung in der Lage war und ist, entsprechende Erfahrungsmöglichkeiten überhaupt zur Verfügung zu stellen. Ohne die Erfindung einer nationalen Geschichte, eines gemeinsamen Programms, einer gemeinsamen Sprache und Story hätten diese Erfahrungen gar keinen Raum, um sich zu entfalten. Und zugleich ist *nation building* ein kontingentes Phänomen, dessen Kontingenz nur dadurch kompensiert werden kann, dass die Adresse «stimmt» – von innen und von außen.

Überhaupt ist es die Funktion des Politischen, nicht nur klassischerweise kollektiv bindende Entscheidungen zu ermöglichen,[33] sondern auch die entsprechenden zurechnungsfähigen Kollektive zu erzeugen.[34] Auf staatlicher Ebene ist die verbreitetste kollektive Form die Nation, die sich dann politisch v. a. im 19. Jahrhundert zu einer Bewegung der Nationalismen gesteigert hat.[35] Aber auf nicht-staatlicher Ebene gibt es andere Möglichkeiten für die Etablierung politisch sichtbarer Kollektivitäten – man denke etwa an ethnische oder regionale Minderheiten oder eben an emanzipierbare Gruppen, wie die Identitätspolitik sie anspricht. Sie sind alle *identitätsfähig*, das heißt, sie werden erfunden, um eine zeitstabile Adresse zu erzeugen, die auf den Identitätsträger zurückwirkt. Oben hieß es mit Roland Barthes: Nicht der Autor erzeuge den Text, sondern der Text den Autor. Hier ist es ähnlich: Sobald eine Identitätsadresse etabliert ist, erzeugt sie Erfahrungsmöglichkeiten, die sich gewissermaßen rekursiv verstärken können. Und es gibt kaum einen besseren Kontingenzschutz als solche Erfahrungsmöglichkeiten, die sich gegenseitig beglaubigen, sich gegenseitig eine Geschichte erzählen und damit emanzipierbar werden.

Das bedeutet, wie gesagt, nicht, dass es die Erfahrungen, die solche kollektiven Identitäten in ihrem eigenen Resonanzraum verstärken, nicht gäbe – man denke etwa an Diskriminierungserfahrungen, an zum Teil jahrhundertelange Abstammungsgeschichten oder auch an den schlichten Versuch, Gleichgesinnte für etwas zu mobilisieren. Das Interessante ist, dass solche Erfahrungen nur dann sozial wirksam sind, wenn sie sozial wirksam sind. Das klingt nach einer Tautologie, aber es ist exakt die kontingente Form sozialer Anschlussfähigkeit. Viele der heute kommunizierbaren Formen – seien es sexuelle Präferenzen oder ethnische Herkünfte – waren vor kurzem noch nicht identitätsfähig. Heute sind sie es. Und es ist eine empirische Frage, welche soziale Wirksamkeit sie erzeugen. Ablesen kann man es etwa an Büchern, die zwischen autobiografischer Identitätsarbeit und Sachbuch angesiedelt sind, etwa in der Beschreibung von Rassismuserfahrungen.[36]

Noch einmal: Dieser Mechanismus gilt für *alle* Formen der Zurechenbarkeit auf kollektive Identitäten und ihren politischen Einsatz. Und die Konzentration auf Identitäten als politisch wirksamen Adressen wirkt auch auf diejenigen zurück, deren Selbstidentifikation zuvor latenter funktioniert hat. In halb polemischer, halb entlarvender Absicht werfen Verteidiger von Identitätspolitik den Kritikern ihrerseits Identitätspolitik vor[37] – was ja nur der lebende Beweis für die Wirkmächtigkeit des Identitätsbegriffs ist. Auch solche kollektiven Muster, die sich als *immer schon* gültig wähnen, die sich mit dem Urteil des *Normalen* ausstatten können, die meinen, sie seien keine *Abweichungen*, werden genau damit konfrontiert – und reagieren dann ihrerseits mit denselben Mechanismen, indem sie etwa die Identitätsfigur des «Normalen» oder der «einfachen Leute» betonen.[38]

Freilich ist der Kampf um Identitäten auch ein Ausweichen davor, dass sich die meisten *gesellschaftlichen* Probleme nicht durch Anerkennung von Identitätsansprüchen lösen lassen[39] – was nicht bedeutet, dass die hinter Identitätskämpfen stehenden Fragen keine gesellschaftlichen Probleme sind. Aber manchmal wird man den Eindruck nicht los, dass nicht nur der Identitätsbegriff ein funktionales Kompensativ ist, sondern dass auch die Konzentration auf Identitätsfragen ein Kompensativ für die Nicht-Erreichbarkeit von strukturellen gesellschaftlichen Problemen ist (→ Gesellschaft).

Womöglich stimmt es tatsächlich, dass die Konzentration auf Identitätsfragen auch auf ein Scheitern in Sachfragen verweist. Hart formuliert, könnte man sagen, dass es leichter ist, über Diskriminierung, über Differenzen, über Anerkennung zu sprechen als über Sachfragen. In jeder Differenz Diskriminierung zu vermuten, in jedem Widerspruch mangelnde Anerkennung und in jeder Markierung von Differenzen und Unterschieden Hierarchien und Asymmetrien, ist kognitiv erheblich leichter zu verarbeiten als die Frage, wie man mit den strukturellen sachlichen Herausforderungen einer Gesellschaft umgeht, die auf kollektive Herausforderungen aus strukturellen Gründen eben nicht kollektiv reagieren kann. Auch an Diversitätsstrategien von Unternehmen, an Bekenntnissen zu Vielfalt und an der Frage der angemessenen Benennung von Gruppenzugehörigkeiten zeigt sich zum einen die Frage tatsächlicher Probleme, aber auch eine Gewöhnung daran, über solche Fragen mit einer gewissen Professionalität zu verhandeln. Ob man Diskriminierungen, Asymmetrien und Ungerechtigkeiten damit wirklich minimiert, darf durchaus bezweifelt werden. Und umgekehrt gilt: Wer in jedem Anspruch auf Anerkennung, auf neue Sprachformen, auf Abweichung vom Gewohnten, auf neue Ansprüche neuer Sprecherpositionen einen Angriff auf die bestehende Ordnung vermutet, kann sich ebenfalls von Sachfragen geradezu emanzipieren. Die ausschließliche Konzentration auf Identitätsfragen dieses Typs - von beiden angedeuteten Seiten - gerät bisweilen zu einem Ablenkungsmanöver mit hoher Aufmerksamkeitsrate und erheblichen politischen Folgen. Identitätspolitisch agieren dann zumeist auch die, die die Kritik der Identitätspolitik im Munde führen.

→ Kommunikation

«Das war vor allem ein Kommunikationsproblem» – diese Formel bewährt sich stets dort, wo etwas schiefgelaufen ist, man aber nicht genau zurechnen kann, woran es gelegen hat. Anwendbar ist sie auf alle möglichen Situationen: auf gescheiterte Personalführung in Organisationen, auf verlorene Wahlkämpfe, auf nicht bestandene Prüfungen, auf Märkte, auf denen eine Ware oder eine Dienstleistung nicht reüssiert, und auf Liebesbezeugungen, die nicht auf Erwiderung stoßen. Die Diagnose eines Kommunikationsproblems verweist auf die vordergründige Funktion von Kommunikation, nämlich dass beim Gegenüber ankommt, was man selbst *gemeint* hat. Als gelungene Kommunikation gilt die Realisierung dessen, was durch einen kommunikativen Akt intendiert wurde. Diese Charakterisierung ist freilich sehr simpel – und auch sehr erfolgreich darin, Was-, Wer- und Wie-Aspekte der Kommunikation zu unterscheiden und als Selbstoptimierungsprogramm zu pflegen.[1]

Selbstverständlich wird in allen möglichen Bereichen auf Kommunikation gesetzt: kein wissenschaftliches Forschungsergebnis, das nicht zuvor durch einen kommunikativen Prozess der Beurteilung, der Diskussion oder der kommunikationsförmigen Kritik auf Tagungen gegangen ist; kaum eine rechtswirksame Entscheidung ohne mündliche Verhandlung unter Einsatz verteilter kommunikativer Rollen; keine kollektiv bindende politische Entscheidung ohne parlamentarische kommunikative Bearbeitung; keine Freundschaft, die nicht vor allem auf Gesprächen beruht; keine Erlösung ohne das Beichtgespräch; kein Geschäftsabschluss ohne vorherige Verhandlungen; keine Organisationsentscheidung ohne Vorbereitung in Meetings und Anbahnungsgesprächen; keine Einstellung von Mitarbeitern ohne ein Bewerbungsgespräch; keine schulischen Lernprozesse ohne Kommunikation in der Klasse; keine Liebe ohne kommunikative Verflüssigung der Liebe selbst; und keine Familie ohne geradezu entfesselte Kommunikationsverhältnisse. Die Liste ließe sich fortsetzen – sie verweist darauf, wie unwahrscheinlich es ist, dass das, was oben als gelungene Kommunikation angedeutet wurde, tatsächlich stattfindet. Das Gemeinsame all dieser grob skizzierten Beispiele besteht darin, dass es sich um Prozesse handelt, die einen prinzipiell offenen Ausgang haben. Auf eine Formel gebracht: *Wer auf Kommunikation setzt, kann auch scheitern.*

Signale

Das Scheitern eines Kommunikationsversuchs in dem Sinne, dass am Ende nicht herauskommt, was intendiert war, verweist auf die Struktur von Kommunikation: Was zwischen Sender und Empfänger geschieht, ist nicht strikt gekoppelt. Dies ist das Thema der vielleicht folgenreichsten Kommunikationstheorie, nämlich der Signaltheorie von Claude Shannon und Warren Weaver, die vor allem ein Modell für die technische Übertragung von Information sein sollte.[2] Nach Shannon und Weaver kommt Kommunikation nur zustande, wenn aus Signalen mit einer bestimmten Wahrscheinlichkeit Informationen generiert werden können. Diese Wahrscheinlichkeit steigt, wenn die Signale mit den Mitteln des Empfängers so dechiffriert werden können, dass sie nicht zufällig erscheinen, sondern einer Ordnung folgen, die einen Informationswert abwirft. Kommunikation ist nach diesem Verständnis nicht einfach die Übertragung von Informationen von einem Sender zu einem Empfänger. Denn der Empfänger spielt nicht nur eine passive Rolle, sondern muss das Signal aktiv empfangen und eigenständig dechiffrieren. Da Signal und Information nach diesem Modell nicht identisch sind, gibt es stets einen Spielraum, eine Lücke in der Kommunikation, die vom Empfänger geschlossen werden muss.

Unter technischen Aspekten der elektronischen Signalübertragung geht es hier vor allem um die nötige Bandbreite des Signals. Man könnte die Frage stellen, wie viel Verlust an Bandbreite und Eindeutigkeit ein Übertragungsprozess aushalten kann, um zu befriedigenden Ergebnissen zu kommen. Das primäre Interesse von Shannon

voraussetzen muss, geht es in der Kybernetik darum, wie sich Kommunikationsversuche an der Reaktion ihrer Umwelt abarbeiten bzw. sich rekursiv korrigieren können. Wiener interessierte sich vor allem dafür, wie sich ein Operator in einer Umwelt zurechtfinden kann, die er nicht kennt und die er gewissermaßen lernend erkunden muss. Wenn in dieser Umwelt selbst wieder kommunizierende Entitäten existieren, erzeugen sie durch wechselseitige Kommunikationsversuche jene gemeinsame Welt oder als gemeinsam unterstellte Welt, in der dann Kommunikation möglich wird. Kommunikation ist demnach ein in der Zeit sich verdichtender Prozess der wechselseitigen Einschränkung von Möglichkeiten. Dieser Prozess ist seinerseits nichts anderes als die Erhöhung der Wahrscheinlichkeit für erwartbare, bestimmte, verstehbare und kalkulierbare Anschlüsse.[7] Rekursivität und Feedback bedeutet: Spätestens der nächste Kommunikationsversuch reagiert auf den Response des vorherigen und erzeugt damit Pfadabhängigkeiten oder besser: geordnetere Wahrscheinlichkeiten. Die kybernetische Idee von *control* meint nicht deterministische Kontrolle, sondern überhaupt das nicht-zufällige Beziehen von Dingen aufeinander. In diesem Modell bedeutet Kommunikation nicht mehr die Übertragung von Signalen mit unterschiedlichen Bandbreiten, sondern ein Geschehen, das jenen Horizont erzeugt, den das einfache Sender-Empfänger-Modell immer schon voraussetzen muss. Wiener spricht von einer «control by informative feedback».[8]

Als zweite Quelle lässt sich die pragmatistische Theorie von George Herbert Mead nennen. Mead zeigte, dass soziale Praxis und Identität durch permanente Perspektivenübernahmen, durch roletaking, ermöglicht wird. Das Ich testet die eigenen Möglichkeiten rekursiv an den Erwartungen und Reaktionen der anderen ab und lässt so eine soziale Form emergieren. Mead beschreibt das als ein permanentes wechselseitiges Austarieren zwischen Aktion und Reaktion.[9] Mead will zeigen, wie sich durch die Wechselseitigkeit der Einzelwesen die Form des Sozialen herausbildet und wie die Form des Sozialen wiederum die Grundlage für diese Wechselseitigkeit bietet. Mead beobachtet dies auch an der Sozialität von Tiergemeinschaften: «Das Auftreten jedes neuen Lebewesens führt – wenn es überlebt – zu einer Reaktion in der Gemeinschaft (der Tiere) auf der Wiese oder im Wald. [...] Die Welt ist aufgrund der Ankunft eines neuen Lebewesens eine andere Welt geworden; doch dieses Resultat mit Sozialität zu identifizieren, hieße Sozialität mit System an sich gleichzusetzen. Es ist vielmehr das Stadium genau zwischen dem alten und neuen System, welches ich hier meine. Wenn Entstehung ein Merkmal der Realität ist, dann muß auch diese Phase der Anpassung ein Merkmal der Realität sein, die zwischen dem geordneten Universum liegt, wie es war, bevor das Neue entstand, und dem Universum, wie es ist, nachdem es sich mit dem Neuen arrangiert hat.»[10]

Mead benutzt hier nicht den Begriff der Kommunikation, aber beschreibt genau denselben rekursiven Prozess, den auch Wieners Kybernetik im Blick hat, nämlich jenen Moment der Offenheit und Nicht-Festgelegtheit, der Kommunikationsprozessen eigen ist. Wenn Mead sagt, dass Sozialität kein System sei, dann meint er damit, dass es sich nicht um einen determinierten Zusammenhang handelt. Er sieht hier vielmehr ein Emergenzgeschehen, das aus konkreten zeitlichen Ereignissen eine Form der wechselseitigen Rekursivität und Kontrolle erzeugt. Man kann also deutlich sagen: Das Entscheidende findet zwischen den einzelnen kommunikativen Ereignissen statt, die nicht kausal, sondern mehr oder weniger wahrscheinlich aufeinander bezogen sind.

Das Bezugsproblem

Dieses Wahrscheinlichkeitsproblem macht die konkrete Form der Kommunikation aus. Und daraus lässt sich das Bezugsproblem der Kommunikation ableiten. Schon in der Differenz der mathematischen zur kybernetischen/pragmatistischen Kommunikationstheorie wird deutlich, dass *Control* im Sinne Wieners und *Perspektivenübernahme* im Sinne Meads darin bestehen, mit der eingeschränkten Offenheit eines Prozesses der Wechselseitigkeit umzugehen.

Die Funktion des Kommunikationsbegriffs besteht demnach darin, dem *Dazwischen*, also der Differenz zwischen mindestens zwei Kommunikationsversuchen, eine Form zu geben. Von Kommunikation ist immer dann die Rede, wenn man es mit Ereignisketten zu tun hat, die nicht kausal aufeinander bezogen sind, bei denen also die Reaktion stets einen Spielraum hat, einen unberechenbaren Rest.

Man würde wohl das Verhältnis zum Beispiel von Billardkugeln, die gegeneinanderstoßen, nicht als Kommunikation beschreiben können. Denn je nach Kraft des Stoßes, Winkel des Aufpralls und Gewicht der Kugeln lässt sich die Reaktion einer Kugel auf den Stoß der anderen vollständig und eindeutig berechnen. Die angestoßene Kugel hat keinen Reaktionsspielraum, es gibt kein *Dazwischen*, keine Informationsunschärfe. Hätte die Kugel diesen Spielraum, dann würde man wohl von Kommunikation sprechen können.

Der Kommunikationsbegriff wird also überall dort eingesetzt, wo eine verzeitlichte und dynamische Ordnung beschrieben wird, die aber ein Moment der Unbestimmtheit trägt. Kommunikation ist der Umgang mit der Unbestimmtheit des Anschlusses, der Reaktion, der Antwort, des nächsten Ereignisses.

Sehr unterschiedliche sozialwissenschaftliche Versuche, das Charakteristikum der Gegenwart zu bestimmen, setzen auf Kommunikation. Einer der bekanntesten Versuche ist wohl Jürgen Habermas' Betonung der Kommunikation als des Mediums, in dem Verständigung, Interessenausgleich und Handlungskoordination stattfinden.[11] Dass Habermas so sehr auf Konsens und auf die Möglichkeit eines Einverständnisses setzt, verweist nur darauf, wie unwahrscheinlich oder besser: voraussetzungsreich dies ist, sobald die Dinge für Kommunikation freigegeben sind. Man kann die moderne Gesellschaft als ein System beschreiben, das größere Lücken (→ Freiheit), Handlungsspielräume, Möglichkeiten für Nein-Stellungnahmen (→ Konflikt) und Kritik (→ Kritik), für die Prämiierung von Innovation und Abweichung einräumt. Die Funktion von Kommunikation ist gewissermaßen die Bewirtschaftung dieser Lücken, die unerwartete und damit offene gesellschaftliche Prozesse erst ermöglichen.

Dasselbe gilt auch für Niklas Luhmanns Systemtheorie, die Kommunikation als Letztelement sozialer Systeme ansetzt.[12] Kommunikative Ereignisse bestehen demnach nicht nur aus der Mitteilung einer Information, sondern vor allem aus einem Verstehensprozess, der nicht kognitives Verstehen meint, sondern die Form des Anschlusses der nächsten Kommunikation. Der Verstehensbegriff symbolisiert hier exakt das Dazwischen, von dem schon die Rede war: die Offenheit des Anschlusses, der eben nicht kausal festgelegt ist.

Das ist nicht prinzipiell vom hermeneutischen Verstehen zu unterscheiden, obwohl die Hermeneutik nicht unbedingt einen Kommunikationsbegriff verwendet, aber doch auf die Offenheit des Anschlusses setzt: Interpretiert werden muss ein Text, eine Äußerung, ein sprachlicher Ausdruck oder ein Begriff nur deswegen, weil es eine prinzipielle Interpretationsoffenheit bei gleichzeitiger Pfadabhängigkeit aufgrund vorheriger Verstehensprozesse gibt. Hans-Georg Gadamer spricht sogar von Vorurteilen als den Bedingungen des Verstehens.[13] Auch die interpretative Soziologie setzt auf solche interpretationsoffenen, zugleich aber nicht interpretationsbeliebigen Deutungsprozesse, die man als Kommunikationsprozesse rekonstruieren kann.[14]

Das Bezugsproblem von Kommunikation als die Bewirtschaftung von Offenheit zu beschreiben, ist zunächst ein formales Argument. Konkret bedeutet das, dass man an Kommunikationsprozessen, -formen und -medien beobachten kann, wie die Gesellschaft mit dieser Offenheit umgeht bzw. wie sie die Lücken füllt, die die Kommunikation notwendigerweise lässt. Die formale Beschreibung des Bezugsproblems der Kommunikation zielt weniger darauf, die Offenheit von Kommunikationsprozessen stark zu machen, als vielmehr zu zeigen, wie es trotz dieser Offenheit zu Strukturen, zu Erwartbarkeiten und zu musterartigen Prozessen kommt. Die Idee der gesellschaftlichen Ordnung, auf Kommunikation zu bauen, wundert sich nicht über die prinzipielle Offenheit von Möglichkeiten, sondern über gelungene Einschränkungen; über die Trägheit sozialer Strukturen, Gewohnheiten und Routinen.

Neben der Offenheitsbewältigung liegt die Funktion von Kommunikation aber auch in der Selbststabilisierung ihrer eigenen Prozesse. Gerade weil Kommunikation prinzipiell ein Moment an Offenheit enthält, muss sie das Problem lösen, nicht haltlos und instabil zu werden. Das ist die Funktion der oben bereits angedeuteten kybernetischen Begriffe der Rekursivität und des Feedbacks. Verabschiedet man sich von der bloßen Idee der Informationsübertragung, kommt in den Blick, dass man an Kommunikationsprozessen stets eine selbststabilisierende Dynamik ablesen kann, die rekursiv für eine Pfadabhängigkeit und eine Struktur der Kommunikation sorgt. Man kann dies selbst an Gesprächen beobachten, von denen man im Nachhinein oft sagen kann, sie hätten sich in eine bestimmte Richtung entwickelt. Diese Formulierung meint nicht, dass ein bestimmter Sprecher das Gespräch gelenkt hat (was natürlich empirisch durchaus vorkommen kann), sondern dass die Gesprächsdynamik selbst einen von den Sprechern oft nicht eindeutig kontrollierbaren Verlauf nimmt. In der empirischen Sozialforschung wäre es die ethnomethodologische Konversationsanalyse, die sich mit den Strukturen vor allem alltäglicher Gespräche und Gesprächssituationen beschäftigt und beobachtet, wie Sprecherpositionen durch die kommunikative Dynamik erzeugt werden, wie Zurechnungen in der Kommunikation stattfinden, wie Rollenwechsel erfolgen oder wo Wendepunkte des Gesprächsverlaufs liegen.[15] Zwar hat diese Methode vor allem die Kompetenzen der Sprecher im Blick, analysiert aber auch die Eigendynamik von Konversationen, die einen Sog auf die Sprecher ausüben, der eben nicht einseitig kontrollierbar ist und der sich in Rückkopplungsschleifen stabilisiert.

Entfesselung und Dauerreflexion

Insofern als Kommunikation ein gegenwartsorientiertes, ereignisbasiertes Geschehen darstellt, scheint ein Vorrang des Prozesses vor der Struktur vorzuliegen. Dagegen wird in der soziologischen Systemtheorie spätestens mit Luhmann die Gleichrangigkeit von Struktur und Prozess betont: Strukturen zeigen sich demnach gerade darin, dass sie sich in Prozessen bewähren und entsprechende Stabilitäten ausbilden. Strukturen wiederholen Erwartbares – und in Prozessen muss diese Wiederholung in konkreten Ereignisreihen stattfinden. Eine auf Kommunikation setzende Ordnung muss immer wieder praktisch bestätigt werden. Personen, also diejenigen Entitäten, denen Kommunikationen zugerechnet werden, handeln entsprechend erwartbar und stabil. Man könnte auch sagen: Sozialisationsprozesse erfolgen vor allem durch die Teilnahme an Kommunikation. Wir *wissen* dann, was in bestimmten Situationen zu tun ist, und haben doch immer wieder die Möglichkeit mehr oder weniger deutlicher Abweichungen.

Noch einmal: Kommunikation erzeugt das Milieu, in dem sie gelingen kann, durch die Rekursivität ihrer eigenen Prozesse. Sie ist selbsttragend und stabilisiert sich durch ihre Praxis. Genau deswegen muss man einerseits auf Kommunikation setzen, wenn man etwas bewirken will, andererseits ist es gerade diese eingeübte Rekursivität, die das Einwirken so schwierig macht. Und doch ist das, was man die gesellschaftliche Moderne nennt, entschieden von einer kommunikativen Entfesselung von Kommunikation und Reflexion geprägt.

An der schönen Alltagsformel des «Hinterfragens» lässt sich ablesen, was damit gemeint ist. Das schlichte Fragen richtet sich auf einen Sachverhalt: Regnet es? War der Spielzug gelungen? Stimmt das Rechenergebnis? Die Antwort auf solche Fragen simuliert eine Linearität zwischen Frage und Antwort, sie kontrolliert das Dazwischen durch klare Erwartbarkeit und kulturelle Eindeutigkeit. Das «Hinterfragen» befragt dagegen die Frage selbst und damit die Logik des Anschlusses. Je pluraler eine Gesellschaft Anschlüsse an Kommunikation erlaubt, je mehr Nein-Stellungnahmen ermöglicht werden, je uneindeutiger sich die Antwort aus der Frage ergibt, je ergebnisoffener Kommunikationsprozesse gestaltet werden (→ Kritik), desto sichtbarer wird die unsichtbare Lücke zwischen Kommunikationsereignissen, desto rekursiver gestalten sich Kommunikationsverläufe und desto schwieriger ist Kontrolle.

In unserer Gesellschaft führten vor allem die Erfahrungen der 1960er- bis 80er Jahre – die Entstehung von Protestbewegungen, die Internationalisierung und Globalisierung popkultureller Angebote, die Pluralisierung von Lebensstilen sowie die stildifferenzierenden Konsumangebote, der soziale Aufstieg durch Bildung, die Erwartung ökonomischer, politischer, kultureller, medialer Innovationen – zu entfesselten Kommunikationsanlässen, die Selbstverständlichkeiten fast automatisch in Frage stellen. Nicht mehr die erwartbaren Anschlüsse waren interessant, sondern die Lücken, jenes Dazwischen, dessen Bewirtschaftung das Bezugsproblem von Kommunikationsprozessen ausmacht.

Man kann die Bewegung, die landläufig mit dem Label «1968» belegt wird, die aber weit mehr war als eine konkrete studentische Bewegung, auch als eine *Entfesselung von Kommunikationsprozessen* weit über die damals aktiven akademischen Milieus hinaus bezeichnen. Diese Bewegung macht die Erfahrung, dass das «Hinterfragen» die Bedingungen der Kommunikation selbst in den Blick nimmt – interessanterweise nicht mit dem selbstdistanzierten Blick einer Kybernetik, die sich darüber wundert, wie trotz der Offenheit von Kommunikationsprozessen Ordnung, Erwartbarkeit, Trägheit und Stabilität möglich sind, sondern eher als eine Selbstzurechnung von Authentizität, die die Lücken der Kommunikation dadurch füllt, die eigene Sprecherposition zu behaupten. Was heute als «Identitätspolitik» diskutiert wird, wurde in jener Generation eingeübt, die vor allem *Kommunikationskommunikation* betrieb: die Frage eines Selbstmanagements, das sich nicht mehr als Knotenpunkt von Erwartungen sieht, sondern individuell zurechenbar sein will. Andreas Reckwitz bezeichnete dies als eine Tendenz zur «Singularisierung»,[16] und zuvor diskutierte man es als «Individualisierung» (→ Identität).[17] Solche Diagnosen thematisieren vor allem, wie attraktiv die «Lücken» und das «Dazwischen» der Kommunikation sind.

In einem paradigmatischen Aufsatz von 1957 stellte Helmut Schelsky die berühmte Frage: «Ist Dauerreflexion institutionalisierbar?» Schelsky beschäftigte sich in diesem religionssoziologischen Aufsatz mit der Frage, welche Auswirkungen die Entfesselung von Kommunikation für das Glaubensleben der Menschen bedeutet, vor allem im Hinblick auf die evangelische Kirche. Demnach werde der geradezu unprotestantische, weil entscheidungsenthobene Zufall der Geworfenheit in eine Situation nachholend durch eine Glaubenspraxis in eine Entscheidungsform gebracht. Schon die Reformationsbewegungen, so Schelsky, hätten Glaubensentscheidungen inszeniert, «aber eine endgültige Wandlung der Glaubensform wurde doch erst dort erreicht, wo *die Wahl zwischen Wahrheiten, zu denen man sich bekennt,* zum entscheidenden Glaubensakt gemacht wurde, d. h. also wo ‹Glaube› als Bekenntnis zu bestimmten, teilweise an Einzelheiten der Formulierung gebundene Wahrheiten *zum Gegenstand des Bewusstseins* wurde».[18] Der Ort der religiösen Praxis wurde mehr und mehr «das Bewusstsein». «Indem man die religiösen Wahrheiten – wie die philosophischen oder politischen – zu Gegenständen des Bewusstseins machte, überlieferte man sie dem *Medium der Reflexion.*»

Religion wurde damit zu einer Weltanschauung. Das bedeutet nicht, dass die Intensität des Glaubensaktes vermindert wurde, im Gegenteil: Der Glaubensakt galt nun insofern als erfolgreich, als man ihn einem einzelnen Menschen zurechnen konnte. Schelsky beschreibt eine Form der Selbstpositionierung, die er *Dauerreflexion* nennt. Dadurch werde die Möglichkeit einer letzten Wahrheit in Frage gestellt, weil es in Reflexionsformen nichts Letztes mehr geben könne. Wer sich selbst befragt, kann nicht mit Antworten stillgestellt werden. Kommunikation baut Feedbacks, Reflexionsschleifen und Anschlussmöglichkeiten ein. *Ex cathedra*, von der Kanzel herab, geht es nicht mehr. Und die binäre Option, wonach etwas einfach entweder wahr oder falsch sein könnte, verschwindet. «Die *Dauerreflexion*, die dauernde Steigerung des Bewusstseins in sich selbst, hat diese Form der Wahrheit aufgelöst. Das gilt auch für die religiösen Wahrheiten, sofern sie diesen gegenständlich eindeutigen Aussagecharakter angenommen hatten.»[19] Wer heute solche Eindeutigkeiten generieren möchte, etwa in identitätspolitischen Debatten, in denen exklusive Sprecherpositionen reklamiert werden, muss das *ex cathedra* wiederbeleben, das bestimmte Inhalte an bestimmte Sprecher bindet oder Begriffen und Sprechweisen magische Qualitäten zuweist.

Das Medium dessen, was Schelsky als Lösung vorschlägt, ist das *echte Gespräch*. Gespräch meint mehr als bloße Interaktion. Es wird als eine Form imaginiert, in der die Kommunikation selbst zum Medium wird, das die Inhalte der Kommunikation prägt. Den Begriff des Gesprächs oder des Dialogs verwenden wir üblicherweise nicht für jede Interaktion, sondern nur für solche, bei denen man erwartet, dass sich die Positionen der Interaktionspartner im Verlauf verändern oder aber die Nichtveränderung selbst zum Thema wird. Gespräche sind rekursiv sensibel – und anstrengend. Dieses Prinzip des Gesprächs kennt die europäische Geistesgeschichte spätestens seit Platons sokratischen Dialogen. Die Inszenierung von Philosophie als Dialog und die Technik der Mäeutik sollten dazu dienen, das Wissen bzw. die Einstellungen der Gesprächspartner nicht einfach im Dialog zu reproduzieren, sondern *durch* den Dialog erst zur Welt zu bringen – deshalb ist von *Mäeutik*, also einer Hebammenkunst, die Rede. Die Sonderform des Gesprächs ist also eine Interaktion, von der eine Art eigener Mehrwert erwartet wird, der der Gesprächssituation selbst geschuldet ist. Dialog/Gespräch ist nicht nur Medium, Dialog ist Form und bringt etwas hervor, was es ohne den Dialog nicht gegeben hätte – im besten Falle Konsens oder wenigstens Verständigung. Das

Gespräch bringt Sprecher in Stellung, die sich im und durch den Dialog verändern.[20] Während «Interaktion» also eher ein technischer Begriff ist, ist «Gespräch» ein geradezu kybernetischer Begriff im Sinne von Norbert Wieners «control by informative feedback».

Das religionssoziologische Beispiel zeigt sehr schön, wie entfesselte Kommunikation einerseits die Sprecherposition stärkt, andererseits aber nie zu einem Ende kommen kann. An anderer Stelle habe ich die These vertreten, dass der Siegeszug der popkulturellen Berieselung mit reflexionsfreien, eher körper- und erlebnisförmigen Inhalten – wie er in der 1968er-Generation zu beobachten ist – als eine Form der Kompensation dieser sich entfesselnden Dauerreflexion erklärt werden kann.[21] Die Konsumorientierung als Identitätsgenerator ist die direkte Nachfolgerin dieser Erfahrung – sowohl Popkultur als auch Konsum bieten die Möglichkeit kommunikativer Entfesselung bei gleichzeitiger Konsequenzenlosigkeit des Geschehens. Hatte Schelsky noch die Idee, die religiöse Dauerreflexion durch das *echte (sic!) Gespräch* in den Kirchen institutionalisieren zu können, ist Pop und Konsum wohl die effektivere Lösung, weil man hier eine folgenlose Expertise erzeugen kann, deren Ergebnisse in ihrer Beliebigkeit entlastend wirken und die kommunikative Entfesselung zugleich alltagskompatibel macht. Religionssoziologisch wäre im Anschluss an Schelsky die Frage interessant, ob sich die Kirchen heute von einer explizit religiösen Kommunikation entlasten, indem sie kirchliche Kommunikation anschlussfähig machen an die öffentlich wirksamen Themen, die ohnehin diskutiert werden. Ob es dafür religiöse Motive oder sogar Gründe gibt, bleibt dann jenen vorbehalten, die danach noch fragen wollen oder können.[22]

Es hört sich fast wie eine Verschwörungstheorie an, als würden Ersatzkommunikationen speziell zu dem Zweck eingerichtet, Kompensation zu schaffen und Reflexion zu verhindern. Das ist natürlich nicht der Fall. Die neuere Konsumorientierung ist vielmehr das Ergebnis einer rekursiven Evolution, die das Gesellschaftssystem ganz offensichtlich mit genügend Abweichungsmöglichkeiten ausstattet, um flexibel bleiben zu können, andererseits der Haltlosigkeit der Kommunikation entgegenwirkt. Wenn die Funktion der Kommunikation darin besteht, die Lücken und das Dazwischen eines gegenwartsbasierten Ereigniszusammenhangs zu bewirtschaften, dann wirft diese Lösung das Problem auf, wie eine Gesellschaft damit umgeht, die Kontrolle über die eigenen Prozesse an zurechenbare Adressaten zu delegieren. Kommunikation ist hier Problem und Lösung zugleich.

Kommunikationsprobleme

Diese Überlegungen haben mit der Alltagssentenz begonnen: «Das war vor allem ein Kommunikationsproblem.» Misslungen ist in solchen Situationen dann entweder die Umsetzung einer Intention oder aber eine unerwartete Reaktion, mit der man nicht gerechnet hat. Man fordert beispielsweise Mitglieder einer Organisation zum *offenen* Dialog auf, und dann passiert es, dass sie dies zwar tun, aber gleichzeitig verfehlen, was mit dieser Kommunikationsstrategie ursprünglich erreicht werden sollte. Oder man versucht, die Kinder dazu zu bringen, sich an eine vordefinierte Balance von Hausaufgaben und Spielen zu halten, und erntet dabei so viel Zustimmung, dass man skeptisch wird. Auf Kommunikation zu setzen, bedeutet immer wieder, in einer unkalkulierbaren Situation an intendierten Determinationsversuchen zu scheitern. Das Risiko der Kommunikation ist also Widerspruch, Kritik, also: weitere Kommunikation.

Meist meint der Hinweis auf Kommunikationsprobleme, dass man womöglich nicht genau genug, nicht zielgruppenorientiert, nicht angemessen, nicht klar genug usw. kommuniziert hat. Das kommt selbstverständlich – im Sinne zu geringer Signalstärke – auch oft genug vor. Aber dass etwas ein Kommunikationsproblem ist, trifft ohnehin zumeist zu, insofern es beim Versuch der Einwirkung in Prozesse eines komplexen Systems stets um den Mangel an Kontrolle geht. Man kann in ein System nur deswegen einwirken, weil es eben nicht determinierbar ist – und daher ist fast alles ein Kommunikationsproblem. Einwirkungsversuche müssen die möglichen Feedbacks selbst mitberechnen, und das schafft die Grundlage für gelingende Kommunikation. Man kann sehr plausibel sagen, dass der Sprecher und die Sprecherin ein Effekt der Kommunikation sind und dass Handlungen stets nur in einem Kontext plausibel werden können, der nicht handelnd kontrollierbar ist (→ Handeln). Das liegt schlicht daran, dass man sich selbst nur durch das Austarieren von erwartbaren Rollen, von vorgestellten Zuschreibungen, von antizipierbaren Wirkungen positionieren kann. Was oben mit George Herbert Mead als «role-taking» beschrieben wurde, ist jener Mechanismus, der den Kommunikationsverlauf vor allem an den beteiligten Personen orientiert. Dass sich ein Kommunikationsproblem ereignet, liegt dann sowohl daran, ob man das Gegenüber angemessen einschätzt, als auch - reziprok - daran, dass dieses Gegenüber seinerseits genau diese Angemessenheit beurteilt.

Ein Kommunikationsproblem ist freilich deshalb fast alles, weil man daran das Grundproblem aller Ordnung rekonstruieren kann: wie Offenheit und Geschlossenheit, Zufall und Notwendigkeit, Determination und Freiheit, Kontrolle und Kontrollverlust zusammengebracht werden können. All das keiner invarianten Struktur zu überlassen, ermöglicht es einem komplexen System, sich auf Umweltveränderungen einzustellen - nicht aber in Form von kollektiven Handlungsmöglichkeiten. Kommunikation ist auch nicht stillzustellen. Jedes persönliche Einverständnis, jede Verständigung, jede Lösung kann durch den nächsten kommunikativen Akt korrumpiert werden. Man kann sich als politische Koalition erst ein Programm geben und dann davon abweichen, um zu demonstrieren, dass man noch da ist; man kann Vereinbarungen treffen, um sie zu brechen; man kann sich ewige Liebe schwören und im nächsten Moment jemand anderen begehren. Es gibt keine Sicherheit - Kommunikation bleibt riskant. Dass der Kommunikationsbegriff so prominent positioniert ist, ist Ausdruck dafür, dass er als Begriff exakt jene Feedbackfunktion hat und rekursive Reflexion in die Beschreibung dessen einbauen kann, was er beschreibt. Der Kommunikationsbegriff ist selbst ein Symptom der Kommunikation.

Die Erwartung, dass Kommunikation verbindet, ist naiv. Kommunikation ist kein Medium der Nähe, sondern ein Medium der Ferne, der Distanz und der Unabgeschlossenheit. Vielleicht lässt sich deshalb Gemeinsamkeit und Übereinstimmung, vielleicht sogar: Versöhnung, nur schweigend erreichen, durch bloße wechselseitige Wahrnehmung, vielleicht wirklich nur als *Mimesis*. Das Problem ist nur, dass man dafür zuvor durch das Purgatorium der Kommunikation gehen muss. Und das trennt eher, als dass es vereinigt. Danach muss man dann ein Gespräch darüber führen.

→ Konflikt

In Konflikt gerät man aufgrund unterschiedlicher Auffassungen, aber unterschiedliche Auffassungen begründen noch keinen Konflikt. Für einen Konflikt muss es ein Mindestmaß an Gemeinsamem geben, worüber man in Konflikt geraten kann. Dass der eine lieber Rosenkohl mag und die andere Blumenkohl, ist noch kein Konflikt, sondern eine Differenz, die nicht einmal auffällt, wenn sie keine praktischen Konsequenzen hat. Von Konflikten ist erst dann die Rede, wenn sich (meistens) zwei Parteien gegenüberstehen, die unterschiedliche Auffassungen *zum selben Gegenstand* haben. Man könnte durchaus über Rosenkohl und Blumenkohl in Konflikt geraten, sofern ein Anlass besteht, sich über *dasselbe* zu streiten – zum Beispiel, was von beidem besser schmeckt oder was den Gästen zum Abendessen als Beilage gereicht werden soll. Dieses geradezu banale Beispiel soll das Thema nicht kleinreden, sondern im Gegenteil auf die Erwartbarkeit von Konflikten fast unabhängig von Thema und Gegenstand hinweisen.

Georg Simmel hat in der Soziologie als Erster auf die integrative Kraft des Konflikts hingewiesen: Der Konflikt sei eine Wechselwirkungsform, die die Beteiligten eine *Einheit durch Differenz* herstellen lasse. Divergierende Seiten richten sich mit unterschiedlichen Perspektiven auf dasselbe und haben damit einen gemeinsamen Fokus.[1]

Integrierende Konflikte

Diese integrative Funktion des Konflikts macht den öffentlichen Gebrauch des Konfliktbegriffs so attraktiv: Konflikte erlauben es, komplexe Problemlagen auf einen einfachen Antagonismus zurückzuführen. Um es an einem Beispiel festzumachen: Die öffentliche

Diskussion um die angemessene Reaktion auf den Klimawandel beißt sich manchmal an Alternativen fest, die nur deshalb als Alternativen fungieren können, weil die beiden Seiten durch einen Konflikt zusammengehalten werden. Grob gesagt geht es darum, ob man auf «Technologieoffenheit», Eigeninitiative und das freie Spiel der Kräfte und Marktmechanismen hofft, *oder* ob man eher auf staatliche Vorgaben setzt, auf Verbote und kollektiv bindende Entscheidungen für Grenzwerte, Verbrauchslimits, Technologien und Budgets für die Freisetzung von klimarelevanten Gasen.

Wer etwas von der Sache versteht, weiß, dass es nicht um diese binäre Alternative geht, dass sich die Dinge nicht auf ein Entweder-Oder reduzieren lassen, aber als *Konfliktform* funktioniert das hervorragend. Wird das Problem in eine solche Konfliktform eingelassen, verselbständigt sich ein Antagonismus; auch Grautöne zwischen diesen beiden Positionen werden dann in den Sog des Konflikts aufgenommen. Konflikte sind wie Staubsauger: Sie sammeln alles ein und erzeugen zugleich saubere Verhältnisse. Es bleibt nichts liegen, was irgendwie in den Konfliktantagonismus passen könnte. Das öffentliche Interesse an Konflikten profitiert von der Simplifizierungsfunktion des Konflikts. Das lässt sich vielfach beobachten: in Talkshows, in Parlamenten, in der Presse, abends beim Bier.

Konflikte ermöglichen es, Antagonismen produktiv zu machen, und es ist außerordentlich schwer, aktiv aus dem Konflikt auszusteigen, denn gerade die integrative Funktion des Konflikts sorgt dafür, dass auch solche Versuche noch mit den Kategorien des Konflikts bearbeitet werden. Wer beispielsweise die Alternative zwischen «Staat» und «freiem Spiel der Kräfte» in Frage stellt, wird die volle Härte des Konfliktantagonismus zu spüren bekommen – und wenigstens in dieser Zurückweisung scheinen die konfligierenden Parteien einig zu sein. Wer eine dritte Alternative vorschlägt und etwa auf Marktmechanismen im Hinblick auf Technologien setzt und dafür staatliches Engagement in Anspruch nehmen will, dem kann von der einen Seite staatsferner Defätismus und von der anderen Etatismus vorgeworfen werden. Konflikte pflegen also binär zu sein und haben wenig Verwendung für Drittes, weswegen sie das Dritte gerne übereinstimmend ausschließen. Das heißt nicht, dass Drittes sich nicht etablieren könnte, es setzt aber voraus, dass der Konflikt instabil wird.[2]

Wer also den Konfliktbegriff stark macht, erzeugt damit zugleich und unweigerlich eine Stabilisierung solcher binären Verhältnisse. Die Rede vom Konflikt löst den Konflikt nicht, sondern löst das Stabilitätsproblem des Konfliktes selbst. Konflikte sind wahre Energiespender, weil sie im Hinblick auf verwertbares Material nicht zimperlich sind: Ein gut eingeführter Konflikt kann alles in sich aufnehmen, was sich irgendwie dafür eignet. So kann sich ein ausgewachsener Ehekonflikt, wenn der unmittelbare Anlass des Konflikts «vergessen» ist, auf alle möglichen Themen ausweiten. Ist ein Ehekonflikt erst etabliert, kann er praktisch beliebige Alltagsthemen aufsaugen und mitverarbeiten.

Dasselbe gilt für politische Konflikte. Das politische System moderner Gesellschaften, vor allem in Demokratien, ist geradezu von dem Konflikt zwischen Regierung und Opposition geprägt. Dieser Konflikt wird nicht in erster Linie thematisch erzeugt, sondern durch die Struktur des Systems. Selbst wenn sich konfligierende Seiten zu einem Thema sachlich mehr oder weniger einig sein sollten, wird diese Einigkeit durch den Sog des politischen Konflikts überlagert. Die Opposition spricht als Opposition, und ihr Ja enthält immer auch ein Nein, oder wenigstens ein Aber, das die parlamentarische Form am Laufen hält. Deshalb erscheinen konfliktlose politische Entscheidungen schon fast als pathologischer Fall.

Auf die Frage des politischen Konflikts wird zurückzukommen sein. Entscheidend ist zunächst die Funktion des Konflikts als Kategorie. Der große Erfolg des Marxschen Denkens war sicher nicht in erster Linie der Hinweis auf die sozialen Folgen des Industriekapitalismus – was als soziale Frage in die Geschichte eingegangen ist, hat durchaus auch andere Quellen.[3] Marx gelang es vor allem, seine Analyse mit einem inneren Zugzwang, geradezu mit geschichtsphilosophischer Notwendigkeit auszustatten. Er vermochte es, die komplexe Gemengelage der gesellschaftlichen Entwicklung auf einen einzigen Konflikt herunterzubrechen, sowohl begrifflich als auch empirisch.

Marx und Engels beschreiben die Geschichte von Klassenkämpfen als in früheren Zeiten in sich verschachtelte, vielfältige und multifaktorielle Formen. Im «Manifest der kommunistischen Partei» von 1848 schreiben Marx und Engels: «In den früheren Epochen der

Geschichte finden wir fast überall eine vollständige Gliederung der Gesellschaft in verschiedene Stände, eine mannigfaltige Abstufung der gesellschaftlichen Stellungen. Im alten Rom haben wir Patrizier, Ritter, Plebejer, Sklaven; im Mittelalter Feudalherren, Vasallen, Zunftbürger, Gesellen, Leibeigene, und noch dazu in fast jeder dieser Klassen besondere Abstufungen.»[4] Die grundlegende Struktur der Klassengegensätze werden auch in der bürgerlichen Moderne fortgesetzt: «Die aus dem Untergang der feudalen Gesellschaft hervorgegangene moderne bürgerliche Gesellschaft hat die Klassengegensätze nicht aufgehoben. Sie hat nur neue Klassen, neue Bedingungen der Unterdrückung, neue Gestaltungen des Kampfes an die Stelle der alten gesetzt.»[5]

Das Entscheidende ist aber, dass sich diese unterschiedlichen Dimensionen bei Marx und Engels zu einer einfachen Ordnung reduzieren: zu einem Konflikt nur noch zweier Parteien: «Unsere Epoche, die Epoche der Bourgeoisie, zeichnet sich jedoch dadurch aus, dass sie die Klassengegensätze vereinfacht hat. Die ganze Gesellschaft spaltet sich mehr und mehr in zwei große feindliche Lager, in zwei große, einander direkt gegenüberstehende Klassen: Bourgeoisie und Proletariat.»[6] Mit Hilfe dieses historischen Entwicklungsnarrativs hin zu einem maximal ordentlichen Konflikt wird der Konflikt selbst zur entscheidenden formgebenden Struktur der Gesellschaft. Das verleiht ihm auch einen geradezu notwendigen Charakter, notwendig im Sinne eines alternativlosen Antagonismus. Das ist die logische Voraussetzung für Marx' Annahme, dass sich die Dinge mit naturhafter Logik entwickeln. Marx schrieb im Vorwort zur ersten Auflage des «Kapitals», es sei «der letzte Endzweck dieses Werks, das ökonomische Bewegungsgesetz der modernen Gesellschaft zu enthüllen».[7] Und der Prozess der Befreiung des Proletariats könne lediglich «die Geburtswehen abkürzen und mildern»,[8] die aufgrund dieses Bewegungsgesetzes unumgänglich seien. Die Konfliktlogik sei so stabil, dass die beteiligten Akteure oder Handlungen die Sache zwar befördern oder verlangsamen, aber nicht prinzipiell verändern können – diese erstaunliche Konsequenz hat man auch gerne als eine Aufforderung verstanden.

Marxistisches Denken hielt deshalb lange an diesem Grundkonflikt fest – und der große Erfolg dieser Konstruktion besteht darin,

gegnen kann. Wem ein Schicksal widerfährt, dessen *agency*, dessen Handlungsmöglichkeiten werden eingeschränkt. Als Krise erscheinen die Dinge nicht dann, wenn das Schicksal ungünstig ist wie etwa die Winde auf hoher See, sondern wenn man *eigentlich* Steuerungs- und Einflussmöglichkeiten hätte, mit den Winden umzugehen. Dann sind die Winde kein bloßes Schicksal mehr, und das Drama wird zur Krise, deren Ausgang offen ist. Daher ist der Krisenbegriff dem Risikobegriff verwandt, wenn man unter einem Risiko einen drohenden Schaden aufgrund einer sich selbst zurechenbaren Entscheidung versteht.[5]

Vielleicht ist der Klassiker des Krisenhaften das Wirtschaften und der Markt. Ein Markt kombiniert Handlungsmöglichkeiten, ja Handlungszwang, er erfordert Entscheidungen, er macht sogar das Nichthandeln zu einer zurechenbaren Handlung (→ Handeln). Andererseits bewegt sich der Markt irgendwie selbständig und unkalkulierbar. Was der Markt *tut*, ist nicht einfach die Summe aller einzelnen Handlungen, sondern ihr Aggregat. Ob man nun eher von einer «unsichtbaren Hand» im Sinne der klassischen Ökonomie sprechen will oder einer dem kapitalistischen Markt inhärenten Krisenhaftigkeit im Sinne Marx' – beide Beobachtungen gleichen sich darin, dass sie die Möglichkeit der handelnden Intervention geradezu *ad absurdum* führen.

Es gibt, allgemein gesprochen, keine volkswirtschaftlichen Handlungsoptionen, allenfalls betriebswirtschaftliche, will heißen: Die Perspektive auf das Ganze des Marktes, auf das Aggregat, auf das Ergebnis der kumulierten Handlungen, ist eine andere Perspektive als diejenige auf die konkreten Risikokalküle der Akteure. Man könnte es auf die Formel bringen: *Im* Markt wird gehandelt – gezahlt, nicht gezahlt, investiert, ausgewählt usw. –, *der* Markt wird erlebt. Es gibt individuelle Spieler, die ihre eigene Marktposition verbessern wollen, und politisch-volkswirtschaftliche Spieler, die den Markt als solchen im Blick haben und die Marktbedingungen bzw. die Allokationsfolgen gestalten wollen – man denke an Wirtschaftspolitik, an öffentliche Investitionen, an Anreizpolitik oder an die Strategie von Zentralbanken. Aber der Markt selbst kann sich diesen Zugriffen entziehen und bleibt unkalkulierbarer, als es die Intentionen solchen Handelns vorsehen. Insofern ist der Begriff «Markt», wie er als Subjekt eines Satzes vorkommt, eben kein handelndes Subjekt im ökonomischen Geschehen, sondern das Ergebnis einer vernetzten Beobachtung, die an sich selbst erlebt, wie sie eben nur erlebt und nicht handelt.

Es sind vor allem dezentrale wechselseitige Beobachtungen und Positionskämpfe von Marktteilnehmern, die Kaufentscheidungen plausibel machen.[6] In Netzwerken entstehen Informationen, Beobachtungen, Einschätzungen, Gewohnheiten, Vorurteile, Erwartungen und nicht zuletzt konkurrierende Beschreibungen des Marktes, der sich ja vor allem dadurch auszeichnet, dass niemand vollständige Informationen hat, weil der Markt sonst zusammenbrechen würde. Denn wenn auf einem Markt alle «das Richtige» tun, also etwa in dieselben Aktien investieren oder die gleichen Produkte kaufen, wenn sie sogar so gut informiert wären, dass sie kein Risiko mehr eingehen würden, dann verschwänden auch Gewinn- und Verlustchancen, und es würden nur noch Monopolisten übrigbleiben. Ganz abgesehen davon, kann es gar keine vollständige Information über irgendetwas geben, denn eine Information macht einen Unterschied. Nur Hintergrundrauschen wäre vollständig, verhindert damit aber Information.

Das Krisenhafte, das sich am Markt als Parabel auf dezentrale Systeme lesen lässt, liegt an der Kombination von Handlungsmöglichkeiten und -notwendigkeiten auf der einen Seite und der Unkontrollierbarkeit des Aggregats dieser Handlungen auf der anderen. Ein im Markt handelndes Subjekt hätte niemals jene Autonomie und Souveränität, die nach Habermas dem Subjekt angeblich zukommt. Es ist eine Kombination aus Autonomieunterstellungen und Handlungsmacht und dem Ausgeliefertsein einem Geschehen gegenüber, dessen Kontrolle sich Zugriffen stets entzieht, weil es von zu vielen nicht-kontrollierbaren Faktoren abhängig ist. Das hübsche Sprichwort, *der Markt regle die Dinge selbst*, ist ja nur die andere Seite der Vorstellung einer zentralen Steuerungsmöglichkeit von Märkten. Die beiden Seiten der Unterscheidung Eigendynamik/Kontrolle eignen sich gut für einen integrativen (politischen) Konflikt, unterschätzen aber die Komplexität des Zusammenhangs (→ Konflikt). Diese Unterscheidung jedenfalls ist eine Parabel auf das Erleben von Krisen: als Dringlichkeit, etwas zu tun, zugleich aber den zentralen Ansatzpunkt und Hebel immer wieder zu verfehlen. Wie der Glaube an die Heiligkeit des freien Spiels der Marktkräfte kann auch die Idee der staatlichen Kontrolle als eine romantische Figur beschrieben werden,[7] was im Übrigen nicht nur für Märkte gilt, sondern für die Gesellschaft selbst.

Gerade Märkte (und ihre krisenhafte Form) lassen sich gut mit Hilfe der Unterscheidung von Erleben und Handeln beobachten (→ Handeln). Situationen, in denen man das, was geschieht, eher erlebt, unterscheiden sich von Situationen, in denen man das, was geschieht, eigenem Handeln zurechnen kann. Die Unterscheidung von Erleben und Handeln meint eine Zurechnungsfrage: Wird etwas als «Handeln» oder als «Erleben» zugerechnet, wird also Aktivität oder Passivität unterstellt?[8] Der emphatische Gebrauch des Handlungsbegriffs stemmt sich gewissermaßen gegen die Passivität des Erlebens und pocht darauf, zurechnungsfähig zu sein.

Die Mutter aller Krisen sind Wirtschaftskrisen – eben weil in das Wirtschaftssystem jene Konstellation von Erleben und Handeln konstitutiv eingebaut ist und weil im Wirtschaftssystem dafür Begriffe entstehen.[9] Es hat fast etwas Ironisches, dass die Ideen des zielgerichteten Handelns, des Risikomanagements oder auch des Planens sich als wirtschaftsnahe Semantiken in einem System etablieren, das sich sichtbarer als andere mit der Nichterreichbarkeit dieser Möglichkeiten arrangieren muss und dafür Kategorien entwickelt. Interessant ist, dass solchen Beobachtern selten auffällt, dass sie *unternehmerische* Beschreibungen und Forderungen mit *wirtschaftlichen* Beschreibungen verwechseln, wie ja auch staatsnahe oder sogar staatliche Beobachter den Staat gerne mit dem Politischen verwechseln.

Wirtschafts-, eigentlich Unternehmensleute sitzen beispielsweise mit diesen Kategorien in außerwirtschaftlichen Aufsichts- oder Beratungsboards, zum Beispiel in Hochschulräten, und setzen dann zunächst im Sinne dieser Semantik aufs Handeln und führen den anwesenden Praktikern Handlungsfähigkeit, -wille und -bereitschaft vor, nur um dann nach einiger Zeit auf Erleben umstellen zu müssen. Die Klügeren lernen, dass die Restriktionen in den beratenen Feldern ähnlich sind wie diejenigen, aus denen sie kommen, die anderen verzweifeln an der vermeintlichen Inkompetenz der Beratenen und eskalieren ihren Aktivismus.

Vor diesem Hintergrund wird die enge Verschränkung von Kapitalismus und Krise verständlich. Ein marxistisches Verständnis des Kapitalismus wird ohnehin davon ausgehen, dass der Kapitalismus jene Krisen hervorbringt, die ihn überwinden werden.[10] Die Grundidee besteht darin, dass es sich dabei um ein fast notwendiges Geschehen handelt, sodass Krise und Schicksal fast zusammenfallen. Dies wird etwa im Begriff des «Spätkapitalismus»[11] mitverhandelt. 1968 stand der Deutsche Soziologentag unter dem Motto «Spätkapitalismus oder Industriegesellschaft».[12] Sollte man die gesellschaftliche Situation aus der Dominanz der industriellen Produktion erklären oder aber im Sinne des Spätkapitalismus als eine merkwürdige Erfahrung der Parusieerwartung oder -verzögerung im Hinblick auf die Überwindung des Kapitalismus? Marxistisch gesprochen verhandelte das Stichwort «Industriegesellschaft» den Stand der Produktivkräfte und «Spätkapitalismus» die Produktionsverhältnisse mit einer mehr oder weniger starken Dosis geschichtsphilosophisch imprägnierter Erwartung.

Dass manche Krise der Gegenwart weniger gesellschaftlichen Misserfolgen als ihren Erfolgen zuzurechnen ist, ist nicht von der Hand zu weisen. Während der Kapitalismus im marxistischen Verständnis gerade aufgrund seiner Erfolge seine eigene Krise produziert, kann auch die ökologische Krise so interpretiert werden, dass es gerade die Erfolge der gesellschaftlichen Moderne sind, die die natürlichen Lebensgrundlagen gefährden.[13] Daraus aber abzuleiten, dass es sich um geradezu notwendige Entwicklungen handelt, wäre insofern naiv, als es die Möglichkeit von Selbstkorrekturen ausschlösse. Die Entwicklung des Kapitalismus ist jedenfalls eindeutig ein Gegenbeispiel, weil er eben stets und immer wieder zu Selbstanpassungen in der Lage war, und für die ökologische Krise sollten wir dies zumindest hoffen.

Der forensische Prozess

Auf der Suche nach der Funktion des Krisenbegriffs lohnt es sich, Reinhart Kosellecks Dissertation «Kritik und Krise» von 1959 zu konsultieren. Dieser Text könnte kaum aktueller sein. Koselleck beschreibt, wie mit dem Ende des Absolutismus die Illusion einer feststehenden Welt, in der vermeintlich alles seinen Ort hat, von einer neuen Illusion abgelöst wurde, nämlich einer vermeintlich inneren Logik der Geschichte und des gesellschaftlichen Strebens zum Besseren. Die alte Welt, so zumindest die Projektion, vollzog sich von selbst und kannte andere Ordnungsvorstellungen nur als Gefahr. Der Historiker Koselleck kapriziert sich auf die Frage nach der Geschichte, die zuvor so etwas wie eine Erfüllungsgeschichte war, also nah an der Heilsgeschichte gebaut. Doch auch die spätere Geschichte, die aufklärerische, die moderne Geschichte zehrte von heilsgeschichtlichen Motiven, etwa von der Idee des Fortschritts oder der Höherentwicklung. Aber nun wird das geschichtliche Geschehen nicht mehr nur erlebt und erlitten, sondern es wird zum Zwecke seiner Durchsetzung gehandelt und gestritten. Koselleck spricht von einem «forensischen Prozess», einer Art permanenter Untersuchung und Selbstdiagnose. Intellektuell, so Koselleck, wird das dadurch vorbereitet, dass der aufgeklärte, vernünftige, zu moralischen Urteilen und zu Kritik befähigte Mensch die Idee der eigenen Selbstvervollkommnung auf die Welt überträgt. In den Worten Kosellecks: «Die Verwandlung der Geschichte in einen forensischen Prozess beschwor die Krise so sehr herauf, als der neue Mensch seine moralische Selbstgarantie unbesehen auf Geschichte und Politik übertragen zu können glaubte, d. h., als er Geschichtsphilosoph geworden war.»[14]

Nicht umsonst rekonstruiert Hegel die Selbstwerdung des Geistes wie einen individuellen Bildungsprozess,[15] und noch Jürgen Habermas hat in den 1970er Jahren unter Rekurs auf Piagets Entwicklungspsychologie und Kohlbergs innere Logik moralischer Entwicklung von der Logik der Ontogenese, also der individuellen Entwicklung des moralischen Bildungsprozesses des Menschen, auf die Phylogenese geschlossen, also auf die Menschheitsentwicklung selbst.[16] Krisenhaft ist dieses Geschehen, weil es eben nicht einfach ein Programm entfaltet, sondern auf Erfahrungen angewiesen ist, die handelnd erschlossen werden müssen. Der Zusammenhang zur Krise wird sehr plausibel, wenn man Pubertät entwicklungspsychologisch betrachtet: Die Neuverschaltung von Erlebens- und Handlungsoptionen muss sich der Mensch (und wohl auch die Menschheit) praktisch und in diesem Sinne forensisch erschließen – nicht umsonst wird die

Pubertät auch als gewissermaßen normale Krise rekonstruiert.[17] Vorherige Standards werden in einer Krise neuverhandelt, und spätere Standards müssen besser sein als die vorherigen – ontogenetisch wie phylogenetisch.

In einer solchen Dynamik kann es keine krisenfreien Zeiten geben, weil alles permanenter Kritik ausgesetzt ist, permanente Nein-Stellungnahmen ertragen muss und nach neuen Lösungen verlangt. Wenn es einen generalisierbaren, kulturunabhängigen Trend in den vielfältigen Modernisierungsprozessen gibt, dann dürften es die geradezu pandemisch sich ausweitenden Möglichkeiten von Nein-Stellungnahmen sein, die in politischen, rechtlichen, kulturellen, medialen, wissenschaftlichen und sogar religiösen Zusammenhängen Kritikmöglichkeiten und -risiken geradezu institutionalisieren.[18] Kritik verweist darauf, dass sich die Gesellschaft selbst als Krise erlebt, aber die Abweichung zugleich routinisiert.[19] Deshalb entsteht Kritik als eine erwartbare Form des Selbstverhältnisses,[20] und Kritikformen folgen dann jeweiligen Konjunkturen der gesellschaftlichen und kulturellen Entwicklung (→ Kritik).[21]

Diese inhärente Orientierung an der Verbesserungs- und Lösungsmöglichkeit kann das Krisenhafte zugleich unsichtbar machen. Der adoleszente Bürger entwickelt sich weiter und wird darin durch Institutionen, Karrieren, Bildungsmöglichkeiten, Selbstbeschreibungsroutinen usw. unterstützt und geradezu herausgefordert. Diese Zukunftsorientierung, die mit der unbekannt bleibenden Zukunft nur zurande kommen kann, wenn man von der Zukunft etwas zu erwarten hat, verdeckt zugleich den Zusammenhang von gesellschaftlicher Offenheit und Krise. Die Krise wird zur Chance, zur Möglichkeit, zum Spielmaterial umgedeutet – und die positive Zukunftserwartung macht die Krise unsichtbar, ohne sie überwinden zu können und zu wollen. Koselleck formuliert: «In der Verdeckung liegt gerade die Verschärfung und umgekehrt.»[22] Das Krisenhafte der allgegenwärtigen Krisenerfahrung liegt auch darin begründet, dass die forensische Akribie nur dank der Illusion auszuhalten ist, der gesellschaftliche Prozess müsse sich (ganz ähnlich wie die bürgerliche Lebensführung) hin zum Besseren wenden.

Vielleicht sind schon sprachlich-lineare Formen der Beschreibung und des Ausdrucks davon abhängig, den Dingen eine innere

Logik beizumessen, die dann das Krisenhafte durch Verdeckung tatsächlich verstärkt. Das geschichtsphilosophisch zu nennen, wäre nur eine Chiffre für den tiefen Glauben, dass sich am Ende doch alles fügt, und zwar durch konsistentes Handeln, durch kausale Mechanismen, durch angemessene Einsichten und durch kognitive Kontrolle. Karl Marx hat das im Vorwort zur ersten Auflage des «Kapitals» auf den Begriff gebracht: Das geschichtliche Bewegungsgesetz entfalte sich ohnehin, das Proletariat könne durch konkretes Handeln allenfalls «die Geburtswehen abkürzen und mildern».[23] Diese utopische Energie hat sich längst aufgelöst, lebt aber in der prinzipiellen Voraussetzung fort, dass ein Problem auf eine Lösung verweist – man möchte sagen: Inkompetente Akteure können die Geburtswehen des Fortschritts höchstens in die Länge ziehen und zur Qual machen. Derzeit ist nicht zu verdecken, wie häufig Prozesse zur Selbstdementierung neigen und wie wenig man sich darauf verlassen kann, dass angesetzte Mittel zur Problemlösung tatsächlich greifen. Im Übrigen ist die Soziologie selbst ein Resultat aus Krise und Kritik, aus der historischen Erfahrung der Krise als einer gesellschaftlichen Umwälzung und der Etablierung eines kritischen Blicks auf die Gesellschaft und ihre Selbstbeschreibungen[24] – einschließlich der Selbstbeschreibungen, die allzu sehr den politischen Fortschrittsnarrativen verpflichtet sind. Utopien haben eine schwere Zeit.[25]

Horizonte der Lösbarkeit

Sieht man sich die gegenwärtig überlappenden Krisen und Krisenerfahrungen an, so ist immer wieder frappierend, wie sehr deren Wahrnehmung überlagert ist durch Horizonte der Lösbarkeit, der vernünftigen Auflösung, des arbeitsteiligen Ausgleichs und der sich einstellenden Einsicht. Man mag einwenden: Woraufhin sollen Beschreibungen und Konzepte aber sonst zielen als auf Lösungen? Freilich sind unsere Beschreibungsmöglichkeiten von Problem-Lösung-Relationen beschränkt, insofern sie auf eine Art Bewirkung zielen. *Wenn dieses Problem vorliegt, musst Du jenes tun, um das Problem zu lösen.* Dahinter steht die Annahme, in der Welt Phänomene vorzufinden, die man exakt nach einem solchen Schema beschreiben kann – und das gilt dann am Ende auch für die Problembeschreibung. Am besten lassen sich die Probleme lösen, deren Formulierung schon den Horizont einer wirksamen Lösung enthält. Um es sehr banal zu formulieren: Wenn das Gas knapp wird, weil ein Lieferant aus welchem Grund auch immer ausfällt, dann suggeriert der Zusammenhang von Gasknappheit und Lieferant bereits den Typus von Lösung, um den es geht: nämlich andere Lieferanten zu finden. Es wäre aber auch denkbar, die Frage zu stellen, welche Alternativen zum Gas es gibt bzw. welche Alternativen dazu führen, dass diese Problemstellung nicht wieder auftreten kann. Nun geht es hier nicht um energiewirtschaftliche Fragen, sondern um die Funktion des Krisenbegriffs; die von Koselleck aufgeworfene Frage der gleichzeitigen Verdeckung und Verschärfung der Krise liegt in einer Projektion, die die Komplexität der Welt in übersichtliche und lebensweltlich gesättigte Kategorien überführt. Was Koselleck von der moralischen Vervollkommnung des Menschen als Modell für die geschichtsphilosophische Grundannahme einer fortschreitenden Entwicklung der menschlichen Gesellschaft sagt, gilt auch für die technische Form der Beschreibung von Problem und Lösung.

Deutlich selektive Bewirkungsregeln finden sich etwa in technischen und sozialtechnischen Tools, in Erfahrungsregeln, in alltäglich bewährten Formen der ergebnisorientierten Abwendung von Störungen usw. Von dieserart instrumenteller, man könnte auch sagen: handwerklicher Weltauffassung wird auch auf die Gesellschaft als Ganze geschlossen, in diesem Sinne lohnt es sich, Krisen durch falsche Konzepte, inkompetente Eliten, illegitime Interessen und falsche Denkungsarten zu erklären. Womöglich gehören solche «kleinen» Problem-Lösung-Konstellationen letztlich auch in den Kontext jenes geschichtsphilosophischen Glaubens an die prinzipiell mögliche (Selbst-)Vervollkommnung der Verhältnisse. Zumindest betreten apodiktische Urteile und verunsicherte Mehrdeutigkeiten mit Vorliebe gemeinsam die Bühne.

Gibt es denn sprachliche und intellektuelle Möglichkeiten, jene Selbstgarantie, von der Koselleck spricht, einzuklammern? Gibt es Problembeschreibungen, die nicht schon am Ende des gesprochenen Satzes eine Lösung vorschreiben? Können wir überhaupt aufhören, Geschichtsphilosophen zu sein und Gegenwarten wahrzunehmen, sich auf Vergangenheiten zu verlassen und ohne schon von Zukünften auszugehen, in denen wir die Krisenlösung vermuten? Und ist es möglich, diese Fragen nicht als rhetorische Fragen zu stellen?

Vielleicht kann das mit einer soziologischen Perspektive gelingen. Denn schon das Argument, die Krise sei auch Ausdruck der Übertragung einer moralisch-individuellen Perspektive auf die Welt, konzentriert sich eben auf die innere Logik des Moralisch-Individuellen und belässt die Welt als solche im Dunkeln, dabei ist die Quelle jenes Krisenhaften womöglich die Gesellschaftsstruktur selbst. Als Krisen werden Störungen fast immer dann wahrgenommen, wenn eine kollektive Herausforderung auf ein soziales Gebilde trifft, das eben kein Kollektiv ist. Kollektive Herausforderungen wären etwa der Klimawandel, eine Pandemie, eine militärische Auseinandersetzung, eine Energie- oder Finanzkrise, also die üblichen Verdächtigen, die wir mit dem Begriff der Krise belegen. Es handelt sich um kollektive Herausforderungen, insofern solche Krisen nicht isoliert auftreten, sondern den Großteil einer Bevölkerung treffen: Die Klimakrise betrifft die natürliche Lebensgrundlage, eine Pandemie das System der Krankenversorgung, ein Krieg das Überleben der Bevölkerung, und Energie- und Finanzkrisen betreffen Preisentwicklungen und Knappheitserfahrungen. Kollektive existentielle Herausforderungen fordern die Gesellschaft als Ganze heraus. Aber die Gesellschaft kann nicht kollektiv reagieren, weil Kollektive allenfalls politisch, aber nicht gesellschaftlich erreicht werden können (→ Gesellschaft).

Auf gesellschaftliche Krisen wird oft mit den sozialen Kategorien einer Großgruppe gekontert, die wie Kleingruppen und Familien Probleme (angeblich) durch kollektive Verpflichtung ihrer Mitglieder bei gleichzeitiger hoher sozialer Kontrolle meistern können. Sieht man sich die Begleitsemantiken zu Krisen an, sind diese vor allem davon geprägt, ein betroffenes Kollektiv auszumachen, dem man zur Lösung der Krise etwas abverlangen muss. Dagegen entsteht dann gerne populistischer Protest, wenn man unter Populismus den Anspruch verstehen kann, für das eigentliche, das wahre, das wirkliche Kollektiv zu sprechen (→ Populismus). In der Pandemie wurde es besonders deutlich, weil es tatsächlich um kollektives Handeln ging – man erwartete von allen, dass sie ihre Alltagspraktiken ändern, Abstand halten, Masken tragen, sich testen, bei Infektion isolieren, sich impfen lassen usw. Wie schwierig das war, lässt sich an den zum Teil auf einem bedenklichen Niveau diskutierten Fragen über das Verhältnis von Freiheit/Selbstverantwortung und staatlicher Verordnung/Kontrolle ablesen, aber auch daran, dass die Bewältigung der Krise tatsächlich davon abhängt, dass ein möglichst hoher Anteil des gesellschaftlichen «Kollektivs» sich tatsächlich an die Regeln hält. Wäre die Gesellschaft eine Großgruppe, integriert durch klare Mitgliedschaftsbedingungen, gemeinsame Werte und auch alternative Mitgliedschaftsmöglichkeiten (in einer anderen Gruppe), könnte man die Dinge wohl so lösen, unter Bedingungen einer Gesellschaft aber eher nicht (→ Gesellschaft).

Zentralperspektive

Das Krisenhafte einer Gesellschaft hängt damit zusammen, dass sie von Zielkonflikten geprägt ist, die sich durch die unterschiedlichen Erfolgs- und Anschlussbedingungen von Perspektiven ergeben: Es gelingt nicht einmal, eine gemeinsame Krisendefinition zu erstellen, denn politische, ökonomische, wissenschaftliche, rechtliche und ethische Probleme lassen sich eben nicht auf einen einzigen Nenner bringen.[26] Krisen bringen letztlich eine Zentralperspektive ein, aber die Gesellschaft kann darauf ihrerseits nicht mit einer Zentralperspektive reagieren – und wenn sie es versucht, so handelt es sich eher um geradezu pathologische Ausnahmesituationen. Zu Beginn der Corona-Pandemie gab es tatsächlich eine kurze Phase, in der «durchregiert» werden konnte, in der die Zielkonflikte tatsächlich kurzfristig harmonisiert werden konnten, aber nur unter Bedingungen von erheblicher Unsicherheit und Angst. Sobald diese Bedingungen verschwunden waren, löste sich die Einheit der Lösungsmöglichkeiten auf. Hier wird deutlich, dass die politische Perspektive auch nur eine unter anderen ist, denn sie kann zwar so tun, als sei die Gesellschaft ein zurechnungsfähiges Kollektiv, aber am Ende muss sie ihre Probleme politisch lösen: durch die Organisation von Mehrheiten, durch Minimierung von Widerspruchsrisiken, durch Distinktionsbemühungen dem politischen Gegner gegenüber und durch das Kaschieren mangelnder Steuerungskompetenz für andere Funktionssysteme. Dass die Wiederwahl das wichtigere Problem ist als die Lösung konkreter Probleme, mag sich desillusionierend anhören, ist aber für politische Akteure ein Segen, denn es handelt sich um ein lösbares Problem (→ Demokratie).

Ein anschaulicher Fall, in dem sich die hier pathologisch genannte Form einer vollständig integrierten Gesellschaft recht weitgehend einstellt, ist der klassische Krieg, der semantisch nicht zufällig mit einer «Generalmobilmachung» beginnt.[27] Der (Nationen-)Krieg war lange Zeit in der Lage, eine *gesamtgesellschaftliche* Perspektive zu generieren. Der Krieg konnte wenigstens simulieren, die ausdifferenzierten Logiken der Funktionssysteme zu bündeln – und so geraten alle Einzelfaktoren, die man als Bedingungen des modernen Staatenkrieges anführt, zu einer merkwürdigen Beschreibung der gleichzeitigen strategischen Nutzung und Suspendierung funktionaler Differenzierung: der Krieg als *ökonomisches* Bündelungsprogramm zur Produktion von Kriegsmaterial, als *wissenschaftliches* Programm zur Vervollkommnung von Technik, als *pädagogisches* Programm zur Abrichtung in kognitiver und körperlicher Hinsicht, als *religiöses* Programm der Erlösung und Befreiung, als *künstlerisches* Programm zur Ästhetisierung von «Stahlgewittern», als *massenmediales* Programm zur Einschwörung auf einfache Konfliktlinien und zur Herstellung eines gemeinsamen Bedeutungsraums, also der Transformation der «Gesellschaft» in ein «Kollektiv», der Krieg als *rechtliches* Programm der Suspendierung von Freizügigkeit und selbstverständlich als *politisches* Programm zur Erzeugung jener Kollektivität, der man bindende Entscheidungen (und tote Soldaten wie Zivilisten) zumuten kann. Wer die Idealvorstellung einer vollständig integrierten Gesellschaft zur Überwindung von Krisen im Hinterkopf hat, sollte diese Konsequenz mitbedenken, denn es waren stets die Ausnahmesituationen, in denen sich die differenzierte, als krisenhaft erlebte Gesellschaft anfühlte wie aus einem Guss. Den Ausnahmemodus kann man aber daran erkennen, wie schnell die einigende Kraft des externen Problems seine Macht verliert und der desintegrierte Normalmodus wiederhergestellt wird. In der Aufmerksamkeitsökonomie der gesellschaftlichen Informationsverarbeitung verliert der Krieg nicht an Informationswert.

Das Gegenteil ist bei der Klimakrise der Fall, obwohl ihre Radikalität dem klassischen Krieg kaum nachsteht. Aber ihre Zeitstruktur ist von völlig anderer Natur. Kurzzeitige Krisen haben einen disruptiven Charakter. Sie treten ein, man muss auf sie reagieren, und zwar schnell. Ob das eine Pandemie ist, ein militärischer Angriff oder ein Währungszusammenbruch, die Situation wirkt wie ein entscheidender Augenblick, ein Kairos, der die Dinge von jetzt auf gleich verändert. Die Klimakrise dagegen ist eine chronische Krise – während der griechische Gott *Kairos* den einmaligen Wendepunkt markiert, steht der Gott *Chronos* für die verlaufende Zeit.[28] Eine chronische Krise, ähnlich einer chronischen Krankheit, ist etwas, an das man sich gewöhnen kann und das damit in der Aufmerksamkeitsökonomie leicht hinter anderen Anforderungen, Informationen und Anschlussmöglichkeiten verschwindet. Deshalb ist die Klimakrise die krisenhafteste aller Krisen: Sie entzieht sich sogar semantisch dem Konzept der Problem-Lösung-Relation, da der Entscheidungsdruck trotz faktischer Notwendigkeit operativ kaum zwingend erscheint. Die Klimakrise ist ohne Zweifel eine kollektive Herausforderung, und die angesprochene Kollektivität ist die größte «Gruppe», die man sich vorstellen kann, nämlich die Menschheit – sonst nur ein Abstraktum, hier eine konkrete Zielgröße.

An der Klimakrise bricht sich bislang der positive, der produktive Aspekt des Krisenhaften, denn es ist eine Krise, die ohne den Unterbrechungs- und Disruptionsaspekt auftritt. Das bedeutet nicht, dass es durch die Klimakrise nicht zu disruptiven Veränderungen kommen wird, sondern dass die Klimakrise schon aufgrund ihrer Dauer so normalisiert ist, dass der Krisenbegriff dafür kaum mehr passt. Die Bedrohung und das Problem sind seit Jahrzehnten bekannt, Wissen verändert sich dazu nur in Nuancen, und selbst die für eine Lösung notwendigen Parameter sind weitgehend Konsens. Dass es zu starken Protestbewegungen – sowohl für als auch gegen verschiedene Lösungswege –, zur Leugnung des Klimawandels oder zur Diskreditierung von Warnungen als Panikmache oder «Klimareligion» kommt, ist ja nur ein Hinweis darauf, wie stabil und erwartbar, wie normal und eingeführt das Thema und die Problemkommunikation bereits ist.

Die Klimakrise offenbart, dass das Krisenhafte in der dezentralen Struktur der Gesellschaft selbst liegt.[29] Das bedeutet nicht, dass die

Klimakrise nicht bewältigt werden kann, sondern nur, dass moderne gesellschaftliche Strukturen sehr geübt darin sind, konkrete und wohldefinierte, vor allem gut beschreibbare und abgrenzbare Probleme zu lösen, aber ungeübt darin, gesellschaftliche Herausforderungen als solche zu bewältigen, bei denen mehr als ein Problemlösungstypus angewandt werden muss.

Die Wahrscheinlichkeit von Zielkonflikten steigt mit der gesellschaftlichen Komplexität und mit der Interdependenz unterschiedlicher Parameter. Meinungsfreiheit steigert Konfliktmöglichkeiten; Freiheit führt zu Abweichungsverstärkung; die Komplexität von Problemlagen führt zu einem Vorrang akademischer Lösungskonzepte; der Vorrang akademischer Problembeschreibung führt an anderen Stellen zu Fachkräftemangel; Gleichheitsnormen steigern die Sensibilität für Ungleichheiten in Mikrobereichen; demokratische Entscheidungsprozesse führen zu einer Abhängigkeit von volatilen öffentlichen Meinungen; Urbanisierung führt zu einer Entwertung kleinstädtischer und ländlicher Strukturen - es ließen sich viele ähnliche Zusammenhänge aufzeigen, die darauf hinweisen, dass das Krisenerleben mit der Erwartbarkeit von Zielkonflikten steigt.

Zielkonflikte zu lösen, ohne dass es eine Position außerhalb der Systematik der Zielkonflikte gibt, stößt an logische Grenzen, denn eine solche externe Position gibt es nicht. Interessanterweise sind es zumeist Protagonisten aus einzelnen Funktionssystemen, die diese übergeordnete Position für sich in Anspruch nehmen: So wissen Ökonomen immer schon, dass alles über den Preismechanismus zu lösen ist[30] – scheitern aber schon daran, dass in «normalen» Zeiten nicht alle «wahren» Kosten eingepreist sind; politische Perspektiven setzen auf kollektive Verbindlichkeit und Aufbruch, der alle «mitnehmen» muss[31] – und scheitern schon im Regierungsgeschäft am Ressortprinzip, von der Sicherung von Mehrheiten ganz zu schweigen; Pädagogen zielen gerne darauf, nachhaltige Formen des Verhaltens zu etablieren[32] – und scheitern oftmals schon daran, ihrer Klientel nachhaltig die Grundregeln der Mathematik beizubringen; Ethiker können fast alle normativen Begründungsprobleme lösen[33] – scheitern aber systematisch an normativen Verhaltensimplementierungen. Bleibt noch die Wissenschaft. Aber auch sie kann die moderierende Rolle in der Gesellschaft nicht übernehmen, weil die Lösung des Klimaproblems kein genuin wissenschaftliches ist, sondern als gesellschaftliches Problem eben lediglich *auch* ein wissenschaftliches. Wohlgemerkt: All diese Perspektiven sind nicht *falsch*. Wie sollte eine funktional differenzierte Gesellschaft anders auf diese Herausforderung reagieren als mit den Kapazitäten ihrer jeweiligen Funktionssysteme? Und wie sollte man andererseits die Krisenherausforderung beschreiben, ohne so etwas wie eine Zentralperspektive zu simulieren und die Differenzierung der Funktionssysteme zu beklagen oder als Störung anzusehen?

Und es ist dann eben auch erwartbar, dass aus soziologischer Perspektive gesagt wird: Die Klimakrise ist keine CO_2-Krise, sondern eine Krise der gesellschaftlichen Form der Informationsverarbeitung und daher eine krisenhafte Überforderung mit sich selbst. Die größte Herausforderung freilich besteht darin, *kollektive* krisenhafte Bedrohungen in *gesellschaftliche* Bedrohungen zu übersetzen, um sie mit den vorliegenden Mitteln bearbeiten zu können. Ob das weiterhilft?

Das Bezugsproblem

Es ist kaum möglich, genau zu bestimmen, was eine Krise tatsächlich *ist*. Man müsste Zustände definieren können, die nicht krisenhaft sind, um entsprechend unterscheiden zu können. Beispielsweise fällt es schwer, sich einen Zustand moderner Gesellschaften ohne Zielkonflikte vorzustellen, und im Hinblick auf ganzheitliche Strategien muss ähnlich argumentiert werden (→ Gesellschaft). Gesellschaftliche Modernität ist eine permanente Vertreibung aus dem Paradies einliniger und eindeutiger Beschreibungen. Nichts ist davor sicher, aus anderer Perspektive anders bewertet zu werden oder nicht wirklich zusammenzupassen. Gerade das macht die Produktivität der Moderne aus. Wie am Anfang dieser Überlegungen dargelegt, entstand das neuzeitliche Krisenverständnis aus der Erfahrung historischer Kontingenz und der daraus resultierenden Offenheit von historischen Situationen. Wo entschieden werden muss, kann stets auch anders entschieden werden – und es entsteht fast automatisch eine Situation der Unbestimmtheit. Die Frage ist, wie mit dieser Unbestimmtheit umgegangen wird.[34]

Der Offenheit und Widersprüchlichkeit des historischen Prozesses, wie ihn Koselleck beschrieb, entspricht in sachlicher Hinsicht die Unmöglichkeit, Zielkonflikte zu vermeiden und aus einem Guss zu handeln. Aber wann und unter welchen Bedingungen erscheint dies als krisenhaft? Wann wird das «Krise» genannt? Was ist die Funktion dieses Begriffs?

Zunächst ist es hilfreich, die Frage zu beantworten, was überhaupt als krisenhaft erlebt wird. Abstrakt formuliert, wäre es das Erleben gestörter Interdependenz unterschiedlicher Lebensbereiche. Wer erlebt, dass die Parameter des eigenen Lebens nicht zusammenpassen, erlebt das als krisenhaft – etwa wenn Energiepreise und Haushaltsführung nicht mehr zusammenpassen oder wenn familiale und berufliche Anforderungen in Widerspruch geraten. Ein weiterer Aspekt ist sicher ein erlebter Selbstwirksamkeitsverlust, wenn etwa die Arbeit nicht dazu ausreicht, seinen Lebensunterhalt zu finanzieren oder wenn Tätigkeiten keine soziale Bestätigung finden. Anerkennungsverlust stellt Routinen in Frage. Dasselbe gilt für die Erfahrung, dass eingespielte Entscheidungsalternativen nicht funktionieren und die Unsicherheit von Entscheidungsgründen sichtbar wird (→ Freiheit). Wer beobachtet, wie divergent die Begründungen von Wissenschaftlern in der Pandemie waren, oder wer beobachtet, wie kontingent die Möglichkeiten einer angemessenen Reaktion auf eine kriegerische Aggression sind, erlebt das als Krise. Vielleicht liegt das an fehlenden Handlungsmustern (→ Handeln).

Handlungsmuster sind in der Lage, Handlungsgründe unsichtbar zu machen, sie also mit einem Latenzschutz auszustatten, der Sicherheit vermittelt. Die Latenzfunktion dient dazu, eine kalkulierbare, berechenbare und benennbare Welt zu simulieren, die ihre eigenen Paradoxien und Komplexitäten ausblendet. Der Latenzbegriff wird hier aus Talcott Parsons' Verständnis von Kultur entlehnt.[35] Gemeint ist damit, dass Bedeutungen, Selbstverständlichkeiten und symbolische Formen als latente Muster mitlaufen, die Anathema bleiben, gewissermaßen als unbefragter Boden der gesellschaftlichen Praxis (→ Kultur). Die Latenzfunktion wird vor allem dann gestört, wenn diese Selbstverständlichkeiten und unsichtbaren Bedingungen sichtbar werden. In krisenhaften Situationen wird exakt dies erlebt.

Die Krisen der jüngeren Vergangenheit wurden stets erlebt als

Störungen eingespielter, voraussetzungsreicher und zum Teil vulnerabler Selbstverständlichkeiten. Als krisenhaft wird erlebt, was seinen Latenzschutz verliert – auf allen Ebenen der gesellschaftlichen Praxis. Man kann es auch an den gegenwärtigen Kulturkämpfen um Geschlechterrollen und Geschlechtsidentitäten, über Zugehörigkeiten und Identitäten, über moralische Konflikte und ähnliche Fragen beobachten – krisenhaft ist weniger die Sache selbst als ihr Unsicherheitspotential. Sie machen sichtbar, was sonst eher verdeckt stattfindet.

Der öffentliche Gebrauch des Krisenbegriffs hat dabei eine merkwürdig subtile Funktion. Die Bezeichnung von etwas als Krise verweist zum einen auf den Latenzverlust, auf die mangelnde Anpassung der Handlungsmuster an veränderte Verhältnisse. Zum anderen aber fängt der Begriff der Krise exakt diese Erfahrung wieder ein, indem er sie benennbar macht und dem Unbehagen einen Begriff verleiht. Die Funktion des Krisenbegriffs ist demnach, das Problem als etwas Außeralltägliches zu markieren und damit zu verdecken, wie sehr das Krisenhafte in der Struktur des Gesellschaftlichen selbst verankert ist.

Das heißt nicht, dass es keine objektiven Entwicklungen, ungewöhnliche Abweichungen, Unterbrechungen von Gewohnheiten und Erwartungsenttäuschungen gäbe. All das hat bei den üblichen verdächtigen Krisen der letzten Jahrzehnte stattgefunden – von *9/11* über die Banken-, Finanz- und Staatsschuldenkrise und die Flüchtlingskrise, bis hin zur Pandemie, dem Krieg in der Ukraine und der Energiekrise. Es handelt sich bei dieser Aufzählung um benennbare Ereignisse, deren Benennbarkeit als Krise so etwas wie eine prinzipielle Lösbarkeitsperspektive mitliefert und Konflikte so strukturieren kann, dass man sie zwar vielleicht nicht besser aushält, aber zumindest Ordnung in die Unordnung kommt. In allen genannten Krisen etablieren sich schnell zumeist zwei Lager, zwei Konfliktseiten, mit denen die Krise verdeckt wird, weil sie dadurch eine Gestalt bekommt. Man könnte fast sagen, dass die Sache selbst durch jene Handlungsmuster ersetzt wird, die in den jeweiligen Konflikten aufscheinen und sich gegenseitig stabilisieren (→ Konflikt).

In der Aufzählung kommt die Klimakrise nicht vor. Das Besondere an der Klimakrise ist, dass sie andauert und mehr als andere

Krisen auf die Grundstruktur der Gesellschaft selbst verweist. Ob die moderne Gesellschaft in der Lage ist, mit ihren Mitteln auf diese Krise zu reagieren, ist nicht sicher – und gerade deshalb wird die Funktion des Krisenbegriffs hier sehr deutlich: Die Benennbarkeit dieser existentiellen Herausforderung als eine Krise erweckt den Eindruck, als müsse es ein Lösungskonzept geben, das eingegrenzt ist auf alles, was mit «Klima» angesprochen ist. Das bedeutet aber genau genommen, dass die gesellschaftliche Praxis als Ganze in Frage steht oder wenigstens adressiert werden muss. Dass es «nur» als eine Krise erscheint, stellt fast wieder so etwas wie Latenzschutz her. Wäre es doch nur eine Krise!

→ Kritik

Kann man das Grün des Efeus kritisieren, den ich beim Schreiben dieser Zeilen in meinem kleinen Garten sehe? Man kann ihn schön finden, man kann sich beklagen, dass er so dunkel ist. Aber kritisieren lässt sich das Grün des Efeus nicht. Allenfalls könnte man denjenigen kritisieren, der ihn dort hingepflanzt hat, denn er oder sie (der Efeu ist lange vor meiner Zeit gepflanzt worden) hätte auch eine andere, hellere Sorte nehmen können – oder womöglich auch ein anderes Gewächs. Das wäre kritisierbar – der Efeu selbst nicht. Das mag als ziemlich merkwürdiges Beispiel erscheinen, aber es enthält einen ersten Zugang zur rhetorischen Funktion von Kritik. Kritisieren lässt sich nur, was nicht nur auch anders möglich wäre, sondern was auch zurechenbar tatsächlich anders hätte gemacht werden können.

Bis vor kurzem gehörte das Wetter zu jenen Erscheinungen, die sich der Kritik entzogen. Man konnte durchaus sagen, dass einem Sonnenschein lieber ist als ein Regentag oder dass moderate 23 Grad Celsius angenehmer sind als heiße 36 Grad. Aber als Kritik lässt sich das nicht recht formulieren, weil man das Wetter niemandem zurechnen kann. Heute aber, seit man nicht mehr genau weiß, ob der konkrete Starkregen oder die hohe Temperatur nicht Ausdruck des anthropogenen Klimawandels sind, wird man das Wetter zum Gegenstand einer Kritik machen können – und wenn nicht das Wetter, dann zumindest unsere Lebensform, die SUVs aus der Nachbarschaft oder den Kapitalismus.

Kritik opponiert gegen Eineindeutigkeit und gegen die Vorstellung einer Welt totaler Notwendigkeit. Die vielleicht vornehmste Aufgabe der Kritik scheint darin zu bestehen, vormals unverrückbare und quasi-natürliche Verhältnisse so darzustellen, als hätten sie einerseits in der Vergangenheit auch anders kommen können und als könnten sie andererseits in Zukunft eine andere Entwicklung nehmen, als es die Sachverwalter ewiger Wahrheiten, traditioneller Selbstverständlichkeiten und unüberwindbarer Sachzwänge behaupten. Aber es geht hier nicht nur um Kritik, sondern auch um ihre Fetischisierung. Kritik sieht aus, als habe sie stets recht, als verwalte sie gewissermaßen gegen das Imperfekte der bestehenden Welt eine Idee dessen, wie es «eigentlich» sein könnte und sollte. In aller Vorsicht: Hier wird zwar nicht gegen Kritik argumentiert, aber die diskursstrategische Potenz der Kritik besteht dennoch darin, dass sie insofern mehr Chancen auf Sympathie hat, als schon ihre Performanz den Vorteil hat, Beobachter mit *anderen* Unterscheidungen zu versorgen. Schon dass man die Dinge anders *sehen* kann, ist ein wirksamer Hinweis darauf, dass sie dann auch anders *sein* könnten – oder wenigstens anders *werden* können. Der Beweis der Kritik liegt in der Zukunft – die bekanntlich nie beginnt, aber einen Horizont des anders Möglichen gegen und mit allen Pfadabhängigkeiten aufspannen kann. Deshalb ist Kritik oft verbunden mit utopischen Zeitperspektiven und mit normativen Bildern darüber, wie zukünftige Zustände auszusehen haben bzw. aussehen könnten – und sie muss viel weniger gute Gründe nennen als diejenigen, die die bestehenden Verhältnisse verteidigen wollen. Letztere haben zwar die Wirklichkeit auf ihrer Seite, zugleich aber eben auch das Imperfekte des Wirklichen, das gegen die Perfektibilität des durch Kritik erreichbaren Zustandes nicht ankommen kann. Deshalb ist Kritik ein Habitus, dessen Potenz darin liegt, den Sachzwängen des Bestehenden einen Vorschein auf das Bessere abzuverlangen – ob in konkreter Kritik an bestimmten Phänomenen oder als generelle Kritik an allem. Die Kriterien der Kritik selbst können durch den entsprechenden Habitus zunächst unsichtbar gehalten werden, da Kritik entsprechend für sich selbst steht. Der Kritiker kann vorgeben, mehr zu sehen als das Kritisierte, weil der Kritiker mindestens zwei Versionen der Wirklichkeit kennt.

Die Bürgerlichkeit der Kritik

Es gibt erstaunlicherweise nichts Bürgerlicheres als Kritik, also die Generalisierung von Kritik. Das mag erstaunen, weil doch das Bürgerliche sehr oft Gegenstand der Kritik ist, dabei ist insbesondere die linke, vor allem akademische Kritik des Bürgerlichen im 20. Jahrhundert näher an ihrem Gegenstand, als sie es wahrscheinlich wahrhaben will, aber dazu später mehr. Das Konzept der Kritik selbst ist eine durch und durch bürgerliche Kategorie, in der heute bekannten Form entstanden im 18. Jahrhundert. Das heißt nicht, dass es zuvor nicht Konzepte der Kritik gegeben hätte; der Begriff wurde etwa schon in der Nikomachischen Ethik des Aristoteles als reflexives Urteils- und Unterscheidungsvermögen behandelt.[1] Aber die Universalisierung der Kritik als grundlegendes Verhältnis zur Welt ereignete sich im Ausgang des absolutistischen Zeitalters. In Diderots und d'Alemberts «Encyclopédie» heißt es, gemeinsam sei «aller Kritik, daß sie Meinungen, Autorität, Interesse vor ein ‹Tribunal der Wahrheit› bringt».[2] Kritik ist eine Form, die eine Welt voraussetzt, die auch anders möglich wäre und die dem Bestehenden eine «Wahrheit» entgegensetzt, gegen die die schnöde Wirklichkeit nicht ankommt.

Es handelt sich um eine bewährte diskursive Strategie, die Kritik mit einem Wahrheitsanspruch auszustatten, gegen den die imperfekte Wirklichkeit keine Chance hat, weil sie eben an der eigenen Empirie scheitert. Wenn die oben beschriebene grundlegende Bestimmung der Kritik stimmt, wonach sich ihr Gegenstand als kontingent darstellt, also auch anders möglich ist, wird deutlich, warum Kritik tatsächlich eine bürgerliche Form ist. Reinhart Koselleck hat das in seinem berühmten Buch «Kritik und Krise» von 1959 eindrucksvoll rekonstruiert. Die Kritik am absolutistischen Staat und an der Kirche lebte zum einen davon, dass deren Macht mit anderen Möglichkeiten konfrontiert werden konnte, zum anderen davon, dass sich eine Sprecherposition etablierte, die der hierarchischen Ordnung der alten Gesellschaft eine neue Asymmetrie entgegensetzte: die «Wahrheit» gegen die bestehenden Verhältnisse. Pierre Bayle zitierend zeigt Koselleck, wie sich tatsächlich neue Geltungsansprüche etablierten: «Der Kritiker steht über den Parteien, seine Aufgabe sei nicht die, zu ‹zerstören›, sondern die Wahrheit zu ‹etablieren›.»[3] Dies ermöglicht ihm eine gewisse Freiheit, weil Kritik stets auf Zukunft verweist, also auf (noch) nicht bestehende Verhältnisse, wodurch der Fortschritt zum impliziten und bisweilen auch expliziten Horizont aller Kritik wird – was auch noch in der heutigen Verwendung der Kategorie des «Progressiven» zum Ausdruck kommt. Gesteigert wird diese Freiheit dadurch, dass die Kritik nicht wirklich beweisen muss, dass sie die Wahrheit kennt, sie kann sie schlicht zur Geltung bringen. «Die erst morgen zu findende Wahrheit enthebt den Kritiker heute jeglicher Schuld. So gewann der Kritiker im Vollzug seiner Tätigkeit Freiheit, Schuldlosigkeit und Teilhabe an einer zukunftsweisenden, überparteilichen Souveränität.»[4]

Koselleck geht es nicht darum, Kritik per se zu kritisieren. Dass in geschichtlichen Phasen, in denen eine bestehende Ordnung in Frage gestellt wird – wodurch auch immer, sei dahingestellt –, die bestehende Ordnung mit anderen Versionen konfrontiert wird und dadurch Kritik möglich wird, ist nicht weiter begründungsbedürftig, auch nicht, ob Kritik der Auslöser der Veränderungen ist oder ob Veränderungen Kritikmöglichkeiten eröffnen. Dies wird sich kausal ohnehin nicht eindeutig klären lassen. Und dass Modernisierungsprozesse mit wachsenden Nein-Stellungnahmen einhergehen, dürfte unbestritten sein – dazu weiter unten mehr.

Koselleck geht es dagegen eher darum, wie sich Kritik von dem kritisierten Gegenstand ablöst und damit verselbständigt – der Untertitel seines berühmten Buches verweist darauf, dass er auf der Suche nach einer *Pathogenese* der bürgerlichen Welt ist. In seinen Worten: «Die Kritik hat sich Absolution erteilt, indem sie nicht nur vom Staat, sondern auch von ihrem gesellschaftlichen Hintergrund sich abzulösen imstande scheint. [...] Dadurch wird alles und jedes in den Strudel der Öffentlichkeit gezogen», was dann dazu führe, dass die Kritik zu einer «geheimnisvollen Herrschaft angewachsen ist, die alle Lebensäußerungen verfremdet. Diese Kritik macht auch nicht mehr Halt vor dem Souverän.»[5]

Der Souverän wird in der Demokratie später mit dem Kritiker zusammenfallen (→ Demokratie). Zunächst muss dafür der Souverän selbst vermenschlicht werden. Im 18. Jahrhundert hieß das zunächst noch nicht, dass das Volk oder die Untertanen zum Souverän werden, sondern umgekehrt der Souverän zu einem Menschen: «Die Aufklärer entlarven den König als Menschen, und als Mensch kann er gar nichts anderes sein als ein Usurpator.»[6] Die Anerkennung des absolutistischen Souveräns als Souverän verhinderte es, ihn *auch* als Menschen zu sehen – die wirksamere Kritik wäre dann weniger Moral als Ironie und damit ein indirekter Geltungsanspruch, denn moralische Kritik braucht eine Eindeutigkeit im Achtungs- und Missachtungserweis, auf den Ironie verzichten kann, ja muss.[7] Fällt diese Anerkennung, wird aus dem Souverän ein Mensch, der nun direkt kritisiert werden kann, wodurch die Kritik selbst zu einem Souverän wird, was dann freilich die Frage nach der Souveränität fast unlösbar macht, weil Kritiker und Kritisiertes fast in eins fallen können und so einer Steigerungslogik unterliegen. Kosellecks Diagnose gipfelt in der Kritik solcher Hypokrisie: «Die Kritik steigerte sich in Gegenkritik zur Superkritik. Schließlich verdummte sie zur Hypokrisie. Die Hypokrisie war der Schleier, den die Aufklärung ständig webend vor sich hertrug und den zu zerreißen sie niemals imstande war.»[8]

Kosellecks These der Hypokrisie wurde ihrerseits vielfältiger Kritik unterzogen – man sah darin eine «konservative Krisentheorie». Am prägnantesten brachte das sicher Gennaro Imbriano auf den Begriff: «Die Krise wird als Krankheit diagnostiziert, und die Moderne als Verfall eines ursprünglich gesunden Organismus»[9] – ähnlich kritisierte Habermas, Koselleck diskreditiere das Prinzip des öffentlichen kritischen Diskurses.[10] Wie auch immer man Kosellecks geschichtstheoretische und geschichtsphilosophische Position genauer bestimmen will, so darf man ihn keineswegs als einen prinzipiellen Kritiker von Kritik lesen. Sehr produktiv ist seine Diagnose einer Verselbständigung der Kritik von den konkreten Anlässen und Verhältnissen, was man auch als eine Kompensation der operativen Politikferne des Bürgertums interpretieren kann.[11] Jedenfalls trifft die Diagnose, dass die Form der Kritik sich mit einer Wahrheit ausstatten muss, die den bestehenden Verhältnissen entgegensteht und als eingeführtes Muster geradezu unvermeidlich geworden ist.[12] Kant formuliert es – stets zitiert, wenn es um Kritik geht – so: «Unser Zeitalter ist das eigentliche Zeitalter der Kritik, der sich alles unterwerfen muß. Religion, durch ihre Heiligkeit, und Gesetzgebung, durch ihre Majestät, wollen sich gemeiniglich derselben entziehen. Aber alsdann erregen sie gerechten Verdacht wider sich und können auf unverstellte Achtung nicht Anspruch machen, die die Vernunft nur demjenigen bewilligt, was ihre freie und öffentliche Prüfung hat aushalten können.»[13]

Das entspricht exakt dem, was Koselleck diagnostiziert: Weder «Heiligkeit» noch «Majestät» sind mehr aus sich selbst heraus Geltungsgründe und müssen sich befragbar machen. Kosellecks Argument ist allerdings, dass es keine interne Stoppregel für Kritik gibt, die Kant wenigstens in der Vernunft ausmachen zu können erhofft. Es ist also nicht die Kritik, die die Krise hervorgebracht hätte, sondern es ist die Krise, die Anlass für Kritik und Nein-Stellungnahmen ist. In der historischen revolutionären Phase der Etablierung von Kritik als bürgerlicher Form hat die von Koselleck betonte Universalisierung eines Kritikstils sehr wohl die Funktion gehabt, einen Gegenstand erst als kritikwürdig erscheinen zu lassen; und zwar einerseits indem er ihn so darstellt, als könne er auch anders sein und sich anders entwickeln, und anderseits indem Kritik von außen mit weniger Begründungslasten auskommt als die operative Bewältigung der bestehenden Wirklichkeit. Wenn die gegenwärtigen Krisen eines zeigen, dann ist es exakt dies: Die Tendenz zur Verselbständigung der Kritik nimmt zu, wenn die operative Bewältigung der bestehenden Wirklichkeit Krisensymptome zeigt.[14] Man konnte es während der Pandemie deutlich beobachten: Die als krisenhaft erfahrenen, geradezu alternativlos erscheinenden Versuche der Krisenbewältigung haben nicht unbedingt eine Form der Kritik hervorgebracht, die an der Verbesserung dieser Maßnahmen interessiert war, sondern sich generell gegen Maßnahmen überhaupt und gegen jene Eliten gewendet, denen man die Entscheidungen zurechnen konnte.

Die radikalere Kritik gegen die in der Tat bisweilen kritikwürdigen Versuche der Pandemieeindämmung nahm eine ähnliche Form an, wie Koselleck sie für jene Kritik an Staat und Kirche beschrieben hat, die offensichtlich wenige sachliche Kriterien hatte, sondern geradezu eine Selbstzweckfunktion annahm. Kritik soll hier nicht missverständlich per se als Selbstzweck diskreditiert werden. Es ist eher eine empirische Beobachtung, dass Kritik sich in einer bestimmten ästhetischen Form selbst trägt und deshalb auf Argumente kaum mehr angewiesen ist.

Kritik hat erstaunlicherweise einen hohen Kredit, vielleicht weil wir gewöhnt sind, Kritik mit Aufklärung, mit eher linken und modernen, in diesem Sinne «progressiven» Inhalten zu verbinden. An anderer Stelle habe ich das das «Sympathieparadox der Linken» genannt, der man die Form der Kritik und womöglich die autoritären Ansprüche auf Geltung deshalb verzeiht, weil sich ihre Ziele sympathisch anhören: Gerechtigkeit, Symmetrie, Pluralität.[15] Es sind aber auch andere Kritikformen bekannt, die mit weniger Sympathievorschuss rechnen können – man denke an Pegida und ähnliche Proteste im Gefolge der Fluchtbewegungen 2015, an die populistische Elitekritik der Republikaner in den USA, an die Gelbwestenproteste in Frankreich oder an die «Querdenker» während der Corona-Pandemie. All diese Kritikformen zeichnen sich durch eine merkwürdige Verselbständigung des Kritikhabitus aus, der vor nichts zurückschreckt, weil er keine Probleme lösen muss – außer die eigene Kritik aufrechtzuerhalten.

Vielleicht wird die Fetischisierung und Verselbständigung der Kritik als einer sich selbst genügenden Form erst in dem logischen Moment deutlich, in dem Kritik nicht mehr wie von selbst als eine «progressive» oder «linke» Form erscheint – schon die Charakterisierung als «progressiv» gemahnt noch an die bürgerliche Idee, die Kritik stets mit einem historischen «Noch-nicht» aufladen konnte und sich so praktische Freiheiten ermöglichte.

Die problematische Kritikform, die Koselleck im Sinn hatte, ist durchaus aktuell – sie verhindert geradezu, Kritik als eine nützliche Form der Selbstkorrektur einzusetzen und damit im weitesten Sinne produktiv zu sein. Sie ist vielmehr davon geprägt, «alles in den Strudel der Öffentlichkeit» zu zwingen und so zu delegitimieren. Solche Kritik glaubt nicht an die kritischen Potentiale und die Fähigkeit zur Selbstkritik und wird dadurch in der Tat zum Ausdruck einer krisenhaften Ausweglosigkeit. Was für Koselleck der Absolutismus und die Kirche als Gegenstand einer solchen bürgerlichen Kritik waren, ist heute jenes «System», gegen das sich radikalisierte Kritik richtet. Dabei haben wir doch in der Schule gelernt, dass Kritik konstruktiv sein soll.

Ist Dauerkritik institutionalisierbar?

Freilich leben wir nicht mehr in absolutistischen Zeiten. Die Geschichte der Entstehung moderner gesellschaftlicher Strukturen und institutioneller Formen ist davon geprägt, Kritik in die Leistungsbereiche der Gesellschaft selbst einzubauen. Wenn es stimmt, dass Kritik nur dann möglich ist, wenn die Dinge auch anders sein könnten und wenn man sie intentional gestalten kann – oder zumindest die Erwartung hat, dass das möglich sei –, dann durchzieht die moderne Gesellschaft fast überall ein Kritikpotential und Kritikbedarf. Man kann dies auch daran erkennen, dass die meisten methodisch kontrollierten Theorien der Moderne im weitesten Sinne Kommunikationsmodelle in Anspruch nehmen. Kommunikation bzw. Kommunikationsmedien werden zum Leitmedium der gesellschaftlichen Moderne, weil sie die Möglichkeit der Nein-Stellungnahme beinhalten. Letztlich ist Kommunikation so etwas wie ein permanentes Kritik-Medium, eine Form mit offenen Anschlüssen. Kommunikationsprozesse zeichnen sich dadurch aus, dass der zweite kommunikative Akt nicht vom ersten determiniert ist. Der Anschluss enthält stets ein Moment an Offenheit oder Undeterminiertheit – sonst würde man nicht von Kommunikation sprechen. Auf jede Kommunikationsofferte ist eine Nein-Stellungnahme möglich – und es ist eine enorme Systemleistung, das auch vermeiden bzw. in erwartbare Formen bringen zu können (→ Kommunikation).

Für Kritik ist das insofern relevant, als Kommunikation bzw. die Entfaltung von komplexen Kommunikationsformen dafür verwendet wird, wilde Nein-Stellungnahmen zugunsten von institutionalisierten Nein-Stellungnahmen zu strukturieren. Die Frage könnte lauten: *Ist Dauerkritik institutionalisierbar?*[16] Die Antwort lautet eindeutig: Ja. Oder genauer: Dauerkritik ist nur möglich, wenn man sie institutionalisierbar machen kann und damit die Kritik in die Affirmation einbaut. Nicht zufällig ähneln sich viele institutionalisierte Lösungen in unterschiedlichen Funktionssystemen der Gesellschaft darin, dass sie explizite Funktionsstellen für Kritik, Widerrede, Widerspruch und Nein-Stellungnahmen einbauen. Das naheliegendste Beispiel ist wohl der Parlamentarismus, der sich durch die Anwesenheit einer Opposition auszeichnet, die die Regierung nicht nur kritisieren kann, sondern muss – deshalb sehen Parlamente wie etwa der chinesische Volkskongress oder weiland die DDR-Volkskammer wie Karikaturen von Parlamenten aus, weil in ihnen nicht widersprochen werden kann. Die Opposition ist institutionalisierte Kritik – und gerade insofern sie nicht mitregiert, zwingt sie die Regierung dazu, wenigstens gute Gründe für ihre Entscheidungen zu nennen, die sie aufgrund der Mehrheitsverhältnisse ohnehin treffen kann.

Gerichtsverfahren institutionalisieren im Rechtsstreit widersprechende Parteien, die sich gegenseitig kritisieren und verfahrensförmig institutionalisiert sind. Massenmedien sind ein institutionalisierter Komplex von Kritikmöglichkeiten mit ausdifferenzierten Rollen, die es etwa Interviewern explizit ermöglichen, kritische Fragen zu stellen und darin persönliche Missachtung unsichtbar zu machen. Bildungsprozesse verlangen geradezu nach dosierter Kritikfähigkeit an der richtigen Stelle. Sie provozieren ein affirmatives Verhältnis zu kritischen Urteilen im Rahmen pädagogischer Settings. Kunst und Kultur sind permanenter Kritik ausgesetzt – auch das ist so sehr institutionalisiert, dass die Kritik bisweilen den entscheidenden Zugang zu Musik, Theater, Literatur und bildender Kunst ebnet.[17] Ästhetische Kritik gehört ohne Zweifel zu den Frühformen institutionalisierter Kritik. Wissenschaftlicher Fortschritt ist nur denkbar durch die Institutionalisierung der Kritik an vorherigen Forschungsergebnissen bzw. ihren Methoden, Theorien und Praktiken. Das wissenschaftliche Zeitschriftenwesen und wissenschaftliche Tagungen bieten Formen der zivilisierten Kritik und institutionalisieren den Widerspruch, ebenso Peer-Review-Verfahren und das Gutachtenwesen.[18]

All diese Beispiele aus unterschiedlichen Bereichen tragen als gemeinsames Merkmal, dass die moderne Gesellschaft permanent mit Kritik rechnet und sie deshalb in eine Form bringen muss. Die von Koselleck beschriebene Form der Verselbständigung von Kritik, die ihr eigenes Bezugsproblem verliert, wird hier gewissermaßen gesellschaftlich verarbeitet, und zwar mit den Mitteln, die einer modernen Gesellschaft zur Verfügung stehen: mit Programmen, Institutionen und Verfahren, die in den unterschiedlichen Funktionssystemen der Gesellschaft zur Verfügung stehen. Würde man Kants Charakterisierung in eine soziologische Sprache übersetzen, könnte man sagen, der «Anspruch der Vernunft» sei in die institutionellen Bedingungen der Integration von Kritik gewandert. Dass Kritik damit womöglich ihres Stachels beraubt wird, ist einleuchtend – aber auch, dass institutionalisierte Kritik womöglich wirksamer ist als ihre frei flottierende Schwester, die sich vom kritisierten Gegenstand ganz lösen kann.

Somit lässt sich etwa das Auftreten von Protestbewegungen auch als eine Reaktion darauf interpretieren, dass die internen bzw. institutionalisierten Formen der Kritik als nicht ausreichend wahrgenommen werden.[19] Denkt man an rechte Proteste gegen die Flüchtlingspolitik, an die unterschiedlichen Protestformen gegen die Klimapolitik, an Corona-Proteste, oder historisch an die studentischen Proteste Ende der 1960er Jahre, an die Proteste der Friedensbewegung in den 1980er Jahren u. v.m., so begründen sie alle ihren Protest auch damit, dass die institutionalisierten Formen des Widerspruchs und der Kritik versagt hätten und es am Ende fast egal sei, wer regiert oder wer institutionelle Entscheidungen trifft. Nicht selten sind solche Protest- und Kritikformen insbesondere generalisierte Eliten- und Machtkritik – und in diesen Fällen treffen dann manche der historischen Beschreibungen von Koselleck wieder zu, was den Vorwurf an Koselleck, dieser kritisiere eine unangemessene Kritik an einem «vormals gesunden Organismus», durchaus relativiert.

«Gesellschaftskritik» – ein Pleonasmus?

Ist der Rekurs auf «Gesellschaft» schon selbst ein kritischer Akt? Es sieht ganz so aus. «Gesellschaft» als historischer Begriff referiert auf die Erfahrung vor allem des 19. Jahrhunderts, als nationalstaatliche Ordnungen entstanden, der Betriebskapitalismus ausgebaut, die Schulpflicht eingeführt, die Verwaltung professionalisiert und landesweite Medien etabliert wurden. Von «Gestaltung», «Veränderung», «Konkurrenz von Konzepten» und nicht zuletzt eben von «Gesellschaft» als einem voraussetzungsreichen Begriff ist erst die Rede, seit so etwas wie ein soziales Zusammengehörigkeitsgefühl entstand, in dem einerseits ein politisches und rechtliches Gleichheitsversprechen wenigstens ansatzweise vorausgesetzt werden konnte, zumeist in nationalgesellschaftlicher Form, andererseits gerade dadurch Ungleichheits- und Ungerechtigkeitserfahrungen erst sichtbar wurden (→ Gleichheit/Ungleichheit).[20] «Gesellschaft» hat als historischer Begriff mit diesen Konflikten zu tun, die in arenaförmigen Öffentlichkeiten ausgefochten wurden (→ Öffentlichkeit).[21] Die Rede von der Gesellschaft hat einen appellativen Charakter. Den Begriff charakterisiert Siegfried Landshut als einen, «unter dem sich die Spannungen, Widersprüche und Fraglichkeiten zusammenfassen, die sich mit der Wirksamkeit der Ideen von Freiheit und Gleichheit ergeben».[22] Dieser Widerspruch zwischen Gleichheitsansprüchen und faktischen Ungleichheiten birgt jenes Konflikt- und Kritikpotential, das tatsächlich den Gesellschaftsbegriff selbst mit einer kritischen Konnotation ausstattet. Wohlgemerkt, hier ist nicht von einem theoretisch angemessenen Gesellschaftsbegriff die Rede, sondern von einem historischen Begriffsgebrauch, der bis heute den Fokus auch der akademischen Welt auf die Kritik sozialer Ungleichheit richtet. Der Gesellschaftsbegriff ist nach diesem Verständnis in der Tat ein Kritikbegriff, weil er in sich selbst eine Antinomie ausmacht, die letztlich nicht zu heilen ist (→ Gesellschaft).

Der Klassiker in diesem Zusammenhang ist natürlich die «Kritische Theorie». Bereits die frühen Aufsätze von Max Horkheimer aus den 1930er Jahren begründen eine wissenschaftliche Selbstkritik, die auf multiple Beobachtungsverhältnisse hinweist. Horkheimer unterscheidet *traditionelle* von *kritischer* Theorie darin, dass die erste zwar einen Klassen-, also Beobachterstandpunkt hat, davon aber nichts weiß, während die zweite zwar ebenfalls einen limitierenden Beobachterstandpunkt hat, darum aber weiß und es zum Gegenstand der eigenen Praxis macht. Horkheimer ist es vor allem darum zu tun, die *Gesellschaftlichkeit* nicht nur jedes Gegenstandes zu betonen, sondern auch diejenige der Theorie selbst. Im Unterschied zur vulgärmarxistischen Variante zeigt Horkheimer auch, dass der gesellschaftliche Beobachterstandpunkt des Proletariats keine Garantie für eine richtige Erkenntnis liefert.[23]

Die Kritische Theorie in der Variante Adornos hat vor allem ästhetisch interessante Anschlüsse erfahren: Sie wurde einerseits zur Blaupause einer Ästhetik der Kritik, die den Begründungsüberschuss einer argumentativen Kritik in der kritischen Pose aufhebt. Eine ökonomisch weitgehend gesättigte Nachkriegsgeneration konnte gerade in dieser Pose ihre bürgerliche Klassenlage mit dem Gestus marxistischer Kapitalismuskritik verbinden. Sie ließ sich von Adorno sagen, dass sie ins Privileg verstrickt sei, und weil es so schön gesagt werden kann, ist die Verstrickung fast ein Schicksal – eine stabilere Form der Affirmation im Gestus der Kritik ist kaum vorstellbar. Hier wird tatsächlich die Gesellschaftlichkeit allen Seins zur Grundlage der Kritik selbst, vor allem in der Variante Adornos, dem die Gesellschaft nur in Form eines «universalen Verblendungszusammenhangs»[24] zugänglich wird. Damit bekommt der Rekurs aufs Gesellschaftliche automatisch einen kritischen Impetus. Kritik wird dann oft zur Haltung, zur Pose, und die Bedingung ihrer Unmöglichkeit lässt sich im universalen Verblendungszusammenhang ganz kommod aushalten. Liest man heute Adorno – oder hört gar Tonaufzeichnungen –, kann man sich der ästhetischen Stärke dieser Haltung kaum entziehen, gerade weil sie sich nicht damit zufriedengibt, konkrete Ziele und andere Zustände anzugeben. Es herrscht dann «Der lange Sommer der Theorie», wie es Philipp Felsch nennt, der mit der Distanz des Nachgeborenen darlegt, wie sehr man sich darin einrichten konnte, die Universalisierung der Kritik mit ihrer letztlichen Folgenlosigkeit zu versöhnen.[25]

Damit kehrt die Form der Kritik tatsächlich zu ihrem bürgerlichen Ursprungsproblem zurück, es mit einem Gegenstand zu tun zu haben, der sich durch die Kritik weniger beeindrucken lässt als gewünscht – um dann an sich selbst die Erfahrung zu machen, dass sich Kritik verselbständigen kann und zur Pose wird. Vielleicht greift deshalb auch die Kritik an Koselleck nicht wirklich; er leugnet ja nicht die Möglichkeit der Kritik selbst, sondern beobachtet empirisch, wie sehr sich Kritik verselbständigt, wenn sie offensichtlich keinen Hebel findet. Dieser wurde später in der Institutionalisierung von Nein-Stellungnahmen in modernen liberalen Rechts- und Verfassungsstaaten möglich.

Vielleicht ist deshalb auch die Kapitalismuskritik die Mutter aller Kritik. Das Argument ist nicht ganz einfach zu formulieren, weil es schnell so aussieht, als werde Kritik kritisiert und für nicht notwendig befunden. Aber darum geht es nicht. Womöglich ist die meiste Form von Kritik, an die wir uns gewöhnt haben, nicht in der Weise effektiv, wie es die Verve der Kritik selbst nahelegt. Man kann das an der Kapitalismuskritik gut rekonstruieren. Wer sich in den «kritischen» Milieus bewegt, mindestens in den eher linken oder linksliberalen, wird oft die Sentenz «im Kapitalismus» hören. Das ist eine signalstarke Zeichenfolge, die so sehr für sich spricht, dass man kaum genauer hinsieht. Dass irgendein Gegenstand der Kritik – sei es die Lage des Mittelbaus an Universitäten, die Unterrepräsentanz von Care-Arbeit, die Umweltverschmutzung oder die Leistungsorientierung in Schulen – besonders «im Kapitalismus» in einer kritisierbaren Lage ist, wird hier nicht prinzipiell in Zweifel gezogen. Sicher gibt es bei allen Themen, die etwas mit dem Verhältnis von Wertschöpfung, Verteilung und Umverteilung zu tun haben, stets Aspekte der politischen Ökonomie. Aber interessant ist die *performative* Funktion der Sentenz. Sie ist kein Zufall, denn «Kapitalismus» ist eine Chiffre für die Struktur der modernen Gesellschaft, die sich nur deshalb gegen sich selbst kehren kann, weil sich darin eine eigensinnige Dynamik zeigt, die sich weder von innen noch von außen schlicht instrumentell verändern lässt. «Kapitalismus» ist ein Platzhalter für das Unbehagen an der Unübersichtlichkeit der Moderne – deshalb ist Kapitalismuskritik die Mutter aller Kritik und damit die Mutter aller Protestformen, was sich übrigens auch darin zeigt, dass die Konfliktparteien in derzeitigen Protestszenen dieses Zauberwort nicht nur von links anführen. Auch rechte Proteste gerieren sich bisweilen antikapitalistisch oder gegen den «Neoliberalismus», weil sich damit jenes Unbehagen am besten auf den Begriff bringen lässt, der dem Protest erst seine Funktionsstelle zuweist.[26]

Es geht hier um die Chiffre «Kapitalismus», um den Signifikanten, der schon durch bloße Nennung Information zu erzeugen scheint – bis in akademisch formulierte Diagnosen hinein. Es geht hier nicht darum, was tatsächlich kritikwürdig an dem ist, was man begrifflich auch Kapitalismus nennen kann. Die Ausgangsfrage war, ob «Gesellschaftskritik» nicht ein Pleonasmus sei. Es wird deutlich, dass schon der Rekurs aufs Gesellschaftliche einen Kritikimpetus trägt. Denn die Beobachtung der Welt als Gesellschaft verweist einerseits darauf, dass die Dinge auch anders sein könnten, andererseits ist aber der Gegenstand schlicht nicht erreichbar, weil er keine Adresse darstellt, die unmittelbar und vor allem kausal attribuierbar wäre (→ Gesellschaft).

Vielleicht wird «Kapitalismus» inzwischen auch eher durch so etwas wie «Identität» abgelöst (→ Identität). Die politische Polarisierung in den USA steht gewissermaßen zwischen «Identität» und «Kapitalismus». Auf der einen Seite ist ein erheblicher ökonomischer Abstieg der Mittelschichten in den USA zu beobachten, deren Identitätsfolgen auch damit zu tun haben, dass diese Mittelschicht vor allem in ökonomischen Krisenzeiten jenen Gruppen ähnlicher wird, die von dieser Mittelschicht zuvor verachtet wurden – Schwarze, Transferempfänger, Arbeitslose etc. Arlie Russel Hochschild schildert dies eindrucksvoll in ihrer Studie «Fremd im eigenen Land», in der sie die potentiellen Wähler Trumps untersuchte, deren ökonomische Impotenz in eine Identitätsfrage umgedeutet wurde:[27] Nach dem Verlust einer amerikanischen Gewinnergeschichte waren sie empfänglich für ein reaktionäres und rechtes Identitätsangebot, das sich inzwischen, nach der Abwahl Trumps, geradezu zu einer Dementierung eines liberalen Staatsmodells entwickelt. Aber auf der anderen Seite findet auch eine Radikalisierung der Kritik auf der Linken, vor allem der akademischen Linken statt, die ebenfalls – und zu Recht – die Hoffnungen auf ökonomische und kulturelle Teilhabe von Minderheiten verloren haben. Der Anteil etwa von schwarzen Häftlingen in den USA ist dreimal höher als der Bevölkerungsanteil, das Durchschnittsvermögen schwarzer Haushalte entspricht etwa einem Achtel des durchschnittlichen weißen Haushaltes.[28] Erst vor diesem eklatanten Missverhältnis lässt sich die Radikalisierung und Verselbständigung der Kritik an Rassismus, an Diskriminierung etc. verstehen. Dieses Missverhältnis hat auch dazu geführt, dass sich Kritik an diesen Verhältnissen zumindest in den USA verselbständigt hat: Die Prinzipien der institutionalisierten Nein-Stellungnahmen innerhalb etwa rechtsstaatlicher Verfahren und Standards werden nicht nur kritisiert, sondern selbst als Treiber dieses Missverhältnisses angesehen. Man denke, um ein Beispiel von rechts zu nennen, etwa an die Debatte über die Meinungsfreiheit – das Recht auf freie Rede mutiert dann zum Recht darauf, Minderheiten unangemessen zu bezeichnen und sie zu diskriminieren.[29] Liberale Demokratie und Gleichberechtigung und damit auch die Verfahren, die im Namen von Minderheiten Nein-Stellungnahmen in politische, rechtliche, Bildungs- und kulturelle Prozesse einbauen, werden damit gewissermaßen zur Ideologie erklärt. Es ist hier nicht der Ort, diesen Diskurs nachzuzeichnen. Hier interessiert die Verselbständigung einer auf Identitätsbehauptung pochenden Debatte, die der konservativ-rechten Identitätspolitik nun eine linke intersektionale Identitätsperspektive gegenüberstellt – und schon die Frage, was von beidem was auslöst, ist vermintes Gelände. Von linker Seite jedenfalls wird stabil behauptet, es gebe keine Cancel-Versuche und keine autoritären

Sprach- und Benennungskämpfe, was ebenso wenig stimmt wie die reaktionär-konservative Behauptung, die Grundfesten einer «natürlichen» Ordnung (→ Natur) würden eingerissen. Die Behauptung einer Überlegenheit der weißen Rasse jedenfalls ist genauso absurd wie diejenige, eine weiße Perspektive sei schon a priori rassistisch gebrochen.[30]

Die Dinge ordnen sich um die vielleicht simpelste Form überhaupt, nämlich die Wahrnehmbarkeit – auch deshalb sind Geschlecht und «Rasse» so leistungsfähige Differenzkategorien, die mehr zu ordnen vorgeben, als es der Anschein verspricht.[31] Ich habe dafür an anderer Stelle den Begriff der «Physiodizee» verwendet, der Überplausibilisierung eines Anscheins, einer Sichtbarkeit, die sich nicht von selbst ergibt, sondern praktisch verbürgt werden muss.[32] Das hohe Konfliktpotential identitätspolitischer Debatten liegt darin, dass vor allem diejenigen, die sich solcher Sichtbarkeit bis vor kurzem entziehen konnten, ihr nun selbst ausgesetzt sind. «Weiß» zu sein, war vor kurzem noch kein Privileg, weil Weiße erst weiß sind, seit Schwarze mit ihnen auf Augenhöhe kommunizieren – und durch die Sichtbarkeit ihrer Differenz die Augenhöhe im Moment ihrer Herstellung wieder verlieren.[33] Deshalb sind Appelle so naiv, die Identitätspolitik doch einfach zu lassen. Und genau deshalb geraten Emanzipationsversuche von marginalisierten Gruppen aus nachgerade logischen Gründen selbst unter die Räder einer Physiodizee, weil die Sprechfähigkeit zur Überwindung der Differenz direkt auf die Differenz angewiesen ist. Und genau deshalb verselbständigt sich Kritik hier auf eine Weise, die der Hypokrisie-These von Koselleck ziemlich nahekommt. Die Verselbständigung der Kritik liegt auch darin, im Namen von Chancengleichheit, von Anerkennung und liberalen Rechten ebendies einzuklammern und zu dementieren.

Beide Seiten sind von erheblichen Lebenslügen geprägt – was hier nur insofern interessiert, als es sich dabei tatsächlich um einen Gestus handelt, der die Dinge vor ein «Tribunal der Wahrheit» bringt, wie es in der «Encyclopédie» hieß. Die Potentiale der institutionalisierten Nein-Stellungnahmen spielen dann keine Rolle mehr – und sind im Falle des US-amerikanischen Kulturkampfes dann auch beiden Seiten keinen Cent wert.

Das Bezugsproblem

Welches Problem löst nun der Gebrauch des Kritikbegriffs? Das Bezugsproblem des Begriffs ist einerseits sehr einfach zu bestimmen, andererseits ist diese Einfachheit auch verführerisch. Das Bezugsproblem von Kritik lässt sich daran ablesen, dass der Gegenstand von Kritik stets ein Moment an Indeterminiertheit und Kontingenz aufweisen muss, also auch anders möglich sein muss. Dazu kommt freilich, dass Kritik stets eine Adresse braucht, denn sonst läuft sie ins Leere. Kann man Gott dafür kritisieren, dass, um das einleitende Beispiel aufzugreifen, mein Efeu nicht die angemessene Farbe hat? Eine solche Kritik wäre durchaus möglich, aber genau genommen sinnlos. Das Problem ist aus der Theodizee-Diskussion bekannt, wie Gott angesichts seiner Omnipotenz so viel Leid und Imperfektes zulassen könne. Man kann das dann in eine Kritik an den Menschen umdeuten, deren Freiheit durch die Theodizee herausgefordert wird. Performativ funktioniert Kritik aber nur, wenn man tatsächlich eine verantwortliche Adresse benennen kann, der die Kritik meistens mehr zutraut, als diese vermag. Dem Kapitalismus, den Herrschenden, falschen Einstellungen, einer unangemessenen Moral, dysfunktionalen Institutionen oder falschem Bewusstsein gegenüber lässt sich Kritik gut äußern – und oft hat Kritik tatsächlich die Potenz, Fehlanpassungen, falsche Routinen oder ungewünschte Resultate benennen zu können.

Aber oft bricht sich Kritik an exakt den Verhältnissen, die sie adressiert – was übrigens im Begriff der «Gesellschaftskritik» sehr gut zum Ausdruck kommt. Missstände der Gesellschaft werden logischerweise der Gesellschaft zugerechnet, aber zugleich fehlt aufgrund der Komplexität der gesellschaftlichen Verhältnisse jener Adressat, auf den die Kausalität der kritischen Semantik zutrifft. Deshalb hat Kritik oftmals etwas Subalternes, weil sie den kritisierten Mächtigen zutraut, auf die negativen Folgen verzichten zu können, wenn sie nur wollten – seien es etwa die herrschenden Fehlallokationen etwa im Hinblick auf CO_2-Produktion oder unsensible Sprechweisen. Der Begriff «Kapitalismus» ist deshalb so kritikaffin, weil er konkret und unkonkret zugleich ist. Er ist eine Adresse, die keine ist, zumindest keine, die sich angemessen erreichen lässt. Mit der Identität ist es einfacher – aber die Problemlage struktureller Diskriminierung selbst wird damit womöglich noch weniger adressiert.

Das einfache Bezugsproblem des Kritikbegriffs, die prinzipielle Veränderbarkeit des Kritisierten, wird also dadurch konterkariert, dass der kritisierte Gegenstand sich der Kausalität der Kritik nicht fügt; meist kann Kritik Folgen und Nebenfolgen begrifflich und operativ nicht wirklich kontrollieren. Deshalb sieht es so aus, als sei der Gebrauch des Kritikbegriffs, vor allem der inflationäre Gebrauch, ein Platzhalter dafür, wie unerreichbar jene Hebel sind, in ein komplexes System so einzugreifen, dass es sich nicht nur verändert, sondern auch noch in die gewünschte Richtung.

Vielleicht ist deshalb die viel weniger «kritische» Form der Kritik, nämlich die institutionalisierbare und institutionalisierte Form der Nein-Stellungnahme in politischen und rechtlichen Verfahren, in der Bildung, in der Kultur und Kulturkritik usw., viel wirksamer als die «reine» Kritik, deren Form als Protest oder kritische Semantik aber nicht unterschätzt werden darf; als Stichwortgeber für die Informationsverarbeitung in den institutionalisierten Leistungsbereichen der Gesellschaft und ihrer Funktionsbereiche.

Ein neuer Kritiktypus?

Kritik unterscheidet sich danach, ob sie in der Sachdimension oder nur in der Sozialdimension stattfindet. Die Sachdimension bezieht sich auf die Lösung von Sachproblemen, sie beantwortet Was-Fragen – die Sozialdimension bezieht sich auf die Frage, wer handelt bzw. wer teilhat und wer nicht, sie beantwortet also Wer-Fragen.[34] Diese heuristische Unterscheidung kann unter anderem dabei helfen, über Gesellschaft zu reden – als ein System in der Sozialdimension, das insbesondere durch Ungleichheit und Schichtung geprägt ist (→ Gleichheit/Ungleichheit), oder als ein System, das in der Sachdimension vor allem nach Funktionen differenziert ist (→ Gesellschaft). Im Hinblick auf den Gesellschaftsbegriff ist dies ein tiefgreifender Unterschied – und das gilt auch für mögliche Kritikbegriffe. Gewöhnt ist Kritik vor allem an Kategorien in der Sozialdimension, also daran, immer weitere Gruppen in der Gesellschaft zu emanzipieren.[35]

Den entscheidenden Unterschied in dieser Hinsicht macht die Frage, wer als Akteur zugelassen wird und wer nicht – dies ist die alte Emanzipationsgeschichte des gesellschaftlichen Arena-Konzepts seit dem 19. Jahrhundert, das bis heute die Zahl und die Diversität der legitimen Sprecher erhöht oder erhöhen will und die zentrale Kritikchiffre darstellt. War es bei Hegel noch der Bürger, der die Gesellschaft bevölkerte, erweiterte Marx sie um den Proletarier, Weber um den kulturell Anderen und Parsons feierte die Generalinklusion aller in die Gesellschaft. Die phänomenologische Soziologie legitimiert dann auch den naiv-natürlichen Alltagssprecher, Habermas will zwar die Argumente auf die besseren verknappen, dafür aber die Zahl der Sprecher erhöhen. Die Rational-Choice-Theorie modelliert auch Unvernünftige als vernünftige Nutzenmaximierer, die *cultural studies* emanzipieren Subkulturen zu Vollmitgliedern, der neue Kosmopolitismus und die *postcolonial studies* entdecken überall legitime Sprecher, fast unabhängig davon, was sie sagen. Die Frauenforschung emanzipiert zunächst die Frauen zu Sprecherinnen, die *gender studies* übertragen das auf alle Geschlechter, und die *queer studies* emanzipieren dann alle Menschen vollständig vom Geschlecht. Auch die Erhebung der Tiere auf Augenhöhe in der Tierethik gehört dazu, ebenso wie die Emanzipation der Dinge und Gegenstände zu Akteuren, wie sie vor allem vom französischen Soziologen Bruno Latour betrieben wurde, der aus einem handlungstheoretisch interessanten Argument eine geradezu absurde romantische Einheitsvorstellung der Welt als eines vollkommen vernetzten Ökosystems machte, das er mit dem griechischen Gaia-Mythos verband.[36] Die Geschichte dieser Kritik ist geprägt davon, die Zahl der legitimen Sprecher zu erhöhen – Emanzipation wird dann stets an so etwas wie eine Vergemeinschaftung der Unterschiedlichen gebunden.[37] Im 19. Jahrhundert war das noch die Nation als egalitäres Konzept gegen die ständische Gesellschaft, heute ist es – wenn nicht Tiere, Pflanzen, Götter und die Objekte selbst emanzipiert werden[38] – der Glaube an eine Zivilgesellschaft, deren Interessen sich gegen die Zentralinstanzen der Moderne wenden sollen und so etwas wie eine Vernunft der Vielen gegen die Perspektive der Experten, der Entscheider und der Regierenden meint.

Am Konzept der Zivilgesellschaft fällt zunächst auf, dass der Begriff kaum als analytischer, sondern als normativer Begriff erscheint. Hartmut Rosa rekonstruiert dies mit Hilfe des Resonanzbegriffs: Zivilgesellschaftliche Gruppen wären solche, die intern für ihre Mitglieder Resonanz, positive Rückmeldung, Bestätigung, Anerkennung erzeugen. Er kann sich nicht vorstellen, dass solche «Resonanz nicht per se als etwas Gutes oder gar als das Gute zu definieren»[39] sei. Entlarvender kann man den Zusammenhang von Gesellschaft als Kritik bzw. die nachgerade unsoziologische Vorstellung gar nicht auf den Begriff bringen, Konvergenz in der Sozialdimension sei per se etwas «Gutes». Zumindest muss doch konzediert werden, dass Resonanz im Sinne einer positiven Rückkopplung von Erfahrungen in der Sozialdimension auch in partikularen Gruppen denkbar ist, die weniger wünschenswert sind als das, was ein linksliberaler Soziologe für das «Gute» hält. Auch Pegida gehört zur Zivilgesellschaft. Stattdessen erhofft man sich von zivilgesellschaftlichem Zusammenhalt eine Form der Solidarität, die am Ende so etwas wie eine eigentliche, eine gelungene Vergesellschaftung zum Ausdruck bringt, die durch die Verhältnisse – Kapitalismus etc. – nur verschüttet und verdeckt wird.[40] In den Kategorien der alten Kritischen Theorie Horkheimers würde man das womöglich sogar für «bürgerliche Theorie» halten, die ihren eigenen Klassenstandpunkt nicht reflektiert und allzu beseelt ist von den Erfahrungen ihres eigenen Milieus.

Es wirkt wie ein Heilsversprechen, wie eine geradezu magische Vorstellung, dass hinter der bestehenden Welt eine perfekte Version derselben zu finden sei, also eine, die die eigentlichen Potentiale der Welt enthält, die in der empirischen Welt nur verschüttet sind und durch Kritik ans Licht gebracht werden müssen – anders kann man nicht auf die Idee kommen, die Gestalt der Welt entziehe sich einem Optimum, das nur entsprechend umgesetzt werden muss.[41] Der Schlüssel liegt dann darin, auch die zu beteiligen, die sonst nicht zu den Entscheidern gehören.

Vielleicht müsste ein neuer Kritiktypus eher an der Sachdimension als nur an der Sozialdimension ansetzen und sich die Frage stellen, wie in einem komplexen System Zielkonflikte, wechselseitige Neutralisierungen von Interessen, *strange loops*, Kontrollverluste und unerwartbare Nebenfolgen bearbeitet werden können. Eine solche neue Kritikform könnte an ältere Kritikbegriffe anschließen, wie etwa an den Kantschen Kritikbegriff, der die Bedingung der eigenen Möglichkeit im Blick hat. Es wäre die Frage, wie Akteure unterschiedlicher Provenienz in der Lage sein könnten, sich wechselseitig ihre blinden Flecke um die Ohren zu hauen – das wäre eine Kritik, die direkt an der Komplexität der Gesellschaft ansetzt und damit auf Augenhöhe mit den Problemlagen ist.

Ein neuer Kritiktypus müsste also an der Struktur der Gesellschaft ansetzen, an den unterschiedlichen verteilten Intelligenzen der Gesellschaft, an Übersetzungsproblemen, die eine funktional differenzierte Gesellschaft stets mit sich bringt: unterschiedliche Perspektiven, die Gleichzeitigkeit unterschiedlicher Erfolgsbedingungen in Politik, Wirtschaft, Wissenschaft, Medien usw.; nicht zuletzt die Synchronisationsprobleme unterschiedlicher Geschwindigkeiten und auch die Frage der kulturellen Übersetzbarkeit von Bedeutungen.[42] Kritik kann nicht mehr auf Arenen hoffen, sondern muss mit der Komplexität unterschiedlicher Sprecher rechnen. Es reicht nicht, sie als Sprecher zu emanzipieren und sich dann davon zu emanzipieren, was sie sagen. Ein solcher Kritiktypus fände seinen Adressaten dort, wo man tatsächlich mit anderen Entscheidungen rechnen kann – er fände seinen Fokus vor allem dort, wo man mit Rückkopplungen rechnet und die Kausalität zwischen guten Gründen und guten Wirkungen nicht mehr kennen kann.

Bezogen auf die Menschheitsherausforderung des fortschreitenden Klimawandels: Wie lässt sich die *planetarische* Herausforderung und ihre *kollektive* Bedrohung in ein *gesellschaftliches* Problem übersetzen? Vielleicht wird an diesem Beispiel deutlich, wie womöglich überlebensrelevant angemessene Begriffe sind. Allein auf die Drastik und Dringlichkeit des Problems zu setzen, auf Einstellungen und Wissen, auf Selbstverpflichtungen engagierter Gruppen, auf moralische Skandalisierung, auf die üblichen verdächtigen Kritikformen also, wird nicht auf die Augenhöhe des Problems kommen. Hier wird deutlich, welche Bedeutung für Debatten, für Strategien und für Kritik ein angemessener Gesellschaftsbegriff hat, der sich eben nicht mit seiner strategischen Potenz der Adressierbarkeit eines Gegenübers ohne Adresse zufriedengeben kann (→ Gesellschaft).

Die Frage ist, ob sich eine Semantik finden lässt, die diese Art von Kritik mit einem ähnlichen Charisma ausstatten kann wie die Arena-Kritik, die es aus rhetorischen Gründen einfacher hat. Wäre es doch einfach der Kapitalismus und wäre es doch eine Massenbewegung, die man herstellen könnte, und wüsste man doch, wie eine Wirtschaft ohne Kapitalismus aussehen könnte und ob eine solche Wirtschaft wirklich weniger Fossiles verbrenne, und würde so eine Massenbewegung doch wie ein Subjekt auftreten, und hätte man doch die unterschiedlichen Wirkkräfte einer Gesellschaft im Griff, um all die Konsequenzen zu kontrollieren, und könnte man doch in einer Gesellschaft beginnen, die noch nicht existiert – könnte man all das entwerfen, dann hätte Kritik endlich die Kraft, die sie braucht. Das Problem ist nur, dass Kritik in exakt der Welt stattfindet, die sie kritisiert. Sie kann nicht heraustreten, nicht von außen beobachten und vor allem nicht voraussetzungslos beginnen. Sie müsste sehen, dass sie selbst in den imperfekten Strukturen der kritisierten Welt statthat und deshalb zur Immanenz verdammt ist. Am Ende kann sich der Kritikbegriff nur an der Lösung konkreter Probleme bewähren. Sein Bezugsproblem wäre dann nicht nur die Kontingenz seines Gegenstandes, sondern die Form dieser Kontingenz und damit die Form der Gesellschaft selbst. Der Begriff «Gesellschaftskritik» bekäme dann einen neuen Sound, anders als der altbekannte Sound einer Kritik, die immer schon weiß, wo der Hebel anzusetzen ist und deshalb in einer Pose verharrt, die popkulturell progressiv aussehen kann, sachlich aber bürgerlicher ist, als es sich die Akteure in ihren schlimmsten Träumen ausmalen können.

→ Kultur

Kultur ist der schwierigste Begriff überhaupt. Es gibt keinen Begriff, der mehr verdeckt, und keinen, der dabei mehr erklären soll. Es gibt keinen uneindeutigeren Begriff, der zugleich mehr Eindeutigkeit erzeugen soll. Darstellungen des Kulturbegriffs beginnen gerne mit der Begriffsgeschichte im Agrarischen. *Cultura* in der Wortbedeutung von Ackerbau und Pflege des Bodens, wurde von Cicero metaphorisiert zur Pflege und zum Pflügen des Geistes und wandelte sich dann in einen Begriff von Verehrung, etwa in der *cultura Christi.* Die Wortbedeutung zielt auf etwas Aktives, indem sie auf den Ackerbau verweist, der die Natur bearbeitet und sie nur in bearbeiteter Form kennt. So wird Kultur nicht nur zum Gegenbegriff einer vom Menschen unabhängigen Natur (→ Natur), sondern zur Grundlage des menschlichen Tuns, das sich aus der Natur erhebt. Damit wird Kultur zu einem steigerbaren Sachverhalt – man kann mehr oder weniger Kultur haben oder erzeugen, und damit wird es auch möglich, den Begriff zu historisieren und wie Herder von der zunehmenden Kultur des Menschen oder eines Volkes zu sprechen.[1]

Die agrarische Herkunft des Begriffs ist vielleicht auch deshalb von Belang, weil im Agrarischen eine der wesentlichen Funktionen des Begriffs «Kultur» zum Ausdruck kommt: Der Ackerbau gründet auf einem (natürlichen) Boden, der ihm vorgegeben ist, zugleich gestaltet er diesen Boden. Der Ackerbau konsumiert und reproduziert zugleich – er produziert auf dem Boden einer vorgegebenen, darin konsumierbaren Grundlage, die er aber pflegen muss, um wieder produzieren zu können. Nun soll hier keine etymologische Mystik gepflegt werden, aber diese Begriffsgeschichte verweist bereits auf die Doppeldeutigkeit des Kulturbegriffs: den Boden, auf dem alles geschieht, und den Horizont, der auf diesem Boden möglich und denkbar ist. Kultur als Boden und Horizont wäre gewissermaßen die

Selektivität, die es dem Menschen ermöglicht, sich einen Reim auf sich und seine Welt zu machen. Denn die Welt ist nicht als solche zugänglich, sondern nur mit den Mitteln der eigenen Möglichkeiten – und diese selektive Form des Weltzugriffs könnte das sein, was der Kulturbegriff zum Ausdruck bringt, der darin mit dem Lebensweltbegriff (→ Lebenswelt) funktional verwandt ist.

Boden und Horizont zu sein, hat etwas mit *Sichtbarkeit* und *Unsichtbarkeit* zu tun. Die Boden/Horizont-Metapher spielt einerseits auf die Orts- und Perspektivengebundenheit jenes Bodens an, aus dem heraus sich die Welt als Horizont erschließt. Typischerweise wären das die Sprache, Begriffe, Verhaltensmuster, Bedeutungs- und Deutungssysteme, Artefakte und Tätigkeiten, Unterstellungen über die Welt als Ganze, also alles, was irgendwie unthematisch mitläuft und unser Tun und Lassen mitbestimmt – als Voraussetzung unserer Perspektive (Boden) und als Raum unserer Möglichkeiten (Horizont). Vielleicht ist die Sprache hier keineswegs der einzige Mechanismus, aber wohl der deutlichste. In Sprachmustern und Sprechweisen sind unsichtbare Formen aufbewahrt, deren Unsichtbarkeit eine Funktion hat – darauf ist zurückzukommen.

Abseits der gewissermaßen unsichtbaren Funktion der «Kultur» wird all dies Unsichtbare immer sichtbarer, insofern die Dinge zunehmend *als Kultur* beobachtet werden. Anders formuliert: Die Boden/Horizont-Funktion des Kulturellen, die vielleicht einer epistemologischen, einer kulturtheoretischen, einer kulturanthropologischen oder kultursoziologischen Perspektive auffällt, wird nun selbst zu einem Teil der Kultur. Also das Sichtbarmachen des Kulturellen wird zu einer letztlich wiederum unsichtbaren Voraussetzung der gegenwärtigen Kultur. Dadurch wird alles zu Kultur – nur kann das kaum gesehen werden. Dass die Dinge *als Kultur* sichtbar werden, lässt sich etwa daran erkennen, wie Emanzipationsbewegungen über akademische (nicht primär: wissenschaftliche) Visibilisierungsprogramme, genannt *cultural studies*, erzeugt werden, deren performativer Sinn nicht nur die Erforschung solcher Formen ist, sondern vor allem, ihnen einen kulturellen Namen zu geben. Das reicht von *studies*, die ethnische Gruppen und Untergruppen in Kombination mit anderen Themen und Merkmalen begrifflich markieren und damit gleichzeitig erzeugen und anerkennen, bis hin zu *human-animal studies*[2] oder *fat studies*.[3] Der Sinn ist vor allem ein Sinn fürs Unterscheiden – es werden Besonderheiten beschrieben, Gruppen- und Identitätsangebote gemacht und nicht zuletzt moralische Anerkennungsansprüche formuliert.[4] Die erfolgreichsten dieser *studies* sind ohne Zweifel die *Gender Studies*, die aber inzwischen eine fast zu große Gruppe ansprechen, so dass sie die Identitäts- und Unterscheidungsfunktion kaum mehr erfüllen können. Ansonsten gibt es keine Grenzen für die Benennung von Merkmalen und Gruppen, die damit nach Anerkennung streben können – und um nicht falsch verstanden zu werden: Damit wird exakt das erreicht, was damit intendiert ist. Man kann nur anerkennen, was auch benennbar ist, und die Benennung erzeugt bereits einen Anspruch auf Würde und Existenz. Und wenn jemand daran zweifelt, kann man sagen: «Dazu gibt es Forschung» – eine bessere Markierung für etwas, das der Fall ist, gibt es nicht.

Mein Argument disqualifiziert diese Strategien nicht, es studiert an ihnen lediglich die Funktion des Kulturbegriffs zwischen Visibilisierung und Invisibilisierung, hier: die Visibilisierung des Invisiblen. Freilich ist dieses Muster schon älter, man denke etwa an die akademische Nationalgeschichtsschreibung[5] oder die akademische Germanistik als Vehikel des Nationalkulturellen[6]. All diese Beschreibungen kulturalisieren, machen also Kultur als Kultur sichtbar – und lenken dabei von der Invisibilisierungsfunktion von «Kultur» ab, führen aber Kultur als Vergleichsgesichtspunkt ein. Eine deutsche (oder deutschsprachige) Literatur kann es nur geben, wenn es auch eine französische oder eine englische gibt.

Der Kulturbegriff scheint also zwei Funktionen zu haben. Stellt man die Frage, *für welches Problem der Kulturbegriff die Lösung ist*, gibt es mindestens zwei Antworten – die eine lautet: *um die unsichtbaren Bedingungen alles Sichtbaren auf den Begriff zu bringen* – die andere lautet: *um diese Bedingungen und ihre Formen miteinander zu vergleichen.*

Unsichtbare Bedingungen

Die Funktion von Kultur, so der Soziologe Talcott Parsons, besteht darin, die unsichtbaren Bedingungen allen Handelns und aller gesellschaftlichen Ordnung vorzuhalten. In seinem berühmten AGIL-Schema ging es Parsons darum, unterschiedliche notwendige Funktionen des Handelns analytisch zu beschreiben: die Anpassungs-, die Zielerreichungs-, die Integrations- und die Latenzfunktion. Ich lasse die ersten drei Funktionen hier außer Acht und konzentriere mich hier nur auf die letzte.[7] Parsons schlägt diese Latenzfunktion weitgehend der Kultur zu.[8] Gemeint ist damit, dass kulturelle Bedeutungen, sprachliche Repräsentation und symbolische Formen als latente Muster mitlaufen. Im amerikanischen Original heißt diese Funktion deshalb *latent pattern maintenance.* Parsons sind hier insbesondere Werte und Anerkennungsformen wichtig, deren größte Kraft darin liegt, unthematisch bleiben zu können – oder sogar zu müssen. Um es an einem Beispiel festzumachen: Wenn ich in Kontakt zu einem anderen Menschen trete, muss die Anerkennung des Gegenübers als Mensch irgendwie unsichtbar mitlaufen, damit Kommunikation funktionieren kann. Man stelle sich bloß einmal vor, man begänne einen Kontakt damit, explizit zu thematisieren, dass man das Gegenüber als vollwertigen Menschen anerkenne, sich auf Augenhöhe mit ihm begebe und kein Merkmal, das dieser Mensch trägt, für ein Zeichen von Minderwertigkeit halte. Vielleicht kann man das eine «Minimalmoral der Kommunikation»[9] nennen, die die grundlegende, implizite Achtung des Gegenübers voraussetzt und die sofort in Gefahr geriete, würde man dieses latente Muster explizit sichtbar machen. Das bedeutet nicht, dass solcherart unsichtbare Anerkennung automatisch Symmetrien erzeugt – es können auch asymmetrische, moralisch zweifelhafte und unerwünschte Formen des Unsichtbaren mitlaufen. Und solche Selbstverständlichkeiten werden stets unterlaufen, wenn die Dinge dann doch thematisiert werden oder Reaktionen einer Person in diesem Sinne interpretiert werden – *wie du mit mir sprichst, verweist darauf, dass du mich wegen meiner Hautfarbe, meiner Konfession, meines Geschlechts etc. nicht anerkennst.* Wie sehr solche Formen als Störung erscheinen und kommunikative Anschlüsse erschweren, verweist gerade auf die Bedeutung der Latenzfunktion. Wer Anerkennung formulieren muss, verweist schon auf die andere Möglichkeit. Anerkennung latent halten zu können, ermöglicht diese erst – und manchmal reicht es, sie für die Kommunikation latent zu halten, sie aber psychisch wahrzunehmen. Vielleicht besteht Zivilisation darin, nicht alles zu sagen, was man denkt, und vielleicht auch darin, nicht allem zu trauen, was man selbst gerade denkt. Dieses Problem ließe sich noch ausführen, in dem Sinne, dass sowohl soziale wie auch psychische Formen in sich unsichtbare Formen des Anschlusses kennen – wir reden dann von Intentionalität oder selektiven Perspektiven. Alles ist abhängig davon, dass etwas unsichtbar bleibt.

Kultur wäre dann so etwas wie ein unsichtbarer Taktgeber des Sozialen, vergleichbar mit dem Generalbass in der barocken Musik, der mitläuft, Eigenbedeutung hat, ohne den aber die Musik nicht die wäre, die sie ist (und die alleine kaum als Musik wahrgenommen würde). Über den unsichtbaren Taktgeber bleibt die eigene Praxis unaufgeklärt. Er lenkt den Blick und die Hand, er geht der eigenen Praxis voran und ermöglicht diese. In der Soziologie kommt diesem Gedanken Pierre Bourdieus Begriff des Habitus am nächsten: die in die eigene Praxis und den Körper, in die eigene Wahrnehmungsform und Selektivität der Welt eingelassene Form dessen, was geschieht.[10] Diese Grundlage bleibt unverfügbar, weil sie die Voraussetzung für alles Verfügen ist.

Womöglich ist das Latente der unmodernste Teil des Verfügens, es ist ein nicht rationalisierbarer Rest. Wenn Modernität Transparenz, Erklärbarkeit, Kontrolle und Aufklärung bedeutet, wäre dann Kultur gewissermaßen der nicht wegzukürzende, unaufgeklärte Rest, der sich aller instrumentellen und rationalisierenden Kontrolle entzieht? Kultur wäre damit Protest gegen Modernität – und nicht zufällig sind es die Reaktionären nach der Französischen Revolution, die mit ihrer Modernitätskritik einen Punkt treffen. Joseph de Maistre kritisiert etwa an Jean-Jacques Rousseaus Gesellschaftsvertrag schon die Idee, die Gesellschaft oder der Staat könne das Resultat eines Willens sein, einer Wahl, eines Vertrages, der von den Vertragspartnern bewusst eingegangen wird, in voller Transparenz. De Maistre setzt dagegen auf eine Form der Zugehörigkeit und der Welt, die tiefer fundiert ist, auf etwas, das den Individuen und auch der Gemeinschaft immer schon vorgeordnet ist, gewissermaßen die Bedingung ihrer Möglichkeit.[11] Wer die Ordnung der Welt selbst regelt oder aushandelt, müsse sich über die bestehende Ordnung hinwegsetzen – oder leugnet eine, die sich am Ende doch durchsetzt. Dieses tatsächlich *soziologische* Argument gegen die Demokratie, gegen die Offenheit, gegen die Freiheit und individuelle Selbstbestimmung verbindet de Maistre mit Juan Donoso Cortés in Spanien und später mit der «Konservativen Revolution» in Deutschland, etwa mit Carl Schmitts Konzept der politischen Theologie.[12] Ein wenig davon findet sich in Arnold Gehlens Institutionentheorie als Vorlage für Helmut Schelskys Zweifel an der Möglichkeit der Dauerreflexion.[13]

De Maistre betont, dass der größte Gleichmacher der Moderne das Geld sei; Geld sei das Medium, das tatsächlich Gleichheit (→ Gleichheit/Ungleichheit) versprechen könne, insofern man diese Gleichheit mit Geld messen könne – am Ende führe es aber wieder zu neuen Ungleichheiten. Nicht dass de Maistre etwas gegen Ungleichheiten hätte, ganz im Gegenteil: Er vertritt eine ständestaatliche Ordnung, ist für die Inquisition und die Konservierung quasi-natürlicher Zugehörigkeitsverhältnisse. Das Geld aber, Quell von Gleichheitsversprechen und falschen, sinnlosen Ungleichheiten, führt den Menschen aus aller Kultur heraus – insofern man mit dem Kulturbegriff die unbegriffene, immer schon vorausgesetzte, unsichtbare, primordiale Ordnung versteht, die man auch mit der aufklärerischsten Aufklärung nicht erreichen kann. Der Generalverdacht, unter dem das Geld heutzutage steht, hat hier keineswegs seinen Ursprung, man denke etwa an die geldkritischen Motive der hebräischen Bibel, des Neuen Testaments oder an die antisemitischen Motive des «Wucherjuden».[14] Dass das Geld die Kultur zerstöre, ist ein Motiv, das heute von gebildeten Diskutanten linker und rechter Provenienz leicht zu vernehmen ist. Geld gilt als unnatürliches Medium, es zersetzt echte Beziehungen, macht den Menschen zum Objekt und kumuliert an den falschen Stellen. Letzteres tut es in der Tat, aber das liegt nicht unbedingt am Geld selbst.

Nun soll es hier nicht um Geld gehen, sondern um diese merkwürdige Invisibilisierungsfunktion des Kulturellen, die Voraussetzungen markiert, die man selbst nicht garantieren kann. Das Geld ist nur ein Ausdruck jener Verhältnisse, die sich schnell ändern und die persönliche Beziehungen auf eine *sachliche* Ebene stellen. Die Versachlichung der Beziehungen im Kapitalismus, wie sie von Marx und Weber beschrieben wurde, ist tatsächlich ein Vehikel der Enttraditionalisierung. Geld ist konvertierbar, anders als Kultur. Man sieht Geld nicht an, wo es herkommt, es trägt kaum Spuren seiner Besitzer und ist geradezu prostitutiv – es ist dem Geld egal, wem es gehört, es flottiert frei, wie, so eine allzu stabile semantische Figur, der Jude und die globale Finanzelite.[15] Es sei demnach das Gegenteil von Kultur. Diese Sätze funktionieren bis heute.

Der Gebrauch des Kulturbegriffs verweist offenbar darauf, dass man gewisse unverfügbare Bedingungen der eigenen Möglichkeit nicht loswird. Und noch der *emanzipatorische* Gebrauch des Kulturbegriffs, der sich gegen kulturelle Aneignung wehrt oder auf die eigene Kultur pocht oder ihre Würde verteidigt, zehrt von diesem *reaktionären* Potential des Kulturellen (→ Fremdheit; der Fremde). Das kann man auch daran erkennen, dass der Gebrauch des Kulturbegriffs oft dazu dient, sich gegen Übergriffe und Relativierungen von außen zu wehren und zugleich die eigene Sprecherposition sichtbar zu machen, indem man auf die kulturellen Bedingungen verweist. Kulturkämpfe sind deshalb nie zu gewinnen, weil man mit einer Währung operiert, die anders als das Geld nicht wirklich konvertierbar ist.

Ich spreche hier von den praktischen, operativen Aspekten solchen Begriffsgebrauchs. Kulturelle Aneignung und kulturelle Vermischung, kulturelle Unreinheit und kultureller Wandel dürften der empirische Normalfall sein, und wer das Gegenteil behauptet, ist entweder geschichtsvergessen oder will dem Risiko zu genauer Nachfragen aus dem Weg gehen. Das Pochen auf Reinheitsgebote ist schon so etwas wie ein Krisensymptom, denn wer auf die Reinheit und die Authentizität *seiner* Kultur pocht und die eigenen Bedingungen – für sich und für andere – sichtbar macht, der untergräbt die Latenzfunktion, also den Boden, auf dem er steht.

Bei der Diskussion um kulturelle Aneignung versucht man etwa, das Problem dadurch zu lösen, dass man «Betroffene» entscheiden lassen soll, ob ein Weißer Dreadlocks tragen darf oder ob Kinder sich als «Indianer» verkleiden dürfen.[16] Das ist sicher ein probates Mittel, aber warum eigentlich? Das Probate daran ist wohl, dass der authentische Sprecher, der ganz bei sich ist und für seine «Kultur» spricht, letztlich nicht kritisierbar ist, weil er es ja genau wissen muss und nur wissen kann. Das gilt auch für die authentische Sprecherin. Und es ist meist kein explizites Wissen, sondern eher eine implizite Unterstellung stabiler kultureller Formen (→ Identität).

Als operative Ausdrucksform dieses Problems hat sich das *verletzte Gefühl* etabliert. Ein schlechtes Gefühl ist weit leistungsfähiger als ein diskursives Argument, weil es auf eine latente Bedingung eines Innenlebens verweist, das nicht weiter befragt werden kann. Darin ist das Gefühl dem religiösen Glauben sehr ähnlich, der vielleicht inhaltlich, aber nicht als Glaubenserleben selbst kritisiert werden kann. Man wird den Glauben an die Auferstehung des Fleisches kaum molekularbiologisch in Frage stellen können, was weniger am Argument selbst liegt, sondern an der latenten Voraussetzung des Erlebens. Wer auf eine unsichtbare Voraussetzung seiner eigenen Authentizität verweist, genießt Latenzschutz – das Problem ist aber der Hinweis, denn der macht mehr sichtbar, als es der Sache guttut. Auf ein *verletztes Gefühl* kann man nur würdevoll und mit Rücksicht auf denjenigen, dem ein angemessenes Urteil über das Tragen von Dreadlocks oder die Solidarität mit den Landsleuten oder mit der eigenen Konfession zugeschrieben wird, reagieren, das heißt nur mit Schweigen und Zustimmung – genau genommen also mit einer latenten Asymmetriegeste.

Würde ich das nun kritisieren oder gar mich darüber lustig machen, hätte ich mein eigenes Argument nicht verstanden, das ja besagt, dass es gerade die Funktion des Kulturbegriffs ist, *das Fragen zu vermeiden.* Es ist eine geniale Lösung, in Kulturfragen auf unsichtbare und damit nicht weiter kritisierbare Quellen des Authentischen zu setzen. Nur negiert sich diese Lösung spätestens in dem logischen Moment, in dem man die Frage doch stellt – denn dann tritt ans Licht, was nur vergraben, als latente Form funktionieren kann.

Diese Formen des Pochens auf die eigene «Kultur» und Zugehörigkeit ist die vielleicht einzige Methode, sichtbar zu machen, was sonst unsichtbar bleibt. Wie also de Maistre nur ein Reaktionär sein konnte, weil es die Französische Revolution gab, pochen heute vor allem diejenigen auf Kultur, deren Kultur irgendwie ins Wanken gerät – und das ist es, was Parsons sagen will: *Sie wankt, wenn sie manifest werden muss.* Hier sind die Kritiker kultureller Aneignung sehr nah an de Maistre. Und das gilt nicht nur für die sogenannte *woke* Szene, sondern überhaupt für alle, die ihre Kultur nicht rechtfertigen müssen, weil sie *immer schon* gilt. Sobald man näher hinschaut, werden sich die Kritik an Dreadlocks auf falschen Köpfen und das konservative Pochen auf das Eigene ähnlicher, als es beiden Seiten wohl lieb ist. Und der probate Hinweis, dass die einen zur Dominanzkultur gehören und die anderen nicht (was kaum zu bezweifeln ist), hilft in sachlicher Hinsicht nicht so recht weiter, weil beide den gleichen Mechanismus verwenden.

Der Kulturbegriff hat also die Funktion, einen sicheren Boden einzuziehen, von dem her sich Horizonte erschließen. Sobald diese Funktion aber sichtbar wird, bröckelt der Latenzschutz der Kultur. Man könnte es auch mit Martin Heidegger, einem weiteren ausgewiesenen Modernitätsskeptiker, so formulieren: Das Vertrauen in die Welt geht verloren, sobald man Weltbilder unterscheiden kann. Er schreibt in «Die Zeit des Weltbildes»: «Die Redewendungen ‹Weltbild der Neuzeit› und ‹neuzeitliches Weltbild› sagen zweimal dasselbe und unterstellen etwas, was es nie zuvor geben konnte, nämlich ein mittelalterliches und ein antikes Weltbild. Das Weltbild wird nicht von einem vormals mittelalterlichen zu einem neuzeitlichen, sondern dies, daß überhaupt die Welt zum Bild wird, zeichnet das Wesen der Neuzeit aus.»[17] Es spielt nicht die entscheidende Rolle, ob Heidegger das als Verlustdiagnose formuliert, aber die epistemologischen Konsequenzen betreffen exakt die Latenzfunktion: Wenn die Welt zum Bild wird, dann geschieht das im Horizont von Alternativen. Der «Neuzeit» wird treffend ein pluralistischer epistemologischer Status zugewiesen, der sich vor allem durch das Auftreten von Weltbildern im Plural auszeichnet. Wer Weltbilder, oder auch sehr beliebt: Menschenbilder,[18] in Anschlag bringt, muss unterscheiden, denn schon der performative Sinn solcher Bilder erfordert den Vergleich. Das verweist auf das zweite Bezugsproblem des Kulturbegriffs, das gewissermaßen aus der Visibilisierung und Problematisierung des ersten erwächst.

Kulturvergleich

«Kultur» funktioniert am besten, wenn man gar keinen Kulturbegriff braucht, wenn sich also das Problem der eigenen Möglichkeitsbedingung und der Selektivität der Welt nicht explizit stellt. In der Sprache der Systemtheorie würde man sagen: Solange «Kultur» in Form einer Beobachtung erster Ordnung vorkommt, ist ein Begriff dafür nicht erforderlich. Erst wenn Kultur beobachtet wird, wenn also im Sinne einer Beobachtung zweiter Ordnung vergleichend beobachtet wird, wie man selbst und wie andere beobachten, wird ein expliziter Begriff dafür erforderlich – er wird im buchstäblichen Sinne *gebraucht*. Es geht hier also um den Gebrauch des Begriffs «Kultur» als Beobachtungsschema.

Das Beobachtungsschema Kultur basiert auf dem Vergleich. Als Kultur erscheint etwas, das sich von anderen kulturellen Möglichkeiten unterscheidet. Nationale oder ethnische Kulturen leben davon, sich von anderen Möglichkeiten zu unterscheiden; etwas beispielsweise als allochthone, das heißt eingewanderte, Kultur zu beschreiben, setzt eine autochthone, einheimische voraus, Beschreibungen von Klassen oder Milieukulturen setzen die Varianz ebensolcher Klassen und Milieus voraus. Es gehörte wohl zu den besonderen Erfahrungen Europas durch die Erschließung, Eroberung und Kolonialisierung anderer Erdteile, *andere Kulturen* zu «entdecken», was am Ende ja nichts anderes bedeutet, als dass man auch selbst zu einer kulturellen Möglichkeit unter anderen schrumpft. Die geschichtsphilosophische Markierung früherer Kulturen als niedrigerer Entwicklungsstufen konnte das europäische Denken vor dieser Konsequenz zunächst noch schützen.

Die deutlichste Form einer solchen geschichtsphilosophischen Unterordnung anderer «Kultur» findet sich sicher bei Hegel: «Die Orientalen wissen es noch nicht, dass der Geist oder der Mensch als solcher an sich frei ist; weil sie es nicht wissen, sind sie es nicht; sie wissen nur, dass Einer frei ist, aber ebendarum ist solche Freiheit nur Willkür, Wildheit, Dumpfheit der Leidenschaft oder auch eine Milde, Zahmheit derselben, die selbst nur ein Naturzufall oder eine Willkür ist. Dieser Eine ist darum nur ein Despot, nicht ein freier Mann.»[19]

Der Despotismus, der «kulturell» so anders ist als die europäische Idee der Freiheit, wird hier temporalisiert. Als früheres Stadium der Weltgeschichte kann er dem Selbstbewusstsein der preußischen Gegenwart nichts anhaben, weil dieses Stadium gerade durch die Temporalisierung sogar einen besonderen Sinn bekommt; muss doch die gesamte Weltgeschichte durch die Entwicklungsstadien hindurch. Noch in den 1970er Jahren findet sich dieses Motiv als «Rekonstruktion des Historischen Materialismus» bei Jürgen Habermas, der die Stufenfolge der Weltgeschichte mit psychologischen ontogenetischen Entwicklungstheorien parallelisiert.[20]

Diese Denkungsart findet sich als klassische Stereotype natürlich immer noch, ist aber schwer durchzuhalten – schon weil die «Ungleichzeitigen» in derselben Gegenwart auftauchen, ganz abgesehen davon, dass der kulturelle Vergleich auch (oder gerade) innerhalb Europas eine besondere Rolle spielt. Mit der westfälischen Staatenordnung und der Entstehung von Nationalstaaten mit offensiver innerer Kultur- und Schulpolitik, durch die Ethnisierung von Zugehörigkeit, Sprachpolitik, Literatur und Geschichte, kulturalisierte sich Europa auch intern. Die geschichtsphilosophische Form der Bewältigung kultureller Kontingenz jedenfalls kann allenfalls als ein Stereotyp über die «Anderen» überleben.

Kultur bietet einerseits eine ziemlich stabile Bezeichnungsmöglichkeit, andererseits verweist jedes Bezeichnen auch darauf, dass das Bezeichnete nur eine Version unter anderen möglichen ist. Niklas Luhmann bringt das so auf den Begriff: «Vor allem liegt schon in der vergleichenden Intention, dass das, was verglichen wird, auch anders möglich [ist], und eben das belastet die Kultur mit dem Geburtsfehler der Kontingenz.»[21] Die Funktion des Kulturbegriffs besteht darin, damit umzugehen, dass die Dinge nicht nur anders sein können, sondern auch gleichzeitig anders sind. Das zweite Bezugsproblem korrumpiert also das erste Bezugsproblem einer unmittelbaren Sicherheit darüber, wie die Welt ist. Wenn man es genau nimmt, bestätigt das die frühe Diagnose von Joseph de Maistre ziemlich gut, dass die moderne Kultur alle Sicherheit und Eindeutigkeit fahren lässt. Und vermutlich kann man nur für die heilige Inquisition plädieren, wenn man weiß, dass ihre Tage in der alten Form gezählt sind.

Konflikte in der Gesellschaft verwenden dieses Kulturschema, indem gesinnungs-, herkunfts- oder sexualitätssensible Identitäten in Anspruch genommen werden. Das führt aber nicht zu einer völligen Polarisierung der Gesellschaft, wie etwa Steffen Mau sehr überzeugend zeigt.[22] Mau betont, dass die Vervielfältigung von Konfliktlinien in der Gesellschaft nicht wirklich dazu führt, dass «Kultur» die Gesellschaft polarisiert, aber Debatten durchaus so aussehen lässt.[23] Gerade die mediale Beobachtung von Kulturkämpfen – man denke an identitätspolitische Debatten unterschiedlicher Natur – erzeugt aber deutliche Polaritäten, die dann gerne zu Kulturpolarisierungen aufgerundet werden. Und da sich das Beobachtungsschema auf fast alles anwenden lässt, werden alle möglichen Konflikte zu radikalen Kulturkonflikten aufgerundet. Je polarisierter und binärer sie dargestellt werden, desto radikaler wirken sie (→ Konflikt). Und doch gelingt es solchen Kulturkonflikten selten, die Gesellschaft als Ganze zu infizieren[24] – was im Übrigen ein Hinweis darauf ist, dass die Gesellschaft nicht nur in der Sozialdimension beschrieben werden kann (→ Gesellschaft).

Das Problem der modernen Kultur ist, dass sie modern und dass sie Kultur ist.[25] Das Moderne ist das Variable, das Alternativenreiche, das nie Abgeschlossene, das Gestaltbare, das Pluralistische, das Ergebnisoffene und das Spezialisierte (in den Wissenschaften, in der Technik, in ökonomischen Lösungen, in der Medizin, in der Kunst usw.), trotz aller universalistischen Ansprüche. Genau dagegen setzen die reaktionären Kritiker der Revolution und später die Anhänger der «konservativen Revolution» ihr geradezu *soziologisches* Argument für eine vorgängige, primordiale Ordnung.[26] Das Moderne an der modernen Kultur ist eben der unvermeidliche Vergleich und das permanente Risiko, dass die Dinge auch anders sein könnten. Zugleich ist moderne Kultur eben Kultur. Konservativen Kritikern der Moderne erschien Kultur nicht als Kultur, sondern letztlich, wenn man so will, als *Kultus*, als eine Ordnung, deren Unmittelbarkeit fraglos war. Während der Kultus als Ritual gewissermaßen unsichtbar machen muss, warum er so ist, wie er ist, ist Kultur immer andere Kultur anderer Kultur. Wer Kultur thematisiert, stößt auf Varianten, auf andere Möglichkeiten, auf Vergleich, auf die Möglichkeit von Augenhöhe – selbst wenn man die eigene Kultur oder die eigene Version, die zur Kultur ausgebaut wird, mit einer besonderen Erhabenheit versieht.

Es gibt einen Satz von Niklas Luhmann, der klingt, als sei er von Theodor W. Adorno: «Das Vergleichsinteresse unterjocht und relativiert alle Wesenheiten und Naturformen, mit denen die alte Gesellschaft sich selber und ihre Welt bestimmt hat.»[27] Der Kulturbegriff löst das Problem, mit beiden Seiten der Medaille umzugehen: Er verweist auf die Latenzfunktion, also auf die nicht aufklärbare Voraussetzung aller Aufklärung, und er enthüllt die Unterschiedlichkeit und Varianz des Möglichen.

Kultur als Distinktionsbegriff

Es ist schon angeklungen, dass der Kulturbegriff durchaus auch eine strategische Funktion hat, zur Durchsetzung von Interessen, zur Asymmetrisierung kultureller Ansprüche und vor allem zur Distinktion. Am bekanntesten ist vielleicht die Diskussion um postkoloniale Kritik am «Westen», die in den 1990er Jahren vor allem als literaturwissenschaftliche Kritik in Großbritannien und in den Vereinigten Staaten begann. Diese Kritiker, selbst wissenschaftliche Eliten in westlichen Metropolen, wiesen darauf hin, dass die Beschreibung etwa der indischen oder afrikanischer Literaturen als ethnologische Zeugnisse und nicht als Kunst auf Augenhöhe einen Blick einübt, der durch stabile Bilder des Anderen nichts weiter als die Bestätigung der eigenen Vorurteile produziert und den Edward Said als «Orientalismus»[28] beschreibt. Aber diese postkoloniale Kritik präsentiert keine Polarität zwischen westlichen und kolonialen Perspektiven, sondern eher so etwas wie Zwischenräume, die epistemologisch auf das Problem der Repräsentation und die Erzeugung kultureller Gestalten überhaupt verweisen.[29] Dazu gehört übrigens auch die Selbstkritik, die subalterne, «orientalische» Positionen dazu auffordert, auch ihre eigene kulturelle Form zu beobachten.[30] All dies ist noch weit entfernt von den heutigen Formen einer Authentifizierung und Reifizierung kultureller Positionen. Jemand wie Homi Bhabha wäre niemals auf die Idee gekommen, die eigene gegen die britische Kultur auszuspielen oder Kultur(en) für identitätsfähige Gebilde zu halten. Aber dennoch verweist diese Kritik darauf, wie sehr kulturelle Fremd- und Selbstbeschreibung als distinktive Form der Abgrenzung, Ausgrenzung, Einschließung und Zurechnung funktioniert.

Das Problem ist freilich älter und lässt sich nicht nur im Kontakt zwischen westlichen und nicht-westlichen «Kulturen» beobachten, sondern auch als Reaktion auf die Modernisierung westlicher Gesellschaften. Als Begriff von *Hochkultur* hat der Kulturbegriff das kulturelle Selbstverständnis des Bürgerlichen geradezu verabsolutiert – gegenüber dem Adel einerseits, gegenüber Bauern und später Proletariern andererseits. Hochkultur rekurriert auf einen steigerbaren Sachverhalt: Die legitime (bürgerliche) Kultur in Form von Literatur und Kunst, Musik und Habitus, Lebensweisen und Körperregimen erhob sich gegenüber dem Einfachen und Kulturlosen. Hochkultur kanonisierte bestimmte kulturelle Praktiken und Güter, die zugleich aber tatsächlich eine besondere Form des Feinsinnigen, des Spezialisierten, des Differenzierten und nicht zuletzt des Professionalisierten in sich tragen. Es gehört exakt zur Funktion des bürgerlichen Hochkulturbegriffs, einerseits sich von den niederen Ständen abzugrenzen, andererseits tatsächlich besonders hochwertige Formen des Kulturellen zu erzeugen – und das gerne auch mit dem Anspruch einer Emanzipation des Niederen zu einem Höheren, eben im Sinne der Steigerungsfähigkeit von Kultur, beispielsweise in den Volksliedadaptionen von Johannes Brahms.[31]

Der Streit zwischen Hochkultur und Popkultur, zwischen Kunstmusik und populärer Musik dauert bis heute – diese Grenzziehungen sind zwar alle schon lange nicht mehr plausibel zu machen, aber ihre Distinktionsfunktion funktioniert nach wie vor. Ihre Steigerungsfähigkeit bewahrt die Kultur trotz alledem, sodass sich die Frage der «Qualität» heutzutage quer zu den zuvor distinktiv aufeinander bezogenen Genres verhält. Es gibt populäre klassische Musik und förderungswürdige Popkultur. Dieser Vergleich lässt auch etwas im Raum der Latenzen zurück.[32]

Gegen die Hochnäsigkeit der Hochkultur wird interessanterweise der Kulturbegriff selbst in Anspruch genommen, und zwar explizit als *Emanzipationsbegriff*.[33] Damit wird alles zu *Kultur* – etwa die Alltags*kultur*, die Arbeiter*kultur*, die Volks*kultur*, die Regional*kultur* oder die bäuerliche *Kultur.* Sie wird nun stets als eine *andere Version* von Kultur angesehen und nicht mehr als ein Stand weit weg von aller «Kultur». Der Bauer etwa wurde *als Kulturträger* von der frühen Soziologie und Volkskunde entdeckt, um Kritik an der Moderne zu üben, Kritik am großstädtischen und proletarischen Leben. Nachlesen lässt sich das bei Wilhelm Heinrich Riehl, der im 19. Jahrhundert gewissermaßen identitätspolitische Emanzipationsarbeit für die Bauern betrieb. Für ihn verkörperte der Bauer nicht die ursprünglichste Lebensform, vielmehr wird die bäuerliche Lebensform in Abgrenzung zum Städtischen zu «Kultur».[34] Riehl wollte den Bauern zurückholen in die anerkennenswerte Sphäre – und sprach ihm daher Kultur zu. Nicht umsonst war Riehl auch der Begründer der deutschen *Volkskunde*, durchaus vergleichbar mit den heutigen *cultural studies*, die ja auch nicht nur kulturelle Phänomene abbilden, sondern durch ihre offensive Beschreibung erst erzeugen und erzählbar machen.

Auch das Proletariat wurde zur «Kultur» in dem Moment, als es dank der Arbeiterbewegung, der Arbeiterbildung und der Selbststilisierung des Proletarischen zu einem eigenständigen, erzählbaren und selbstbewusst vorgetragenen Lebensentwurf mit eigenen Formen und Stilen wurde.[35] Für beide Fälle – für Bauern wie für Proletarier – wurde «Kultur» zum Emanzipationsmittel, mit dessen Hilfe Identitäten erzeugt, Erzählbarkeit geschaffen und nicht zuletzt Abgrenzung und Vergleichbarkeit zu anderen Formen möglich wurde.

Es ist hilfreich, auf diese historischen Beispiele zu rekurrieren, um den gegenwärtigen Streit um «Identitätspolitik» zu verstehen. Sie ist keineswegs etwas Neues, sondern beschreibt eine *kulturelle* Technik der Herstellung von kollektiven Identitäten, die sich als kulturelle Formen von anderen Identitäten unterscheiden (Vergleichsfunktion) und zugleich fast unkritisierbare Sprecherpositionen generieren wollen (Latenzfunktion). Die distinktive Funktion besteht darin, über die kulturelle Beobachtung der Gesellschaft Zurechnungsfähigkeit, Emanzipationsansprüche und nicht zuletzt Identitäten zu erzeugen.

In der über die *cultural studies* hinausgehenden sozialwissenschaftlichen Beobachtung wird die Verwendung solcher gruppenbezogener Identifikationsmöglichkeiten von der erlebenden Ich-Perspektive in eine analytische unpersönliche Perspektive transformiert.

Diese Form von Sozialwissenschaft begnügt sich oftmals mit einem kultursoziologischen Beobachtungsschema, das Klassen oder Milieus als kulturelle Ordnungen begreift. Die sich selbst als gesellschaftstheoretisch verstehende Perspektive etwa von Andreas Reckwitz ist darin besonders erfolgreich, gesellschaftliche Ordnung in der Unterscheidung von Milieus und ihrem jeweiligen Selbstverständnis aufzufinden. Das ist insofern sehr produktiv, als sie in der Lage ist, die latenten Bedingungen differenter Weltsichten zu unterscheiden sowie die Selbstbeschreibungs- und Distinktionschiffren dieser unterschiedlichen Milieus in den Blick zu nehmen.[36] Ob dies aber die Sozialdimension der Gesellschaft womöglich zuungunsten der Sachdimension überschätzt und somit eine Verkürzung des Verständnisses von Gesellschaft bedeutet, wäre noch zu klären (→ Gesellschaft). Zumindest lässt sich erkennen, dass die beiden Bezugsprobleme des Kulturellen in den Sozialwissenschaften nicht nur als Forschungsgegenstand vorkommen, sondern den forschenden Blick selbst anleiten und vor allem kulturalisierbare Gruppen vorfinden lassen.

Kunst und Kultur

Der Kulturbegriff wird keineswegs nur für Gruppen, also in der Sozialdimension verwendet, sondern hat auch einen Sachaspekt. Es fängt schon damit an, dass alle Artefakte des Menschen insofern unter Kulturverdacht geraten, als sie die Lebensweise, also die Kultur bestimmter Gruppen repräsentieren. Oft kennen wir von historischen Lebensformen nur die hinterlassenen Artefakte – vom Alltagsgegenstand bis zur symbolischen Form. Die Pyramiden symbolisieren in ihrer steinernen Stabilität und Zeitfestigkeit die ägyptische Kultur[37] ebenso, wie Gefäße oder Reste von Feuerstellen, Gräber oder Kultgegenstände, Abbildungen und nicht zuletzt Schrift auf menschliche Lebensformen verweisen. Diesen Artefakten haftet mehr Bedeutung an, als in der bloßen Stofflichkeit der Gegenstände aufscheint. Man könnte von symbolischen Formen im Sinne Ernst Cassirers sprechen.[38]

Cassirer setzt explizit auf die latente Bedingung von Formen. Er schreibt: «Wenn es wahr ist, dass alle Objektivität, alles, was wir gegenständliches Anschauen oder Wissen nennen, uns immer nur in bestimmten Formen gegeben und nur durch diese zugänglich ist, so können wir aus dem Umkreis dieser Formen niemals heraustreten – so ist der Versuch, sie gewissermaßen ‹von außen› zu betrachten, von Anfang an hoffnungslos.» Wir seien an «ihre rein *immanente* Bedeutung und Leistung gebunden».[39] Das gilt bei Cassirer für alle kulturellen Formen – und doch seien die Kulturwissenschaften in der Lage, hier gewissermaßen eine Beobachterposition einzunehmen (die wiederum an die Immanenz der eigenen Beobachtung gebunden sei).

Für den gesamten Bereich von «Kunst und Kultur» geht es um den mehr oder weniger reflexiven Umgang mit symbolischen Formen. Für «Kultur» ist Kunst insofern von besonderer Relevanz, als man die Funktion von Kunst in der gleichzeitigen Sichtbarmachung und Invisibilisierung der Kontingenz aller Formen sehen kann.[40] Was unter Kunstverdacht gerät, spielt gewissermaßen mit der eigenen Latenz und vor allem mit der eigenen Künstlichkeit. Wenn man auf einem Gemälde den Pinselstrich sehen kann und selbst die naturalistischste Darstellung durch einen Bilderrahmen beschränkt wird, oder wenn man im Film Schnitte wahrnimmt und in der Architektur das Gebaute, dann wird deutlich, dass hier Notwendigkeit und Freiheit eine merkwürdige Synthese eingehen: Die Kunst ist vollkommen frei, und doch findet sie zu exakt dieser Form. Und wenn man noch einen historischen und einen systematischen Aspekt hinzuzieht, stößt man – wie bei allen gesellschaftlichen und kulturellen Formen – auf stabile Muster, die man einteilen und erklären kann. Dennoch hält sich alle Kunst für eine besondere Abweichung. Das meint nichts anderes als die Funktion der Sichtbarmachung aller Kontingenz.

Wohlgemerkt: *Die Funktion ist keine Intention.* Es geht nicht darum, dass Kontingenz bewusst sichtbar gemacht wird, aber alles, was unter Kunstverdacht steht, zehrt von beiden Bezugsproblemen des Kulturellen: Künstlerische Artefakte weisen subtil auf die latenten Bedingungen ihrer Bedeutung hin und erzwingen den Vergleich mit anderen Möglichkeiten. Vielleicht ist das Subtilste an Kunstwerken (und überhaupt «kulturell» genannten Tätigkeiten), dass sie oft durch Reflexion und kommunikative Erklärungen eher gerstört werden. Das Hören einer Melodie, die Betrachtung einer architektonischen Form, die Wahrnehmung eines Bildes oder das Lesen eines Romans kann man erklären, aber es erzeugt durch den Rezeptions- und Erlebnisaspekt Betroffene. Diese werden in ihrem Erleben zu Authentikern, denen es gefällt oder nicht und die sich davon erreicht fühlen oder eben nicht. Deshalb ist Kommunikation über Kunst so schwierig, auch die professionelle etwa in der feuilletonistischen Kunstkritik.[41] Unter Kunstverdacht gerät nur das, was einen Aspekt von Unerreichbarkeit hat – und selbst diese Sätze scheitern sehr gelehrt daran, dass die latente Form alles «Kulturellen» eben nicht erreichbar ist, weswegen die gebrauchte Semantik an sich selbst scheitert.

Auf der Suche nach dem Problem, für das der Kulturbegriff eine Lösung ist, stößt man also auch bei dem eher unspezifischen Sprachgebrauch des Kunst- und Kulturbereichs darauf, wie sehr die Selektivität der Welt nur immanent zu verstehen ist und stets auch auf etwas anderes verweist, das nicht sichtbar wird, das aber nicht schlicht unter Transzendenzverdacht geraten wird. Vielleicht aber ist die Latenz, auf die alle Kultur verweist, eine Art immanenter Transzendenz.

→ Lebenswelt

Dass sich die Welt unserem Bild von ihr verdankt, dürfte ein Gemeinplatz sein. Wir sind daran gewöhnt, damit umzugehen, dass sich die Welt nicht im Ganzen erschließt, sondern stets nur aus der Perspektive unserer jeweiligen Praktiken und Erfahrungen, also unserer Subjektivität, wie man es zusammenfassend nennt. Wir rechnen mit kulturellen Differenzen, mit Prägungen durch ethnische, religiöse, konfessionelle, milieubedingte Erfahrungen. Wir rechnen damit, dass Leute in unterschiedlichen Funktionen, Berufen und Rollen dieselbe Welt mit anderen Augen sehen.

In welcher Welt leben wir? Was meint hier Welt und was «wir»? Offensichtlich leben wir in der einzig möglichen Welt, denn wie es aussieht, scheint keine andere Welt zur Verfügung zu stehen. Die Welt – das ist gewissermaßen alles, was ist, und dazu gehören wir nicht nur, sondern es ist auch die Welt, die wir vorfinden. Die Welt ist uns vorgegeben, weil es sie schon vor uns gab und wohl auch noch danach geben wird – und doch hat gerade ein Begriff Karriere gemacht, der darauf verweist, dass mit der bloßen Voraussetzung der Welt als Welt das Problem noch nicht gelöst ist.

Wenn es stimmt, dass sich die Welt unserem Bild der Welt verdankt, braucht es einen Begriff, der dieses Verhältnis von Perspektivität und Welt auf den Begriff bringt. Dieser Begriff lautet «Lebenswelt». Die Lebenswelt ist die Welt, in der wir uns befinden und die vertraut erscheint, weil sie sich eben jenem Bild verdankt, das die Welt für uns ausmacht. Dieser Welt vertrauen wir schon deswegen, weil sie der Boden aller unserer Erfahrung ist. Sie ist der vertraute Boden, von dem her man die Welt erst bezweifeln kann.

«immer schon»

Ohne einen solchen Vertrauensvorschuss wäre menschliches Leben kaum möglich. Fast alles, was wir tun, rechnet mit Bedingungen, die wir nicht nur nicht herstellen können, sondern auch unbesehen voraussetzen müssen (→ Kultur). Was die phänomenologische Tradition «Lebenswelt» nennt, ist eine Welt, in der wir *immer schon* leben. Edmund Husserl, der Begründer der Phänomenologie, spricht von einer «natürlichen Einstellung»[1], sein Schüler, der Soziologe Alfred Schütz, vom «unbefragten Boden»[2], auf dem wir uns bewegen. Die Figur des «immer schon» ist eine sehr schöne Denkfigur. Sie meint natürlich kein historisches «schon immer», und auch nicht, dass sich die Welt nicht verändere. Vielmehr meint sie, *dass es keine Perspektiven außerhalb unserer eigenen Perspektiven gibt.* Selbst die immer wieder verlangte und so notwendige Form der Perspektivenüberschreitung, der Perspektivenübernahme und der Selbstkritik durch Reflexion kann die eigene Perspektive nicht verlassen – allenfalls verschieben. Eigene Perspektiven bleiben eigene Perspektiven. Man kann nicht mit dem eigenen Wahrnehmungsapparat am eigenen Wahrnehmungsapparat vorbeisehen, um zu prüfen, ob die Welt da draußen wirklich so ist, wie sie uns erscheint, und man kann die eigenen sozialen Erfahrungen zwar transzendieren, negieren, in Frage stellen, ablehnen, neuinterpretieren, andere Unterscheidungen darauf anwenden oder sich therapeutisch auf andere Beschreibungen einlassen, aber all das geschieht unhintergehbar auf dem Boden und mit dem Horizont dessen, was «immer schon» gilt, nämlich die Perspektivität der eigenen Perspektive.

Das mag sich wie eine abstrakte Beschreibung anhören, aber es findet sich empirisch überall. Man denke nur an Assoziationsketten, die sich in unserem Bewusstsein bei entsprechenden Reizen wiederholen, oder an Sprechweisen, Begriffe und Sagbarkeiten, die das Leben biografisch durchziehen. Und es gilt sogar für größere kulturelle, religiöse, politische oder sonstige kollektive Zusammenhänge. All das erzeugt Bestätigungen von Vorherigem – und die Abweichungen sind eben stets Abweichungen von Vorherigem, das als Voraussetzung anerkannt werden muss. Der Begriff der Lebenswelt beschreibt das Verstricktsein in die eigene Perspektive, aufgrund dessen man sich nicht von außen ansehen kann. Mit dem Lebensweltbegriff wird zugleich auch die Grenze zwischen vertrauten und nicht-vertrauten Formen markiert – und auch diese Unterscheidung ist asymmetrisch gebaut. Der Vorrang des Vertrauten sorgt dafür, dass das Unvertraute eben aus der Perspektive des Vertrauten beobachtet und bewertet wird. Man kann diesen Vorrang moralisch disqualifizieren, weil man so asymmetrisch auf die Welt sieht und das «Eigene» implizit vor dem «Fremden» rangiert. Allerdings unterschätzt man dann das «immer schon» – denn schon die Neigung zum Fremden oder Unvertrauten erfolgt auf dem Boden des Vertrauten. So ist gerade «das Fremde» eine merkwürdige Form der Verfremdung. Denn zumeist gehen in dieses Fremde die Projektionen des Vertrauten ein – und das gilt sowohl für die Ablehnung als auch für die Befürwortung dessen, was als fremd markiert wird. Dadurch wird letztlich das Fremde selbst zum Vertrauten und tendiert zu Stereotypen, die eben stets die eigenen Stereotypen sind (→ Fremdheit; der Fremde).[3] Dem «immer schon» ist schwer zu entkommen – die Immanenz der eigenen Lebensform bzw. der eigenen Perspektive ist schwer transzendierbar, und wenn überhaupt, dann eben immer im Rahmen der angedeuteten Asymmetrie.

Bezugsproblem

Welches Problem löst der Lebensweltbegriff? Er meint nicht einfach die Perspektivität der Welt, also die Banalität, dass manches durchaus unterschiedlich aussieht, je nachdem, was wir erfahren haben und was wir für Interessen und Persönlichkeitsstrukturen haben. All diese banalen Differenzen sind im Alltag meistens gut latent zu halten, weil die Illusion einer gemeinsamen Welt auf der Praxisebene recht einfach aufrechtzuerhalten ist. Alfred Schütz spricht von Idealisierungen; der Idealisierung der Reziprozität der Perspektiven, des «Und-so-weiter», des «Ich-kann-immer-wieder» und der Unterstellung einer gemeinsamen Welt.[4] Es handelt sich um Idealisierungen in dem Sinne, dass sie Vorstellungen darüber sind, wie es sich mit den Dingen verhält. Sie verdanken sich ihrer praktischen Handhabbarkeit – sie gelten so lange, bis sie in der Praxis dementiert werden.

Die Funktion des Lebensweltbegriffs besteht nun darin, dieses Verstricktsein des Menschen in seine Perspektive auf den Begriff zu bringen. Lebenswelt ist nicht einfach die Welt, in der wir leben, sondern sie ist der unvermeidliche Ort, an dem wir uns *immer schon* befinden und der nur *erweitert*, nicht aber *transzendiert* werden kann. Der Lebensweltbegriff verweist darauf, dass Selbsttransparenz und Verfügbarkeit der eigenen Perspektive Illusionen sind. Im Sinne Kants sind die reinen Verstandesbegriffe und Kategorien die transzendentale Bedingung für die Erkenntnis der Welt – die Lebenswelt ist dagegen die empirisch-transzendentale Bedingung unseres Selbst. Der Begriff klingt zunächst sehr modern, weil er unserem Bedürfnis Rechnung trägt, auf die eigene Perspektivität hinzuweisen. In dieser Hinsicht wäre die Lebenswelt das individualistische Korrelat der Welt, die man sich als *eine* Welt imaginiert.

Aber genau besehen mutet der Lebensweltbegriff nicht ganz so modern an, denn er referiert auf die individuell nicht-kontrollierbare Form des Eingelassenseins in ein «immer schon». Der Lebensweltbegriff ist ein *konservativer* Begriff, der eher die trägen Voraussetzungen anspricht als die Autonomie und Kontrollierbarkeit unseres Tuns. Das «immer schon» übersteigt unsere Möglichkeiten, gerade weil es die *Bedingung* unserer Möglichkeiten bildet. Es stellt stärker auf die eingespielten Routinen ab als auf die autonomen Ressourcen des «subjektiven» Vermögens.

Der Schlüsseltext zur Problemlösungskapazität des Lebensweltbegriffs ist sicher die sogenannte Krisis-Schrift von Edmund Husserl von 1935/36. In «Die Krisis der Europäischen Wissenschaften und die transzendentale Phänomenologie» kritisierte Husserl die moderne Wissenschaft dahingehend, dass sie einerseits von einer stupenden Präzision sei, andererseits aber diese Genauigkeit einer selbsterzeugten «Idealisation» verdanke. «Was macht die ‹Exaktheit›? Offenbar nichts anderes, als was wir [...] bloßgelegt haben: empirische Messung in Steigerung der Genauigkeit, aber unter der Leitung einer schon im voraus durch Idealisation und Konstruktion objektivierten Welt von Idealitäten bzw. gewissen, den jeweiligen Maßskalen zuzuordnenden besonderen Idealgebilden.»[5] Das ist nicht einfach eine

Kritik an quantitativen Daten, quantifizierbaren Messgrößen und ihrer Mathematisierung oder am Anspruch einer objektiven Genauigkeit, sondern vor allem daran, dass die modernen Wissenschaften den Kontakt zur Lebenswelt, also den gewissermaßen vorwissenschaftlichen Fundierungen von Sinn verloren hätten.

Das liest sich wie eine phänotypische Kritik an der Verselbständigung der Wissenschaften, deren Erfolg durchaus etwas damit zu tun hat, dass sie ihr Maß von der vorwissenschaftlichen Welt entkoppelt hat. Es ist eine Kritik an der Abstraktions- und Verallgemeinerungstendenz von Wissenschaft. «Diese Arithmetisierung der Geometrie führt wie von selbst in gewisser Weise zur Entleerung ihres Sinnes. Die wirklich raumzeitlichen Idealitäten, so wie sie sich unter dem üblichen Titel ‹reine Anschauungen› im geometrischen Denken originär darstellen, verwandeln sich sozusagen in pure Zahlgestalten, in algebraische Gebilde.»[6] Husserl beschreibt hier die Übersetzung «originärer», phänomenaler Anschauung nicht einfach nur in eine abstraktere, allgemeinere oder schlicht unverständlichere Form, sondern in ein ganz anderes Medium, das selbst nicht mehr die Gestalt der Anschauung selbst hat. Konkret gesprochen: Aus einer geometrischen Form wird eine codierte Form von Zahlen und Größen. Sie wird – so würde man heute sagen – digitalisiert.[7]

Die entscheidende Kritik betrifft die Ablösung der wissenschaftlichen Abstraktion und Generalisierung von ihren Kontexten und ihrem *Gegenstand*: «Man läßt im algebraischen Rechnen von selbst die geometrische Bedeutung zurücktreten, ja ganz fallen; man rechnet, sich erst am Schluß erinnernd, daß die Zahlen Größen bedeuten sollten.»[8] Man sollte dies nicht als antiszientistische Wissenschaftskritik oder gar als eine Philosophie kultureller oder gesellschaftlicher Ursprünglichkeit missverstehen. Es geht Husserl eher um den Eigensinn moderner Wissenschaft, der sich von der Unmittelbarkeit der sinnlichen Anschauung entfernt bzw. abgekoppelt hat. Husserl will nicht beim «Objektivismus» der wissenschaftlichen Wahrheitsansprüche stehenbleiben, als könne die moderne Wissenschaft so etwas wie eine kontextenthobene Perspektive, gewissermaßen eine Perspektive ohne Perspektivität anbieten. Er beabsichtigt ein «Zurückfragen auf die Subjektivität, und zwar auf die letztlich alle Weltgeltung mit ihrem Inhalt in allen vorwissenschaftlichen und wissenschaftlichen

Weisen zustandebringende Subjektivität».[9] Damit ist nicht die subjektive Authentizität des Einzelnen gemeint – das wäre schlichte und schlechte Kulturkritik. Gemeint ist mit Subjektivität vielmehr die Frage, wie die objektiven Wahrheiten der Wissenschaft sich konstitutionslogisch selbst erzeugen, also durch die phänomenologisch ausweisbaren Akte der Erkenntnis oder des Erkennens. Weniger philosophisch formuliert: Husserl geht es um die Frage, wie denn jene Objektivitäten, jene so bezugslos anmutenden Wahrheiten produziert werden. Er fragt nicht nach dem «Was», sondern nach dem «Wie» der Wissensproduktion. Das ist mit lebensweltlicher Fundierung gemeint.

Es ist im Hinblick auf unsere Frage, welches Problem der Lebensweltbegriff löst, kein Zufall, dass diese Ableitung aus Husserls Krisis-Schrift in die Nähe der Untiefen einer kultur- und modernitätskritischen Wissenschaftskritik gerät – ganz nach dem berühmten Satz von Wittgenstein, wonach «wir fühlen, dass selbst, wenn alle wissenschaftlichen Fragen beantwortet sind, unsere Lebensprobleme noch gar nicht berührt sind».[10] Die wissenschaftliche Gegenstandskonstitution ist eben kein modernes Subjekt-Objekt-Verhältnis in dem Sinne, dass es eine definitive Darstellung des Objekts geben könnte, sondern selbst im Fall der objektivierbarsten Wissenschaften, Physik und Mathematik, eine Objektivierung auf dem Boden konstituierender Akte einer «Subjektivität», die man aktiv ausblenden muss.

Husserl führt also an, dass auch eine wissenschaftliche Perspektive nur eine Perspektive ist und als solche auf unbeobachtbaren und unverfügbaren Antezedenzbedingungen beruht – wie jegliche Weltsicht. Eben deshalb ist auch die «objektivste» Perspektive abhängig von der lebensweltlichen Einbettung des Objektivierungsvorgangs. Und die Wissenschaftsgeschichte gibt ihm insofern recht, als wir inzwischen wissen, dass auch die Entstehung wissenschaftlicher Tatsachen und die Art und Struktur der dazugehörigen Begriffe, Taxonomien usw. keineswegs voraussetzungslos erfolgt.[11] Und wenn das schon für die Wissenschaften gilt, so gilt es für die vorwissenschaftliche Erfahrung erst recht.

Die Trägheit der «natürlichen Einstellung»

Der Soziologe Alfred Schütz zeigt, dass die «mannigfaltigen Wirklichkeiten», die sich in einer modernen Gesellschaft unterscheiden lassen, allesamt nach ähnlichen lebensweltlichen Mechanismen aufgebaut sind, aber eben unterschiedliche Relevanzen und Perspektiven ausbilden. Und seine Beschreibung der wissenschaftlichen Einstellung setzt direkt an Husserls Krisis-Schrift an. Eine solche Einstellung müsse die Selbstverständlichkeiten des Alltags einklammern. Diese Einklammerung wird als «Epoché» bezeichnet und betrifft: «(1) die Subjektivität des Denkers als Mensch unter Mitmenschen einschließlich seiner körperlichen Existenz als psycho-physisches menschliches Wesen in der Welt; (2) das Orientierungssystem, durch das die Alltagswelt nach der tatsächlichen, der wiederherstellbaren, der erreichbaren Reichweite usw. gegliedert ist; (3) die grundlegende Sorge und das in ihr gründende System pragmatischer Relevanzen.»[12]

Die dritte Epoché ist die interessanteste, denn sie verweist *via negationis* noch mehr als die beiden anderen auf Unsichtbares, also die nicht unmittelbar verfügbaren Voraussetzungen aller Handlungen. Dass Schütz diese «natürliche Einstellung» explizit dezidiert adressieren und einklammern muss, verweist indirekt auf ihre erhebliche Trägheit. Sie wird nicht als ein Konglomerat expliziten Wissens vorgestellt, sondern eher als eine implizite Hintergrundvoraussetzung, die uns nicht zugänglich und ansichtig ist, solange die lebensweltlichen Mechanismen intakt sind. «[…] es ist bezeichnend für die natürliche Einstellung, dass sie die Welt und ihre Gegenstände – solange sie nicht in Frage gestellt werden – als selbstverständlich gegeben hinnimmt. Solange das einmal festzulegende Bezugsschema, nämlich das System unserer eigenen und der fremden verbürgten Erfahrungen nicht fehlschlägt, solange das Handeln und Tun unter der Anleitung dieses Schemas den gewünschten Erfolg hat – solange vertrauen wir diesen Erfahrungen. Wir sind gar nicht daran interessiert, herauszufinden, ob diese Welt wirklich existiert oder ob sie nur ein wohlgefügtes System zusammenhängender Erscheinung ist. Wir haben keinen Grund, unsere verbürgten Erfahrungen irgendwie zu bezweifeln, von denen wir annehmen, dass sie uns die Dinge so darbieten wie sie wirklich sind.»[13]

Die letzten Worte haben es in sich: «wie sie wirklich sind». Das verweist auf die Funktion der Lebenswelt, einen Boden einzuziehen, der unserem expliziten Weltverständnis vorgeordnet ist. Jürgen Habermas hat immer wieder darauf hingewiesen, dass die Lebenswelt neben der von Husserl stammenden Boden- auch eine Horizontfunktion habe, also nicht nur die Stabilität der Welt, sondern auch ihre aktive Erschließung ermögliche.[14] Allerdings ist diese Unterscheidung genau genommen sehr asymmetrisch, denn schließlich bewegt sich die Horizontfunktion immer auf jenem Boden, sodass jede Horizonterweiterung, jede Erweiterung der lebensweltlichen Möglichkeiten, nur als Erweiterung des je eigenen Bodens zu haben ist.

Typisierungen

Es wird deutlich, dass der Begriff der Lebenswelt den vorreflexiven, impliziten, nachgerade unsichtbaren Perspektivismus allen Tuns auf den Begriff bringt. Lebenswelt ist ein Aktkorrelat alltäglicher Praxis und damit letztlich der Träger von Trägheit. Es ist diese merkwürdige Trägheit der Welt, die der Lebensweltbegriff mitlaufen lässt, auch wenn sein üblicher Gebrauch oft nur die bloße Perspektivität der eigenen Weltsicht meint. Der Lebensweltbegriff erschließt die impliziten Ordnungsfunktionen des Verhältnisses zur Welt, etwa Typisierungen und Relevanzen. Gerade die Theorie der Typisierungen lässt sich übrigens einer jungen Generation von Studentinnen und Studenten kaum mehr vermitteln. Denn diese pflegt sich auf eine «Awareness» zu verlassen, auf eine völlige Symmetrie zwischen sich und den «Anderen». Dass hier das Implizite zugunsten einer expliziten Symmetrisierung in Verdacht gerät, verweist vor allem auf die grundlegende implizite Funktion der Lebenswelt.

Gerade die phänomenologische Soziologie stößt über die Einsicht in die vorgängige Vertrautheit in die Lebenswelt auf Typiken und Typisierungen,[15] die heute geradezu kontraintuitiv wirken, weil ein stark moralisierter Diskurs nicht mit typisierenden Asymmetrien rechnet. Es wird dann deutlich, dass wir *immer schon* typisieren. Entscheidend ist der Bias aufs Vertraute, der sich nur schwer überwinden lässt – weder durch moralische Gebote noch durch genaueres Hinsehen.[16]

Besonders drastische Typisierungen liegen vor, wenn man das «Fremde» beobachtet und dann die Differenz zwischen Vertrautheit und verallgemeinerter Typik erst recht wahrnimmt. Derzeit ist es eher plausibel, den typisierenden Blick zu dekonstruieren und ihn zu delegitimieren. Das ist auf eine merkwürdige Weise unsoziologisch, weil es eben nicht damit rechnet, dass Lebenswelten immer asymmetrisch aufgebaut sind und das Eigene promovieren. Dies kann man beispielsweise bei soziologisch anmutenden Aufarbeitungen von kulturellen Konflikten während der Flüchtlingskrise beobachten, die schlichte soziologische Selbstverständlichkeiten ausblenden müssen, um die «Veranderung» des Anderen eben nicht auch für ein strukturelles Phänomen, sondern nur für ein moralisch-politisches zu halten (→ Fremdheit; der Fremde). Hier unterschreiten Sozialwissenschaften ihre Möglichkeiten eklatant.[17]

Die Typik von Lebenswelten gewöhnt uns daran, nicht so genau hinzusehen und empirische Unterschiede förmlich wegzutypisieren. Das reduziert die Komplexität des Alltags einer modernen, pluralistischen Gesellschaft erst auf ein handhabbares Maß. Stereotype, Typisierungen, Vorurteile (in einem völlig wertneutralen Sinne) versorgen uns mit Erwartungsstrukturen über eine kalkulierbare Umwelt, deren Kalkulierbarkeit sogar so weit geht, dass sie tatsächlich Vertrauen erzeugt. Vertrauen heißt: Man muss nicht so genau hinsehen, weil man die Situation berechnen kann, und selbst über «Berechnungsfehler» kann man zumeist einfach hinwegsehen. Was uns als «homogene» Lebenswelten erscheint, ist zumeist eine Inhomogenität, die durch solche Typisierungsmuster erst praktisch homogenisiert und praktikabel wird.

Der Lebensweltbegriff löst also das Problem der impliziten Voraussetzungen aller expliziten Operationen. Er könnte ein Stachel im Fleisch einer Selbstbeschreibung der Gesellschaft sein, die sich vor allem für die explizite (Selbst-)Aufklärung für erreichbar hält. Der Vorrang des expliziten Handlungsmotivs vor den impliziten Handlungslogiken (→ Handeln) entsteht auf dem Boden einer lebensweltlichen Erfahrung, die sich ein vereinfachtes Bild der Welt dadurch erzählt, dass sie alles zurechnungsfähig machen will, übersieht dabei aber, wie voraussetzungsreich all das Explizite ist. Von Schütz kann man lernen, wie wenig Rationalität das je eigene Handeln besitzt, wenn man unter Rationalität die distanzierte Form der abwägenden Begründung von Handlungsgründen versteht. Der Begriff «Lebenswelt» stellt eher auf Distanzlosigkeit und Implizites ab. Mit Schütz könnte man sagen: Alle transparente Rationalität findet vor dem Hintergrund einer rational nicht unmittelbar zugänglichen Voraussetzung statt. Das ist übrigens etwas, das sich auch in anderen Theoriesprachen findet; im Gedanken der Nachahmung bei Gabriel Tarde,[18] im Gedanken der Kollektivität bei Emile Durkheim,[19] im Praxisgedanken von Pierre Bourdieu,[20] in der Handlungstheorie von George Herbert Mead,[21] im Modell des allgemeinen Handlungssystems von Talcott Parsons[22] und erst recht in der Theorie autopoietischer sozialer Systeme von Niklas Luhmann.[23]

Oben hieß es, der Lebensweltbegriff sei ein konservativer Begriff. Vielleicht ist es die Funktion dieses Begriffs, diesen konservativen, auf Trägheit und Intransparenz zielenden Gedanken für eine Soziologie handhabbar zu machen, in der sich das Verhältnis von Implizitem und Explizitem wiederholt. Die Soziologie als eine aufklärerische, kritische, auf *agency* setzende Disziplin ist aufs Handeln verpflichtet, fragt nach dem Warum regelmäßiger Handlungsmuster und nach den Bedingungen sozialen Wandels. Sie stößt dabei aber auch auf jene Bedingungen des Handelns, die dem Handlungsträger bzw. dem Zurechnungspunkt des Handelns nicht zugänglich sind. Die Soziologie ist verliebt ins Motiv. Deshalb tritt sie gerne als Anklägerin des falschen Handelns auf – und verstrickt sich dann, wenn sie gut ist, vor allem in den Verstrickungen der Handelnden. Sie kann sich bisweilen nicht recht entscheiden, ob sie sich der eher impliziten oder eher expliziten Seite zuneigen soll. Der Begriff der Lebenswelt bietet hier ein Scharnier an, dessen Attraktivität vor allem im außerwissenschaftlichen Begriffsgebrauch aufzufinden ist.

Denn für den öffentlichen Gebrauch des Begriffs «Lebenswelt» gilt Ähnliches wie für die Soziologie. Er hat einerseits einen kritischen Impetus, weil er darauf verweist, wie differenziert wir in der Lage sind, die Seinsgebundenheit von Akteuren zu verstehen – uns selbst wie den anderen. Andererseits aber löst der Lebensweltbegriff auch das Problem der radikalen Perspektivität. Die eigene lebensweltliche Perspektive ist dann tatsächlich der Stachel im Fleische all der optimistischen Selbstbeschreibungen, an die wir gewöhnt sind, wenn es um Problemlösung, um gute Gründe, um Veränderungen, um Korrekturen, um Versprechen und Strategien geht. Lebenswelt ist das Trägheitsmoment neben der schöpferischen Vernunft, es ist die konservative Schwester des progressiven Fortschritts. In der Lebenswelt stecken alle Vorurteile, die uns intransparent bleiben, alle Latenzen, die die Welt übersichtlich machen. Eigentlich will man damit nichts zu tun haben – aber man muss.

Wer von der Lebenswelt redet, verweist darauf, dass wir eben keine vernünftigen Wesen sind, sondern aus dem krummen Holz geschnitzt sind, das die lebensweltliche Praxis übrig lässt. Man kann es in Max Webers Methodologie besichtigen: Dass er soziales Handeln als ein Verhalten versteht, mit dem der Handelnde einen subjektiven Sinn verbindet, heißt nicht, dass dieser subjektive Sinn explizit vorliegen muss. Weber rekonstruiert das Handeln in einem Als-Ob-Sinne: Er arbeitet heraus, welcher explizite, subjektiv gemeinte Sinn denn vorläge, wenn dem Handelnden die Handlungsgründe transparent wären. Dies erinnert an Kants Unterscheidung vernünftiger Wesen und empirischer Personen.[24] Für letztere sollten wir uns interessieren – was übrigens auch das Motiv von Husserls Krisis-Schrift war. Trotzdem erzählen wir uns zu viele Heldengeschichten übers rationale Handeln und Entscheiden. Ich habe das an anderer Stelle die «Soziodizee des Handelns» genannt (→ Handeln).[25] Da sei der Lebensweltbegriff vor.

→ Macht

Macht hat üblicherweise eine schlechte Presse. In Komposita kommt sie zumeist vor mit «-konzentration», «-missbrauch», «-gelüste» oder «-gefälle». Macht steht im Verdacht, weil sie eine unvermeidlich asymmetrische soziale Beziehung beschreibt – in einer Zeit, in der fast nichts so hohen Kredit hat wie das Versprechen von Symmetrie (→ Gleichheit/Ungleichheit). Deshalb steht Macht unter besonderem Legitimationsdruck.

Nun könnte man auch anders beginnen und die Frage stellen, warum eigentlich niemand die Macht hat, endlich für die richtigen Entscheidungen bezüglich etwa der Lösung des Klimaproblems zu sorgen. Es hätte doch etwas Utopisches, sich vorzustellen, es gäbe eine Macht, die in der Lage wäre, sich gegen all diejenigen durchzusetzen, die das doch so offenkundig Richtige verhindern, oftmals übrigens aus Furcht, ihre ökonomischen oder politischen Machtpositionen zu verlieren. Die problematischen Kandidaten sind schnell benannt: der Kapitalismus und Neoliberalismus an erster Stelle, falsche Interessen (zumeist als Pleonasmus gemeint) in Politik und Wirtschaft, mangelnder Wille, fehlende Bereitschaft zur Verhaltensänderung, Gedankenlosigkeit, Desinteresse usw. Gegen all das kann doch nur Macht helfen, die all die genannten Adressen dazu bewegt, das Richtige zu tun.

Wie diese Geschichte hier erzählt wird, mag sie naiv klingen – aber sie bildet das Grundproblem dessen ab, was der Machtbegriff impliziert: einerseits den Hinweis auf eine asymmetrische Form, in der die eine Seite der anderen etwas abverlangt, was diese ohne ein Machtgefälle nicht tun würde, und andererseits den Hinweis darauf, dass es offensichtlich Machtausübung bedarf, um Dinge ins Werk zu setzen. Gemeinsam ist beiden Implikationen eine Zurechnung: Ohne Macht wäre das, was die Macht hervorbringt, nicht geschehen. Der

Unterschied besteht darin, dass sich die bloße Konzentration auf Asymmetrie nicht für die Ermöglichungsfunktion von Macht interessiert, während die Forderung nach Durchsetzung von Wünschenswertem darauf stößt, wie voraussetzungsvoll es ist, Macht auszuüben und auch durchsetzbar zu machen.

... gegen Widerstreben

Keine Erörterung über Macht kommt ohne die sehr allgemeine Bestimmung von Max Weber aus, er selbst nennt sie «amorph»: «Macht bedeutet jede Chance, innerhalb einer sozialen Beziehung den eigenen Willen auch gegen Widerstreben durchzusetzen, gleichviel worauf diese Chance beruht.»[1] Dies ist eine handlungstheoretische Bestimmung von Macht. Macht liegt dann vor, wenn es jemandem gelingt, sein eigenes Handeln gegen mögliches Handeln bzw. den Willen eines Gegenübers durchzusetzen. Entscheidend an dieser Begriffsbestimmung ist der kleine Zusatz «gleichwohl worauf diese Chance beruht». Das macht das Amorphe aus, denn offensichtlich gibt es unterschiedliche Bedingungen, unter denen sich Macht durchsetzt. Denkt man etwa an eine unmittelbare Machtausübung, etwa mit vorgehaltener Waffe oder mit angedrohter Gewalt, ist dies relativ leicht nachzuvollziehen. Man kann dann tatsächlich auf die Machthandlung zurechnen, weil Gewalt ohnehin darin besteht, eine unmittelbare Wirkung zu erzeugen.[2] Diese Eindeutigkeit ist es auch, die unmittelbare Gewalt nicht nur als dyadische Beziehung, sondern auch als Machtdemonstration gegenüber Dritten fungieren lässt.[3] Eine gewaltförmige oder gewaltnahe Handlung stellt insofern Eindeutigkeit her, als es anders als die meisten Handlungen eine Handlungsform ist, die zumindest simulieren kann, dass sie über ihre eigenen Bedingungen verfügt. Daraus resultiert das Erhabene der Gewalt, das Unmittelbare, womöglich Ursprüngliche, das mit Gewalt verbunden wird, die literarischen «Stahlgewitter» etwa,[4] die die Vitalität des Kampfes gegen die Komplexität des Alltags setzen.

Gewalt oder die Drohung mit gewaltsamen Konsequenzen ist freilich nur eine der «Chancen», von denen Max Weber spricht – vielleicht die reinste Form der Macht, aber trotz ihrer Drastik womöglich die unproduktivste. Das Problem einer unmittelbaren, gewaltförmigen Machtausübung besteht letztlich in ihrem Energiehaushalt. Sie ist schwer auf Dauer zu stellen, weil sie aufgrund ihrer Unmittelbarkeit auch permanent verfügbar sein muss. Man braucht dafür starke Kapazitäten, sie lebt von der Wiederholung bzw. Kontinuierung, und sie kann nie sicher sein, dass sie sich nicht umkehrt. Deshalb sind gesellschaftliche Machtverhältnisse mit Rekurs auf diese Form der Machtausübung nicht wirklich erklärbar. Denn zumeist erfolgt Macht erheblich subtiler.

Einen Hinweis darauf gibt Max Weber, dem man vielleicht eine handlungstheoretische Verkürzung des Machtbegriffs vorwerfen kann,[5] der aber durchaus gesehen hat, dass sich Machtausübung nicht aus der Einzelhandlung erklären lässt. Das wird besonders deutlich an der Erweiterung der Begriffsbestimmung in Richtung *Herrschaft* und *Disziplin*: «Herrschaft soll heißen die Chance, für einen Befehl bestimmten Inhalts bei angebbaren Personen Gehorsam zu finden; Disziplin soll heißen die Chance, kraft eingeübter Einstellung für einen Befehl prompten, automatischen und schematischen Gehorsam bei einer angebbaren Vielheit von Menschen zu finden.»[6] Herrschaft ist im Sinne Max Webers eine Machtform, die Gehorsam findet, also im weitesten Sinne Zustimmung. Sie wäre eine Konstellation, die man eben nicht aus der Einzelhandlung der Machtausübung erklären kann. Herrschaft kann nur ausüben, wer ein Publikum vorfindet, das die Bedingungen akzeptiert – sei es als Zustimmung zu Verfahren, Gesetzen, einer waltenden Tradition oder einem charismatischen Herrscher gegenüber.[7] Genau genommen liegt hier die Macht weniger beim Machthaber, als in jener Machtquelle, die die Herrschaft begründet. Die Machtausübung ist dann abhängig davon, dass Herrscher und Beherrschte voneinander erwarten können, wie sie sich verhalten. Die Herrschaft kraft Gesetzes etwa setzt die Geltung des Gesetzes voraus, übrigens auch bezogen auf den Herrscher selbst. Dem unmittelbaren Machtverhältnis einer asymmetrischen Gewaltform entspricht dieser Mechanismus nicht mehr, der dafür sorgt, dass sowohl Herrschende wie Beherrschte gleichermaßen von der Geltung, also der Legitimation des Machtverhältnisses ausgehen und beide Seiten genau dies wechselseitig erwarten können. Erst Herrschaft in diesem Sinne kann wenigstens potentiell Machtbeziehungen von unmittelbarer Gewalt befreien, Gewalt vermeiden und Macht eine komplexere Form geben, die sich selbst auf Dauer stellt. Die Macht eines Gesetzes etwa beinhaltet eine zeitfeste und damit sich stabilisierende Form, die davon entlastet ist, konkreten Antipoden gegenüberzustehen.

Gerade dieser zeitliche Aspekt kommt in Webers Bestimmung von Disziplin vor, die hier wiederum am Handlungsträger selbst festgemacht wird und letztlich meint, dass sich der Beherrschte schlicht daran gewöhnt, das zu tun, was er soll. Disziplin ist eine reflexionsentlastete Form, die sich habitualisiert und in der Macht eine Form erhält: Wer quasi automatisch seine Pflicht erfüllt, spürt die Macht nicht, sondern ist einer Disziplin unterworfen, die fast mit dem Selbst verschmelzen kann.

Viele Alltagshandlungen basieren auf Disziplin in dem Sinne, dass darin die Macht unsichtbar zum Ausdruck kommt: In der Straßenverkehrsordnung wird geregelt, dass an nicht beschilderten Kreuzungen ein Vorfahrtsrecht genießt, wer von rechts kommt – bei Zuwiderhandlungen droht Strafe. Der Staat übt Macht aus, im Sinne Max Webers rationale, also gesetzlich festgeschriebene Herrschaft, aber faktisch reicht schon die Disziplin der Verkehrsteilnehmer, die bremsbereit sind, nicht weil ihnen gedroht wird, sondern weil sie dieses Verhalten oft genug eingeübt haben. Erst bei Zuwiderhandlung wird ein asymmetrisches Verhältnis zwischen dem Verkehrsteilnehmer und der staatlichen Macht und ihrer Sanktionsgewalt überhaupt sichtbar.

All das soll nur zeigen, dass Macht unterschätzt würde, würde man sie ausschließlich als dyadische Form und bezogen auf Machthandlungen und Gefolgschaftshandlungen beziehen. Die eigentliche Herausforderung für den Machtbegriff ist nicht die unmittelbare, sichtbare, gewalt- oder zwangsförmige Machtausübung, sondern eine Form der Macht, die komplexe Prozesse, Alltagsverhalten und differenzierte Kontexte anleitet – sie zeichnet sich dadurch aus, dass auch ohne Ausübung das, was bewirkt werden soll, stattfindet. Vielleicht ist so auch zu erklären, dass sich in der Vormoderne kaum ausgearbeitete Machtbegriffe entwickelt haben.[8] Denn in einer Gesellschaft, die ohnehin vollständig durchstratifiziert ist und das Oben-Unten-Schema fast alle sozialen und sachlichen Fragen klärt,[9] ist Macht über die unmittelbare Ausübung hinaus womöglich kaum von Relevanz, da alle Informationsverarbeitung sich unmittelbarer Asymmetrie verdankt.

Wo alles auf Asymmetrie getrimmt ist, hat diese selbst weniger Informationswert als dort, wo sich einerseits die Legitimationsfrage für asymmetrische Machtausübung stellt und wo sich andererseits gesellschaftliche Prozesse nicht mehr einfach dem Oben-Unten-Schema einer stratifizierten Gesellschaft fügen. Das Nebeneinander unterschiedlicher Logiken in einer funktional differenzierten Gesellschaft erhöht die Komplexitätsgrade von Einwirkungsmöglichkeiten und stellt daher höhere Anforderungen an Macht (politisch wie in Organisationen) (→ Gesellschaft). Die unmittelbare Machtausübung wird zu einer Schrumpfform der Macht – was sich auf den ersten Blick widersinnig anhört. Des Weiteren erschweren es Gleichheitsansprüche und -zumutungen (→ Gleichheit/Ungleichheit), unmittelbare Gewalt zur Grundlage gesellschaftlicher Ordnung zu machen.

Das heißt übrigens nicht, dass die Moderne nicht gewaltnah verfasst wäre oder dass das, was Norbert Elias «pazifizierte»[10] Räume nannte, zu einer Gewaltabstinenz geführt hätte. Im Gegenteil hat die organisierte Form der Gewaltausübung im Krieg, in der politischen Unterdrückung oder in diktatorischen Regimen die Zentralisierung der Gewaltmacht und ihre rationale Planbarkeit geradezu vorausgesetzt. Beispielsweise ist für die im engeren Sinne moderne Gestalt des Holocaust bedeutsam, dass er mit Mitteln eines Machtapparates organisiert wurde, die es ermöglichten, «ganz normale Männer»[11] zu einem entsetzlichen Zivilisationsbruch zu bringen, der aber kaum ein Einschnitt in die Wirkungsweise komplexer Systeme, bürokratischer und logistischer Abläufe war. Es waren Täter mit einer vergleichsweise normalen Sozialisation, zwar in einer besonderen historischen Situation,[12] aber nicht aus einer extraordinären Trägergruppe.

Es ist Stefan Kühl zu verdanken, diese Debatte von der Frage nach den Tätern als Handlungsträgern gelöst und auf die Organisationsform des Holocaust bezogen zu haben. Seine These von den «ganz normalen Organisationen» geht von der Beobachtung aus, dass es «staatliche Organisationen» waren, die den Holocaust ins Werk setzten und nicht «nichtstaatliche Gewaltorganisationen» wie «Schlägertrupps, Terrororganisationen oder marodierende Söldnergruppen». Entscheidend seien staatlich legitimierte Ansprüche, also auch: Machtmöglichkeiten des Staates, die die Organisation des Zivilisationsbruchs geradezu zivilisiert erscheinen ließen.[13] Kühl zeigt das ganze Arsenal von Möglichkeiten (Zwang, Geldzahlungen, Solidarität, also «Kameradschaft», ideologische Legitimation und Motivbildung) auf, die als Vehikel einer Macht über die Prozesse und die Organisierbarkeit interpretiert werden können und die das Geschehen damit noch erschreckender machen, als es ohnehin schon ist. Wohlgemerkt: Von besonderem Interesse ist hier nicht die unmittelbare Gewaltmacht, die in Lagern, bei Massenerschießungen oder im Vernichtungskrieg herrschte, sondern diejenige Macht, die es ermöglichte, eine solche Maschinerie in Gang zu setzen und am Laufen zu halten. Sowohl die eher an Personen orientierte Forschung als auch die soziologische Forschung zeigen, dass eine solche Form des organisierten Zivilisationsbruchs, der «Banalität des Bösen» (Hannah Arendt) nicht mit Mitteln der simplen, unmittelbaren und dyadischen Machtausübung möglich wäre – und auch sonst haben diese Mittel keine machtvolle Einwirkungsmöglichkeit auf gesellschaftliche Prozesse.

Macht als Medium

In der sozialwissenschaftlichen Theoriebildung über Macht findet sich eine Unterscheidung von «power over» und power to» von Hanna F. Pitkin.[14] Auch diese Unterscheidung ist letztlich handlungstheoretisch um Intentionen herum gebaut. «Power over» meint die Möglichkeit, die eigenen Intentionen sozial gegenüber anderen Intentionen durchzusetzen, «Power to» dagegen ist nicht als soziale Beziehung verstanden, weil es unabhängig von den Intentionen eines Gegenübers schlicht so etwas wie Wirkungsmacht meint. Die Unterscheidung ist weniger trennscharf, als es auf den ersten Blick erscheint. In beiden Fällen geht es jedenfalls darum, dass der Erfolg der Machtausübung nicht im Machtakt selbst, sondern in der Wirkung liegt. Dass hier von Motiven und Absichten die Rede ist, liegt an der handlungstheoretischen Ausrichtung, aber der Erfolg der Machthandlung liegt dann nicht in der Handlung selbst, die den Machtakt nicht unbedingt selbst kontrollieren kann (→ Handeln) – umso weniger, je weiter die Machtform von der unmittelbaren Gewaltausübung entfernt ist. Der Erfolg bemisst sich daran, am Gegenüber etwas beobachten zu können, was auf den Machtakt zurechenbar ist, womöglich sogar auf eine Intention, obwohl man die nicht unmittelbar sehen kann. Zumeist wird man Intentionen nachträglich an das bewirkte Ergebnis anpassen, um der Machtbeziehung eine kommunikative Form zu geben.

Die Zurechenbarkeit einer Handlung als Machtakt oder die Zurechnung einer Handlung auf einen Machthaber ist freilich eine starke Vereinfachung – und das soll keine Diagnose sein, die die Macht überhaupt in Frage stellt, sondern die darauf hinweist, dass Macht und ihre Möglichkeiten zusammen mit der Komplexität der gesellschaftlichen Situation steigen. Zum Diskurs um einen angemessenen Machtbegriff steuerte das Buch «The Power Elite» von C. Wright Mills aus dem Jahre 1956 die allzu einfache These bei, es gebe in der amerikanischen Gesellschaft eine Gruppe von etwa vierhundert Personen, die die Wirtschaft, das Militär und die Politik kontrollierten.[15] Dagegen wurde eingewandt, die besagte Elite habe zwar viele Ressourcen, aber noch lange keinen Durchgriff auf die Gesellschaft. Die Diskussion drehte sich vor allem darum, wie solche Ressourcen wie ökonomische Potenz oder politische Positionen tatsächlich auf die Gesellschaft einwirken können – zumindest nicht so einfach, wie Mills Vorstellung einer herrschenden Elite, die ähnlich gebaut war wie Gaetano Moscas Idee einer herrschenden Klasse, die die Macht innehabe.[16] Bei ihm heißt es: «In allen Gesellschaften [...] gibt es zwei Klassen, eine, die herrscht, und eine, die beherrscht wird. Die erste ist immer die weniger zahlreiche, sie versieht alle politischen Funktionen, monopolisiert die Macht und genießt deren Vorteile, während die zweite, zahlreichere Klasse von der ersten befehligt und geleitet wird.»[17] Letztlich unterschätzen solche einfachen Modelle die unterschiedlichen Ebenen, die Rückkopplungsschleifen und nicht zuletzt den mangelnden Zugriff der Macht auf die unmittelbaren Handlungen und Operationen innerhalb einer Gesellschaft. Sie suggerieren ein Maß an Kontrolle, das vielleicht für unmittelbare Befehl-Gehorsam-Konstellationen gilt, nicht aber für die Etablierung von Machtbeziehungen in sozialen Systemen.

Einen Ausweg aus der Sackgasse, die Macht letztlich für eine Art Nullsummenspiel zu halten – die Macht, die ich selbst nicht habe, hat ein anderer *et vice versa* –, bot Talcott Parsons. Er führte Macht als ein Austauschmedium ein und verglich es mit dem Geld. Geld ist ein Medium, das nicht einfach wechselt, sondern das Transaktionen ermöglicht: Ich gebe mein Geld nur her, wenn ich dafür ein Äquivalent erhalte, in welcher Form auch immer, materiell, ideell oder auch emotional. Deshalb ist Geld kein Ding, sondern eben ein Medium, weil sich damit Transaktionen auf Gegenseitigkeit bewerkstelligen lassen. So ähnlich beschreibt Parsons auch die Macht, die in einem komplexen System nur dann möglich sei, wenn Austauschprozesse stattfinden, wenn also durch Machthandlungen im Gegenzug Ordnungsleistungen oder Effizienz möglich werden. Parsons betont sogar, dass eine ungleiche Verteilung von Macht in einem System effizienter sein kann als eine egalitärere.[18] Macht wird hier nicht mehr als das Vermögen einer Person oder einer Gruppe angesehen, sondern als eine Konstellation, in der die Asymmetrie des Entscheidens in der Lage ist, eine Ordnungsleistung vorzunehmen, die ihrerseits wiederum Handlungsoptionen freisetzen kann.

Der paradigmatische Fall solcher Austauschprozesse ist politische Macht. In komplexen Gesellschaften, vor allem in Demokratien, ist politische Macht auf eine Gesellschaft angewiesen, die in der Lage ist, sich den Machtofferten auch zu fügen, und der gegenüber es möglich ist, Steuerungs- und Einflussmöglichkeiten als Macht durchzusetzen.

Woran kann man Macht nun erkennen? Setzt man Macht *nicht* als eine Eigenschaft von Personen an, als Ressource bestimmter Gruppen oder als Attribut einer Rolle/Position, was seinerseits wieder erklärt werden müsste, erhält man einen Blick auf die operative Realität der Macht. Macht lässt sich daran erkennen, dass tatsächlich das geschieht, was der Mächtige *will*, wobei selbst dessen Wille nur ein Effekt der Machtpraxis ist. Empirisch lässt sich der Erfolg von Macht daran erkennen, dass etwas geschieht und dass dieses Geschehen demjenigen zugerechnet wird, der die Macht hat. Schon diese Erklärung enthält das Bild eines Kreislaufs, dem sich entnehmen lässt, dass Macht eben nichts ist, was der Mächtige allein *hat*, sondern was den Mächtigen und sein asymmetrisches Gegenüber erst erstehen lässt. Was sich am Machtkreislauf im politischen System beobachten lässt, nämlich die merkwürdige Abhängigkeit des Staates von seinem Publikum, in der Loyalität und Wählerstimmen gegen verstehbare Entscheidungen getauscht werden,[19] gilt auch für nicht im engeren Sinne politische Machtkonfigurationen, etwa in Organisationen.[20] Das Medium der Macht wird erst *politisch* im engeren Sinne, wenn mit negativen Sanktionen gedroht werden kann bzw. diese denkbar sind, in Form von Strafen etwa, durch Anwendung des staatlichen Gewaltmonopols. In historischer Hinsicht wird man stets auf Thomas Hobbes verweisen, in dessen «Leviathan» mitverhandelt wird, dass die rohe Machtmöglichkeit des Einzelnen nur durch Machtkonzentration in einer Zentralmacht eingehegt werden kann, die ihrerseits auf die Loyalität der zur Rohheit fähigen Einzelnen angewiesen ist.[21]

Die temporäre Unsichtbarkeit von Macht oder unmittelbarer Machtausübung setzt freilich voraus, dass das Medium der Macht stets entsprechende sichtbare Formen kennt. «Die Macht muss ständig in Formen gebracht, muss ständig gezeigt werden; sonst findet sie niemanden, der an sie glaubt und ihr von sich aus, Machteinsatz antizipierend, Rechnung trägt.»[22] Macht wäre also diejenige Form, die im Falle des Falles über negative Sanktionen verfügen kann, diese negativen Sanktionen aber gewissermaßen in einer für alle sichtbaren Unsichtbarkeit halten muss, damit sie funktionieren kann. Macht bedeutet zunächst, dass ein Machthaber jemanden zu etwas bringen will, was dieser aus eigenem Antrieb nicht täte. Nun beruht die Position des Machthabers darauf, dass er seine Handlungsmöglichkeit zugleich sichtbar und unsichtbar hält, und zwar eine Handlungsmöglichkeit, die für alle Beteiligten unangenehm wäre. «Das Medium Macht funktioniert nur, wenn beide Seiten diese Vermeidungsalternative kennen und beide sie vermeiden wollen. Es funktioniert nur auf der Basis einer Fiktion, einer nicht realisierten zweiten Realität.»[23] Diese Fiktion ist es, die dafür sorgt, dass sich Macht, d. h. die den anderen bindende Durchsetzung einer Entscheidung auch gegen widerstreitende Präferenzen, aus sich selbst heraus reproduzieren kann und gerade auf das verzichten kann, was die Fiktion bereithält.

Es ist wichtig, diesen Überlegungen einen Sachaspekt an die Seite zu stellen. Wer von Macht spricht, hat zumeist ein Phänomen in der Sozialdimension im Sinn: Wer hat die Chance von wem Gehorsam zu erfahren? – um es noch einmal in Weberscher Diktion zu formulieren. Die politische Praxis freilich ist nicht nur an der Sozialdimension orientiert, sondern auch an der Sachdimension. Der Machtkreislauf als Austauschprozess hat auch etwas damit zu tun, ob einem Publikum die sachlichen Lösungen des Politischen angemessen erscheinen. Es geht um Kompetenzunterstellung, Steuerungskompetenzen, sachliche Lösungskonzepte, die Präsentation von lösbaren Aufgaben usw. Dass das politische System nur an lösbaren Problemen interessiert ist, sorgt stets dafür, dass die Eigenkonstruktion von Problem-Lösung-Konstellationen zu jener gesellschaftlichen Realität passt, aus der sie in Form von Wahlen, Zustimmung und Gefolgschaft ihre Legitimation erhält (→ Demokratie). Die Idee der Regierbarkeit der Gesellschaft ist in diesem Sinne selbst eine Erfindung des Politischen und eine Konstruktion des politischen Systems. Das ist übrigens eine Denkfigur, die von so unterschiedlichen Ansätzen wie von Habermas und von der Systemtheorie gleichermaßen aufgenommen wurde.[24] Macht wird dann zu einem Austauschmedium oder, im Parsonsschen/Luhmannschen Sprachgebrauch, zu einem «symbolisch generalisierten Kommunikationsmedium», ähnlich dem Geld oder der wissenschaftlichen Wahrheit.[25]

Dass solche Machtkreisläufe unter ständiger Unterbrechungsgefahr stehen, versteht sich von selbst – und ist empirisch leicht zu beobachten. Seit einiger Zeit wird in der politischen Theorie unter dem Schlagwort «Postdemokratie»[26] diskutiert, dass nicht politisch legitimierte Akteure (Experten, pressure groups, ökonomische Akteure etc.) in diesen Kreislauf einwirken. Dieser keineswegs neue Sachverhalt setzt aber nicht das Problem der Abhängigkeit demokratischer Entscheidungen von einer bestätigenden öffentlichen Kommunikation außer Kraft,[27] wie auch immer diese generiert wird.[28] Allerdings erzeugen Protestbewegungen tatsächlich oftmals Unterbrechungen solcher Machtkreisläufe, insbesondere wenn sie gewaltsame Formen annehmen. Einerseits ist es die Protestbewegungen inhärente Form der Eskalation von Forderungen bei gleichzeitiger Unerreichbarkeit, die Gewaltnähe herstellen.[29] Andererseits werden gewaltsame Proteste wohl auch dann wahrscheinlicher, wenn die Situation als machtlos erlebt wird, wenn also Protest und Protestierende an sich selbst erleben, dass sie letztlich keine Macht über ihre eigene Situation entfalten können – sei es in ökonomischen Zukunftsaussichten oder in Anerkennungsfragen. Gewalt wird somit, in einer Formulierung von Heinrich Popitz, eine Form der «Aktionsmacht»,[30] die Handlungsfähigkeit wenigstens simulieren kann.

Das Bezugsproblem

Es mag sich nach einer Entdramatisierung oder gar Verniedlichung von Macht anhören, zu behaupten, dass Macht sich gewissermaßen unspektakulär durchsetzt, als wäre es eine Ideologie, falsches Bewusstsein, nachgerade als eine Art unvermeidlicher Kompromiss der Beherrschten mit der Herrschaft, als breche die Macht die «wirklichen» Interessen der Menschen.[31] Das ist nie ausgeschlossen, aber es übersieht, wie sich Macht dennoch durchsetzen muss – gerade gegen «wirkliche» Interessen, was ja selbst eine abstrakte Konstruktion ist, die sich nicht *wirklich* objektivieren lässt.

Jegliche Form des Politischen, vor allem der Staat ist unvermeidlich machtdurchtränkt – aber das sollte man nicht als einen Defekt ansehen, den man durch mehr Egalität oder auch mehr Partizipation heilen könnte. Macht ist unvermeidlich – sie ist zugleich gefährlich und sehr produktiv. Gefährlich ist sie, je stärker sie sich in wenigen Händen konzentriert, produktiv ist sie, wenn sie auf angemessene Weise geteilt wird – oder ist es womöglich umgekehrt? Nun würde man sich bei einem solchen Beispiel wie der Lösung des Klimawandelproblems wünschen, dass es einfach durchsetzbar wäre – am effektivsten wäre es, wenn die Fäden in einer Hand zusammenliefen, damit die Teillösungen zusammenpassen und nicht zuletzt alle beteiligten Akteure auf das gemeinsame Ziel verpflichtet werden können (→ Krise). Aber die Perspektiven sind eben nicht in einer großen *communio* aufzuheben – es sei denn autokratisch. Selbst Marx konnte sich das kommunistische Einvernehmen nur vorstellen, wenn man nach einigen Generationen das Privateigentum «vergessen» hätte (→ Demokratie).

Demokratische politische Systeme im weitesten Sinne zeichnen sich gerade durch die Teilung der Macht und der Gewalten aus, durch Verfahren, durch Beteiligung der Opposition, durch öffentliche Gegenrede usw.[32] Politische Macht basiert einerseits auf der Möglichkeit der Hinzuziehung von Zwangsmitteln, andererseits aber auf einem Machtkreislauf und schließlich auf einer Dezentralisierung der Macht, die nur um den Preis einer höheren Gewaltrate vermeidbar wäre. Es sieht aus wie ein Naturgesetz: Je stärker man diese Teilung und Dezentralisierung, die Bedeutung von Verfahren und Legitimationsfragen zurückdrängt, desto sichtbarer wird die Drohalternative. Je autokratischer die Machtform, desto höher die Repressionswahrscheinlichkeit und desto eskalativer das Verhältnis von Herrschenden und Beherrschten im Machtkreislauf. Autokratien sind erhebliche Energiefresser, denn sie müssen mit der Kontrolle und der permanenten Erneuerbarkeit der Macht wirklich Ernst machen.

Vor diesem Hintergrund darf man nicht unterschätzen, dass auch in pluralen und liberalen Demokratien dasselbe Problem herrscht – denn ohne die Drohalternative ist Macht nicht konservierbar und vor allem, paradoxerweise, nicht unsichtbar zu halten. Das Bezugsproblem der Macht besteht also darin, Systemen eine Form zu geben. Als politische Macht ist es die Frage der Durchsetzung kollektiv bindender Entscheidungen. In der kollektiven *Bindung* ist schon der Machtanspruch aufgehoben – und je mehr es gelingt, dies einigermaßen unsichtbar zu halten und die Drohalternative abstrakt zu belassen, desto geräuschloser funktioniert die Macht. Und doch ist und bleibt es Macht, wie man im Konfliktfall schnell merken wird. Und deshalb besteht auch zumindest in liberalen Demokratien eine hohe Sensibilität und eine starke Skandalisierbarkeit von Machtmissbrauch, Korruption und illegitimer Einflussnahme.

Das Bezugsproblem des *öffentlichen* Gebrauchs des Machtbegriffs ist ein anderes. Es kapriziert sich vor allem auf die als negativ beschriebene und verkürzte Variante des Begriffs, wonach der eigene Wille gebrochen wird oder das eigene hinter fremden Interessen zurücktritt. Es liegt deshalb nahe, Fehlentwicklungen jeglicher Art auf Macht zurückzuführen. Der Machtbegriff als Kritikbegriff[33] macht sich letztlich die Funktion von Macht zunutze: Wenn es stimmt, dass (politische) Macht dazu dient, kollektiven Entscheidungen eine Bindungswirkung zu verleihen, dann liegt es nahe, Kritik an gesellschaftlichen Entwicklungen als Machtkritik zu formulieren, also als Kritik an denjenigen, die kollektiv bindende Entscheidungen politisch durchsetzen und verantworten. In Demokratien ist es zumindest möglich, Machtkritik zu üben und den Machthaber abzuwählen – freilich nicht, die Macht selbst abzuwählen.

Der öffentliche Gebrauch des Machtbegriffs ist stets kritisch und stilisiert sich am Ende zumeist semantisch eher in der Form, die die einfache asymmetrische Machtausübung meint – zu einer Zeit, in der Symmetrie als Grundform des Zusammenlebens favorisiert wird, ist Macht kaum vermittelbar. Dabei wären Kalkulierbarkeiten und Erwartbarkeiten ohne Macht kaum möglich. Schon basalste Dinge wie das Vertrauen, dass sich auch andere an Regeln halten, im Straßenverkehr die Rechts-vor-links-Regel einhalten, ihre Steuern bezahlen oder durch potentielle Staatsgewalt daran gehindert werden, mich zu übervorteilen, sind Ausdruck funktionierender Machtverhältnisse. Der Machtbegriff als funktionale Kategorie nutzt sich aber ab, je länger die Macht stabil ist – erst wenn sie in Frage gestellt wird, wird Macht zu einer Information, oder, wenn man selbst etwas durchsetzen möchte. Protestbewegungen etwa sind Versuche, Macht auszuüben – und Ausdruck fehlender Machtmöglichkeiten (→ Kritik).

Organisationsmacht

In modernen Gesellschaften findet die meiste Machtausübung in Organisationen statt. Im Fall von Arbeitnehmerinnen und Arbeitnehmern im Unternehmen, des Beamten in der Verwaltung, der Studierenden in der Universität oder auch als Mitglied im Verein ist die Mitgliedschaftsrolle oder -position nie vollständig symmetrisch gebaut. Je nach Typus sind verschiedene Grade der Asymmetrie vielmehr charakteristisch für Organisationen, was Führung und damit Machtausübung geradezu erzwingt.[34] In Organisationen etablieren sich so genannte mikropolitische Strukturen, in denen Spielzüge, Einflusssphären und Machtbeziehungen sowohl ein Ordnungs- als auch ein Prozessfaktor sind.[35] Dabei ist Macht in Organisationen nicht schon durch die Asymmetrie von Stellen und Mitgliedschaftsrollen erklärt. Vielmehr verfügen Organisationen sehr direkt über Formen der unmittelbaren Sanktionierung bzw. ihrer Androhung – positiv in Form von Geldzahlung oder anderen Gratifikationen oder eben negative in Form von Sanktionen, Entlassungs- oder Ausschlussdrohungen.[36] Organisationen konterkarieren jedenfalls jene Erwartungen, die außerhalb derselben zumindest hypothetisch gelten: von der zeitlichen, räumlichen und sozialen Freizügigkeit über die freie Meinungsäußerung bis hin zur Koalitionsfreiheit. Wiewohl diese Erwartungen auch in alltäglichen Strukturen nicht bedingungslos eingelöst werden, können sie über das Medium der Organisationsmitgliedschaft *explizit* und *programmatisch* eingeschränkt werden. Organisationen können durch Techniken der Zuständigkeit, der Arbeitsteilung, der Unterbrechung von Kommunikation, der Etablierung von Entscheidungsalternativen und -prämissen, durch Personalauswahl und Aufgabenbeschränkung Unsicherheit absorbieren oder eine Scheinsicherheit herstellen, die auf Dauer gestellt wird.[37] Während politische Macht im weitesten Sinne *gesellschaftliche* Macht ist, ist *organisatorische* Macht eingehegt in konkrete Organisationen, darin aber im Hinblick auf die Drohmöglichkeiten und die Direktheit der Machtausübung wesentlich potenter.

Vielleicht gewöhnt Organisationsmitgliedschaft an Machtverhältnisse und ihre Ordnungsleistungen und ermöglicht so erst jene Freizügigkeit und Freiheitserwartungen im Alltag, die eines der Grundversprechen der Moderne sind (→ Freiheit). Dass Bürokratie und Organisation bisweilen eine so schlechte Presse haben, liegt wohl an dieser hypothetischen Differenz zwischen selbstbestimmter Freiheit und fremdbestimmtem Eingebundensein. Allerdings dürfte die konzentrierte Machtausübung in Organisationen eine der Bedingungen dafür sein, dass sich Freiheit als Machtkritik gerieren kann und die Bedeutung der Macht überhaupt unterschätzt wird. Zumindest hält man Unzufriedenheit als Organisationsmitglied besser aus als außerhalb dessen – wohl weil man sich daran gewöhnt hat, diese Unzufriedenheit der Organisation selbst zurechnen zu können. Letztlich stärkt die Koexistenz von Organisationsmitgliedschaften und anderen Rollen die Illusion der Kritikwürdigkeit der Macht. Nach Feierabend jedenfalls kann man die Macht abstreifen.

Produktivität der Macht

Der klassische soziologische Machtbegriff hat durchaus Weiterungen erfahren, die sich von der Konzentration auf asymmetrische politische Macht entfernt haben. Die beiden bekanntesten stammen von Hannah Arendt und Michel Foucault.

Arendts Machtbegriff könnte ein Schlüssel für die Frage einer produktiven Macht sein. In einer berühmten Formulierung bestimmt Arendt Macht als eine Form, die weit über den klassischen Herrschaftsbegriff im Sinne von Weber hinausgeht. Er ist deshalb attraktiv für Viele, weil er Macht von jeglicher Asymmetrie löst. Hannah Arendt schreibt: «Macht entspringt der menschlichen Fähigkeit, nicht nur zu handeln oder etwas zu tun, sondern sich mit anderen zusammenzuschließen und im Einvernehmen mit ihnen zu handeln.»[38] Macht entsteht laut Arendt durch so etwas wie eine kollektive oder wenigstens gruppenbezogene Machtbasis, es bedarf eines gemeinsamen Willens, damit sich Macht als Macht durchsetzen kann.[39] Politische Macht bedarf demnach der «Unterstützung des Volkes, die wiederum nur die Fortsetzung jenes ursprünglichen Konsenses ist, welcher Institutionen und Gesetze ins Leben gerufen hat»,[40] andernfalls basiert staatliche Autorität nur auf Gewalt oder erzwungenem Gehorsam, die jedoch am Ende keine Macht entfalten können.[41] Arendt stellt gewissermaßen auf die vorpolitische Bedingung politischer Macht ab. Noch entscheidender ist aber, dass sie einen durchaus positiv bewerteten Machtbegriff formuliert: Staatliche Gewalt wäre dann gewissermaßen die Folge ausgebliebener Macht oder eines fehlenden gemeinsamen Willens.

Arendt hat weniger das Sachproblem der Kontrolle, der Steuerbarkeit, des Umgangs mit einer komplexen und differenzierten Gesellschaft im Sinn, als vielmehr die immanent politische Form des Machtmechanismus. Indirekt freilich kann man über den Begriff des «Willens» so etwas wie einen Machtkreislauf mitdenken, der für eine funktionierende Form der Macht entscheidend ist. Macht ist für Arendt in diesem Sinne eine produktive Kategorie – und für viele deshalb attraktiv, weil sie eine bestimmte Form der Symmetrie in den Machtbegriff einbaut, der aber womöglich einerseits unterschätzt, dass sich Macht am Ende auch durchsetzen muss, und andererseits die Halbwertszeit eines gemeinsamen Willens bei Nichterfüllung der Erwartungen überschätzt.

Hannah Arendt kritisiert die Konzentration des Machtbegriffs auf staatliche Herrschaft mit Hilfe eines republikanischen Motivs, also der Idee des machtvollen Zusammenschlusses von Bürgern. Ganz ähnlich setzt Michel Foucault ebenfalls nicht am staatlichen/politischen Herrschaftssystem an, fasst den Begriff aber noch weiter als Arendt. Für Foucault ist Macht fast identisch mit sozialen Prozessen. Er schreibt: «Unter Macht [...] ist zunächst zu verstehen: die Vielfältigkeit von Kraftverhältnissen, die ein Gebiet bevölkern und organisieren; das Spiel, das in unaufhörlichen Kämpfen und Auseinandersetzungen diese Kräfteverhältnisse verwandelt, verstärkt, verkehrt; die Stützen, die diese Kraftverhältnisse aneinander finden, indem sie sich zu Systemen verketten.»[42] Macht ist nach diesem Verständnis die Form, die bestimmt, warum dies und nicht jenes geschieht, wie sich bestimmte Dinge durchsetzen und welche Antagonismen dabei entstehen. Dieser Machtbegriff beinhaltet geradezu ein universales Verständnis des Sozialen: Es möchte gewissermaßen die Kontingenz dessen, was ist, auf den Begriff bringen. Und zugleich atmet dieser Begriff den Geist einer Kritik an einem allzu einfachen Verständnis von Bewirkung, denn Macht liegt nach Foucault nicht nur bei denjenigen, denen man (politische oder ökonomische) Machtpositionen zuschreibt. «Die Macht kommt von unten, d. h. sie beruht nicht auf der allgemeinen Matrix einer globalen Zweiteilung, die Beherrscher und Beherrschte einander entgegensetzt und von oben nach unten auf immer beschränktere Gruppen und bis in die letzten Tiefen des Gesellschaftskörpers ausstrahlt.»[43] Das sind starke, gern zitierte Sätze. Sie scheinen auf ein akademisches Publikum eine Anziehungskraft auszuüben, in diesem Sinne also: Macht zu entfalten. Aber genau besehen ist dieser Machtbegriff analytisch nur wenig produktiv, denn mit diesem ubiquitären Machtbegriff wird letztlich jegliche Form von Selektivität, von Strukturbildung, von Kontingenzeinschränkung und Nicht-Beliebigkeit als ein Ergebnis von Macht bezeichnet. Er suggeriert, dass in jedem Moment fast alles möglich wäre – es ist in diesem Sinne kein analytischer Begriff, sondern eher einer, der selbst im Spiel von Wirkungstreffern verortet werden kann. Der Wirkungstreffer besteht darin, einem akademischen Publikum das Angebot zu machen, Machtkritik mit einem auf alles anwendbaren Machtbegriff zu versüßen, am Spiel teilhaben zu können. In einem Interview sagt Foucault: «Die Macht ist nicht das Böse. Macht heißt: strategische Spiele.»[44]

Das Attraktive an Foucaults Stil besteht in der Verfremdung und Exotisierung, denn ohne Zweifel kommen Einflussnahmen und wechselseitige Wirkungen überall vor. Sie aber begrifflich ununterscheidbar zu machen von Strukturen, auch von Herrschaftsstrukturen, bedient in erster Linie das Bedürfnis, sich Gesellschaft als einen kontingenten Raum vorzustellen, in dem am Ende alles möglich ist. Ob das die Intention von Foucault war, spielt keine Rolle – aber die milieubedingte Attraktivität einer solchen Denkungsart liegt darin, die Asymmetrie, die nach konventionellen Begriffen in jeder Machtbeziehung steckt, so weit zu dekonstruieren, dass man sich eigene Formen der Gestaltbarkeit vorstellen kann – andererseits aber auch Bestehendes als machtdurchtränkt erscheint. In jedem Fall bietet es ein Reservoir für starke Sätze.

Wenn es stimmt, dass die Funktion des öffentlichen Gebrauchs des Machtbegriffs darin besteht, einen kritischen Begriff dafür zu haben, die mangelnde Selbstwirksamkeit des eigenen Willens und das Problem der Unerreichbarkeit von Zielen auf den Begriff zu bringen, kann ein Machtbegriff wie der von Michel Foucault Entlastung verschaffen: Er suggeriert durch die Behauptung der Ubiquität von Macht – noch mehr als das republikanische Verständnis von Hannah Arendt – die Möglichkeit der eigenen Macht an jeder Stelle der Gesellschaft, in jedem Kontext und auf jeder Stufe der gesellschaftlichen Ordnungsbildung. Die Attraktivität eines solchen Machtbegriffs liegt geradezu in einem Ermächtigungsversprechen – der Preis dafür ist, dass alles, was mit einem geschieht, letztlich das Ergebnis von Macht ist. Am Ende kommt es darauf an, wie man im strategischen Spiel der Macht abschneidet.

Rohe Gewalt

Bereits am Anfang dieser Überlegungen ist auf die Verwandtschaft der Macht mit der Gewalt hingewiesen worden: Unmittelbare Machtausübung zielt auf direkte Drohung einem anderen gegenüber und wird Macht durch seine unmittelbaren Durchsetzungsmöglichkeiten. Gewaltanwendung wäre in diesem Sinne die Urszene von Macht, deren Androhung und Möglichkeit jemanden dazu bringt, etwas zu tun, was er sonst nicht täte. Davon abgeleitete Formen von größeren Macht- und Herrschaftszusammenhängen brauchen andere Vehikel als die unmittelbare Anwendung von Gewalt, aber durchaus auch Sanktionsmöglichkeiten und ihre Drohungen. Die Kunst solcher Machtausübung besteht darin, die Drohalternative möglichst latent zu halten und damit pazifizierte Gesellschaften mit staatlichem Gewaltmonopol und zumindest nach innen weitgehend gewaltfreien Formen des Konflikts, der Auseinandersetzung und der Machtausübung zu ermöglichen. Diese Formation ist essentiell von der der Kasernierung und Monopolisierung der Gewalt abhängig, wie es klassisch in Norbert Elias' historischer Zivilisationstheorie beschrieben wird: als Umlenkung von äußerem Zwang und unmittelbarer Gewaltandrohung in innere Formen der Disziplinierung und des «zivilisierten» Verhaltens, das Machtausübung subtiler gestaltet und keineswegs im Widerspruch zu staatlich organisierter kriegerischer Gewaltanwendung stand und steht.[45] Selbst Zivilisationsbrüche mit radikaler Gewaltanwendung können dann auf die Potentiale einer «zivilisierten» Form der Organisation zurückgreifen, wie oben am Beispiel des Holocaust erläutert.

In solchen pazifizierten Räumen wird Gewalt einerseits umgelenkt in Nebenfolgen von Selbstdisziplinierungen, wie sie etwa Michel Foucault beschrieben hat. Das «Subjekt» ist für ihn dann folgerichtig eine durch Macht formierte Entität: «Diese Machtform verwandelt die Individuen in Subjekte»,[46] es ist «eine Form von Macht, die unterjocht und unterwirft»,[47] indem das Subjekt sich selbst dazu verhält und diszipliniert. Vielleicht wird plausibler, warum Foucault den Machtbegriff in der angedeuteten Weise geradezu ubiquitär verwendet, und überall Macht vermutet, wenn man beachtet, dass sich in den (von ihm natürlich nicht so genannten) pazifizierten Räumen ganz andere Formen der Einschränkung etablieren, die nicht mehr auf äußere Machtausübung angewiesen sind.

Auch der Begriff der Gewalt wird erheblich komplexer und mutiert von der rohen, offenen Gewalt zu subtilen Formen, wenn man den komplexeren Formen der Machtausübung Rechnung trägt.[48] Historisch bedeutet das übrigens, dass das, was als Gewalt bezeichnet und empfunden wird, variabel ist. In einer beeindruckenden Formulierung beschreibt Jan Philipp Reemtsma, «dass wir als Kinder der Moderne die Gewalt nicht mehr in unsere Alltagserfahrung integriert haben. Wo sie auftritt, bricht sie herein. Sie wird zu einem Außerordentlichen, Unbewältigbaren. Wer in Zeiten permanenter Gewaltpräsenz aufwächst, dürfte durch Gewalt weniger erschütterbar sein. Natürlich gibt es extreme Gewalt, die jeden zerbricht, um den Verstand und um sein Ich bringt, aber dem vorgelagert dürften die Empfindlichkeiten in unterschiedlichen Zeiten unterschiedlich sein.»[49] Dieser Zusammenhang hat nicht nur eine historische Dimension, denn die Alltäglichkeit von Gewalt ist für unterschiedliche Regionen der Weltgesellschaft ebenso ungleich verteilt wie für verschiedene Bevölkerungsgruppen. Aber der eigentliche Clou von Reemtsmas Argumentation lautet so: «Es ließe sich also so formulieren, dass es ein Ziel des Zivilisationsprozesses sei, uns alle immer leichter traumatisierbar zu machen.»[50]

Die Traumatisierbarkeit durch offene Gewalt, aber auch die Internalisierung dessen, was bei Norbert Elias der «gesellschaftliche Zwang zum Selbstzwang»[51] heißt, wird so zu einem angemessenen Preis für den Verzicht auf offene Gewaltausübung. Man könnte auch sagen: Damit Menschen nicht nur als Körper traktiert werden, ist eine Form der Macht nötig, deren Mechanismen auf die Drohalternative setzen und die Anwendung von Zwangsmaßnahmen latent halten. Das ist der Umkehrschluss von Reemtsmas Bestimmung: «*Das Wesen der Gewaltdrohung ist Drohung mit der Reduktion auf den Körper* …»[52] Nun geht es hier nicht um die Diskussion eines angemessenen Gewaltbegriffs,[53] sondern um die Frage der Gewaltförmigkeit von Macht. Und Reemtsmas Definition der Machtdrohung birgt den Schlüssel dazu.

Überall wo politische Macht in roher Form sichtbar wird, geht es vor allem um menschliche Körper, auch um die Reduktion des Menschen auf seinen Körper. In Kriegen werden Körper vernichtet und bedroht, die Niederschlagung von Aufständen und Protesten richtet sich gegen Körper, und Repression als politische Form der Machtausübung tötet oder drangsaliert Körper oder schließt sie weg. Man möge das nicht als eine zu drastische Beschreibung oder gar eine Verfremdung halten. Eine Verfremdung ist das nur, wenn man die pazifizierte Form der Machtausübung für den Normalfall hält – historisch gesehen ist sie die Ausnahme.

Das symbolisch generalisierte Kommunikationsmedium Macht kann im besseren Fall die Drohoption im Unsichtbaren lassen – der bessere Fall lässt sich am geschlossenen Machtkreislauf ablesen. Dann erhöht Macht die Annahmewahrscheinlichkeit von Machtofferten genau so, wie etwa das Medium Geld die Tauschbarkeit erleichtert, oder wissenschaftliche Wahrheit die Diskutierbarkeit – stets generieren «symbolisch generalisierte Kommunikationsmedien» Anschlussmöglichkeiten. Je weniger demokratisch politische Verfahren, je weniger legitim politische Macht, je autokratischer die Regierungsform und je autoritärer die Machtansprüche, desto schwieriger ist es in komplexen Gesellschaften, den Machtkreislauf aufrechtzuerhalten – und desto wahrscheinlicher ist ein staatlicher Repressionsüberschuss. Dass in und nach Revolutionen das Militär und die Polizei die entscheidenden Akteure sind, ist kein Zufall, denn ihre Gewaltnähe ist im Falle eines unterbrochenen Machtkreislaufs der entscheidende Machtfaktor. Repression ist in diesem Sinne ein funktionales Äquivalent für eine Macht, die durch symbolische Generalisierung ihre Annahmewahrscheinlichkeit erhöht und die durch institutionalisierte Verfahren Opposition, Widerspruch und sogar den Wechsel von Regierungen aushält.

Der Wechsel von Regierungen ist der Lackmustest für die Frage nach roher Macht und Gewalt. Wie fragil diese Situationen sein können, ließ sich zum Ende der Amtszeit von Donald J. Trump in den USA 2021 besichtigen, ansatzweise auch in Brasilien 2022/23. In den staatssozialistischen Staaten der ehemaligen sowjetischen Einflusszone war üblicherweise der Tod des Staatsführers die eleganteste Form für einen Machtwechsel – zumindest aber konnten Staatsführer, die ihre Machtablösung überlebten, danach nicht politisch aktiv bleiben.

(Politische) Macht in komplexen pazifizierten Gesellschaften ist enorm voraussetzungsreich. Es hilft, wenn man nicht die pazifizierten Formen und die symbolische Generalisierung von Macht für den historisch angemessenen Normalfall hält, sondern anerkennt, dass rohe politische Gewalt und die stärker ebenen- und machtdifferenzierte Form wechselseitig funktionale Äquivalente sind. Der öffentliche Gebrauch des Machtbegriffs kapriziert sich auf eine verkürzte Kritik von Asymmetrien, und nach wie vor hat Macht eine schlechte Presse. Aber die Form der Macht, die zumeist beobachtet wird, ist bereits eine zivilisierte, der Komplexität eines modernen demokratischen Systems angemessene Form, deren Potenz auch darin besteht, auf unmittelbare Repression meistens verzichten zu können. Wie voraussetzungsreich das ist, bleibt dann zumeist unsichtbar.

→ Natur

Auf den ersten Blick sieht es sehr einfach aus, wovon man Natur unterscheiden könnte: vom Geist, von der Freiheit, von der Kultur, von der Gesellschaft. Was aber, wenn der Geist selbst eine natürliche Erscheinung wäre oder die Natur Ausdruck des Geistes oder einer göttlichen Kraft? Was, wenn die Freiheit als speziell menschliche Fähigkeit zur menschlichen Natur gehörte? Und was, wenn man unsere kulturellen Gebundenheiten und Gewohnheiten als *zweite Natur* beschreibt? So einfach ist es also offensichtlich nicht. Ideengeschichtlich zehrte der Naturbegriff lange davon, seiner Gegenseite nicht völlig unähnlich zu sein, insofern man einen Gott oder eine göttliche Kraft voraussetzte, deren wundersames Wirken sich schon deshalb nicht gegen die Natur wenden konnte, weil auch die Natur zu ihren Geschöpfen gehört, wie es etwa Augustinus formuliert.[1] «Natur», oder griechisch: «physis», beschrieb zunächst den grundlegenden Charakter der beweglichen Welt. Ob nun beseelt oder nicht, referiert dieser Begriff auf eine gewisse Ordnung, deren Prinzip selbst nicht natürlichen Ursprungs im engeren Sinne ist – oder insofern doch, als dem Bereich der *physis* all das angehört, was der ursprünglichen Form der Welt entspricht. Schon in der stoischen Philosophie, kam die Idee einer *naturgemäßen Lebensform* auf, was als normative Idee ja darauf hinweist, dass menschliche Lebensformen vom Naturgemäßen abweichen können, es verfehlen, vielleicht sogar erweitern können.[2] Wenn Natürlichkeit ein steigerbarer Sachverhalt ist, kann man sie logischerweise auch verfehlen.

Notwendigkeit und Freiheit

Halten wir uns zunächst an den klassischen modernen Sprachgebrauch, für den, etwa in der Tradition Immanuel Kants, die Natur die Sphäre der Naturkausalität ist, die der vernünftigen Sphäre der Freiheit entgegengestellt ist.[3] Mit der Unterscheidung des Reiches der Freiheit vom Reich der Notwendigkeit wird der Ton gesetzt, sie hat eine performative Form: Welche Gegenstände werden dem Reich der Freiheit zugerechnet und welche dem Reich der Notwendigkeit? Die Unterscheidung zielt vorrangig auf das Reich der Freiheit, denn eine solche Unterscheidung wird offenkundig nicht in der Natur gebraucht. Führen wir die Unterscheidung von Freiheit und Notwendigkeit zurück auf diejenige zwischen Kultur und Natur, muss man wohl konzedieren, dass die Unterscheidung eine kulturelle Unterscheidung ist. Die Natur dürfte selbst diese Unterscheidung nicht vornehmen, weil sie keinen kontingenten Unterscheidungsgebrauch kennt, sonst wäre sie nicht das Reich der Notwendigkeit.

Wer in diesem Sinne von Natur redet, redet also explizit von etwas, das notwendigerweise so ist, wie es ist – er muss aber darüber *reden*. Kennen kann man das Reich der Notwendigkeit nur aus der Perspektive des Reichs der Freiheit, was die Sache nicht nur verkompliziert, sondern auch paradox werden lässt. Aber als erste Annäherung wird schon deutlich, dass es im Folgenden um den Unterscheidungsgebrauch geht und weniger um die Art der Unterscheidung.

Freiheit wird von Kant zumindest in der praktischen Philosophie als ein Postulat formuliert.[4] Praktische Philosophie könne man nur betreiben, wenn Freiheit zur Abweichung vorliegt bzw. wenn man das mögliche Handeln der Menschen eben nicht als «natürlich» festgelegt konzipiert. Wäre das Verhalten der Menschen durch eine Naturnotwendigkeit festgelegt, könnte man so etwas wie die Maxime des eigenen Handelns oder eine abwägende Entscheidung gar nicht denken. Die Natur wird also als Sphäre der Notwendigkeit schon deshalb gebraucht, um die Sphäre der Freiheit eines vernünftigen Wesens überhaupt auszuweisen.

Natur wird hier vor allem als die andere Seite des spezifisch Menschlichen gebraucht – und doch gibt es kein Entrinnen aus der

Paradoxie, dass sich die Unterscheidung zwischen Natur und Kultur/Geist/Vernunft nicht von einem dritten Standpunkt aus beobachten lässt, weil dieser Beobachterstandpunkt sich immer schon auf einer der beiden Seiten befindet. Es ist eine asymmetrische Unterscheidung.

Die menschliche Natur

Doch allein mit einer Charakterisierung als einer Sphäre der Notwendigkeit lässt sich das Thema Natur nicht abhandeln, zumal wir auf der Suche nach der Funktion des Begriffsgebrauchs sind. Diese lässt sich am besten an einer Debatte nachverfolgen, die vor über zwanzig Jahren nach der Entschlüsselung des menschlichen Genoms, wenn man so will: «der menschlichen Natur», geführt wurde. Es ging nach der Entschlüsselung des Genoms auch um die Frage seiner Manipulierbarkeit und darum, was sich im Selbstverhältnis des Menschen und im Verhältnis der Menschen untereinander ändern würde, wenn ihre «Natur» aus dem Reich der Notwendigkeit und der Unverfügbarkeit heraustreten würde. Eine zentrale Rolle spielte 1998 ein Diskussionsbeitrag von Jürgen Habermas.[5] Der Philosoph wendete sich gegen Stimmen, die meinten, dass sich schon aus biologischer Perspektive genügend Gründe gegen das Klonen bzw. gegen gentechnisches Design ergäben. Habermas argumentierte nicht auf der biologischen Seite, sondern auf der Seite der Bedingungen für die Freiheit des Menschen, und er sprach sich gegen das Klonen aus.[6] Sein Argument zieht eine eindeutige Grenze zwischen Natur und Kultur/Gesellschaft. Es verweist implizit auf die Veranlagung des Menschen, die darin bestehe, nicht ausschließlich *Natur* zu sein, sondern eine reflexive Einstellung zu sich selbst und zu seinem Verhalten zu gewinnen und so jene gegen-natürliche, menschliche Welt zu erschaffen, die wir gewöhnlich *Kultur* nennen. Argumente gegen das Klonen von Menschen und seine gentechnische Zurichtung ließen sich danach ausschließlich *kulturell*, d. h. im Rahmen eines normativen Diskurses gewinnen, also in der Existenzsphäre, die den Menschen aus der Natur heraushebt. Übrigens gilt das auch für Argumente für das Klonen.

Habermas' zentrales Argument lautet, dass die Anerkennung der

Autonomie eines Menschen von jener unverfügbaren Kontingenz abhängig ist, die seine genetische Existenz einer blind waltenden Natur und nicht einer sehenden Auges gefassten Entscheidung verdankt. Die Freiheit des Menschen, so könnte man das Argument anders formulieren, ist von der Unsichtbarkeit seiner eigenen Bedingungen abhängig, also davon, was der Freiheit des Menschen entzogen ist. Die Anerkennung der Freiheit des Menschen gründet also darin, dass er nicht Schöpfer seiner selbst ist. Die Natur als blind waltende Natur gibt etwas vor, das selbst nicht Gegenstand der Freiheit sein kann – und darin Grund ebendieser Freiheit ist.

Hier lässt sich eine geradezu theologische Denkfigur entdecken. Ähnlich wie sich Gott in der gottfernen und prophetenlosen Zeit der Moderne, wie es in starken Formulierungen bei Max Weber heißt,[7] ernsthaft nur noch in der Figur des *deus absconditus* denken lässt, setzt Habermas eine *natura abscondita* an: eine Sphäre, auf die uns die Sicht verstellt ist und die den Grund unserer Existenz in den unverfügbaren Abgrund unserer sterblichen Natur verschiebt, auf deren Boden aber erst die unbedingte Anerkennung frei handelnder Rechtspersonen denkbar ist. Diese Argumentation erinnert außerdem an das calvinistische Prädestinationsmodell, nach dem es letztlich nicht bloß der *Ratschluss* Gottes ist, der Handlungssettings für innerweltliche Gestaltung freigibt, sondern dessen *Unerforschlichkeit.* Die unerforschliche und unverfügbare Natur jedes Einzelnen scheint nach diesem Argument so etwas wie eine *Prädestination* zu beinhalten, deren Grund uns entzogen bleibt und gerade deshalb zugleich beruhigend und beunruhigend wirkt.

Habermas' Argumentation ist auf den ersten Blick stichhaltig. Sie macht darauf aufmerksam, dass unsere bloß biologisch bedingte psychophysische Existenz außerhalb der *exzentrischen* Sphäre gestaltbarer Kultur liegt, in der wir uns über das Wahre und Gute verständigen.[8] Und gerade weil jene Voraussetzung diesem Zugriff nicht unterliegt, versorgt sie in ihrer blinden Zufälligkeit und evolutionären Undurchsichtigkeit die Bedingungen kultureller Verständigungsprozesse mit einem Moment des Unbedingten. Unser bloßes So-Sein lässt sich niemandem vorwerfen, da Natur erstens keinen Personenstatus hat und da dieses So-Sein zunächst die Bedingung und nicht die Folge jeder Entscheidung ist oder sein soll.

Aber die gentechnische Ausleuchtung jenes Abgrunds und in der Konsequenz die Möglichkeit des Klonens oder genetischen Gestaltens konterkariert exakt das, was Habermas uns mit Recht anempfiehlt: die kontingenten, für uns aber nicht zugänglichen Grundlagen unserer natürlichen Existenz in ihrem unberührbaren Status zu belassen. Und noch mehr: Schon die Notwendigkeit, diese moralisch-praktischen Fragen, die sich bis vor kurzem noch gar nicht gestellt haben, überhaupt zu erörtern, zerstört, was Habermas als Moment der Unbedingtheit menschlicher Lebensformen ansetzt: die klare Trennung von (notwendiger) Natur und (freier) Kultur. Bereits die bloße Denkmöglichkeit, die *natürlichen* Grundlagen des Menschen zu entschlüsseln und schließlich zu verändern, erzeugt unweigerlich einen Sog, der die Unterscheidung von Natur und Kultur implodieren lässt. Habermas empfiehlt, Natur nicht zu manipulieren und die Konsequenzen zu bedenken, die eine Umsetzung des gentechnischen Zugriffs auf Natur für gesellschaftliche Zurechnungs- und Anerkennungsverhältnisse hätte. Er legt sinngemäß nahe: *Entscheidet Euch für die Aufrechterhaltung des Reservats der Unverfügbarkeit; entscheidet Euch für die Aufrechterhaltung eines Raumes, der Eurer Entscheidung entzogen bleibt!*

Diese Aufforderung enthält eine Paradoxie: Sie appelliert an die Bedeutung der Unverfügbarkeit des menschlichen (individuellen) Genoms und erkennt zugleich seine mögliche Verfügbarkeit an. Wozu sonst überhaupt ein solcher normativer Diskurs? Was vormals aufgrund seiner Unsichtbarkeit wirkte, wird im diskursiven Rampenlicht kompromittiert. Eine der Konsequenzen besteht bereits darin, dass damit auch die Entscheidung gegen das Klonen eine Entscheidung ist, also zugerechnet werden kann und somit – nach Habermas' Argumentationsfigur – die Autonomie auch des nicht geklonten Menschen nachhaltig zerstören könnte. Warum sollte ein mit *natürlichem* Genom ausgestatteter Mensch seinen Eltern nicht vorwerfen, sich auf den biologischen Zufall verlassen anstatt die gentechnischen Gestaltungsoptionen ausgereizt zu haben?

Diese gen- und reproduktionstechnischen Herausforderungen verunmöglichen jene bequemen Unzurechenbarkeiten. Können wir Natur immer noch als jene unserem Zugriff letztlich entzogene Sphäre behandeln, die uns – wie vormals die Herrschaft Gottes – den *regressus ad infinitum* abnimmt und uns so mit einem Grund versorgt, der zwar beschrieben, gelebt und ausgeformt werden kann, nicht aber weiter begründet werden muss? Und können wir Kultur und Gesellschaft tatsächlich als Reich der freien Entscheidung ansetzen, das der Heteronomie der Natur die Autonomie des Willens und der reziproken Verständigung entgegensetzt?

Das sind fast rhetorische Fragen, aber es geht hier gar nicht um deren Beantwortung, und auch nicht um die tatsächlichen Möglichkeiten, über die Manipulation genetischer Dispositionen die Bedingungen des menschlichen Lebens so zu verändern, dass das So-Sein des Menschen gewissermaßen planbar wird. Sondern es geht um die Rhetorik der «Natur», also darum, welche Funktion der Naturbegriff hat. Die Funktion des Naturbegriffs von Habermas in der Diskussion um reproduktionsbiologische Möglichkeiten ist es, eine Sphäre der Unverfügbarkeit vorauszusetzen, die gewissermaßen als eine transzendentale, also vorempirische Bedingung für die Unverfügbarkeit des Menschen fungiert. Habermas setzt die Freiheit selbst in Klammern, indem er ihr ein mit Notwendigkeiten behaftetes natürliches Gegenfundament verschafft, das nicht weiter befragbar ist. Natur bietet damit etwas, das anders als alles im Reich der Freiheit zwar dunkel, voraussetzungsreich und im Kern unsichtbar, aber dann eben doch klar und deutlich ist, weil es sich der eigenen Verfügung verlässlich entzieht. Könnte man die eigenen Lebensbedingungen *jemandem Menschlichen* zurechnen, Eltern zum Beispiel oder der Medizin, wäre die Kontingenz des eigenen Lebens nicht mehr auszuhalten und damit auch die Bedingung der Freiheit zerstört.

Die Latenz der Natur

Die Funktion des Naturbegriffs ist hier letztlich eine Latenzfunktion im Sinne Talcott Parsons', der damit ironischerweise nicht den Naturbegriff erklärt, sondern den Kulturbegriff. Parsons meinte, dass kulturelle Bedeutungen, sprachliche Repräsentation und symbolische Formen, also letztlich alles, was irgendwie mitläuft, als latentes Muster mitläuft. Diese Funktion des *latent pattern maintenance* ist dann besonders wirksam, wenn sie die Bedingungen ihrer selbst gewissermaßen im Dunkeln lässt und nicht vollständig zurechenbar macht. Kultur ist in diesem Verständnis alles andere als eine Chiffre für Freiheit und Verfügbarkeit, sondern für eine fast unverfügbare Voraussetzung allen Handelns – also gewissermaßen wie eine *zweite Natur*, die mehr Notwendigkeit als Freiheit enthält und darin die Grundbedingung für die eigene Freiheit darstellt (→ Kultur).

Der Naturbegriff hat also rhetorisch die gleiche Funktion wie dieser Kulturbegriff. Einfach formuliert: Frei sprechen und neue Sätze formulieren kann ich nur, wenn ich auf dem Boden einer zunächst nicht weiter befragbaren Sprache stehe, die mich mit Bedeutungen versorgt, die ihrerseits nicht sprachlich-performativ eingeholt werden müssen. Das ist exakt die gleiche Funktion wie die der Natur bei Habermas: Natur schützt davor, alle Bedingungen kontingent zu setzen und damit Bedeutungen unmöglich zu machen.

Gerne verweise ich auf die berühmte Kritik des savoyischen Gegenaufklärers Joseph de Maistre an der Französischen Revolution: Die Menschen hätten ihren sicheren Ort in der Gesellschaft verloren und müssten sich nun mit einer Freiheit herumschlagen, die von ihnen verlangt, ihren Ort selbst zu suchen und das auch noch transparent zu machen.[9] In solchen kulturkritischen Diskussionen kommt gerne der Begriff der «Natur» vor, so als gebe es eine natürliche Gesellschaftsordnung, die vor allem dadurch funktioniert, dass man ihre Strukturen für eine nicht zurechenbare (allenfalls einem Gott oder seinem heilsgeschichtlichen Walten zurechenbare) Form hält – ähnlich wie Habermas die Natur des Menschen im Dunkeln lassen möchte, damit man mit den Kontingenzen des Lebens leben kann.

Es ist kein Zufall, dass der Naturbegriff auch dort verwendet wird, wo es um die Legitimation von Ordnung geht. Ein besonders eindrückliches Beispiel dafür ist der Rassismus, der ja keineswegs nur eine vormoderne Form ist, sondern in der Gestalt, wie wir ihn kennen, ein naturwissenschaftliches Konstrukt. Die Erfindung des Rassismus im modernen Sinne besteht in seiner Naturalisierung. Genügte zuvor der bloße Rekurs auf Symbole, Erscheinungsformen, Tradition und Routinen, wurden «rassische» Unterschiede im 19. Jahrhundert zu Natur und damit zu einer der Freiheit entzogenen Sphäre erklärt.[10] Das diente auch dazu, ein Moment von Notwendigkeit in die Klassifikation und Hierarchisierungen von Menschengruppen einzubauen –

wie sich vor allem im Übergang vom religiös motivierten zum rassistischen Antisemitismus zeigt, mit dem Höhepunkt in der naturwissenschaftlich gerahmten Rassenlehre im Nationalsozialismus.[11] Auch die Naturalisierung des Geschlechts gehört in diesen Zusammenhang, doch dazu später mehr.

Die Funktion des Naturbegriffs ist es also, eine Sphäre der Notwendigkeit oder Unveränderlichkeit zu markieren. Zugleich ist die Natur aber auch Material für die menschliche/gesellschaftliche Gestaltung der Welt. Ernährung und Versorgung, die Verwendung von Materialien für Kleidung, Hausbau, sogar für Kulturgüter, Kunst usw. nutzen die «Natur» als Gestaltungsgrundlage für menschliche Zwecke. Fossile Brennstoffe, von denen wir gerne sagen, dass sie die «Natur» gefährden, sind ihrerseits Naturprodukte, und alles, was an stofflichen und technischen Möglichkeiten entwickelt wurde, nutzt das, was wir Naturkräfte nennen. Der Antrieb eines Flugzeugs beruht auf Naturkräften bzw. Naturgesetzen, die sich ähnlich auch in anderen Bereichen finden, etwa dem dynamischen Auftrieb oder der Energieumwandlung durch Verbrennung. Zugleich wird der Naturbegriff romantisiert. «Natur» steht dann für Ursprünglichkeit, für Gewachsenes oder für eine Harmonie und als Gegenbegriff zur Zivilisation, zum Menschen und seiner von der Natur entfernten und sogar entfremdeten Lebensweise.

Diese Dimensionen des Begriffsgebrauchs seien hier nur der Vollständigkeit halber erwähnt und sollen nicht weiterverfolgt werden. Gemeinsam ist ihnen freilich schon, dass «Natur» für das steht, was vorausgesetzt ist bzw. was sich zunächst nicht aus zurechenbaren Handlungen ergibt. Wer die Kombination von Schwerkraft, Antrieb und Auftrieb in der Atmosphäre nutzt, um ein Flugzeug fliegen zu lassen, nimmt eine Natur in Anspruch, deren Kräfte rekombiniert werden können, aber nicht zurechnungsfähig erzeugt werden – Grenzfälle wären etwa die Entstehung neuer chemischer Elemente durch die Kernspaltung, aber auch hier wird man sagen müssen, dass sie Produkte der Rekombination von vorhandenen Elementen sind. Die Frage, ob der Begriff der Natur seinerseits zur Natur gehört, verweist dann wieder auf die Asymmetrie der Unterscheidung von Natur und Kultur/Geist/Vernunft usw.

Es geht hier, wie gesagt, nicht um eine Naturbetrachtung, sondern um eine Betrachtung von Kategorien. Der Gebrauch des Naturbegriffs verweist auf die nicht-gestaltbaren Voraussetzungen aller kulturellen, gesellschaftlichen, menschlichen Gestaltung – und zugleich implodiert diese Unterscheidung, je deutlicher man die Grenze zu ziehen versucht, man könnte auch sagen: je weniger sich ein Drittes denken lässt, das man als Göttliches externalisieren kann. Einem Beobachter stellt sich dann doch dieselbe Frage, wie die Unterscheidung von Göttlichem und Menschlichem eigentlich asymmetrisiert ist. Einerseits übersteigt das Göttliche in seiner Omnipotenz die Potenz des immanenten Beobachters, andererseits könnte es so sein, dass der Zurechnungspunkt der transzendenten göttlichen Omnipotenz nur vom immanenten Beobachter unterstellt wird, was diesen potent und impotent zugleich macht. Wahrscheinlich wäre eine Götterwelt mit Abstufungen und unscharfen Abgrenzungen zum Menschlichen, wie es noch in der griechischen Mythologie zu finden war, die am besten handhabbare Form, mit dieser wechselnden Symmetrie/Asymmetrie umzugehen. Noch in der christlichen Menschwerdung Gottes sind davon Spuren zu entdecken, weswegen der Dritte im Bunde der Trinität, der Geist, die epistemologisch vielleicht wichtigste Funktion hat.[12]

Freiheit und Notwendigkeit reversed

Je genauer unterschieden wird, desto riskanter ist das Unterscheiden. Die Unterscheidung zwischen Natur und Gesellschaft in einem modernen Sinne als Reich der Notwendigkeit und Reich der Freiheit hat der französische Soziologe Bruno Latour wahrscheinlich am plakativsten auf den Begriff gebracht. Hier ist nicht vom späteren Latour die Rede, der den Unterscheidungsgebrauch remythologisierte und in seiner Kritik keinen Sinn für die Form des Gesellschaftlichen mehr hatte. Der frühe Latour dagegen hatte genau diese Form des Gesellschaftlichen im Blick. Ihn interessierte das, was er die «moderne Verfassung» nannte. In seinem Buch «Wir sind nie modern gewesen» charakterisiert Latour die Moderne anhand zweier widersprüchlicher und doch komplementärer Praktiken. Er schreibt: «Das erste Ensemble von Praktiken schafft durch ‹Übersetzung› vollkommen neue Mischungen zwischen Wesen: Hybriden, Mischwesen zwischen Natur und Kultur. Das zweite Ensemble schafft, durch ‹Reinigung›, zwei vollkommen getrennte ontologische Zonen, die der Menschen einerseits, die der nicht-menschlichen Wesen andererseits. Ohne das erste Ensemble wären die Reinigungspraktiken leer oder überflüssig. Ohne das zweite wäre die Arbeit der Übersetzung verlangsamt, eingeschränkt oder sogar verboten.»[13] Latours Soziologie klingt zwar revolutionär und in vielen Teilen ungewöhnlich, aber am Ende ist sie doch ziemlich konventionell, weil sie sich wie viele kultur- und sozialwissenschaftliche Milieus mit Symmetrisierungsabsichten zufriedengibt, bei ihm die Symmetrisierung von menschlichen und nicht-menschlichen «Aktanten», die geradezu emanzipiert werden sollen.[14]

Von dieser Emanzipation nicht-menschlicher «Aktanten» erhoffen sich manche Beobachter Lösungsansätze etwa für die Bewältigung der Klimakrise. Aber am Ende ist es wohl nur eine Frage der Haltung, die aus dem Erstaunen darüber, dass alles mit allem zusammenhängt, eine «Geosoziologie»[15] oder eine «posthumanistische»[16] Idee spinnt, die vor allem eine Emanzipationsgeschichte erzählt, aber kein Argument darüber enthält, wie man mit der Promotion von *allem* zum Akteur auch nur ansatzweise aus den Restriktionen einer komplexen Gesellschaft herauskommt, die sich offensichtlich kaum darauf einstellen kann, kollektiven existentiellen Herausforderungen kollektiv zu begegnen. Alles zu einer großen Gemeinschaft zu erklären, ist bestenfalls naiv, weil man schon in der «alten» Gesellschaft wissen konnte, dass sie sich im Zweifel kaum darum schert, wer wirklich dazugehört, wenn es hart auf hart kommt (→ Gesellschaft). Die Erde – so weit greift die großspurige Erweiterung der Kampfzone inzwischen aus – könnte letztlich wenig davon haben, dass man sie zur Bürgerin einer transhumanen Republik macht. Das war schon für andere «neue Mitglieder» nicht immer die Lösung. Lohnender wäre es wohl, Grenzregime und Systemreferenzen ernst zu nehmen.

Interessant an Latours Gedanken ist, wie die Moderne einerseits klare Grenzen zieht – also etwa zwischen Natur und Kultur/Gesellschaft –, und die strikte Grenzziehung andererseits geradezu darauf verweist, dass die Dinge «übersetzt» werden müssen bzw. die Trennung nicht wirklich aufrechtzuerhalten ist, wie schon das oben erwähnte Beispiel der Entschlüsselung des menschlichen Genoms und die Folgen für reproduktionstechnische Praktiken gezeigt hat. Aber die instabile Grenzziehung beginnt schon bei weniger spektakulären Beispielen, etwa bei der Nutzung natürlicher Ressourcen und Materialien, oder sogar angesichts des fast banalen Umstands, dass alle Tatsachen uns nur durch Tatsachen*aussagen* zugänglich sind. Die Natur ist uns ontologisch-unmittelbar gegeben, aber verarbeitet werden kann sie nur mit Hilfe von Interpretationen, Chiffrierungen, Begriffen und womöglich ganzen Weltbildern. Darin liegt die Asymmetrie der Unterscheidung von Natur und Kultur/Gesellschaft oder zwischen Notwendigkeit und Freiheit.

Latour wendet sich gegen die klassische Annahme eines asymmetrischen Verhältnisses zwischen Natur und Gesellschaft. Nach diesem klassischen Verständnis werde die (notwendigkeitsförmige) Natur durch die menschliche Freiheit transzendiert. Die Natur erscheine uns als gegeben und unverfügbar, während die Gesellschaft unsere freie Konstruktion sei, was unserem Verständnis des Handelns immanent ist (→ Handeln). Mit Blick auf die Moderne dreht Latour diese Asymmetrie aber um: Auf der einen Seite werde die Natur im Labor unsere künstliche Konstruktion, etwa durch Gentechnik, aber auch in älteren Praktiken der Züchtung und Rekombination von Elementen. Auf der anderen erweise sich die Gesellschaft nicht als bloße Konstruktion, weil sie eine unverfügbare, träge und unserem Handeln entzogene Form habe, die sich nicht einfach durch Rekombination verändern lasse – eine Erfahrung, die wir zum Beispiel machen, wenn es darum geht, grundlegende Strukturen instrumentell, also durch Handeln, dauerhaft zu verändern.

Latours Clou besteht darin, dass dieses paradoxe Verhältnis von Freiheit und Notwendigkeit bzw. Gesellschaft und Natur unsichtbar bleiben muss – wir müssen gleichzeitig so tun, als sei die Natur nach wie vor unserem Zugriff entzogen und als konstruierten wir die Gesellschaft unmittelbar, auch wenn sich das kaum bewerkstelligen lässt. Diese schwierige Konstellation sei es, die uns daran hindert, die beiden Seiten zu vermitteln und die Unterscheidung von Natur und Gesellschaft einzuziehen.[17]

Modern ist es für Latour, diese Unterscheidung so genau zu stabilisieren. Nie modern sind wir für Latour aber deshalb gewesen, weil sich das überhaupt nicht vollständig durchführen lässt. Latours etwas schematische Darstellung hilft dabei, die Funktion des Naturbegriffs genauer zu bestimmen, weil nicht auf Tatsächlichkeiten rekurriert wird, sondern auf den Begriffsgebrauch. Wie gesagt, ist die gesamte Sphäre, die man «Kultur» oder «Gesellschaft» nennen kann, genau besehen ähnlich träge wie «Natur». Latour hat einen wichtigen Punkt, wenn er beschreibt, wie sich die «kritische Soziologie» in Illusionen der Gestaltbarkeit und der Veränderbarkeit des Gesellschaftlichen ergeht und nicht sieht, wie stabil die Zurechnungsroutinen, Typisierungen, Stereotypen und Praktiken des Gesellschaftlichen sind. Zwar wehre sich die «kritische Soziologie» vehement gegen die Naturalisierung der Verhältnisse, also dagegen, sozial und historisch konstruierte Konstellationen für eine Art unantastbare Natur zu halten. Dabei verkennt sie aber, wie stabil und widerständig gerade diese Verhältnisse am Ende sind – man denke etwa an gesellschaftliche Strukturen und Routinen oder an kulturelle Bedeutungsträgheiten. Die soziologische Rezeption Latours interessiert sich in erster Linie für die Fluidisierung und Ausweitung des Akteursbegriffs – dass nun auch mein Stift, meine Tastatur und meine Brille(n) zu Akteuren erklärt werden, ist insofern plausibel, als sie mich zu etwas bringen, was ich sonst nicht getan hätte (→ Macht). Aber die Attraktivität dieses Gedankens deutet darauf hin, wie milieuspezifisch er ist. Je mehr man als «kritischer Soziologe» und als «kritische Soziologin» an der Auflösung gewohnter Sichtweisen und damit an der Kritik bestehender Routinen rütteln kann, desto besser. Darüber gerät aber in Vergessenheit, dass die Fluidisierungsinteressen nur deshalb so attraktiv sind, weil die Stabilitäten so stabil sind.

Das Bezugsproblem

An dieser Form der Kritik kann man sehr schön die Funktion des Naturbegriffs rekonstruieren. Natur steht hier tatsächlich für ein stabiles Äußeres, dessen Stabilität den Vorteil hat, stabile Aussagen machen zu können. Natur ist das, was aus sich selbst heraus gilt und in der Beobachtung von allen moralischen und geistigen Fragen getrennt werden kann. Chemie und vor allem Physik gelten dann als

Vorbild, denn anders als selbst Biologie und Medizin können diese Wissenschaften vom Menschlichen gänzlich absehen. Paradigmatisch dafür ist die *physiologische* Grundlegung aller Wissenschaft, wie sie Rudolf Virchow Mitte des 19. Jahrhunderts postuliert hat.[18]

Die Funktion des Naturbegriffs besteht also darin, Sachaussagen rhetorisch von wertenden Fragen zu trennen und zugleich auf etwas zu verweisen, das sich der Kritik insofern entzieht, als die Natur den Eindruck eines So-Seins macht, das man vielleicht einem Gott, einer Schöpfung oder aber einem blinden Geschehen zurechnen kann. Wie oben beschrieben: Mein natürliches So-Sein kann ich meinen Eltern nur unter den Bedingungen der gentechnischen Manipulierbarkeit zum Vorwurf machen, andernfalls nicht. «Natur» ist gewissermaßen das Ende des Diskurses – und zugleich erfüllt dieser Rekurs auch eine Theodizee-Funktion, weil man mit der Natur eine diskursstrategisch befriedigende Antwort auf die Frage geben kann, warum die Dinge so leidvoll und so unbefriedigend sind. Die Rede von der «Natur» rekurriert auf etwas, das nicht kritisierbar ist, und markiert ein Schicksal, mit dem man klarkommen muss.

Dieses Ideal einer nicht-änderbaren Natur bzw. eines blinden natürlichen Geschehens und einer blinden natürlichen Voraussetzung von allem, mindestens von allem Natürlichen, löst das Problem des Beobachterstandpunktes. Etwas als «natürlich» zu markieren, macht den Beobachter nahezu unsichtbar – er muss das aber so explizit tun, dass er darin wieder sichtbar wird.

Das klassische Verständnis der Natur mit ihrer hier beschriebenen Funktion ist parallel mit den modernen Naturwissenschaften entstanden, die einerseits wie Virchow das Ideal einer realistischen Beobachtung der Welt verfolgen, dies aber selbst dadurch korrumpieren, dass sie dafür explizit ihre eigene Beobachtung beobachten müssen. Eine methodisch kontrollierte Beobachtung der Natur entdeckt eine Natur, die sich ändert, sobald Beobachtung, Methode und Apparate verfeinert werden bzw. sobald man unter anderen Prämissen und Hinsichten beobachtet. Je genauer und detailgetreuer die Naturwissenschaften die Natur beobachten können, desto genauer muss sie sich auch selbst dabei beobachten, wie sie zu ihren Aussagen kommt. Virchows Auffassung der Physik lebte noch von der Idealisierung, dass die Gegenstände der Physik schlicht objektiv vorliegen. Aber gerade die

Physik war im 20. Jahrhundert diejenige wissenschaftliche Disziplin, deren Gegenstandskonstitution (von der Relativitätstheorie bis zur Quantenmechanik) an die Grenzen des Beobachtbaren und des Beobachters stößt. Im Fall der Quantenphysik kann darüber hinaus sogar die Beobachtung selbst den beobachteten Gegenstand verändern.[19]

Wissenschaftliches Wissen hängt von theoretischen und methodischen Prämissen ab, was spätestens dann auffällt, wenn man von den Wissenschaften eindeutige Aussagen erwartet und dann doch nur Hinweise und Hypothesen erhält, die in einer Sphäre selbsterzeugter Daten, Theorien, Methoden und Beobachtungsroutinen selbstimplikativ sind und damit umgehen müssen (→ Wissen). Deshalb hilft es zumeist auch nichts, in Diskursen, in denen die rhetorische Funktion des Naturbegriffs in Anspruch genommen wird, auf die Naturwissenschaften zu setzen.

Renaturalisierung des Geschlechts?

Ein für die Frage nach dem Bezugsproblem des Naturbegriffs geradezu paradigmatisches Thema ist die Frage der Verfasstheit des Geschlechts bzw. der Geschlechter. Ganz ohne Zweifel ist das Geschlecht eine natürliche Kategorie, schon weil die Fortpflanzung des Säugetiers Mensch strukturell der Form nicht nur aller Säugetiere entspricht. Genauso unzweifelhaft ist, dass dieser geschlechtliche Dimorphismus des Fortpflanzungsgeschehens mit kultureller und gesellschaftlicher Zuweisung zu Geschlechtern weder historisch noch systematisch eineindeutig korreliert, geschweige denn diese determiniert. Das Geschlechtsthema eignet sich also als anschaulicher Fall, an dem die strategische Verwendung des Naturbegriffs und seine Grenzen demonstriert werden können. Es lässt die natürlichen Voraussetzungen des Lebens und die kulturellen und gesellschaftlichen Lebensformen direkt aufeinandertreffen.

Die fundamentale Bedeutung des Geschlechtlichen liegt auch darin, dass das Geschlecht und die Sexualität ein Verbindungsglied zwischen der Natur der animalischen Fortpflanzung des Menschen und seiner Herausgehobenheit aus der Natur darstellt. Die christliche Erbsündenlehre ist eine dafür geradezu symptomatische Denkfigur.[20]

Von Paulus auf den Begriff gebracht und von Augustinus im 5. Jahrhundert entfaltet, kam die Sünde durch die erste Frau, Eva, in die Welt und wurde durch den Kreuzestod Jesu gesühnt. Die Vererbung der Sünde über Generationen ist ein geradezu archaisches Element des Christlichen, weil es letztlich die Individualität des Sünders aufhebt und ihn in eine Kette natürlicher (sic!) Reproduktion stellt. Es ist wohl eine besondere Provokation, dass die Schöpfung, also ein eigentlich unbeobachtbarer Akt, Generation für Generation durch leiblich-sichtbare, libidinöse, den Tieren ähnliche, *natürliche* Zeugung erneuert werden muss – eine Kränkung nicht nur für die Reinheit, sondern auch für die Unsichtbarkeit der Schöpfung, an deren Anfang ja der *logos*, das Wort, der Geist stand. Vielleicht ist hier eine besonders plausible Quelle für die Sex- und Geschlechtsbesessenheit des Religiösen und die Verachtung des «Natürlichen» zu suchen. Übrigens kennen weder der Islam noch das Judentum diese Figur der Erbsünde.[21]

Das Geschlecht ist freilich gerade in der Neuzeit und Moderne auch ein Kampffeld um die Natur – vor allem der weiblichen Natur, die als Gebärerin zunächst der Sünde, nun der Natur näher ist als der Mann. Aber es soll hier nun nicht um Geschlechtsdifferenz gehen, sondern um den Gebrauch des Naturbegriffs. Dessen Funktion wird aktuell besonders deutlich bei der Diskussion um die Anzahl der Geschlechter, die Funktion von Zweigeschlechtlichkeit und damit um die Anerkennung von transsexuellen Menschen. Es wird darüber gestritten, ob es «von Natur aus» nur zwei Geschlechter gibt oder ob die Rede von mehr als zwei Geschlechtern auch durch biologische Tatsachen gedeckt sein könnte.

Wenn man diesen Diskurs über die angemessene Bestimmung der Geschlechter mit unvoreingenommener Distanz beobachtet, fällt zumindest eine Merkwürdigkeit auf. Beide Seiten beziehen sich mit rigoroser Verve auf «Natur» – und interessanterweise kommen von beiden Seiten durchaus nachvollziehbare Sätze, je nachdem, welche Form der Beobachtung man wählt. Zweigeschlechtlichkeit ist plausibel und wohl kaum widerlegbar, insofern man allein auf die Fortpflanzungsfunktion blickt und konzediert, dass die Zweigeschlechtlichkeit in dieser Hinsicht nicht in Frage steht.[22] Wohlgemerkt: Hier geht es nur um die Hinsicht der Fortpflanzungsfunktion, nicht um die Frage einer normativen oder kulturellen Geschlechtsbinarität und auch nicht darum, ob es neben dem fortpflanzungsrelevanten Dimorphismus weniger trennscharfe biologische Formen der Geschlechterunterscheidung gibt. Von Männern und Frauen im Sinne von Geschlechtsidentitäten ist hier noch gar nicht die Rede. Diejenigen, die auf Zweigeschlechtlichkeit beharren, betonen einen sehr plausiblen Dimorphismus, aus dem die Reproduktion der Gattung sich erklären lässt. Die Zweigeschlechtlichkeit scheint kaum widerlegbar zu sein – aber nur in der genannten Hinsicht der Fortpflanzungsfunktion. Hier liegt eine Naturbeobachtung vor, die selbst als Reproduktionsbiologie methodisch exakt das sehen kann, was dieser Funktion zugeschrieben wird, und sie kommt dabei auf den genannten Dimorphismus.

Des Weiteren lassen sich in anderen Hinsichten, etwa bezüglich des Hormonstatus, Relativierungen dieser Form der Zweigeschlechtlichkeit beobachten sowie Formen, in denen es zu einer Unbestimmtheit oder einem Kontinuum kommt, die aber an der anisogamen Fortpflanzungsfunktion nicht rütteln. Zwischen beiden Sichtweisen besteht unter logischen Gesichtspunkten keinerlei Konflikt, wenn man ernst nimmt, dass sie je unterschiedliche Hinsichten haben und damit in der «objektiven» Natur je Unterschiedliches sehen. Dann ist die Tatsache der Binarität der Geschlechter in reproduktionsförmiger Hinsicht kein Gegenargument gegen das beobachtbare Kontinuum anderer Parameter, die in der «Natur» vorkommen – und damit werden im Hinblick auf die Reproduktionsform keineswegs mehrere Geschlechter biologisch begründet, aber zugleich sehr genau darauf verwiesen, dass zwischen der reproduktiven Anisogamie und anderen körperlichen Morphologien mit weniger Eindeutigkeit kein prinzipieller Widerspruch besteht. Diese biologisch sehr komplexen Zusammenhänge legen nahe, von einer bimodalen menschlichen Sexualität zu sprechen, die in einigen Hinsichten Variationen aufweist, dadurch aber die Bimodalität als solche im Hinblick auf die sexuelle Fortpflanzung nicht in Frage stellt. Ob und wie diese unterschiedlichen, gewissermaßen querliegenden Morphologien dann mehrere Geschlechter *biologisch* begründen, wäre dann eine wissenschaftlich-semantische Konvention und keine objektive Faktizität.

Ginge es nur um Natur, wäre die Sache damit erledigt. Aber es geht eher um «Natur», also darum, die Funktion des Begriffsgebrauchs zu rekonstruieren. Der Streit geht darum, ob mit der Begründung der anisogamen Form der Fortpflanzungsfunktion bereits alles über Männlichkeit und Weiblichkeit gesagt sei. Das wird heute niemand ernsthaft behaupten können, ganz abgesehen davon, dass diese beiden Zurechnungen kulturell viel mehr meinen als die Fortpflanzungsfunktion. Zum anderen geht es um die Anerkennung dritter und weiterer Geschlechtsbezeichnungen und möglicher Transitionen, die ohne Zweifel in erster Linie nicht biologischer, sondern kultureller und gesellschaftlicher Natur sind. Die Kulturgeschichte kennt unzählige Formen geschlechtlicher Zuschreibungen, wie vor allem die Ethnologie zeigen kann[23] – und es ist ein ziemlich gutes Argument, daraus zu schließen, dass die strikte Zuschreibung auf Männer und Frauen keineswegs durch biologische Determination beschränkt sein muss, zumal die biologischen Kategorien selbst nur kategorial zu verstehen sind.

Eine inzwischen pluralere Kultur kann auch anders. Sie nimmt damit selbstverständlich die Symmetrieversprechungen der Moderne in Anspruch und erzeugt geradezu die kulturelle Aufforderung zu Varianz, die sich in einer Mischung aus eigenem Erleben, kulturellem Protest und popkulturellen Rekombinationsmöglichkeiten hohe Freiheitsgrade erwirbt.[24] Es ist ein Kampf um Anerkennung, um angemessene Lebensformen, um die Liberalisierung individueller Wahl und nicht zuletzt um inzwischen verfügbare medizinische Möglichkeiten des körperlichen Geschlechtswechsels, der in seiner Praxis die Zweigeschlechtlichkeit eher bestätigt als widerlegt – und zwar sowohl die biologische als auch die soziale. Berühmte soziologische Studien zeigen, wie ein Geschlechtswechsel von der Bestätigung durch andere abhängig ist – zumindest solange eine Kultur sich auf die eindeutige Bezeichnung ihres Personals als männlich und weiblich festlegt und solange es der Wunsch der Betroffenen ist, ein bestimmtes Geschlecht zu erwerben.[25] Es ist bemerkenswert, dass in dem Moment, in dem durch medizinisch-körperliche Eingriffe gewissermaßen die «Natur» verändert werden soll (ausgeschlossen die Reproduktionsform), die Zweigeschlechtlichkeit praktisch eine größere Bedeutung bekommt als in den kulturell nahezu beliebig möglichen Geschlechtszurechnungen ohne operative Geschlechtsanpassung.

Der Streit wird um weitere Fragen geführt: Eher Konservative sehen die «natürliche» Ordnung der Geschlechter in Frage gestellt; vornehmlich klinische Mediziner fragen, ob der Diskurs nicht einen Aufforderungscharakter zu hormonellem und operativem Geschlechtswechsel mitführt; manche feministischen Gruppen meinen, Transmenschen bedrohten die Rechte von Frauen, und eine Öffentlichkeit ist zum Teil befremdet, wird mit neuen Unsicherheiten konfrontiert und findet darin ein polemisierbares Thema. All das ist für einen solchen Symmetrisierungs- und Modernisierungsprozess erwartbar.

Hier ist nun von Interesse, warum der Diskurs um Transmenschen oder nicht-binäre Menschen und über die sozialen Folgen solcher diskursiven Öffnungen so sehr auf biologische Flankierung setzt. Braucht man überhaupt die Biologie, um diesen Diskurs zu führen – zumal die Biologie ihrerseits als Naturwissenschaft nicht die Welt als solche wahrnimmt, sondern ausschließlich mit ihren Begriffen, Methoden, Hinsichten und Perspektiven (→ Wissen)? Ist es nicht eine merkwürdige Re-Naturalisierung des Diskurses, wenn er einerseits in Anspruch nimmt, dass sich die Frage der Zweigeschlechtlichkeit biologisch im Hinblick auf die Fragestellung verschiebt, kulturell aber gerade nicht von diesen biologischen Voraussetzungen abhängig ist, sondern eben von kulturellen/gesellschaftlichen? Der dann manchmal verwendete Hilfsbegriff «Biosozialität»[26] verdeckt mehr, als er beschreibt, denn er kapituliert letztlich davor, die Hinsichten der Beobachtung wirklich zu trennen – nicht in dem Sinne, dass die beiden Seiten des Biologischen und des Sozialen nicht aufeinander bezogen wären. Es geht eben nicht um Verschmelzung der beiden Seiten, sondern darum, die Verstrickung der semantischen/begrifflichen Ansprüche an «Natur» aufzuzeigen. Dabei geht es einerseits um operative Grenzregime, andererseits um die performative Funktion von Begriffen.[27] Wer auf der einen Seite behauptet, dass die Geschlechtlichkeit ein psychisches Erleben und eine soziale Erwartung ist und damit prinzipiell und historisch/ethnologisch extrem variabel – schon diese beiden Ebenen des Psychischen und des Sozialen sind nicht identisch miteinander –, kann auf der anderen Seite doch letztlich darauf verzichten, diese Variabilität unbedingt auch auf biologischer oder besser: körperlicher Seite wiederfinden zu müssen, wie das Argument der anisogamen Form der Reproduktionsfunktion nur lose und nicht strikt mit der sinnhaften Verarbeitung von Geschlechtern, Geschlechterdifferenzen, ihren Bezeichnungen, ihrer Anzahl und entsprechender Erwartungen gekoppelt ist.

Was wäre, rein hypothetisch, wenn man biologisch von zwei Geschlechtern ausgehen würde, wenn es also eindeutige Geschlechtsparameter gäbe? Würde das dann die kulturellen Formen pluralerer Selbstbeschreibungen illegitim und obsolet machen? Doch wohl nicht, denn sonst würde man sich ja auf die Argumente jener eingelassen haben, die von einer «natürlichen» Bestimmung von Männern und Frauen ausgehen. Ebenso wird wohl kaum jemand, der die Kontinuität der Geschlechterunterschiede in der Biologie betont, leugnen, dass die geschlechtliche Fortpflanzungsfunktion beim Menschen (und den meisten Tieren) anisogam ist. Dass die größeren Keimzellen «weiblich» und die kleineren «männlich» genannt werden, ist ein semantisches und kein Naturphänomen. Dass das die gesellschaftlich-kulturelle Praxis der Zurechnungsformen nicht eindeutig determiniert, kann man ebenso überall beobachten wie die Tatsache, dass der allergrößte Teil der gesellschaftlichen Praktiken die soziale Geschlechtszuschreibung parallel zu den sichtbaren biologischen Geschlechtsmerkmalen laufen lässt. Wer also die gesamte Diskussion um die Pluralisierung der Geschlechter, ihre Anerkennung und die Konsequenzen neuer Regelungen mit dem Hinweis auf diese begriffliche Konvention für erledigt erklärt, leidet unter einem Szientismus, der die Genese wissenschaftlicher Kategorien nicht versteht.

Es wird an diesem Beispiel deutlich, dass zwei unterschiedliche Perspektiven, die als Antipoden auftreten (obwohl sie es aus wissenschaftlichen Gründen gar nicht müssten), gesellschaftspolitisch, normativ, interessegeleitet, milieubedingt unterschiedliche Positionen vertreten und beide dafür den Begriff «Natur» in Anspruch nehmen, um das eigene Argument zu immunisieren. Die Debatte kreist am Ende nur darum, Signalsätze sagen zu können, die in naturalisierender Form vorkommen. Es ist einleuchtend, dass es keine zwingende Korrelation zwischen als natürlich erachteten Formen und kulturellen Formen gibt – zudem ist auch die Biologie eine kulturelle Form, von der wir erwarten, etwas über «Natur» zu erfahren, und dann doch nur Wissen erhalten (→ Wissen). Es geht um den diskursstrategischen

Sinn, zu sagen «Es gibt» – und dafür braucht man die immunisierende Kraft der «Natur». Das «Es gibt» ist schon eine selektive Form, an der weitere Implikationen hängen. Wer sich auf das «Es gibt» einlässt, macht dessen Genese meistens unsichtbar und kann dann die Hinsichten, unter denen diese Existenzaussage gilt, gar nicht mehr erkennen.

Wofür braucht ein Diskurs, der berechtigterweise auf die Variabilität geschlechtlicher Unterscheidungsmöglichkeiten, auf Selbstbestimmung und kulturelle Ausdrucksformen, auch auf das Recht auf bewusste Veränderungen körperlicher Dispositionen hinweist, die Biologie? Ist es ein Restglaube an die deterministische Kraft der «Natur», nun die deterministische Kraft einer merkwürdig indeterministischen Natur? Reicht der berechtigte Anspruch einer Anerkennung individuellen Erlebens nicht aus? Was wäre, wenn die Biologie diese ethischen und politischen Ansprüche nicht decken würde? Hätten sie dann weniger Gewicht? Oder geht es nur darum, die Geschlechtsbestimmung von der Fortpflanzungsfunktion zu trennen und endlich die Einschränkung loszuwerden, dass es sich – nur in Hinsicht auf diese Perspektive – bei biologischer Uneindeutigkeit von Geschlechtsbestimmungen im Einzelfall nicht um «Abweichungen» und damit pathologisierbare Fälle handelt? Die pathologische Zuschreibung sollte man freilich nicht mit biologischer Begründung aufheben – denn dann lässt man sich auf ein naturalisierendes Spiel ein, bei dem man nur verlieren kann. Pathologisierungen sind immer gesellschaftliche Konventionen, wie man etwa aus der Geschichte der psychischen Erkrankungen, der genetischen Begründung minderwertiger «Rassen» oder aus der Pathologisierung «weiblicher» Hormonentwicklungen weiß.[28]

Der Rekurs auf «Natur» behält seine strategische Potenz. Wem es gelingt, das eigene Argument auf Natur zuzurechnen, hat den strategischen Vorteil, es mit einer gewissen Latenz auszustatten. Dass solche Argumente stets strategisch auf naturwissenschaftliche Chiffren zugreifen, versteht sich von selbst. Ein ähnliches Feld wie die Bestimmung des Geschlechts ist die Diskussion um die Epigenetik, also die Beobachtung, dass Änderungen der Genfunktion nicht nur auf endogene Veränderungen der DNA zurückgehen können, sondern dass weitere Faktoren in der Zeit auch eine Rolle spielen können, die sich dann sogar über Generationen hinweg auswirken können, insofern sie genetisch wirksam werden – zumindest sind das Erwartungen aus der Grundlagenforschung.[29]

Hieran kann eine bestimmte Form der Sozial- und Kulturwissenschaft anknüpfen, die vor allem an der Fluidisierung von festen Bedeutungen interessiert ist, an der Dekonstruktion von Eindeutigkeiten und einer Kritik des Determinismus. Manchmal hat es dann die Anmutung, als würden aus epigenetischen Erkenntnissen biologische Sozialisationstheorien geschmiedet. Hier bietet sich die Chance, eine solche Denkungsart, die gegen Naturalisierungen vorgeht, das heißt eine berechtigte Kritik an der Inanspruchnahme von «Natur» für kulturelle und normative Muster formuliert, selbst durch «Natur» zu adeln.[30] Ähnliche Kritiken beschäftigen sich mit naturwissenschaftlichen Neuinterpretationen etwa kooperativer Gene, die die Darwinsche Asymmetrie zwischen männlichen und weiblichen Sexualpartnern durch die Idee einer kooperativen, vor allem aber symmetrischen Form ersetzen.[31] Solche Korrekturen oder Paradigmenwechsel sind nicht falsch – das zu behaupten wäre naiv. Aber sie demonstrieren, dass «Natur» (in der zeitgemäßen Form der biologischen Erkenntnis) stets so verwendet wird, wie man es für das eigene Argument braucht. Das macht die auf den ersten Blick so einfache Unterscheidung zwischen «Natur» als dem Reich der Notwendigkeit und «Gesellschaft/Kultur» als dem Reich der Freiheit komplexer und bringt sie manchmal auch zum Einsturz. Am Ende braucht es nur die Situation, dass man dazu sagen kann, dass es dazu Forschung gibt – dann ist das nahe an der Möglichkeit, sich qua Natur zu immunisieren und den dahinterliegenden naiven Szientismus unsichtbar zu halten.

→ Öffentlichkeit

Kaum etwas ist mit so großen Erwartungen verknüpft wie die Öffentlichkeit. Öffentlichkeit gilt als der eigentliche Ort des Gesellschaftlichen, der Ort, an dem alles zusammenkommt, der Ort, an dem sich die entscheidenden Dinge abspielen. Öffentlichkeit wird als ein emanzipatorischer Ort inszeniert, denn was ans *Licht* der Öffentlichkeit gelangt, kann nicht mehr – zu welchen zweifelhaften Zwecken auch immer – im *Dunkeln* gehalten werden. Aufklärerische Lichtmetaphern ergeben sich im Angesicht des Öffentlichkeitsbegriffs wie von selbst.

Lesende Öffentlichkeit

Eine berühmte Formulierung von Immanuel Kant aus dem Jahre 1784 lautet: «[...] der *öffentliche* Gebrauch seiner Vernunft muß jederzeit frei sein, und der allein kann Aufklärung unter Menschen zustande bringen; der *Privatgebrauch* derselben aber darf öfters sehr eng eingeschränkt sein, ohne doch darum den Fortschritt der Aufklärung sonderlich zu hindern.»[1] Aufklärung könne also nur in einer freien Öffentlichkeit gedeihen, in der der Vernunftgebrauch seine Wirkung dadurch erzielt, dass er vor einem Publikum statthat. Und Kant schränkt deutlich ein, welches Publikum gemeint ist: «Ich verstehe aber unter dem öffentlichen Gebrauche seiner eigenen Vernunft denjenigen, den jemand als *Gelehrter* von ihr vor dem ganzen Publikum der *Leserwelt* macht.»[2] Die aufklärungskompatible Öffentlichkeit ist also eine gelehrte Öffentlichkeit, die nicht einfach auf Erreichbarkeit, große Zahl oder Repräsentativität setzt, sondern vor allem auf ein Publikum, das den gelehrten öffentlichen Vernunftanwender auch *verstehen* kann. Öffentlichkeit wäre in diesem Sinne ein Korrelat einer gelehrten Lesegesellschaft.

Als Privatgebrauch der Vernunft versteht Kant übrigens nicht denjenigen in familialen Haushalten oder sonstigen Räumen mit begrenzter Erreichbarkeit oder beschränktem Zugang, sondern, «den er in einem gewissen ihm anvertrauten *bürgerlichen Posten* oder Amte von seiner Vernunft machen darf».[3] Bemerkenswert ist, dass Kant hier den zuvor üblichen Sprachgebrauch geradezu umkehrt. Der Begriff des Öffentlichen bezeichnete zuvor jene Sphäre einer sich langsam modernisierenden Gesellschaft, in der sich Herrschaft vom unmittelbaren Zugriff absolutistischer Machtausübung und Willkür in Richtung von Verfahren bewegte, deren Praxis eine gewisse Sichtbarkeit, Transparenz und Nachvollziehbarkeit, also Öffentlichkeit herstellen musste, wie beispielsweise Gerichte oder Verwaltungen. Zunächst ergänzten diese Verfahren die absolutistische Form, ohne sie gleich zu ersetzen. «Publicus» war hier der Ausdruck für die obrigkeitlichen Regeln, die von öffentlichen Ämtern angewandt wurden. Die Entstehung eines allgemeinen Rechtssystems zum Beispiel setzt ein Verständnis öffentlicher Sichtbarkeit und zugleich auch Regeln voraus, die öffentlich bekannt und begründet werden konnten.[4]

Dieses Verständnis von Öffentlichkeit entstand im Kontext sich verändernder gesellschaftlicher Verhältnisse, vor allem im Bereich entstehender staatlicher und rechtlicher Strukturen. Es wird von Kant aber *privat* genannt, wiewohl er an anderer Stelle betont, wie entscheidend «Publizität» für die Geltung des Rechts ist. Kant geht sogar so weit, jede rechtlich relevante Handlung, «deren Maxime sich nicht mit der Publizität verträgt»,[5] als «unrecht» zu qualifizieren. Dies setzt zwar bereits eine Sphäre der allgemeinen Erreichbarkeit gesellschaftlicher Kommunikation voraus sowie eine gewisse Medialität und Wissen um Verfahren, Anspruchsberechtigungen und eben Rechte. Aber im Vergleich zu einem normativ stark aufgeladenen Begriff von Öffentlichkeit basiert all dies lediglich auf einem privaten Vernunftgebrauch, nicht einem *öffentlichen.*

Bis heute weist der Begriff der «Öffentlichkeit» diese Spannung zwischen bloßer Verfügbarkeit mediatisierter Informationen und einer starken Aufladung öffentlicher Diskurse auf. Den öffentlichen Gebrauch der Vernunft mit Kant an ein Lesepublikum zu binden, bedeutet, die Öffentlichkeit als Ort anzusetzen, an dem sich Sprecher begegnen, die durchs Lesen denselben Horizont haben und deshalb in der Lage sind, sich mit Argumenten zu erreichen und diese auch noch zu verbessern. Denn Kant meint sogar, dass nur der *öffentliche* Gebrauch der Vernunft die Aufklärung voranbringen könne.

Dass hier von einem Lesepublikum die Rede ist, darf nicht erstaunen. Die Geschichte der Öffentlichkeit lässt man gerne mit der bürgerlichen Öffentlichkeit beginnen, die viel weniger eine staatlich-politische Sphäre öffentlicher Erreichbarkeit meint, sondern die Möglichkeit, Diskurse zu pflegen und über die Dinge zu räsonieren.[6] Als Übungsfelder in *öffentlichem* Verhalten gelten unter anderem öffentlich zugängliche Konzerte im Unterschied zur höfischen Aufführungspraxis, aber auch Geselligkeitsformen wie das Kaffeehaus, Publikationen über Literatur, Geschmack, Mode und gelehrte Themen, und nicht zuletzt bürgerliche Salons, in denen sich die Gäste einander öffneten und welche Gelegenheit zum Diskurs und vor allem zur Einübung von Kommunikationstechniken boten. Diese Techniken der bürgerlichen Gesellschaft lassen so etwas wie eine differenzierte, sensible und kritikaffine Form der Kommunikation als bürgerlichen Habitus des Distinguierten und Kultivierten entstehen. Die deutschsprachigen Zeitgenossen im 18. Jahrhundert beneideten Frankreich, weil dort eine solche kultivierte Form des Öffentlichen aufgrund der Zentralität von Paris einfacher zu inszenieren war als im multizentrischen Deutschland mit seinen verstreuten kleinen Universitätsstädten.[7]

Exerzitien und Projektionen

Für den deutschsprachigen Raum war vor allem Jürgen Habermas' frühe Arbeit «Strukturwandel der Öffentlichkeit» von 1962 stilbildend. Habermas stellt vor allem darauf ab, wie sich Diskursfertigkeiten in Institutionen und Praktiken der bürgerlichen Gesellschaft herausbildeten, gewissermaßen als Vorläufer jener Fertigkeiten, mit denen Gesellschaften sich ihrer Identität versichern, was immer das bedeuten soll. Man könnte, so ähnlich wie Reinhart Koselleck die Fortschrittsidee des revolutionären Zeitalters als eine Projektion von der moralischen Selbstvervollkommnungsidee des gebildeten Subjekts auf die Welt auffasste,[8] auch die normative Aufladung der Öffentlichkeit als der eigentlichen Sphäre gesellschaftlicher Selbstvergewisserung für eine Projektion der bürgerlichen Erfahrung der kultivierten Auseinandersetzung im Kaffeehaus oder im Salon auf die Gesellschaft als Ganze halten. Habermas behauptete natürlich nicht, eine gesellschaftliche Öffentlichkeit könne identisch sein mit den kultivierten Salonformen um 1800, aber seine These lebt sehr wohl davon, die Form der öffentlichen Auseinandersetzung nach diesem Modell zu bestimmen, zumindest was die Fähigkeit angeht, Kritik und Argumentation in eine Form zu bringen, die einen kommunikativen Ausweg bietet.[9] Ähnlich wie bei Kant ist eine solche Öffentlichkeit von einem Publikum abhängig, das die entsprechenden Fähigkeiten besitzt und in Exerzitien erwirbt, also im Sinne eines Lesepublikums. Von frei diskutierenden Individuen wird dann erwartet, dass sie sich in ein Publikum verwandeln, das für die «Gesellschaft» steht, die sich ihrer selbst vergewissert.

Auch der Gebrauch des Gesellschaftsbegriffs kann als eine Projektion eines gemeinsamen sozialen Raums verstanden werden; die Erfahrung eines öffentlichen, also sichtbaren und kollektiv wirksamen, kommunikativen Raums wird dann von den Erfahrungen der Geselligkeit des unmittelbaren Lebens auf die Gesellschaft als größter sozialer Einheit projiziert (→ Gesellschaft). Der Historiker Paul Nolte drückt es so aus: «Die Erfahrung des Sozialen auf den Begriff der ‹Gesellschaft› zu bringen, drückte eine Vorstellung von Einheit, von Zusammengehörigkeit aus, welche die Zeitgenossen wahrnahmen oder jedenfalls für die Zukunft anzustreben versuchten. Aber daneben stand die andere Erfahrung, dass die Gesellschaft aus verschiedenen, ungleichen Teilen bestand, aus größeren Verbänden, die hierarchisch übereinander angeordnet waren.»[10] Eine entstehende Vorstellung von Einheit und Zusammengehörigkeit, die es historisch zuvor nicht gegeben hat, wird also durch die interne Differenzierung der Gesellschaft in Schichten und Funktionen gebrochen.

Eine idealisierte Vorstellung der Öffentlichkeit versteht sich als ein Raum, in dem die Differenziertheit der Gesellschaft gewissermaßen zu sich selbst kommt und das, was als eine «Vorstellung von Einheit» fungiert, kommunikativ eingeholt wird.[11] Habermas hatte tatsächlich die Idealvorstellung einer quasi klassentranszendierenden egalitären Diskussionskultur und kritisierte dann, dass ab dem

Ende des 19. Jahrhunderts die Mediatisierung der öffentlichen Kommunikation durch eine Meinungsindustrie jene bürgerlichen Ideale korrumpiert habe. Aus einer realitätsgerechten Form des Diskurses würde dann ein konsumierbares Gut, das sich auf einem Meinungsmarkt bewähren müsste, der sich wiederum von der Vorstellung einer egalitären Öffentlichkeit weit entfernt und eher eine Ersatzfunktion einnimmt.[12]

Diese These von 1962 qualifizierte Habermas in einer neuen Einleitung zur zweiten Auflage 1990 als zu pessimistisch. Sehr wohl habe der mediale Diskurs eine kritische Funktion entfaltet. Interessanterweise erneuerte der Autor 2022 in einer These zum «neuen» Strukturwandel der Öffentlichkeit aber seine pessimistische Diagnose, indem er vor allem den sozialen Netzwerken und der öffentlichen Kommunikation im Internet bescheinigt, sich besonders weit vom Ideal egalitärer Kommunikationsformen entfernt zu haben.[13] War die Zeitung (als unternehmerisches Projekt) zunächst eine Form der Entfremdung von der mündlichen Unmittelbarkeit des bürgerlichen Salons, entfremdet nun das Internet von der (Qualitäts-)Zeitung. Bemerkenswert ist, dass es stets ein Medienwechsel war, der die vorherige Stufe der Kommunikation qualitativ aufwertete. So hat schon Sokrates das Mündliche dem Schriftlichen gegenüber vorgezogen. Der Buchdruck wurde auch deshalb ein Schock, weil der zuvor handgeschriebene Foliant eine Aura erhielt, mit der das Buch als Massenprodukt nicht mithalten konnte. Walter Benjamins These vom Verlust der Aura des Kunstwerks durch die Möglichkeit seiner technischen Reproduzierbarkeit trifft schon in den früheren Medienwechseln kommunikativer Öffentlichkeiten zu.[14]

Nun geht es hier weder um Kant noch um Habermas – aber an beiden lässt sich deutlich studieren, was der performative Gebrauch des Begriffes «Öffentlichkeit» impliziert: die Illusion einer Gesellschaft, die als Großgruppe einen Raum etabliert, in dem egalitäre Formen des Argumentierens möglich werden, um das gesellschaftliche Selbstverständnis zu befördern. Die Funktion des Öffentlichkeitsbegriffs besteht genau genommen darin, die Gesellschaft als einen solchen Raum zu imaginieren, in dem ein «Wir» etabliert wird und in dem unterschiedliche Lösungen *sine ira et studio* vorgetragen werden, über die man sich verständigen möchte. Darin sind auch noch Spuren der Idee enthalten, dass es so etwas wie eine allgemeine Sphäre der Gesellschaft gibt, in der über das Allgemeine verhandelt werden kann und das aufgrund seiner Allgemeinheit tatsächlich das Ganze repräsentiert. Schon die kritische Rede von der Fragmentierung der Öffentlichkeit impliziert ein verklärtes Verständnis der Öffentlichkeit als Sphäre, die die Einheit der Gesellschaft repräsentieren oder symbolisieren könnte.[15] Dazu gehört auch die Diskussion um sogenannte Filterblasen und Echokammern, also geschlossene Räume mit starkem Selbstbezug in den sozialen Netzwerken.[16] Die Diagnose von den geschlossenen Echokammern liegt vor allem vor dem Hintergrund jener Erwartung an eine konsistente bürgerliche (Lese-)Öffentlichkeit nahe. Diese war schon vor der Medienerweiterung um das Internet eine Schimäre, wird nun aber gerade aufgrund des Medienwechsels besonders hervorgehoben. Empirische Befunde aber zeigen deutlich, dass die Wirkung solcher verkapselter und differenzierter Filterblasen und Echokammern im Netz überschätzt wird.[17]

Das Bezugsproblem

In einem ersten Schritt lässt sich die Funktion der «Öffentlichkeit» als der Versuch verstehen, die Gesellschaft als eine sichtbare Sphäre zu repräsentieren, die so tun kann, als würde sie fürs Ganze stehen, für die relevantesten Themen, über die in der Gesellschaft verhandelt wird und die die Gesellschaft wie in einer Arena zu sich selbst kommen lässt (→ Gesellschaft). Die Öffentlichkeit ist die *res publica* in einem emphatischen Sinne. Hegel beschreibt sie übrigens als eine Vermittlungsinstanz zwischen der Allgemeinheit des Staates und der «unorganische[n] Weise, wie sich das, was ein Volk will und meint, zu erkennen gibt», deshalb enthalte «die öffentliche Meinung [...] in sich die ewigen substantiellen Prinzipien der Gerechtigkeit, den wahrhaften Inhalt und das Resultat der ganzen Verfassung, Gesetzgebung und des allgemeinen Zustandes überhaupt, in Form des *gesunden Menschenverstandes*».[18] In dieser Vermittlung zwischen Staat und bürgerlicher Gesellschaft kommt das ganze Selbstbewusstsein der Epoche zum Ausdruck; in der Sphäre der Öffentlichkeit sieht sie die Privatinteressen der bürgerlichen Gesellschaft und die sittliche Allgemeinheit des Staates vermittelt und erblickt darin so etwas wie eine sichtbare Repräsentation des Ganzen. Dessen konkrete Gestalt verdient Hegel zufolge «ebenso *geachtet* als *verachtet* zu werden»,[19] weil sie einerseits das Allgemeine auszudrücken versteht, sich andererseits auch darin zu täuschen vermag. Die Freiheit der Presse wie die freie mündliche Rede jedenfalls sollte in der Lage sein, trotz ihrer stets imperfekten Form, sich gewissermaßen an sich selbst zu bilden.[20] Hier ist die Öffentlichkeit ein Ort höchster Erwartungen, ein Ort, an dem nicht nur Privatinteressen aufeinandertreffen, sondern sich so etwas wie eine Sittlichkeit entfaltet, die in Rede und Gegenrede in der Lage ist, die konstitutive Differenz zwischen der Sphäre des Staates und der «bürgerlichen Gesellschaft» aufzuheben.[21]

Öffentlichkeiten

Ein empirischer Blick auf Öffentlichkeit muss den Begriff in den Plural setzen. Eine *politische* Öffentlichkeit ist, soziologisch gesprochen, weniger durch ein Publikum gebildeter Lesender bestimmt als durch die Funktion des politischen Systems, die man doppelt bestimmen muss.[22] Zum einen erzeugt das politische System kollektiv bindende Entscheidungen, zum anderen ist es eine seiner Hauptfunktionen, jene Kollektivität überhaupt zu erzeugen, für die es dann kollektiv bindende Entscheidungen zur Verfügung stellen kann. Solche Kollektivitäten sind vor allem als Nationen bekannt, also als imaginierte Gemeinschaften, die erst jene Adressen herstellen, die dann als öffentliches Publikum angesprochen werden können. Diese Öffentlichkeit wird dadurch mit Themen versorgt, dass im politischen System, vor allem durch die Unterscheidung von Regierung und Opposition in Demokratien, Entscheidbarkeiten erzeugt werden. Letztlich sind öffentlichkeitsfähige Themen im politischen Sinne vor allem an Entscheidungsalternativen geschult, an denen Parteien, politische Ideologien, Programme und typische politische Entscheidungsprogramme andocken, die jener Öffentlichkeit eine Gestalt geben (→ Demokratie).

Politische Öffentlichkeiten sind nicht in einem Hegelschen Sinne «allgemein», sondern eher aufgrund der Funktion des Politischen so sichtbar, dass sie besondere Informationswerte sowie Gestalten und Personen, die als Typus für bestimmte erwartbare Argumente stehen, für ein Publikum erzeugen. Um nicht falsch verstanden zu werden: Dies ist keine Abwertung politischer Öffentlichkeiten oder überhaupt des politischen Diskurses. Aber da die Funktion des Politischen auch darin besteht, dass sich Gesellschaften als solche beschreiben können, versorgt die politische Kommunikation die Gesellschaft mit einem Themenvorrat, in dem Alternativen und Differenzierungen dafür sorgen, dass es Kommunikationsanlässe gibt. Die Themen dieses Vorrats sind selbst das Ergebnis einer Selektion insofern, als dass sich nur solche Themen politisch lohnen, die sich auch auf Entscheidbares beziehen. Die politische Öffentlichkeit diskutiert deshalb alles Politisierbare, und das mit stark verteilten Rollen.

Dabei zehren politische Öffentlichkeiten vor allem davon, dass sie komplexe Sachfragen durch die Doppelcodierung aller politischen Kommunikation entlasten können. Von kollektiv bindenden Entscheidungen des politischen Systems werden zunächst Sachlösungen erwartet. In einer komplexen Gesellschaft müssen diese Lösungen auf nichtlineare Effekte und Steuerungsprobleme Rücksicht nehmen, sowie auf den Umstand, dass der Staat nicht direkt und linear in andere Funktionsbereiche hineinregieren kann. Die Doppelcodierung besteht dann aber darin, dass Politik einerseits Sachlösungen präsentieren muss, andererseits aber diese Sachlösungen und die Politisierung dieser Lösungen gebrochen wird. Politik kann Sachlösungen stets nur nach den Maßgaben der eigenen Wahrnehmung und Formierung bearbeiten und mit den Sachproblemen eben auch politische Probleme im Blick haben.

Zugleich entlastet die *politische* Codierung aller Sachprobleme davon, diese auch wirklich *sachlich* lösen zu müssen. Es geht dann eher darum, *wer* die Probleme löst, *wem* sie zugerechnet werden, *welche* Programme abgerufen werden und vor allem, ob sie *mehrheitsfähig* sind oder nicht. Ein Sachproblem in einer Koalitionsregierung zu lösen, bedeutet somit auch, auszutarieren, wer öffentlich mit welchen Sätzen sprechen kann und welche Erwartungen an Loyalität daran geknüpft sind.

Politische Öffentlichkeiten, intern differenziert in unterschiedliche Kommunikationsstile nach unterschiedlichen kommunikativen und politischen Erwartungen und Bedürfnissen eines pluralistischen Publikums, sind Scharnierstellen, an denen einerseits Stimmungen, Sagbares und Inszenierbares ablesbar sind und andererseits politische Handlungsmöglichkeiten getestet und evaluiert werden können. Die Funktion politischer Öffentlichkeiten scheint darin zu bestehen, Machtchancen zu testen, und zwar in beide Richtungen – von politischen Entscheidungsinstanzen einerseits und vom Publikum andererseits. Kampagnen, um Themen zu pushen und auf die Agenda zu setzen, um Strategien zu (de-)legitimieren, um Interessen durchzusetzen oder Stimmungen zu produzieren, nutzen den Mechanismus der öffentlichen Kommunikation, um sich zu reproduzieren und zu vervielfältigen – und das mit unterschiedlichen Medien: von der Presse über Protestbewegungen bis hin zu sozialen Netzwerken. Die Funktionsweise von Öffentlichkeiten ist in diesem Sinne, Entscheidungsalternativen und -programme wiederholbar zu etablieren, um Ordnung in eine komplexe Welt zu bringen.

Allerdings ist die politische Öffentlichkeit nicht identisch mit jener gesellschaftlichen Öffentlichkeit, die nach dem bürgerlichen Bild der frei diskutierenden Individuen gebaut ist. Sie ist eher Kommunikation im Machtkreislauf des politischen Systems (→ Macht). Zum schier unendlichen Themenvorrat gehört nach wie vor der gesamte Bereich der Kunst und Kultur, intern differenziert in Teilöffentlichkeiten unterschiedlicher Stile, Milieus und Fachöffentlichkeiten. Man denke etwa an den Sport, der eine erstaunliche Reichweite erzeugt und Expertenkommunikation vorführt, aber auch Rivalitäten, Persönlichkeiten und nicht zuletzt ökonomische Interessen. Oder man denke an wissenschaftliche Fachöffentlichkeiten, die konstitutiv für den kommunikativen Haushalt des Wissenschaftssystems sind, in dem die Publikation die entscheidende kommunikative Einheit ist. Wissenschaftliche Öffentlichkeiten, intern differenziert nach Fächern, Themen, aber auch geografischen Räumen, erzeugen kommunikative Erreichbarkeit ebenso wie eine Idee vom Stand der Forschung.[23]

Solche unterschiedlichen Öffentlichkeiten haben je ihre eigene Logik, unterstützt von einer ausdifferenzierten Vielfalt von Publikationsorganen, Textproduktion und nicht zuletzt Geschäftsmodellen. Man kann das natürlich als eine Schrumpfform oder gar eine Fragmentierung von Öffentlichkeit hin zu Öffentlichkeit*en* brandmarken.

Aber dieser Vorwurf setzt die Erwartung voraus, dass die Gesellschaft tatsächlich jener gemeinschaftliche Raum sei, als den er sich «öffentlich» gerne geriert. Und dass all das auch mit medialen Geschäftsmodellen zu tun hat, kann man zwar beklagen, aber alles andere wäre eine merkwürdige Erwartung an eine Öffentlichkeit, die eben nicht wie Salons oder die griechische Agora auf Anwesenheit baut, sondern Gemeinsamkeit im Modus der Abwesenheit erzeugen muss. In diesen Zusammenhang gehören auch «Gegenöffentlichkeiten»,[24] die freilich auch keine abgegrenzten Sphären sind, sondern zumeist durch eigene Publikationsorgane und -strategien als mediale Opposition auftreten.

Öffentlichkeit als Adresse

Die Funktion von Öffentlichkeiten besteht darin, in komplexen Massengesellschaften überhaupt so etwas wie eine Ordnung und Selektivität in Themen einzuführen und durch Tradierung einer eigenen Diskursgeschichte dafür zu sorgen, dass solche Themen anschlussfähig werden. Der so oft zitierte Satz von Niklas Luhmann, dass wir alles, was wir über die Gesellschaft und die Welt wissen, durch die Massenmedien wissen,[25] bedeutet ja nicht, dass für alle dieselbe Welt entsteht oder gar so etwas wie eine bessere Orientierung in der Welt gestiftet würde. Die Funktion der Massenmedien sieht Luhmann daher auch im «Dirigieren der Selbstbeobachtung des Gesellschaftssystems»[26] – eines Gesellschaftssystems, das ohnehin als ein funktional differenziertes System von mannigfaltigen Selbstbeschreibungen geprägt ist. Alle Funktionssysteme erzeugen, wie gesagt, je eigene Formen der öffentlichen Kommunikation, die selbst wiederum je nach Publikum bestimmte Formen des Kommunikationsstils, der Tiefenschärfe und nicht zuletzt der Rezeptionsvoraussetzungen kennen. Produktmärkte wären zum Beispiel ohne die journalistische Auseinandersetzung mit den Dingwelten, Preisen und ihren Vergleichen unmöglich, diese erreicht eine große Zahl unbekannter und vor allem unsichtbarer Adressaten.

Selbst die Computertechnik, die Formen bidirektionaler Kommunikation mit unbekannten und unsichtbaren Adressaten ausbildet und verbreitet, erhöht damit selbst nur das Angebot und generiert weitere Öffentlichkeitserfahrungen. Eine davon wäre das, was ich an anderer Stelle als «Beim Zuschauen zuschauen» beschrieben habe: Es entsteht ein bisweilen großes Publikum von Dritten, das anderen dabei zuschaut, wie sie sich gegenseitig zuschauen und kommentieren. Das wirkt wiederum auf die Form zurück, wie sich Leute im Netz sichtbar machen und miteinander kommunizieren. So entstehen online öffentliche Räume, die Themen generieren und deren starker Informationsfluss ein hohes Eskalationspotential hat, zugleich stehen sie wie jede massenmediale Kommunikationsform vor dem Problem des schnellen Veraltens von Informationen.[27]

Der Begriff der Öffentlichkeit evoziert mehr Einheit, als empirisch nachvollziehbar wäre. Die performative Funktion des Begriffs dürfte in erster Linie darin liegen, die Gesellschaft irgendwie kommunikativ adressierbar und erreichbar zu halten und eine Sphäre zu simulieren, in der die Gesellschaft sich über sich selbst verständigt. Im Hintergrund steht immer noch die von der Erfahrung der bürgerlichen Gesellschaft imprägnierte Frage, ob komplexe Gesellschaften eine *vernünftige* Identität ausbilden können.[28] Der Begriff der Öffentlichkeit löst das Problem der Nichterreichbarkeit einer komplexen Gesellschaft, die sich selbstwirksam in einer Form beobachtet, die durch die Logik des Medialen und dessen empirische Gestalt geprägt ist. Deshalb ist das, was in der Öffentlichkeit verhandelt wird, zumeist etwas, das es ohne diesen medialen Raum gar nicht gäbe. Es repräsentiert nicht die Gesellschaft, es präsentiert vielmehr eine kommunikative Form einer Gesellschaft mit hohen Freiheitsgraden in der Selbstbeobachtung.

Es gibt viele Gründe, ein emphatisches Verständnis von Öffentlichkeit im Sinne der Lichtmetaphern der Aufklärung zu pflegen: Nur was öffentlich hell ausgeleuchtet wird, kann effektiv be- und verarbeitet werden. Das gilt aber auch für die dunkle Seite der Macht. Dieselbe Emphase wird bei der Strapazierung der öffentlichen Kommunikation genutzt, durch die Ausweitung der Sagbarkeitszone, das Testen von Tabubrüchen, die Diskriminierung oder Delegitimierung von Gruppen sowie die Beeinflussbarkeit von Themen durch algorithmisches Agenda-Setting. Autokratien und Diktaturen besetzen zuerst die Radiostationen und schließen das Internet, nicht die Hochöfen oder Fließbänder. Auch sie nutzen Öffentlichkeit als Form der Adressierung einer Gesellschaft, die am Ende unerreichbar bleibt. Deshalb braucht es so viel Gewalt, um sich autokratisch durchzusetzen.

Empirisch gesehen, ist die Öffentlichkeit wohl am besten, in einer Formulierung von Thomas Friemel und Christoph Neuberger, als «dynamisches Netzwerk» beschrieben[29] – dezentral und der Komplexität der Gesellschaft entsprechend vielfältig und selbst unerreichbar.

→ Populismus

Populismus ist anders als die meisten Begriffe, die hier behandelt werden, kein sozialwissenschaftlicher Grundbegriff im engeren Sinne, sondern eher ein politischer Begriff. Aber er gehört trotzdem in die hier zu verhandelnden Lemmata, weil er erstens als öffentlicher politischer Begriff durchaus eine Funktion hat, andererseits einige sozialwissenschaftliche Implikationen (ausgelöst) hat. Zunächst ist die Bezeichnung «Populist» ein wirksames Schimpfwort in politischen Auseinandersetzungen. Wer «Populist» genannt wird, dem wird vorgeworfen, Komplexität unangemessen zu reduzieren und vor allem so zu tun, als ob er für das «Volk» selbst spricht. Der Begriff des Populismus lebt von einem Antagonismus zwischen einem missachteten «Volk» und einer «Elite», die sich des «Volkes» unangemessen bemächtigt hätte. Er wird seinerseits von Eliten verwendet, die in diesem Sinne selbst elitenkritisch auftreten.

Die Eliten und das Volk

Das vielleicht beste Beispiel für Populismus in diesem Sinne stammt von einem der wirkmächtigsten Populisten überhaupt, nämlich von dem ehemaligen Präsidenten der Vereinigten Staaten von Amerika, Donald J. Trump. Bei seiner Amtseinführung am 20. Januar 2017 sprach er die folgenden Sätze: «Today's ceremony, however, has very special meaning. Because today we are not merely transferring power from one administration to another, or from one party to another – but we are transferring power from Washington, D.C. and giving it back to you, the American People.»[1] Trump sagt hier, sein Wahlsieg bedeute nicht nur die für eine Demokratie erwartbare und letztlich normale Übertragung der politischen Macht und der Amtsgeschäfte an eine andere Administration. Vielmehr sei mit seinem Amtsantritt die Macht von den Eliten in Washington, D. C., an das amerikanische Volk zurückgegeben worden. Das sei mehr als ein Regierungswechsel, nämlich ein Paradigmenwechsel, der vor allem die Eliten des District of Columbia regelrecht vorführen sollte.

Wer sich an diese Szene vor dem Capitol erinnert, hat vielleicht noch die skurrile Situation im Sinn: Trump hatte die wichtigsten Amtsträger der unterschiedlichen Instanzen von Senat, Repräsentantenhaus und Supreme Court im Rücken, sie waren in den Fernsehbildern alle versammelt, als der neue Präsident nicht die Gräben des Wahlkampfes unsichtbar machte, sondern im Wahlkampfduktus weitersprach. Er nahm in dieser für deutsche Verhältnisse geradezu absurd sakralen Inszenierung der amerikanischen Inaugurationen geradezu eine Negation der erwarteten rituellen Sätze vor, indem er der versammelten Elite öffentlich die Legitimation absprach. Jedenfalls war diese Rede die vielleicht reinste Form dessen, was man Populismus nennt. Trump missachtete jene Grundregel der Demokratie, wonach der von der Mehrheit gewählte Machthaber auch diejenigen repräsentiert, die ihn nicht gewählt haben.[2] Letztlich galten ihm nur die eigenen Wähler als das Volk, dem die Macht zurückgegeben werden sollte.

Der pejorative Begriff des Populismus nimmt diese letztlich antidemokratische Haltung ins Visier, die nicht nur die Verfahren in Zweifel zieht, sondern den Eliten (zumeist aus einer elitären Position heraus) prinzipiell misstraut und sie als vom eigentlichen «Volk» entfremdet ansieht. Der Populist im Stile Trumps sieht sich dann als Sachverwalter jener grundlegenden Interessen eines eigentlichen Volkes, das im politischen Prozess ohnehin zu kurz komme und dessen Interessen man eine Stimme geben müsse.

So absurd das im Falle Trumps sein mag – man kann sich kaum jemanden vorstellen, der mit seinen ökonomischen und politischen Interessen weiter von jenem «Volk» entfernt sein könnte, das er hier anspricht –, so sehr trifft die populistische Grundidee ein Problem der politischen Repräsentation, nämlich ob die Interessen der Repräsentierten im politischen System bzw. in seinen Entscheidungsinstanzen wirklich abgebildet und berücksichtigt werden.[3] Letztlich ist es das Grundproblem der Demokratie, zwischen den entscheidenden

Eliten und dem wählenden Volk zu vermitteln, soweit man die Demokratie als eine politische Herrschaftsform versteht, die den *demos* nicht unmittelbar, sondern stellvertretend durch gewählte Repräsentanten und von den Gewählten beauftragte Verwaltungsinstanzen und Experten partizipieren lässt. Diese Problembeschreibung ist alt. Genauso alt ist die Skepsis darüber, ob die Stimmenmehrheit auch eine Kompetenzmehrheit sei. Sie trieb bereits die griechischen Diskurse um die Demokratie um. Demnach könne das Volk zwar wählen, ihm stehe aber kein geeignetes Experten- und Lösungswissen zur Verfügung. Daraus entwickelte sich eine deutliche Kritik am bloßen Mehrheitsprinzip, die von Aristoteles und dem griechischen Historiker Polybios, der die Ochlokratie, also die Herrschaft der Masse und des Pöbels anprangert, bis zu Alexis de Tocquevilles Kritik an der amerikanischen «Tyrannei der Mehrheit» oder der Kritik an ökonomisch ignorantem oder irrationalem Wahlverhalten, wie es etwa von Milton Friedman offensiv formuliert worden ist, reicht (→ Demokratie).

Aristoteles' Lösung heißt «Politie». Sie sieht eine Mischform aus Demokratie im Sinne des bloßen Mehrheitswillens und der Oligarchie politischer Entscheidungsträger vor. Diese Mischform erlaubt es der Mehrheit, durch Wahl der Entscheidungsträger einerseits mitzuentscheiden, andererseits vom Entscheidungsgeschäft ferngehalten zu werden.[4]

Es wäre dann eine empirische Frage, ob und wie die Spannung zwischen «Volk» und «Eliten» aufgelöst werden kann. Es geht dann vor allem darum, für «gute» politische Entscheidungen zu sorgen, sodass sich diejenigen, die lediglich indirekt partizipieren, angemessen berücksichtigt fühlen. Populismus wäre dann ein Krisenmerkmal, das darauf hinweist, dass es dem politischen System nicht gelingt, den Machtkreislauf zwischen politischen Entscheidungen und öffentlicher Zustimmungsfähigkeit und damit Weitergabe oder Rückgabe von Entscheidungskapazitäten sicherzustellen. Die Grundidee besteht darin, dass eine gelungene Demokratie in der Lage ist, durch Wahlen oder öffentlich sichtbare Zustimmung so viel Legitimation für stellvertretende Entscheidungen zu erhalten, dass ihre Durchsetzung ohne Zwangs- oder Gewaltanwendung möglich ist. Schwindet die Zustimmung, steht mit der institutionalisierten Opposition eine regierungsfähige Alternative zur Verfügung, deren Machtübernahme nach einer Wahl durch rechtlich abgesicherte Verfahren verbürgt ist. Das Verfahren ist dabei der entscheidende Mechanismus, der den Vorgang selbst entpolitisiert, das heißt als nicht-verhandelbar setzt.[5]

Populismus als starker Antagonismus zwischen «Volk» und «Eliten» wäre in diesem Fall nicht nötig bzw. lediglich ein Krisenphänomen angesichts misslungener Politik. Es ist dann wiederum eine empirische Frage, wie und wann der Populismus-Vorwurf politisch greift. Ralf Dahrendorf formuliert einen interessanten Verdacht: «Des einen Populismus ist des anderen Demokratie, und umgekehrt.»[6] Dies verweist auf die Funktion des Begriffes als Kampfbegriff, und es sind zumeist rechte Politikformen, die auf diesen Kampfbegriff setzen und eine Gegenüberstellung von «Volk» und «Eliten» anführen, um in einer komplexen Gesellschaft mit unübersichtlichen Entscheidungslagen ihre klare interessenpolitische Agenda zu verfolgen.[7]

In seiner rechten Spielart ist der Populismus kein einfacher politisch-programmatischer Claim, sondern greift die Grundfesten der Demokratie selbst an. Zumeist setzt er auf eine Kombination aus einer gewissen Kapitalismuskritik, einer Elitenkritik mit antisemitischen Motiven, die Gegenüberstellung von verwurzelten und entwurzelten Lebensformen, *anywheres* und *somewheres*, die Klage gegen den Verfall natürlicher Lebensformen und Ortsgebundenheit und zeugt nicht durch Zufall oftmals von einer erstaunlichen Sexbesessenheit und einer Gegnerschaft gegen Nicht-Heterosexualität. So gesehen wären populistische Strategien sowohl Versuche, Modernisierungskosten politisch zu repräsentieren, als auch Versuche, allzu einfache Lösungen anzubieten und solche Modernisierungskosten durch traditionelle Entscheidungslagen zu minimieren. Klassischerweise wäre das die Wiederaufwertung ethnischer und nationaler Identitätsangebote, die Konzentration auf kollektive Identitäten, der Kampf gegen eine angebliche Überfremdung usw. Im Hintergrund steht dann die Annahme, dass es so etwas wie natürlich gewachsene und legitimierte Lebensformen gebe und deren Pluralisierung das Projekt einer abgehobenen Elite sei.[8]

Das Bezugsproblem

Dass das «Volk» selbst eine Konstruktion des politischen Systems ist, um die Geschlossenheit dieses Systems zu gewährleisten und eine Adresse für Ansprüche und Angebote zu erzeugen, muss kaum eigens betont werden.[9] Die Funktion des politischen Systems besteht nämlich nicht nur darin, Kapazitäten zur Herstellung kollektiv bindender Entscheidungen in einem Machtmedium zu mobilisieren, sondern auch jenes Kollektiv, dem die Zustimmung zu bindenden Entscheidungen abgerungen werden kann, erst zu generieren. In dieser erweiterten Funktionsbestimmung des politischen Systems wird auch der historische Kontext moderner Politik deutlich.[10] Der Adressat moderner Politik muss als ein einheitlich ansprechbarer und damit auch einheitlich beschreibbarer Fokus semantisch erzeugt werden.

Was unter dem Stichwort des *nation building* diskutiert wird,[11] ist die Frage, wie und ob es gelingt, solche Räume der Adressierbarkeit politisch zu erzeugen und im Medium der Macht zusammenzuhalten. Der semantische Aufwand, solche Adressen zu stabilisieren, zielt vor allem auf eine angeblich natürliche Form der Zusammengehörigkeit und des Zusammenhalts, innerhalb derer man Solidarität wie auch Forderungen politisch platzieren kann. Die Etablierung von *imagined communities,*[12] insbesondere in der Form von Nationen ethnischer oder politischer Natur, ist das Spielmaterial, mit dem die Staaten des politischen Systems umgehen.[13] Dass es sich um *imagined communities* handelt, bedeutet gerade nicht, dass diese instabil oder geradezu beliebig wären, sondern verlangt gerade, der Konstruktion des Nationalen eine besondere Würde zu verleihen und das Konstruktivistische daran zu verleugnen. Die Naturalisierung der Nation oder ethnischen Gemeinschaft hat die Funktion, eine nicht-kontingente Adresse exklusiver Zugehörigkeit zu erzeugen.

Die Funktion populistischer Politik besteht also letztlich darin, exakt an diesem funktionalen Mechanismus des politischen Systems anzudocken. So sehr populistische Politikformen als krisenhaft, unangemessen und kritikwürdig erachtet werden, so sehr bedienen sie doch die politische Funktion der Konstruktion eines adressierbaren Kollektivs, dem man Loyalität abverlangen und Versprechungen machen kann. So gesehen ist der Populismus zwar eine politische Störung und eine gefährliche, meist illiberale Entwicklung, aber letztlich keine Anomalie des politischen Systems.[14]

Die Unterstellung eines «wahren Volkes» und eines «eigentlichen Volkswillens» ist selbst Teil jenes Versuchs der Herstellung einer politischen Kollektivität, die in diesem Fall freilich gegen eine dem Volk entfremdete Elite ausgespielt wird.[15] Die Funktion des Populismusbegriffs besteht also darin, jene Kollektivität in der Sozialdimension genauer zu bestimmen. Gleichzeitig lenkt das von der Problemlösung in der Sachdimension ab. Der Populismus ist gewissermaßen das entgegengesetzte Korrelat zur Sachebene des Politischen. Exakt deshalb kann sich der Populismus auch damit begnügen, die Komplexität der Sachfragen durch Vereinfachung loszuwerden.[16] Klassisch dafür ist die rechtspopulistische Behauptung, dass die Konzentration auf das eigentliche Volk auch die anstehenden Sachprobleme sowie die Unübersichtlichkeit einer pluralistischen Welt und die Zielkonflikte einer funktional differenzierten Gesellschaft lösen würde. Es ist deshalb kein Zufall, dass eines der zentralen Themen des (Rechts-)Populismus Migration und ihre Folgen sind. Die Migrationsfrage ruft in Nationalstaaten unmittelbar die Frage nach der Zugehörigkeit und damit die zweite Funktionsbestimmung des Politischen im Sinne der Herstellung von Kollektivitäten auf. Es ist dann relativ leicht, Migration überhaupt zu einer politischen Anomalie zu stilisieren, eine Differenz zwischen «Volk» und «Bevölkerung» zu behaupten und diese als Bedrohung zu deuten. Interessanterweise funktioniert dieser Mechanismus nicht nur in ethnisch relativ homogenen Ländern, sondern auch in klassischen Einwanderungsländern wie den Vereinigten Staaten.

Der Wahlkampf, den Trump mit dem Thema der illegalen Einwanderung führte, stilisierte neben den Eliten in den Ost- und Westküstenstädten vor allem die Migranten zu Antipoden des eigentlichen Volkes. Und der ohnehin der amerikanischen Gesellschaft inhärente strukturelle Rassismus korrelierte mit der Moralisierung gegen Transferempfänger. Wie Arlie Russel Hochschild in ihrer Studie «Fremd im eigenen Land» sehr eindrucksvoll gezeigt hat, fiel Trumps Formel *Make America Great Again* gerade bei der vom ökonomischen Abstieg bedrohten oder betroffenen, überwiegend weißen

Mittelschicht auf besonders fruchtbaren Boden. Die ökonomische Lage dieser Bevölkerungsgruppe näherte sich nämlich derjenigen von stigmatisierten Transferempfängern, viele von ihnen schwarz, an. Trumps populistische Formel diente dazu, die schwierige Sachfrage, wie in deindustrialisierten, von Wirtschaftskrisen gebeutelten Regionen neue ökonomische Strukturen aufgebaut werden können, durch die Aussicht in der Sozialdimension zu überlagern, wieder zu einem «großartigen» Kollektiv gehören zu können. Trumps populistische Strategie ging auf, weil die Adressierung des Kollektivs Zugehörigkeit markieren konnte.[17]

Das Bezugsproblem des Populismus ist also darin zu sehen, die Imagination einer Einheit zur Schließung des politischen Systems zu nutzen und den Machtkreislauf des Systems zu sichern. In dieser Hinsicht ist die populistische Form letztlich keine prinzipiell abweichende Form, sondern eine, die das Funktionieren des Systems mit sehr einfachen Mitteln sichert. Darüber hinaus könnte man sogar noch behaupten, dass jegliche Form des Politischen ein im weitesten Sinne «populistisches» Bezugsproblem hat. Auch Politik, die nicht auf Ressentiments setzt oder nicht ein prinzipielles Schisma zwischen dem Volk und den Eliten in Anspruch nimmt, muss sich zur Sicherung der eigenen Machtchancen auf jenes «Volk» beziehen, von dem man wissen kann, dass es eine Projektion ist. Entscheidend für das politische System ist, ob diese Projektion praktisch wirkt. Der populistische Impetus besteht darin, Sachprobleme stets einfacher und weniger komplex erscheinen zu lassen, als sie sich als Sachprobleme darstellen. Letztlich hat politische Kommunikation immer damit zu tun, zur Sicherheit der Loyalität des angesprochenen Gegenübers diesem eine Projektion darüber anzubieten, wer es sei und was es wolle. Was die Leute «eigentlich» wollen in ein semantisches Kleid zu verpacken, ist die grundlegende Aufgabe politischer Loyalitätssicherung.

Ralf Dahrendorfs oben beschriebene lapidare Diagnose, des einen Demokratie sei des anderen Populismus, bestätigt sich hier in dem Sinne, dass sich politische Programme durch die jeweilige Imaginationen jener Wünsche und Bedürfnisse unterscheiden, die durch das eigene Angebot befriedigt werden sollen.

Um nicht falsch verstanden zu werden: Es soll hiermit nicht der harte, exkludierende und übersimplifizierende Populismus gerechtfertigt oder auch nur verharmlost werden. Als politischer Begriff meint «Populismus» exakt dies – paradigmatisch an der Politikform einer Trump-Administration zu besichtigen, aber auch bei anderen selbst innerhalb der EU, deren Aufzählung hier das Risiko bergen würde, von den Ereignissen überholt zu werden. Sie eint tatsächlich, das «wahre Volk» gegen die «Eliten» oder gegen Fremde bzw. Nicht-Zugehörige oder «Nicht-Normale» abzugrenzen, oft mit einer Konzentration auf Migration, Konfessionalität, Rassismus und Sexualität. Diese Populismen gehen oft mit einer Geringschätzung und sogar Zerstörung demokratischer und rechtlicher Verfahren einher, indem sie die Legitimation der entsprechenden «Elite»-Institutionen aushöhlen. Das muss nicht immer als politische Gesamtstrategie erfolgen, sondern kann sich an konkreten Themen festmachen – man denke etwa an Kampagnen gegen den öffentlich-rechtlichen Rundfunk als «Staatsfunk» oder an Kampagnen gegen die wissenschaftliche Integrität. Solche Versuche zielen darauf ab, die dem «Volk» fremde Praxis unter Verdacht zu stellen und sie gegen die «wahren» und «natürlichen» Bedürfnisse auszuspielen. Solche populistischen Formen gibt es nicht nur von rechts, sondern auch von links, denkt man etwa an besonders billige Formen der Kapitalismuskritik, die das Streben nach Gewinn per se unter Verdacht stellt.

Die Grenze zwischen Zuspitzung und Populismus ist unklar – und politisch ist diese Grenze auch nicht eindeutig zu benennen. Es ist vielmehr eine empirische Frage in konkreten Fällen. Aber im Hinblick auf die Funktion populistischer Strategien im Rahmen einer Theorie des politischen Systems erscheint der Populismus tatsächlich als eine erwartbare Form – freilich mit der Konnotation eines Krisenphänomens.

Der linke Populismus

Nun gibt es innerhalb der Sozialwissenschaften durchaus einen positiven Anschluss an das Phänomen des Populismus. Ernesto Laclau etwa beschreibt die Differenz zwischen dem Volk und den Institutionen der Gesellschaft als eine Herausforderung der herrschenden Ordnung durch die *underdogs.*[18] Laclau versteht «Populismus» als rein formalen, neutralen Begriff, was freilich die Möglichkeit eröffnet, ihn auch als «linken» Begriff verwenden zu können und damit zu rehabilitieren.[19] Laclaus Funktionsbestimmung des Politischen changiert zwischen einer Form der Repräsentation des Ganzen und der Repräsentation der Nicht-Eliten. Sein Ziel ist es, so etwas wie ein revolutionäres oder wenigstens aktionsfähiges kollektives Subjekt denken zu können.

Die wohl bekannteste Form in diesem Sinne stammt aber von Chantal Mouffe. Sie hat es in einem Interview folgendermaßen formuliert: «Ich behaupte, dass die westliche Demokratie aus zwei Traditionen besteht. Zum einen die politisch liberale Tradition, Gesetzesherrschaft, Gewaltenteilung, individuelle Freiheit. Auf der anderen Seite die Tradition der Demokratie mit ihrer Vorstellung von Volkssouveränität und Gleichheit. Diese beiden Prinzipien sind aber keine Einheit. Vielmehr besteht eine grundsätzliche Spannung zwischen perfekter Freiheit und perfekter Gleichheit, die nicht aufzulösen ist. Der Neoliberalismus wurde nun zuletzt derartig dominant, dass alles in unserer Demokratie, das mit Gleichheit und Volkssouveränität zu tun hat, ausgelöscht wurde. Und diese Eliminierung der Gleichheitsforderung geht auf das Konto der Sozialdemokratie der Schröder- und Blair-Generation, die so taten, als bräuchten Menschen nur die freie Wahl zwischen Angeboten, sei es bei Bildung oder Konsum.»[20]

Mouffe weist darauf hin, dass die Spannung zwischen perfekter Freiheit und perfekter Gleichheit «neoliberal» in einer Angebotsstruktur aufgehoben wurde, die dann nicht mehr demokratisch abgedeckt ist. Der Erfolg des rechten Populismus liege darin, die «neoliberale» Politik der Freiheit mit dem Gedanken der «Volkssouveränität» herausgefordert zu haben. Gemeinsam ist beiden freilich, dass sie gegen Gleichheitszumutungen opponieren (→ Gleichheit/Ungleichheit): die «neoliberale» Politik der Freiheit gegen den Eigenwert von Gleichheit, der rechte Populismus für Gleichheit allenfalls innerhalb eines ethnisch abgegrenzten Bereichs. Zumindest sei es dem Rechtspopulismus gelungen, politische Gegnerschaft wieder stark zu machen, einen neuen Unterschied einzuziehen – und tatsächlich gelingt es dem Rechtspopulismus gelegentlich, die «etablierten» politischen Parteien und Kräfte ununterscheidbar aussehen zu lassen. Denn die Reaktion auf die Bedrohung durch den Rechtspopulismus besteht oft darin, dass die «Demokraten» zusammenhalten, um der Herausforderung zu begegnen, und damit ihre eigenen Differenzen einebnen. Koalitionen nach sehr guten Wahlergebnissen der AfD in den neuen Bundesländern etwa bezeugen das sehr deutlich.

Mouffe will den Populismus mit seinen eigenen Mitteln bekämpfen: «*Der einzige Weg, um rechten Populismus zu bekämpfen, ist linker Populismus.* Denn die Forderungen, die hinter dem Aufstieg der rechten Parteien stehen, sind absolut legitime demokratische Forderungen. Wenn ein linker Populismus das versteht und diese Menschen nicht einfach als Rassisten abtut, dann kann es gelingen, dieser Unzufriedenheit eine andere Form von Aussage zu geben.»[21] Dieses Argument funktioniert natürlich nur, insofern es mit dem «neoliberalen» Staat der Eliten eine Adresse formuliert, die als Gegenseite zum *populus* gewissermaßen dafür herhalten muss, wie der Grund für die Entstehung populistischer Proteste beseitigt werden könnte. Es ist ja kein Zufall, dass Mouffe vor allem auf die Unzufriedenheit des Publikums hinweist, also auf eine semantische politische Form, nicht aber auf die Lösung jener Probleme, die Verunsicherung, Unbehagen und Unzufriedenheit überhaupt hervorgerufen haben. Die Sachaspekte jener Desintegrationserfahrungen, die man als Grund oder Ursache für populistische Bewegungen ansehen kann, werden hier nicht wirklich ernst genommen. Dahinter steht womöglich ein ebenfalls allzu vereinfachtes Bild der modernen Gesellschaft, die man durch entsprechende Konzessionen an das «Volk» so weit integrativ verändern könne, dass zwischen Eliten und Volk keine Differenz mehr besteht. Auch dieses Verständnis des Populismus muss also wenigstens implizit voraussetzen, was die «wahren» Bedürfnisse des «Volkes» sind und was das «eigentliche Volk» tatsächlich denkt und will.[22]

Was gern als «neoliberale» Politik beschrieben wird, ist insofern eine zutreffende Diagnose, als die Steuerungseuphorie des klassischen Sozial- und Wohlfahrtsstaates an seine integrativen Grenzen gekommen ist und man glaubte, dass die stabilisierenden politischen Differenzen der klassischen Industriegesellschaft von Mitte-links- und Mitte-rechts-Politik überholt seien. Wenn linke Populismustheorien das Neoliberale aber als vermeintlich sichere Adresse für die den Populismus auslösende Problemlage ausmachen und in der Rückkehr zu einer eher staatszentrierten Beschreibung der Gesellschaft einen nicht weiter zu problematisierenden Lösungshorizont sehen, dann gebrauchen sie diesen Populismusbegriff selbst in nachgerade populistischer Weise.

Ein Vorwurf gegen die Populismuskritik, wie sie beispielsweise Jan-Werner Müller vertritt,[23] lautet, sie unterstelle «eine problematische Unterscheidung zwischen einer objektiven Repräsentation von Gesellschaft und einer ideologisch verzerrten, populistischen Repräsentation».[24] Allerdings zieht schon die klassische Repräsentationsidee des Politischen eine Differenz zwischen Repräsentation und Repräsentierten ein. Gemäß der Funktionsbestimmung des politischen Systems ist das Volk selbst eine Konstruktion des politischen Systems, und deshalb ist auch die populistische Behauptung, die Eliten kümmerten sich nicht angemessen um das Volk, geradezu ein Kategorienfehler. Dass solche Kritik am rechten Populismus greift, ist erwartbar und wenig erstaunlich – man kann diesem Populismus dann vorwerfen, ein unrealistisches Bild sowohl des «Volkes» als auch der «Eliten» zu zeichnen. Dem Rechtspopulismus damit eine Vereinfachung vorzuwerfen, fällt auch insofern leicht, als in dessen Begriff des Volkes der exkludierende Charakter des «eigenen Volkes» aufgehoben ist, das sich gegen Überfremdung oder gar «Austausch» wehrt.

Der linke Populismusbegriff nutzt diese offenkundig rechte, illegitime Figur des eigentlichen «eigenen Volkes» zur Abgrenzung, um ein legitimes eigentliches Volk bestimmen zu können: hier nun klassentheoretisch und nicht ethnisch. Die unterdrückte Klasse wäre dann das «Volk» gegen die «Eliten». Dieses Populismusverständnis baut eine grundlegende Asymmetrie ins politische System ein, an dem sich die linke Kritik dann abarbeiten kann. Hatte der klassische Marxismus mit seinem Konzept des Klassenantagonismus noch die auf dem Verwertungsprozess basierenden Produktionsverhältnisse im Blick, fehlt diesem linken Populismusverständnis genau genommen jegliche sachlich begründete Perspektive. So sehr man konzedieren muss, dass sich die politischen Koordinaten von Gleichheit in Richtung Freiheit verschoben haben, ist der diskursstrategische Sinn des linken Populismusbegriffs nicht einfach der Ruf nach mehr staatlicher Intervention, sondern die Stabilisierung dieser Erwartung durch einen sozialen Antagonismus als Basis des Gesellschaftlichen.

Diese sozialwissenschaftliche Aufnahme des Populismusbegriffs von links erweist sich dann womöglich als ebenso vereinfachend wie der rechte Populismus, dessen Elitenkritik auch eine Kritik an der Entfremdung der Eliten gegenüber dem Volk ist – und es ist dann eine *politische* Frage, welchen der Populismen man für legitim hält bzw. welches «Volk» jenes ist, das man nicht als Schimäre betrachtet. Eine eher *soziologische* Perspektive wird beide insofern für Schimären halten, als es sich eben um politische Konstruktionen handelt, die in ihren einfachen Antagonismen eine zwar politisch anschlussfähige und nützliche, aber analytisch kaum befriedigende Beschreibung abgeben.

Die Funktion des Populismusbegriffs besteht, wie oben formuliert, darin, die Kollektivität in der Sozialdimension genauer zu bestimmen und davon abzulenken, Probleme in der Sachdimension sichtbar werden zu lassen. Das lässt sich nun insofern präzisieren, als der Populismus der Kollektivadresse des Politischen eine bestimmbare Form verleiht. Demokratien müssen die Frage der Zugehörigkeit und der politisch verwertbaren Antagonismen stets so beantworten, dass Ordnung im politischen System entsteht. Die an den Strukturen der klassischen Industriegesellschaft geschulten und eingeführten Antagonismen, wie sie sich in den Parteienlandschaften westlicher Demokratien entlang von konservativen, sozialistischen und bürgerrechts- und/oder wirtschaftsliberalen Parteien darstellten, verwiesen ja weniger auf «objektive» politische Konflikte als auf eigens im politischen System konstruierte und etablierte Ordnungsformen. Das entscheidende politische Thema war dabei die Versöhnung etwa von ökonomischer Volatilität und langfristiger Kalkulierbarkeit oder von politisch/rechtlichen Gleichheitsversprechen und ökonomisch/kulturellen Ungleichheitsdimensionen. Was Politikformen bis vor kurzem unterschied, war vor allem ihr Verhältnis zur wohlfahrts-/sozialstaatlichen Umverteilung von Ressourcen. Dieser Konflikt erzeugte eine vergleichsweise stabile Form, und eher mitte-links- oder mitte-rechts-orientierte Regierungen unterschieden sich mehr in den gesellschaftspolitischen Fragen kultureller Pluralisierung und Diversität als in der Bearbeitung sozialer Ungleichheit (→ Gleichheit/Ungleichheit).

Worauf der seit fast zwei Jahrzehnten grassierende Populismus zurückzuführen ist, lässt sich nicht eindeutig bestimmen. Es schlicht mit Komplexitätssteigerungen zu erklären, wäre wohl wiederum eine allzu simple Begründung. Komplexitätssteigerungen, und Komplexität überhaupt, kommen im politischen System ohnehin nicht direkt und unmittelbar, sondern aufgrund systeminterner Verarbeitungsmechanismen vor. Es gilt also für die sachliche Dimension der gesellschaftlichen Komplexität dasselbe wie für die soziale Dimension der Repräsentationschancen unterschiedlicher sozialer Gruppen: Sie werden vom System selbst erzeugt, verarbeitet, geordnet und damit für weitere Anschlüsse handhabbar gemacht.

Die eingespielte Form der Komplexitätsreduktion auf den Antagonismus der bekannten Parteienlandschaft jedenfalls scheint in dieser Form nicht mehr zu funktionieren. Der Populismus stößt gewissermaßen in die Lücke dieses Repräsentationsproblems, das sich in der Sozial- wie in der Sachdimension stellt.[25] Konnte man mit eher angebots- oder eher nachfrageorientierter Wirtschaftspolitik oder mit eher liberalen oder eher sozialistischen Formen der Regulierung und Umverteilung stabile Konfliktvoraussetzungen schaffen, scheint dies heute nicht mehr der Fall zu sein. Deshalb kapriziert sich der linke Populismus darauf, der Antagonismus liege nicht mehr zwischen eingeführten Wirtschaftspolitiken, zwischen mehr oder weniger sozialpolitischem Engagement, sondern zwischen dem Volk und seinen wahren Bedürfnissen und insuffizienten Eliten. Und der rechte Populismus stößt in die Lücke, die der gesellschaftspolitische, identitätspolitische, kulturelle Pluralismus in der Unterbestimmung legitimer Lebensformen lässt. Nur so ist zu erklären, dass Themen wie geschlechterorientierte Sprachveränderungen oder die Re-Ethnisierung von Konflikten einen solchen Informationswert als Konfliktthemen bekommen können.

Die Funktion des Populismus ist die Bewirtschaftung dieser Lücken. Und gerade die Konfrontation eines rechten und eines linken Populismus macht darauf aufmerksam, wie erwartbar und systemkonform der Populismus an der Funktion des Politischen selbst ansetzt – und wie sehr der Populismus dazu beitragen kann, sich von der Sachdimension des Politischen zu emanzipieren.

→ Technik

Dass die westliche moderne Gesellschaft von Technik geprägt ist – ihre industrielle Produktionsweise, ihre mediale Kommunikationsform und die Herstellung von «gesellschaftlichen» Öffentlichkeiten, ihr gesamtes Bildungswesen, ihre Mobilität und ihre Krankenbehandlung, genau genommen: fast alles –, ist ein Allgemeinplatz erster Güte. Was man «technische Zivilisation»[1] nennt, oszilliert stets zwischen einerseits einem Fortschrittsoptimismus und andererseits einer Bedrohung durch die Technisierung der Welt. Das moderne Selbstverständnis ist stark davon geprägt, nicht nur den Fortschritt der Ideenwelt und des Denkens als Grundlage anzusetzen, sondern auch den technischen Fortschritt und die «Entwicklung der Produktivkräfte» als Movens der Geschichte.[2] Zugleich wird Technik aber auch als Bedrohung behandelt. Euphorie und Kritik kamen also von Beginn der Technisierung moderner Produktionsformen und Lebenswelten gemeinsam vor. Technikeuphorie, so könnte man sagen, ist gewissermaßen die praktische Seite des Fortschrittsdenkens und der Idee der Gestaltbarkeit der Welt, Technikkritik nimmt den Platz eines skeptischen Beobachters ein, der die Kosten der Gestaltbarkeit im Blick hat.[3]

Dieses widersprüchliche Bild gilt bis in gegenwärtige Debatten – vielleicht ist das Verständnis der Klimakrise und ihrer Bearbeitung/Lösung ein dafür geradezu paradigmatischer Fall. Auf der einen Seite gibt es eine Technikeuphorie, die sich vor allem durch technische Innovationen verspricht, emmissionsärmere Formen der Produktion, der Mobilität und der Alltagsgestaltung zu etablieren, auf der anderen wird darauf aufmerksam gemacht, dass das Problem gerade nicht technisch lösbar ist, sondern die Umstellung von Lebensweisen, Verzicht und die Veränderung gesellschaftlicher Routinen erfordert.[4] Dabei geht die Frage der technischen Lösbarkeit des

Klimawandelproblems über die Frage der Überwindung eines kohlenstoffgebundenen gesellschaftlichen Metabolismus mit Hilfe anderer Energieträger hinaus, wenn etwa über technische CO_2-Entnahmen aus der Atmosphäre nachgedacht wird.[5] Das würde ein *climate engineering* begründen, also den Versuch, die Folgen des Klimawandels selbst durch technische Lösungen zu bearbeiten.[6]

Auf der Spur nach der begrifflichen Bedeutung von «Technik» ist insbesondere die kritische Diskussion von technischen Lösungen für das Klimawandelproblem lohnend, da Technik hier auf beiden Seiten vorkommt: Einerseits ist der Klimawandel als Folge einer zu starken CO_2-Exposition in der Atmosphäre selbst eine Folge des fossilen technischen Fortschritts und der Entstehung einer Industriegesellschaft in den letzten zweihundert Jahren, andererseits soll nun wiederum Technik das Problem lösen. Hier ist sowohl die Gefahr als auch die Verheißung, sowohl das Problem als auch die Lösung von gleicher Natur – begrifflich wohlgemerkt, aber womöglich auch von der Sache her. Diese Doppelnatur ist gerne Gegenstand von Kritik, weil sie darauf hinweist, dass eine allein technische Lösung von Technikfolgen, die ja ihrerseits Folgen einer gesellschaftlichen Entwicklung sind, schon aus logischen Gründen nicht recht funktionieren kann.[7] So gilt eine «technologiebasierte» Intervention als halbherzig, weil sie nicht die Grundlage des Problems bearbeitet, etwa den fossilen «Spätkapitalismus».[8] Wachsende Aufmerksamkeit bekommen hier vor allem Postwachstumskonzepte, die schon begrifflich attraktiv erscheinen müssen, weil die aktuelle Form der industriellen Moderne stofflich und ökonomisch auf Wachstum geeicht ist.[9]

Technik als «Ideologie»

Den Ton einer solchen Kritik an der Schnittstelle zwischen der Entwicklung der Produktivkräfte und der Folgen des Technischen hat Jürgen Habermas 1968 mit seinem Aufsatz «Technik und Wissenschaft als Ideologie» gesetzt.[10] Habermas ging es hier darum, neue Konfliktlinien in der Kritik des Kapitalismus zu ziehen. Hatte der klassische Marxismus noch den Klassenkampf als das Movens sozialer Kämpfe angesetzt, «Ideologie» vor allem als falsches Bewusstsein im Hinblick auf Klassenlagen zwischen Kapital und Arbeit betrachtet und die Produktivkräfte gewissermaßen vorausgesetzt, sei es im «Spätkapitalismus» vor allem die Reflexionsarbeit in Wissenschaft und Technik, die die entscheidende Produktivkraft ausmacht. Weniger der Klassenkampf sei also die entscheidende Intervention, als vielmehr Trägergruppen, die die Entwicklung der Produktivkräfte und der Produktionsverhältnisse in einer medial vermittelten Öffentlichkeit vor allem wissenschaftlich reflektieren können. Wissenschaft (und damit auch technischer Fortschritt) sei die entscheidende Produktivkraft geworden und bedürfe einer anderen Form der Beschreibung als die marxistischen Antagonismen zwischen Kapital und Arbeit. Habermas zieht eine Parallele zwischen einer zur «Sozialtechnologie» degenerierten Form des Politischen und Staatlichen und einer Verwissenschaftlichung des Technischen, die dazu geführt habe, dass sich Technik gewissermaßen verselbstständigt und von normativer Kritik nicht mehr einholbar sei. Verwissenschaftlichte Technik und ihr Lösungspotential gerate zu einer «propagandistischen» Form, in der der «demokratische Willensbildungsprozess über praktische Fragen seine Funktion verlieren»[11] werde. Interessant ist hier der Topos der Verselbständigung des Technischen, das sich gegen Kritik immunisiere und durch seinen Eigensinn eine Macht entfalte, der anders als dem sozialen Grundkonflikt nach Marx viel weniger der Charakter einer politischen Kategorie zukomme. Diese Entpolitisierung sei dann der Grund dafür, dass Technik und Wissenschaft zu falschem Bewusstsein werde, zu Ideologie. Das Motiv der Entpolitisierung findet sich bis heute in den Diskursen etwa über den Klimawandel: Wer allein auf wissenschaftlich-technische Lösungen setzt, entziehe das Problem damit letztlich der gesellschaftlichen Selbstvergewisserung und drücke sich ideologisch davor, prinzipielle gesellschaftliche Transformationen vornehmen zu müssen.

In Habermas' linker Ideologiekritik des Wissenschaftlich-Technischen, vor allem in der Entpolitisierungsthese, finden sich Motive, die auch in konservativen Formen der Technikkritik vorkommen. Obgleich wesentliche Unterschiede der Denkungsart bestehen bleiben, ist diese Parallele doch kein Zufall, denn sie enthält einen Hinweis auf das Bezugsproblem von Technik als Begriff und als Problem-Lösung-Konstellation. Liest man etwa Martin Heideggers Technikkritik, so findet sich hier ebenfalls das Motiv einer Sinnentleerung und Verselbständigung. In einem Vortrag, nur ein Jahr vor Habermas' «Technik und Wissenschaft als Ideologie» gehalten, sagt Heidegger über die modernste Form der Technik, die Kybernetik: «Die wissenschaftliche Welt wird zur kybernetischen Welt. Der kybernetische Weltentwurf unterstellt vorgreifend, dass der Grundzug aller berechenbaren Weltvorgänge die Steuerung sei. Die Steuerung eines Vorgangs durch einen anderen wird vermittelt durch die Übermittlung einer Nachricht, durch die Information. Insofern der gesteuerte Vorgang seinerseits auf den ihn steuernden sich zurückmeldet und ihn so informiert, hat die Steuerung den Charakter der Rückkopplung der Information.»[12] Rückkopplung und Steuerung sind nur möglich, weil alles in Informationen übersetzt wird und damit vollständig kompatibel wird, selbst wenn es aus lebensweltlicher Perspektive letztlich nicht miteinander kompatibel wäre. Mit der kybernetischen Datentechnik, so Heidegger, ändern sich die Bezüge: Es werden Daten mit Daten abgeglichen, Informationen an Informationen geschärft. Die Referenzgröße ist dann nicht die repräsentierte Welt selbst, sondern das wechselseitige Spiel von Informationen, die sich aufeinander rückkoppeln. Heidegger macht daraus eine große Kulturkritik der Moderne, die den Menschen der Maschine unterwerfe, ihn vernutze und damit «neutralisiert auf den unterschiedslosen Vorgang der Information».[13] Die Technik verselbständigt sich zum «Gestell» und verkehrt die Zweck-Mittel-Relation zwischen Mensch und technischer Apparatur: Nicht die Technik ist Werkzeug des Menschen, sondern dieser ist jener vollständig ausgeliefert.[14] Das Grundmotiv der Kritik lautet dabei, dass sich das Technische gegen das Menschliche verselbständigt.

Ohne in der Weise wissenschafts- und technikskeptisch gewesen zu sein wie sein Schüler Heidegger, kritisierte Edmund Husserl in seinem berühmten Text von 1935/36 «Die Krisis der europäischen Wissenschaften und die transzendentale Phänomenologie» die moderne Wissenschaft dahingehend, dass sie einerseits von einer stupenden Genauigkeit und Präzision sei, andererseits aber diese Genauigkeit sich selbsterzeugten Idealisierungen verdanke. Er schreibt: «*Was macht die ‹Exaktheit›?* Offenbar nichts anderes, als was wir [...] bloßgelegt haben: empirische Messung in Steigerung der Genauigkeit, aber unter der Leitung einer schon im Voraus durch Idealisation und Konstruktion objektivierten Welt von Idealitäten bzw. gewissen, den jeweiligen Maßskalen zuzuordnenden besonderen Idealgebilden.»[15] Husserl kritisiert hier nicht einfach quantifizierbare Messgrößen und ihre Mathematisierung, sondern die Verselbständigung der mathematisierten Modelle und ihre Entfernung von der lebensweltlichen Evidenz der Ausgangsbeobachtungen (→ Lebenswelt). Es ist gewissermaßen eine Entweltlichung der exakten Wissenschaft und ihrer Anwendung, die insofern auf die Welt zurückwirkt, als sie diese mit sinnleeren Artefakten konfrontiert. Die vorwissenschaftlichen Fundierungen von Sinn gehen dabei verloren. Dieses Motiv ähnelt dem, was Habermas später als das «Ideologische», das Entpolitisierte von Wissenschaft und Technik bezeichnete.

Husserl unternimmt eine phänotypische Kritik an der Verselbständigung der Wissenschaften, deren Erfolg durchaus etwas damit zu tun hat, dass sie mit anderem Maß misst als die vorwissenschaftliche Welt. Nochmals Husserl: «Diese Arithmetisierung der Geometrie führt wie von selbst in gewisser Weise zur *Entleerung ihres Sinnes.* Die wirklich raumzeitlichen Idealitäten, so wie sie sich unter dem üblichen Titel ‹reine Anschauungen› im geometrischen Denken originär darstellen, verwandeln sich sozusagen in pure Zahlgestalten, in algebraische Gebilde.»[16] Husserl spricht von einer «Sinnentleerung der mathematischen Naturwissenschaft in der ‹Technisierung›».[17]

Man könnte weitere Beispiele für technikskeptische und technikkritische Denkungsarten sammeln, wie beispielsweise Günther Anders, dessen Schrift «Die Antiquiertheit des Menschen» ebenfalls darauf abstellt, dass sich die wissenschaftliche und technische Zivilisation dem Menschen gegenüber verselbständige und dadurch in die Entfremdung führe.[18] Ähnliche Motive zur Verselbständigung der und Entfremdung durch Technik finden sich bei Helmut Schelsky[19] und Friedrich Georg Jünger,[20] als marxistische Technikkritik,[21] bei Arnold Gehlen[22] und Ivan Illich,[23] sogar als Verselbständigung der Digitaltechnik[24] und darüber hinaus.[25]

Neben dem technikkritischen Diskurs existiert auch eine erheblich weniger skeptische Version der Techniktheorie, denkt man etwa an Ernst Kapps These von der Technik als «Organprojektion»[26] oder Marshall McLuhans Bestimmung der Technik als «technological extensions of our bodies».[27] Sie bestimmen Technik nicht als dem Menschen entgegengesetzt oder als das ganz Andere des Menschen, sondern im Gegenteil nur als dessen Erweiterung. Freilich erschließt sich die Funktion des Technikbegriffs erheblich genauer über dessen kritischen Gebrauch.

Das Funktionieren

Wenn man diesem Pfad des Begriffs und der Kritik der Technik folgt, stößt man auf die Funktion des Technikbegriffs, denn gerade in der Figur der Verselbständigung und Entfremdung des Technischen von der «menschlichen» Tätigkeit, vom Menschen überhaupt, verbirgt sich mehr als nur ein (kultur-)kritisches Motiv. Denn die Kritik, ob sie nun stichhaltig ist oder nicht, setzt an einem Punkt an, der die Technik als soziale Form tatsächlich trifft. Dass so unterschiedliche Kritikformen wie die oben angedeuteten allesamt an derselben Figur ansetzen, verweist darauf, was begrifflich mit der Technik aufgerufen ist. Es lohnt sich deshalb, dem Begriff des Technischen genauer nachzugehen, um jenes Gemeinsame freizulegen, das die Kritiken ausmacht – denn sie scheinen von jenem Bezugsproblem des Begriffs der Technik zu zehren, das hier herausgearbeitet werden soll.

Wann ist von «Technik» die Rede?[28] Sicher hilft es nicht weiter, die begriffliche Funktion der Technik an technischen Artefakten selbst festzumachen – denn diese sind ja erst das Ergebnis einer technischen Formierung von Problemen, für deren Lösung dann «Technik» verwendet wird. Einen ersten Anhaltspunkt könnte die eher pragmatische Herangehensweise von Ernst Cassirer bieten, der Technik als eine der «symbolischen Formen» bestimmt hat, und zwar als diejenige, die die Wirklichkeit «durch das Medium des Wirkens»[29] erfasst. Cassirer orientiert das Medium des Wirkens am Bewirken selbst, also an einem Prozess, nicht am Produkt, nah am griechischen Verständnis der *τέχνη*.[30] Technik wäre in diesem Sinne eine symbolische Praxis, eine Methode. Dies ist wiederum der Ausgangspunkt für den Techniksoziologen Werner Rammert, den Technikbegriff am Handlungsbegriff scharfzustellen: «*Handlungen, natürliche Prozessabläufe oder Zeichenprozesse sind dann technisiert, wenn sie einem festen*

Schema folgen, das wiederholbar und zuverlässig erwartete Wirkungen erzeugt. Diese Formen der Technisierung können in verschiedenen Trägermedien verkörpert, versachlicht oder eingeschrieben sein.»[31] Rammert denkt hier nicht nur an im engeren Sinne «technische» Trägermedien, sondern auch an Verhalten, das sich ohne Beteiligung des Bewusstseins habitualisiert, auch an die Schnittstelle von Mensch und Maschine und bei komplexen technischen Anlagen.

Rammert stellt hier nicht auf technische Artefakte ab, sondern auf technische Praktiken,[32] was es erlaubt, «Technik» sowohl im üblichen Sinne zu verwenden als auch auf soziale Handlungen/Kommunikationen zu beziehen.[33] Rammert beschreibt sehr genau, dass vom «Technischen» dann die Rede ist, wenn es um «zuverlässig erwartete Wirkungen» geht. Das Bezugsproblem sowohl des Handlungs- als auch des Kommunikationsbegriffs besteht darin, mit Offenheit umzugehen, also damit, dass die nächste Handlung bzw. der nächste kommunikative Akt nicht vom vorherigen determiniert ist (→ Kommunikation). Beide sind von einer prinzipiellen Offenheit geprägt. Von Handlungen ist üblicherweise nur die Rede, wenn man auch anders hätte handeln können, wenn es Handlungsalternativen gibt und wenn der Verlauf von Handlungsketten zwar strukturiert, aber eben nicht determiniert ist (→ Handeln).

Als «technisch» oder «mechanisch» gelten dann solche Handlungsketten, die verhältnismäßig nah an der Determination sind. Während das Bezugsproblem des Handlungs- und Kommunikationsbegriffs also am Umgang mit Offenheit und Kontingenz orientiert ist, liegt das Bezugsproblem des Technikbegriffs offensichtlich in der Vermeidung von Offenheit und Kontingenz – oder in der Diktion der soziologischen Systemtheorie ausgedrückt: Bezeichnet man mit «Kommunikation» Formen loser Kopplung von Elementen, gerät all das, was Elemente strikt koppelt, unter Technikverdacht. Von Technik*verdacht* ist deshalb zu sprechen, weil im Sinne Rammerts von Technik auch in solchen Fällen gesprochen werden kann, in denen soziale Elemente, also Kommunikationen/Handlungen strikt gekoppelt sind, in denen die Wahrscheinlichkeit des nächsten Ereignisses also gegen 1 geht.[34]

Die Funktionsweise des Technischen lässt sich didaktisch so erklären: Wenn ich einen Schalter umlege, damit das Licht angeht, dann ist der Schalter insofern «Technik», als er weder einen Verhaltensspielraum hat, noch kommunikativ aufwendig überzeugt werden muss. Dieser Vorgang kann völlig auf Konsens oder Überzeugung verzichten – das einzige Kriterium besteht darin, ob er funktioniert oder kaputt ist.

Wenn ich, statt einen Schalter umzulegen, jemanden bitte, das Licht anzumachen, ist dies kein technischer Vorgang, weil die Elemente der Kommunikation lose gekoppelt sind. Mein Gegenüber könnte sich weigern, dagegenreden, sich schlicht nicht zuständig fühlen. Seine Handlungen sind nicht *technisch/strikt*, sondern *lose* an meine Bitte gekoppelt, selbst wenn er meiner Bitte nachkommt und das Licht genauso schnell anstellt, wie wenn ich den Schalter selbst umgelegt hätte. Die Erfüllung der Bitte kann ich nicht quasiautomatisch voraussetzen. Insofern sind es bei sozialen Systemen wohl vor allem Organisationen, in denen soziale Abläufe *technisiert* bzw. *mechanisiert* werden können. Heinz von Foerster würde solche Formen eines eineindeutigen Zusammenhangs von Input und Output eine «Trivialmaschine» nennen.[35]

Die Funktion von Technik könnte also darin liegen, schlicht zu funktionieren. Niklas Luhmann schreibt, Technik könne «*Konsens einsparen*. Was funktioniert, das funktioniert. Was sich bewährt, das hat sich bewährt. Darüber braucht man kein Einverständnis mehr zu erzielen.»[36] Technik sei robuste «*funktionierende Simplifikation*»[37] – und dieses Verständnis von Technik schließt die von Rammert beschriebenen habituellen, kommunikativen und mechanischen Formen ausdrücklich ein.

Wenn die Funktion der Technik das Funktionieren ist, ist das Problem, für das Technik die simplifizierende Lösung ist, offensichtlich die Verknüpfung von komplexen, losen Elementen. Die Lösung ist dann die strikte Kopplung. Das erleichtert auch die Nutzung der Technik, weil sie komplexe Vorgänge so vereinfacht, dass ihre Nutzung geradezu reflexionsfrei erfolgt und spätestens dann keine Legitimationsprobleme mehr verursacht, wenn sie funktioniert.

Die oben beschriebenen technikkritischen Motive werden nun genauer verständlich. Technik verselbständigt und entfremdet sich von den Motiven und Reflexionen ihrer Anwender qua Funktionieren. Man kann das daran erkennen, wie schnell man sich an Technik gewöhnt und wie wenig man im Alltag über Techniken *wissen* muss, um sie zu verwenden. Man gibt Gas bei einem Automobil, und es bewegt sich; man schaltet den Herd ein, und die Platte wird heiß; man drückt einen Knopf, und die Heizung geht an oder die Tür der U-Bahn öffnet sich. Man muss aber fast nichts darüber wissen, *wie* diese Dinge funktionieren – ihre gesellschaftliche Leistung besteht darin, *dass* sie funktionieren, und das bedeutet, dass man erwarten kann, was der Output eines bestimmten Inputs ist. Dabei werden technische Artefakte durchaus sichtbar, sie stehen herum, sie fahren, sie machen Geräusche bei ihrer Funktionserfüllung – und doch regen sie selten zu Reflexion an und verzichten auf Konsenszwänge.

Die Funktionserfüllung ist eine nahezu unsichtbare – was im Übrigen besonders für die Computertechnik gilt, deren Verhältnis von Input und Output womöglich komplexer ist, die aber so lange als Technik durchgeht, wie die Ergebnisse erwartbar sind. Technik entfremdet sich also von ihren Anwendern dadurch, dass sie schlicht von selbst funktioniert, wenn sie gut implementiert ist – und gerade deshalb gibt es ein merkwürdiges Missverhältnis zwischen Technikkritik und Technikanwendung. Techniken sind niedrigschwellig einsetzbar, weil sie nicht durch Reflexion und Konsens überzeugen müssen. Die Implementierung neuer Techniken und Technologien ist wohl dann gelungen, wenn ihre Nutzung quasi unsichtbar abläuft, also wenn die Technik selbst keinen Informationswert mehr hat. Ein Telefon fällt als solches nicht mehr auf, wenn man voraussetzen kann, dass es von selbst funktioniert. Dabei strukturieren Techniken und ihre Anwendung durchaus gesellschaftliche Praktiken – räumliche Mobilität, Erreichbarkeit, Informationsdichte, Komfort, Transport usw. All das setzt Techniken voraus, die nur deshalb einen strukturierenden Effekt haben, weil sie funktionieren, was wiederum bedeutet, dass sie sich verselbständigen.

Folgerichtig fällt Technik *als Technik* vor allem dann auf, wenn sie nicht funktioniert. Es wird dann deutlich, wie voraussetzungsreich und vernetzt technische Bedingungen sind – eine kaputte Weiche an einem Bahnhof kann den Zugverkehr lahmlegen, ein falscher Buchstabe in einem Programmcode lässt das Computerprogramm implodieren, und eine zu große Stromschwankung sorgt womöglich für die Unterbrechung von Prozessen, ganz zu schweigen davon, dass eine simple Schraube oder ein trivialer Bolzen zu Katastrophen führen kann. Erst dann wird Technik sichtbar – und zwar nicht nur die Technik in ihrer materiellen Form, sondern auch im Hinblick auf die Erwartung ihres unsichtbaren Funktionierens. Erst wenn ein Flugzeug wegen eines fehlerhaften Bolzens abstürzt – etwa eine Frachtmaschine im Jahre 1992 auf ein Wohnhaus in Amsterdam[38] –, wird die technische Vernetztheit eines Flugzeugs sichtbar, die im funktionierenden Flugbetrieb schlicht vorausgesetzt werden kann. Dass erst nicht-funktionierende Technik sichtbar wird, liegt an ihrer Funktion: strikte Kopplung zu ermöglichen und zugleich latent zu halten. Was an nicht-funktionierender Technik sichtbar wird, ist das, was *hinter* der Benutzeroberfläche von technischen Anwendungen geschieht – allzu einfach formuliert: Bei angemessener Bedienung funktioniert das Automobil, erst wenn es nicht funktioniert, wird die Motorhaube geöffnet, und man sieht Komponenten, die sonst gar nicht gesehen werden müssen, um damit umzugehen. Erst wenn Technik gestört ist und damit sichtbar wird, wird Reflexivität nötig. Wahrscheinlich hat sich Computertechnik für einen breiteren Anwenderkreis auch erst dann durchsetzen können, als man die Benutzeroberfläche so simplifizieren konnte, dass das, was ein Computer macht, noch unsichtbarer wird. Paradoxerweise braucht es Screens und ästhetische Aufbereitungen, um unsichtbar zu machen, was tatsächlich geschieht.

Das Bezugsproblem

Die Technikkritik der Ideologisierung, der Verselbständigung und der Entfremdungsgefahr verweist indirekt auf das Bezugsproblem des Technischen und vermag also zu zeigen, *für welches Problem Technik eine Lösung ist.* Diese unterschiedlichen Kritikformen, ob sie nun stichhaltig sein mögen oder nicht, setzen allesamt am selben Punkt an, an einem Punkt, der die Technik als soziale Form tatsächlich trifft. So wird etwa in Konflikten darüber, ob es gesellschaftlicher Veränderungen bedarf, um eine nachhaltige Lösung des Klimaproblems zu ermöglichen, oder ob man schlicht auf alternative Techniken setzt, deutlich, dass beide Seiten vom performativen Potential des Technikbegriffs zehren. Für die einen ist Technik Gegenstand der

Kritik, weil eine Konzentration auf Technik angeblich von Konsensnotwendigkeiten und der Veränderung gesellschaftlicher Routinen ablenkt – für die anderen ist technische Innovation derart heilsbringend, dass die fundamentale Kritik am Spätkapitalismus und der naturverzehrenden Lebensweise nur als panische Überreaktion erscheinen kann.

Dass es sich hier nicht um realistische Alternativen handelt, sollte deutlich sein.[39] Es sind zwei Seiten eines Konflikts, der gut integriert ist und klarere Alternativen stabilisiert, als es der Sache guttut. Das ist die Funktion von Konflikten: Ordnung in die Welt zu bringen und Komplexität dadurch zu bewältigen, dass sich alles einer klaren Alternative fügt (→ Konflikt). Jedoch weist der Gebrauch des Technikbegriffs durch beide Seiten darauf hin, dass das Bezugsproblem von Technik darin besteht, auf Konsensbildung zu verzichten. *Der angedeutete Konflikt besteht in einem Dissens über die Konsensvermeidung durch Technik.* Noch einmal: Es geht hier nicht um den Konflikt selbst, sondern um die strategische Potenz von «Technik». Selbst weit voneinander entfernte Technikkritiken wie die von Habermas und Heidegger ähneln einander darin, dass der Technikbegriff dazu dient, die merkwürdige außersoziale Anmutung des Technischen auf den Begriff zu bringen. Habermas bezeichnet sie als «Ideologie», weil sie gegen Kritik immun sei, Heidegger als etwas, das den Menschen unterwerfe.

Eine soziologische Analyse von Technik sieht dagegen den Erfolg technischer Lösungen darin, die Anschlussfähigkeit von technisch ermöglichten Prozessen durch ihre Reflexionsvermeidungsfunktion zu bestimmen. Die kulturkritischen Technikverständnisse haben durchaus Recht damit, Technik als etwas Entfremdendes und Sinnentleertes zu kritisieren – aber nicht weil Technik tatsächlich sinnentleert ist, sondern weil Technik verlässliche Anschlussfähigkeit von Konsens- und Sinnverweisungen zu trennen in der Lage ist.

Das Bezugsproblem von «Technik» besteht also darin, in einer Gesellschaft Zonen strikter Kopplung zu ermöglichen. «Gesellschaft» ist die Chiffre dafür, wie es gelingen kann, trotz prinzipieller Offenheit und Kontingenz von Anschlüssen in einem probabilistisch strukturierten Raum die Form der Kopplungsstärke von Elementen zu gestalten – einfacher formuliert: Gesellschaften müssen stets für eine

Vermittlung zwischen Erwartungen und Abweichungen, zwischen Strukturen und Prozessen, zwischen Eindeutigkeit und Perspektivendifferenzen sorgen. Sie müssen gewissermaßen mit der prinzipiell losen Kopplung von sozialen Prozessen umgehen – durch Strukturbildung, Sozialisation ihres Personals usw. Und sie müssen ausreichend Offenheit ermöglichen, um sich an ihre inneren Zustände anzupassen, sie benötigen eine ausreichende *requisite variety*, also ausreichend Abweichungs- und Variationasbreite.[40] Sie kämpfen gegen zu lose Kopplung von Elementen – und gegen zu strikte (→ Gesellschaft).

Technik dagegen bietet *innerhalb* der Gesellschaft Zonen strikter Kopplung an – in sozialen Prozessen selbst, wie Rammert gezeigt hat, aber eben auch durch technische Artefakte. Diese Zonen entlasten von Konsenszwängen – und sind dennoch in der Lage, Dissensrisiken zu erzeugen: Sind bestimmte Techniken angemessen oder nicht? Die Attraktivität strikter Kopplungen freilich besteht darin, sich vom Überraschungsrisiko loser Kopplung zu befreien. Und das scheint der Technikbegriff auch zu leisten – sowohl für diejenigen, die in der Technik die Lösung aller Probleme sehen, als auch für diejenigen, die den technischen Lösungen vorwerfen, dass sie die Verständigung über gesellschaftliche Bedingungen aussetzen.

Überraschende Technik

Technik verändert sich rapide – der Technikbegriff dagegen weniger. Mit der Digitaltechnik, dem Computer, entstand eine technische Form, die zunächst vor allem eine Kapazitäts- und Leistungssteigerung war. Sie beruht darauf, dass die Kombination und Rekombination von Daten Steuerungs-, Diagnose- und Mustererkennungsmöglichkeiten eröffnet, die einerseits dem menschlichen Bewusstsein und der üblichen Vorstellungskraft entzogen sind, andererseits auch im Hinblick auf die Nachvollziehbarkeit des Geschehens als unsichtbare Technik fungieren. Mit weiterer Leistungssteigerung, vor allem aber mit Anwendungen, von denen eher *überraschende Ergebnisse* erwartet werden, verändert sich auch die Technizität dieser Technik.[41] Man kann das an der Technik selbst zu erklären versuchen, wirksamer ist es aber, an der Funktion von Technik anzusetzen. Denn für manche Digitaltechnik scheint die Funktionsbestimmung, dass Technik Zonen strikter Kopplung in einer Welt aus lose gekoppelten Elementen etabliert, nicht mehr zu gelten.

In einer Überblicksarbeit wird das *machine learning* so charakterisiert: Diese Technik «transformed the raw data (such as the pixel values of an image) into a suitable internal representation or feature vector from which the learning subsystem, often a classifier, could detect or classify patterns in the input».[42] Man könnte sagen: Der Gegenstand der Berechnung ist nicht ein Gegenstand, also auch kein Bild, sondern es sind Daten, die etwas repräsentieren, das die Maschine dann als Muster an Mustern abgleicht. Die Digitaltechnik fängt dort an, wo sich die Welt in Daten repräsentieren lässt, um Muster und Strukturen zu erkennen, die mit bloßem Auge und den Wahrnehmungs- und Rechenkapazitäten des natürlichen Bewusstseins nicht erfasst werden können.

Die Neuerung dieser Technik besteht darin, dass sie zwar gerade mit der losen Kopplung von Elementen umgeht, aber dabei selbst Ergebnisse erzeugt, die eben nicht so strikt gekoppelt sind wie bei klassischen Techniken, etwa einem Kausalschalter. Digitale Mustererkennung freilich arbeitet gerade dann, wenn Wahrscheinlichkeiten in Echtzeit berechnet werden sollen, mit dem Problem der losen Kopplung. Sprachsystemen wie etwa der stark diskutierten Software *Chat*GPT der Firma *OpenAI* gelingt es, sinnvoll verstehbare Texte zu generieren. Ihre Leistungsfähigkeit reicht zwar noch nicht aus, um einen Turing-Test zu bestehen,[43] aber diese Systeme dürften in naher Zukunft erheblich leistungsfähiger werden.

Diese «künstliche Intelligenz» ist nicht intelligent im engeren Sinne. Sie *weiß* nichts darüber, worüber sie verhandelt, sie *versteht* nicht in einem emphatischen Sinne. Sie berechnet lediglich die Wahrscheinlichkeit, welche Worte oder Wortsequenzen, welche syntaktischen Formen und semantischen Figuren mit einiger Wahrscheinlichkeit auf bestimmte vorherige Worte und Sätze folgen.[44] Dazu verwendet das System gespeicherte Kommunikation, wenn man so will: Bibliotheken mit Bestätigungsformeln, oder aber die Response der Nutzer, wodurch das System selbst lernfähig ist, ohne die sinnhafte Richtigkeit ihrer Lösung beurteilen können zu müssen.[45] Es geht hier nie um die Sache selbst, also die Bedeutungen, sondern nur um die Relation von Zeichen und die Wahrscheinlichkeit ihrer Kombinations- und Rekombinationsfähigkeit. Das Abtasten der eigenen Kommunikationsmöglichkeiten erfolgt durch einen Kampf gegen Beliebigkeit und Zufall,[46] indem die wahrscheinlichste Möglichkeit ergriffen wird, um weiter anschlussfähig zu bleiben.[47]

Gerade am *machine learning* kann man sehen, wie sich die Möglichkeiten des Technischen erweitern – und hier geht es nun nicht darum, dass eine neue Technik auch neue Möglichkeiten schafft und damit neue Praktiken und Anpassungen. Interessanter ist eine andere Frage: Die strategische Funktion der Technik ist ihre Eindeutigkeit – auf einen Input gibt es einen erwarteten Output. Das ist es, was Technik zu Technik macht – und selbst wo man etwa mit der Computertechnik zu unerwarteten Ergebnissen kommt, etwa in komplexen statistischen Verfahren, deren innere Routinen unsichtbar bleiben, geht man davon aus, dass sich die Ergebnisse wiederholen lassen. Das unterscheidet Technik letztlich von anderen Formen der Ordnungsbildung.

An anderer Stelle habe ich die Unterscheidung von *erlebenden* und *handelnden* Maschinen eingeführt.[48] Erlebende Maschinen wären solche, die in bestehenden Datensätzen Muster erkennen und hier mit großer Exaktheit arbeiten, etwa wenn ein Datensatz statistisch ausgewertet wird. Handelnde Maschinen dagegen wären solche, die Handlungsspielräume haben – und das ist etwa für texterzeugende Maschinen durchaus der Fall, denn es werden nicht wie in einer Statistik Strukturen abgebildet und Zusammenhänge protokolliert, sondern es werden aufgrund von probabilistischen Modellen mögliche Formulierungen erzeugt, die auch anders ausfallen könnten. *Bei dieser Technik fällt die eindeutige Beziehung zwischen Input und Output weg.* Intelligenz würde man Systemen zurechnen, die nicht auf Eindeutigkeit festgelegt sind. Und daher rührt auch die Aufregung wegen der neuen lernenden Techniken. Weil sie mit Hilfe von probabilistischen Methoden *selbst* Strukturen (z. B. Texte) erzeugen, kommt es zu Verunsicherungen über die Ergebnisse. Es mutet also an, als handle es sich um gar keine «Technik» im engeren Sinne bzw. um eine, die einen völlig anderen Charakter hat. Es soll hier nicht verhandelt werden, worin der *technische* Unterschied, also auf der Basis der technischen Artefakte, liegt. Das wäre eine Frage der Informatik oder im Falle von sprachlich/textlich basierten Systemen eine der digitalen Linguistik. Im Hinblick auf das Bezugsproblem des Technik*begriffs* ist entscheidend, ob sich eine Praxis etablieren wird, in der die Nutzung solcher Software *als Technik wahrgenommen wird.* Die Verunsicherung bezüglich *intelligenter* Technik besteht darin, dass die Ergebnisse als unsicher erlebt werden. Das könnte sich dadurch ändern, dass sie genutzt wird und dass man sich daran gewöhnt.

Man könnte den Status des Technischen durchaus in Zweifel ziehen, weil dieser Art Technik das Kriterium des einfachen Funktionierens fehlt. Aber hier sind zumindest zwei Reaktionen denkbar. Einerseits wird auch das mit der Zeit aufgelöst. Luciana Parisi formuliert sehr schön, dass «nicht-monotone» wissensbasierte Systeme «statt intelligentes Lernen zu erklären, es einfach nur in die Praxis umsetzen».[49] Es gilt hier ein Vorrang der Praxis vor der Erklärung, man könnte auch sagen: *ein Vorrang des Funktionierens vor der Transparenz.* Das war immer schon eines der wichtigsten Kriterien für das Technische. «Ob diese Maschinen ‹denken›, tut wenig zur Sache. Sie funktionieren»,[50] heißt es bei Bernhard Dotzler lapidar – und über Menschen lässt sich das am Ende auch sagen.

Überhaupt lässt sich von solcherart Technik durchaus etwas über das menschliche Denken lernen. Würde man das menschliche Denken rein psychologisch erklären, also durch die mentalen Prozesse von Menschen erklären, könnte man kaum erklären, wie sinnhafte Strukturen der Welt zum Thema des Denkens werden könnten. Philosophisch ist das seit Gottlob Frege und Edmund Husserl als «Psychologismuskritik» diskutiert worden. Hier geht es um die Frage, ob die Logik dem logischen Denken vorgeordnet ist und ob die Logik einen logischen Eigensinn hat oder durch die empirischen Denkakte selbst erklärt werden kann. Die empirische Psychologie könne alle möglichen Denkakte beschreiben, aber dass Denkakte der Logik folgen, setzt logische Formen bereits voraus. Husserl schreibt: «In der Logik ist aber die Frage nicht nach zufälligen, sondern nach notwendigen Regeln – nicht, wie wir denken, sondern wie wir denken sollen. Die Regeln der Logik müssen daher nicht vom zufälligen, sondern vom notwendigen Vernunftgebrauche hergenommen sein, den man ohne alle Psychologie bei sich findet.»[51] Bezogen auf die Frage der künstlichen Intelligenz, also etwa auf textbasierte KI-Systeme kann man daraus schließen, dass solche Systeme die «Logik» der gesellschaftlichen Sinnverarbeitung, wie sie in Daten und Datenbanken gesammelt sind, nicht mit weiterem Sinn anreichern, sondern diesen nutzen. Geht es im Psychologismusstreit noch um die Frage nach dem analytischen Ort der formalen Logik, geht es hier um die Herkunft der sinnhaften Verweisungen und der Elemente, die durch Rekombination dann einem computergestützten Aktanten zugerechnet werden können. Was diese Technik vermag, ist eben kein Denkakt sui generis, sondern eine Form der Sinnverarbeitung, die, solange sie funktioniert, als Technik funktioniert.

Selbst dort also, wo das Technische aus *technischen* Gründen in Frage gestellt wird, dürfte die Praxis ihrer Anwendung den Eigensinn des Technischen wiederherstellen. Dabei hilft auch das Bezugsproblem und die Funktion des Technikbegriffs. Technik funktioniert – oder eben nicht. Das ist der entscheidende Unterschied.

→ Wissen

Krebs wird durch unkontrolliertes Zellwachstum hervorgerufen; der FC Schalke 04 spielt (zum Zeitpunkt, als das geschrieben wird) in der ersten Fußball-Bundesliga; in Deutschland gilt eine Kombination aus Mehrheits- und Verhältniswahlrecht; der Urmeter ist in Paris; in München kann man mit der U-Bahn-Linie 6 von der Universität aus nicht direkt zum Hauptbahnhof fahren; die Erde hat nur einen Mond, der auch noch so heißt; Corona war von Anfang an nur eine harmlose Grippe.

Diese sehr unterschiedlichen Sätze rekurrieren auf Wissen, d. h. ihre performative Funktion besteht darin, auf etwas zu verweisen, das unabhängig vom Sprecher stimmen soll. Selbstverständlich spielt es in sozialen Situationen oft eine Rolle, wer etwas sagt und wem man abnimmt, was er oder sie sagt. Aber die performative Funktion von Wissensgehalten in solchen Sätzen wird davon letztlich nicht berührt. Selbst wenn man die Sätze bezweifelt, bezweifelt man ihren Wissensgehalt –j ene Funktion des Wissens bleibt davon unbeschadet. Sie besteht offensichtlich darin, einer Aussage über die Welt zu unterstellen, dass die Dinge wirklich so sind, wie man es behauptet.

Die Performanz des Wissens

Wissen funktioniert kommunikativ dann am besten, wenn Aussage und Gehalt der Aussage in Übereinstimmung gebracht werden können. Ein Satz, der auf Wissen rekurriert, trachtet danach, die Differenz von Beobachter und Beobachtetem aufzuheben. Wissenssätze sind zumeist konstative Sätze, die sagen, was der Fall ist. *Wer etwas weiß, simuliert einen unmittelbaren Zugang zur Welt.* Das Problem des angemessenen Wissens liegt dann in der Frage, ob sich der eigene Blick, die eigene Beobachtung, das eigene Wissen mit dem Sein der Welt in Einklang bringen lässt. In der philosophischen Tradition ist es denn auch die Bearbeitung dieser Differenz, das Problem des *Fürwahrhaltens*, das den Fokus der Überlegungen bildet und das für den Beobachter der Welt ganz unterschiedlich handhabbar ist. Schon Platon unterschied zwischen *episteme* und *doxa*, also zwischen dem Wissen und dem bloßen Meinen – das erste unfehlbar und wahr, das zweite bloß plausibel und fehlbar.[1] Diese Unterscheidung sollte sich in Variationen in der Denkgeschichte halten und findet in Kants «Kritik der reinen Vernunft» ihre berühmteste Formulierung. Kant unterscheidet hier drei Weisen des «Fürwahrhaltens», nämlich *Meinen, Glauben* und *Wissen*.[2] Danach ist das *Meinen* ein sowohl subjektiv als auch objektiv unzureichendes Fürwahrhalten. Es hält weder einer objektiven Prüfung stand, noch ist es subjektiv angemessen, es ist gewissermaßen beliebig und zufällig. Man kann alles Mögliche meinen, ohne es irgendwie begründen zu müssen und ohne so etwas wie einen Bedarf für soziale Bestätigung. *Glauben* ist zwar immer noch objektiv unzureichend, aber subjektiv sehr wohl angemessen. Das kann man daran erkennen, dass man etwa die Auferstehung des Fleisches nicht mit Hinweisen auf die Molekularbiologie angemessen kritisieren kann. *Wissen* schließlich ist nicht nur subjektiv, sondern auch objektiv hinreichend. Kant geht es hier tatsächlich um die Frage der objektiven Gewissheit «für jedermann». Es soll nicht unerwähnt bleiben, dass Kant die Grundlage seiner Transzendentalphilosophie diesen strengen Kriterien an Wissen entzieht. Für sie sei Meinen zu wenig, «aber Wissen auch zu viel».[3]

Das Korrelat des Wissens ist also eine vermeintlich vom Sprecher unabhängige Beschreibung. Auf diesen besonderen Geltungsanspruch von «Wissen» spielt auch John Austins Sprechakttheorie an. Der Satz «Ich weiß, dass dies der Fall ist» kann demnach unabhängig vom objektiven Wahrheitsgehalt funktionieren, insofern ein Wissen zunächst schlicht in Anspruch genommen wird. Ein solcher Satz genügt sich gewissermaßen selbst.[4] Diese Selbstgenügsamkeit ist es, die den performativen Gebrauch von Wissen ausmacht. Wenn ich etwas als Wissen darstelle, dann gelingt das zumeist nur, wenn die Bedingungen dieses Wissens im Unklaren bleiben.

Es geht bei der Rekonstruktion von «Wissen» zunächst gar nicht darum, ob dieses Wissen wirklich objektiv wahr ist, auch nicht um die epistemologische Frage danach, unter welchen Voraussetzungen ein solches objektiv wahres Wissen überhaupt möglich ist. Zumindest Kant beantwortet diese Frage transzendentalphilosophisch, also durch Ersetzung des empirischen Wissensträgers durch ein Subjekt, dem man denknotwendige transzendentale Eigenschaften zuspricht, um dann die Bedingung der Möglichkeit solcher Erkenntnis zu prüfen.[5] Die Modi des *Fürwahrhaltens*, Meinen, Glauben und Wissen, stellen zunächst nur darauf ab, welchen unterschiedlichen performativen Geltungsanspruch diese Formen jeweils haben. Der Geltungsanspruch von «Wissen» ist demnach, dass das, was als Wissen ausgedrückt wird, schlicht so ist, wie es gesagt wird, und nicht vom Erkennenden abhängt. Ob das aber objektiven Kriterien einer tatsächlichen objektiven Wahrheit entspricht, spielt für das Argument zunächst keine Rolle.

Die Liste von Wissenssätzen am Anfang enthält einen Satz, der offenkundig unwahr ist. Es stimmt schlicht nicht, dass Corona von Anfang an nur eine harmlose Grippe war. Drückt dieser Satz ein Wissen aus? Nehmen wir an, dieser Satz sei tatsächlich unwahr (und daran gibt es wohl keinen ernsthaften Zweifel), rekurriert er doch eindeutig auf Wissen, indem er betont, was der Fall sei. Selbst wenn man aus guten Gründen bezweifelt, dass der Satz über das Coronavirus stimmt, kommt er dennoch als Wissensaussage daher, und man würde ihn im Hinblick darauf kritisieren, dass er falsches Wissen enthält.

Würde der Satz lauten, man *glaube*, dass Corona von Anfang an nur eine Grippe war, dann wäre es tatsächlich nur ein individueller Geltungsanspruch. Eine andere Person könnte etwas anderes glauben, ohne dass die Geltung des Satzes oder gar die objektive Geltung der Sache berührt wäre. Aber als Wissenssatz wird tatsächlich die Idee der subjektiven *und* objektiven Angemessenheit in Anspruch genommen.

Man kann sich gesellschaftliche Praxis und Ordnung gar nicht ohne geteiltes Wissen vorstellen. Letztlich muss man einen bestimmten Bestand an Wissen voraussetzen, um Alltagskommunikation überhaupt zu ermöglichen, was übrigens selbst ein in den Sozialwissenschaften breit geteiltes Wissen (sic!) ist.[6] Wissen hat vor allem in sprachlicher Kommunikation die Funktion, eine Form der gemeinsamen Welt zu erzeugen. Sprachliche Ausdrücke liefern Informationen gewissermaßen unmerklich mit, indem diese permanent wiederholt werden. Die obigen Sätze zeigen das sehr deutlich. Wenn etwa vom «FC Schalke 04» die Rede ist, dann reicht schon dieser Ausdruck, um in einer bestimmten Sprachregion einen bestimmten 1904 gegründeten Fußballverein aus Gelsenkirchen anzusprechen. Man geht davon aus, dass das Gegenüber weiß, was mit «Schalke» gemeint ist, und wenn man es noch nicht wusste, wird es spätestens nach einigen Wiederholungen Bestandteil des Wissens.[7] Wissen erhebt den Geltungsanspruch nach subjektiver *und* objektiver Angemessenheit, ohne das explizit mitaussprechen zu müssen. Es gehört dann zu den lebensweltlichen Erfahrungen, welche Information, welcher Kommunikationsinhalt, welcher Sachverhalt als Wissen durchgeht (→ Lebenswelt).

Das Bezugsproblem

Wissen fällt an, sobald in sozialen Systemen eine gewisse Kontinuität und Ordnung erzeugt wird. Wissen ist das Material, mit dem man in der Lage ist, eine gemeinsame Welt zu simulieren, in der über Sachverhalte verhandelt werden kann. Es ist wichtig, noch einmal zu betonen, dass es hier nicht um eine epistemologische oder erkenntnistheoretische Erörterung geht, was Wissen wirklich sei und welche Art von konstativen Aussagen auch dem Anspruch an das Wissen genügen. Es geht vielmehr darum, wie die Kommunikation von *etwas* «Wissen» erzeugt und «Wissen» nutzt, um Anschlussfähigkeit in der Kommunikation zu sichern. Es geht also darum, was als Wissen behandelt wird. Eine Erkenntnistheorie müsste sich die Frage stellen, wie wir etwas erkennen können und wie wir zu Wissen gelangen, obwohl wir keinen unmittelbaren Zugang zur Welt selbst haben. Es wäre die grundlegende Frage nach dem Verhältnis von Erkenntnis und Realgegenstand, von System und Umwelt und nach der Erkennbarkeit der Welt – dazu später.

Zunächst geht es um diese Einsicht: *Wir müssen «wissen», gerade weil wir keinen unmittelbaren Zugang zur Welt haben.* Wissen ist kein selbständiger Stoff, es ist immer Wissen *von etwas* und damit bloß eine Bezeichnung, eine Benennung, eine Thematisierung ihres Gegenstandes. Wir haben keinen anderen Zugang zu den Gegenständen unseres Wissens als über diese kognitive Repräsentation in Form von Bewusstseinsinhalten, vor allem aber von Kommunikationsthemen und Informationen.[8] Dabei hat Wissen nicht nur eine *sachliche* Dimension, also in dem Sinne, *was* der Gegenstand des Wissens ist, *was* bezeichnet wird und *was* als gesicherter Wissensbestand gilt. Es hat vor allem eine *zeitliche* Dimension, die sich in der Wiederholung, Bestätigung und Wiederverwendung zeigt, in der sich dann bestimmte Formen und Beobachtungen kondensieren und damit zu einem Wissensbestand, zu einem *stock of knowledge*, einem Wissensvorrat werden, wie es bei Alfred Schütz heißt.[9] Wissen ist genau genommen ein stabilisierender Faktor für die soziale Praxis. «Wissen» ermöglicht es einerseits, die Welt und die Dinge, Sachverhalte und komplexe Phänomene zu benennen, andererseits entlastet es davon, die Bedingungen des Wissens stets mitzuthematisieren. «Wissen» ist quasi ein stabilisierender Beobachter der Welt, der aber die Beobachtung unsichtbar macht. «Wissen» als Kondensierung und Selbststabilisierung von Beobachtungen macht das Beobachten einfacher, weil man wissen kann, was man weiß, ohne etwas über die Wissensgenerierung wissen zu müssen. Man muss nicht wissen, *warum* man etwas weiß, um von diesem Wissen zu profitieren.[10] Erst wenn dieses Wissen zum Thema wird, wird es «propositionales Wissen».[11]

Bewusstsein und damit auch bewusstes Wissen, so schreibt der Kognitionsbiologe Francisco Varela, habe nichts mit der Abbildung der inneren oder äußeren Welt und ihrer Sachverhalte zu tun. Bewusstsein sei vielmehr «die konstante Verschleierung»[12] des Verhältnisses von Wissen und dessen Gegenstand. Es ist ähnlich der Latenzfunktion von Kultur, die kulturelle Bedeutungen, sprachliche Repräsentation und symbolische Formen, also letztlich alles, was irgendwie mitläuft, als latentes Muster mitlaufen lässt (→ Kultur). Auch der performative Gebrauch von «Wissen» hält einen gemeinsamen Wissensvorrat latent, der dezidiert nicht näher befragt oder begründet werden muss.[13]

Insofern ist «Wissen» nicht nur ein Problemlöser, sondern auch ein Problem. Die kondensierte Form der Beobachtung, die sich vor allem durch Wiederholung und praktische Nachahmung auszeichnet,[14] eröffnet Horizonte und hat die Funktion, gesellschaftliche Kommunikation mit einer Sicherheit darüber auszustatten, dass die Beteiligten in der Lage sind, von der Unterstellung auszugehen, dass die Welt eine gemeinsame Welt ist.[15] Diese Unterstellung erzeugt «Wissen» im praktischen Vollzug. Ein Problem wird das Wissen dann, wenn man bedenkt, dass schon das Bezugsproblem des Wissens nicht nur Horizonte aufspannt, sondern damit auch einschränkt. Gerade aufgrund seiner Latenzfunktion wird man Wissen oftmals mindestens ebenso schwer los, wie es schwer ist, sich an neues Wissen zu gewöhnen. Man kann empirisch beobachten, wie sich gesellschaftliche Wissensbestände verändern; meistens eher evolutionär als disruptiv. Besonders deutlich kann man es wohl an solchen Themen beobachten, an denen kulturelle Veränderungen andocken. Dazu gehören etwa Geschlechterrollen – man «wusste» vor kurzem noch viel genauer, worin sich Männer und Frauen unterscheiden. Dasselbe gilt für Stereotypen aller Art, die auch «Wissen» transportieren, etwa ethnische und rassistische Stereotypen usw. Wie schwer diese loszuwerden sind, ist ein Hinweis darauf, wie wirksam die performative Funktion von Wissen in dem Sinne ist, dass praktisch bewährtes Wissen sich zeitlich stabilisiert und durch Wiederholung selbst bestätigt. Das Problem, für das Wissen die Lösung ist, ist die Gefahr der Haltlosigkeit, wenn sich die Welt zu schnell verändert. Wissen versorgt uns mit Sicherheiten – und erzeugt damit zugleich das Problem, dass die besonders gute Funktionserfüllung, nämlich an bewährtem Wissen festzuhalten, neues Wissen, Korrektur von Wissen, Selbstanpassungen und damit Lernen erschwert.

Man kann es vielleicht auf diese Formel bringen: *Wer alles zu genau weiß, dem schadet das eigene Wissen womöglich, weil es Abweichungen und Handlungsalternativen einschränkt.* Das klingt auf den ersten Blick widersinnig, weil wir uns von Wissen vor allem Optionen erwarten und Handlungskriterien, aber man muss dann schon die Frage stellen: *welche?*

Wissen ist kein monolithischer Block. Es ist nicht einheitlich, nicht einmal konsistent, sondern von den konkreten Anlässen und vor allem den konkreten Zustimmungschancen abhängig. In unterschiedlichen Sphären der Gesellschaft können sehr unterschiedliche Formen des Wissens andocken und sich stabilisieren. Alfred Schütz spricht von den «mannigfaltigen Wirklichkeiten»,[16] die sich je nach Klasse, Schicht und Milieu, nach Funktionssystem, nach Profession und Beruf, aber auch nach alltagskulturellen Kriterien sehr vielschichtig darstellen und sich nach unterschiedlichen Relevanzen ordnen.

Es gibt aber nicht nur eine Differenzierung hinsichtlich der Perspektivität der eigenen alltagsweltlichen Position (→ Lebenswelt), sondern auch Wissenskonflikte und alternative Wissensangebote über denselben Gegenstand. *Je alltagskulturell pluralistischer eine Gesellschaft ist und je ausdifferenzierter Spezialfunktionen und Spezialrollen sind, desto größer ist das Risiko, mit konkurrierendem Wissen konfrontiert zu werden.* Es gibt freilich Alltagstechniken, um damit umzugehen. Man kann sich an bewährtes Wissen halten, man kann sich an den *peers* orientieren oder manche Wissenskonflikte schlicht nicht für relevant halten, weil man sie Bereichen zurechnet, die für die eigene Weltsicht keine Rolle spielen. Es reicht dann, das zu wissen, was man braucht – und dieses Gebrauchswissen wird nur sichtbar, wenn es zu Konfliktsituationen kommt (→ Konflikt). Man kann Wissenskonflikte auch durch institutionalisierte Konfliktsysteme entschärfen – etwa indem man sich auf politische Konfliktlinien verlässt und dann annimmt, dass das Wissensangebot des einen *bewährten* politischen Anbieters dem anderen im Hinblick auf eigene Präferenzen überlegen ist. Man erwirbt sich Routinen im Umgang mit widersprüchlichem Wissen, weil man «weiß», welches Wissensangebot das richtige ist.

In Krisen ist das bisweilen nicht der Fall. Krisen sind stets auch Wissenskrisen, weil hier Routinen und Sicherheiten in Frage gestellt werden (→ Krise). Würde man aktuelle Krisen rekonstruieren, könnte man in allen Fällen Wissenskonflikte beobachten, gewissermaßen Kämpfe darum, was der Fall ist. In der Corona-Pandemie wurde das besonders deutlich. Die Konfliktlinien orientierten sich nicht nur an Wert- und Entscheidungsprämissen, sondern es war in besonderem Maße ein Kampf ums Wissen, also darüber, was man als gültige Sätze über das akzeptiert, was der Fall ist. Proteste während der Pandemie richteten sich deutlich gegen die Geltung von Wissensangeboten –

vor allem von politischen, medialen und wissenschaftlichen «Eliten» (→ Populismus). An Protesten während der Pandemie lässt sich die Funktion von «Wissen» sehr deutlich ablesen. Zum Teil wurde offenkundiger Unsinn über die Natur des Virus, über seine Herkunft usw. präsentiert. Aber für bestimmte Gruppen hatte diese Unsinnigkeit nicht die geringste sachliche Folge. Man kann daraus lernen, dass der performative Gebrauch von «Wissen» nur beurteilt werden kann, wenn man die Funktion von Wissen in Rechnung stellt. Diese Funktion besteht nicht darin, wahre Sätze darüber zu sagen, was der Fall ist, sondern über etwas zu behaupten, es sei objektiv der Fall. In jedem Satz, der Wissen in Anspruch nimmt, ist die «Wahrheit» des Satzes als Geltungsanspruch eingepreist.[17] Es ist dann eine empirische Frage, ob diese Einpreisung praktisch gelingt und sich auszahlt.

Wissenschaftliches Wissen

Bisher war von Wissen im Allgemeinen die Rede, nicht von wissenschaftlichem Wissen. Zunächst ist zu betonen, dass es keinen Vorrang wissenschaftlichen Wissens gibt. Wissen fällt in gesellschaftlicher Kommunikation stets und unvermeidlich an, und die Gegenstände des Wissens sind geradezu unerschöpflich. Wissenschaftliches Wissen ist ein Sonderfall. Man kann nun nach wissenschaftstheoretischen Gründen dafür suchen, welches Wissen wahres Wissen ist bzw. welche Bedingungen bei der Produktion von Wissen gegeben sein müssen, damit man mit Fug und Recht von wissenschaftlichem Wissen sprechen kann. Dazu gibt es unterschiedliche Auffassungen und mit der Wissenschaftstheorie und -philosophie sogar ein ausdifferenziertes Fach, das eine Reflexionstheorie des Wissenschaftlichen präsentiert.[18]

Das moderne Wissenschaftssystem ist ein System der Gesellschaft, das neben anderen Funktionssystemen eine besondere Funktion hat, nämlich wissenschaftliches Wissen zu erzeugen und wahrheitsförmige Aussagen zu ermöglichen (→ Gesellschaft). Das Wissenschaftssystem ist Teil der Gesellschaft – und operiert als gesellschaftliches Geschehen. Beobachtet man wissenschaftliches Handeln, stößt man denn auch auf Praktiken, die denen anderer gesellschaftlicher Bereiche ähnlich und nicht unbedingt wissenschaftsspezifisch sind. Erinnert man sich noch einmal an die Pandemie, so wird sehr deutlich, dass wissenschaftliches Wissen einem Publikum gegenüber nicht «rein» wissenschaftlich präsentiert wurde. Ein größeres Publikum verstand, dass es einen Unterschied macht, aus welchem Forschungsinstitut oder aus welcher Wissenschaftlichen Akademie Aussagen stammen, wie es um die Reputation der beteiligten Personen steht, ob die Ergebnisse bereits einer Peer-Review unterzogen wurden oder nur im *pre-print* vorliegen, von wem die Datensätze stammen, ob es außerwissenschaftliche Interessen gab, ob die Versuchsaufbauten dem Stand der Forschung entsprachen und vieles mehr. All das sind keine im engeren Sinne wissenschaftlichen Formen der Begründung. Daraus kann man lernen, dass das Wissenschaftssystem sich ebenfalls mit «Wissen» ausstattet, das nicht unbedingt wissenschaftliches Wissen im engeren Sinne ist, also Verfahrenswissen, Wissen um die angemessenen Routinen usw.

Diese Andeutungen schließen an eine Tradition der Wissenschaftsforschung an, die sich für die konkreten Praktiken interessiert, mit denen wissenschaftliches Wissen erzeugt wird.[19] Es war eine große Herausforderung für die Wissenschaft, dass in den frühen soziologischen Studien etwa von Bruno Latour und Stephen Woolgar in den 1970er Jahren gezeigt werden konnte, wie wissenschaftliche Erkenntnisse konstruiert werden und wie in Laboren bzw. Forschungseinrichtungen soziale Praktiken die Form der wissenschaftlichen Ergebnisse erzeugten. Forschungsergebnisse erwiesen sich am Ende auch als Ergebnisse bürokratischer Bedingungen, von Rollenverteilung, Karrierewegen, Finanzierungen, Zitationen, der Herstellung von Daten und Konventionen und ähnlicher Techniken, und an diese Ergebnisse wurde wiederum mit denselben Mitteln angeschlossen.[20] Dass hier von der «Konstruktion» wissenschaftlichen Wissens die Rede ist, ist keine Kritik an dessen Wissenschaftlichkeit und auch kein Argument für die Beliebigkeit wissenschaftlicher Wahrheit. Es ist genau das Gegenteil: eine soziologische Rekonstruktion, wie im Wissenschaftssystem Wissenschaftlichkeit hergestellt und die Beliebigkeit wissenschaftlicher Sätze eingeschränkt wird.

Dass die Wissenschaftssoziologie selbst als Wissenschaft auftritt, also mit einem wissenschaftlichen Wahrheitsanspruch, dürfte schon

Hinweis genug dafür sein, dass die These, wissenschaftliche Fakten seien «Konstruktionen», keine Grundsatzkritik an der Wissenschaftlichkeit der Wissenschaft ist. Sie zeigt aber, wie wissenschaftliches Wissen *praktisch* hergestellt wird und dass dieser Herstellungsprozess ein gesellschaftlicher Prozess ist, der innerhalb seiner selbst mehr «Wissen» erzeugt, als am Ende dann als wissenschaftliches Ergebnis präsentiert wird. Zu diesem Wissen gehört etwa, wie man sich im Labor bewegt, was von den *peers* als plausibel erachtet wird, wie man mit Kritik umgeht und was es bedeutet, Sätze als wissenschaftliche Sätze auszuweisen.

Das Besondere am wissenschaftlichen Wissen besteht darin, dass nach eigenen, systeminternen Kriterien darüber entschieden wird, welches Wissen als wissenschaftliches Wissen behandelt werden darf. *Es ist explizit reflexiv*. Einen wissenschaftlichen Satz kann man schon daran erkennen, dass er nicht einfach sagt, *was* der Fall ist, sondern auch, *wie* diese Aussage zustande gekommen ist. Wissenschaft findet sich also unvermeidlich in reflexiven Schleifen wieder. So sind wissenschaftliche Ergebnisse davon abhängig, über welche (selbsterzeugten) Daten man verfügt. Dasselbe gilt für die Beobachtung des Gegenstandes. Wissenschaft stößt stets darauf, dass sie den Beobachter sichtbar machen muss – zum Beispiel indem sie bestimmte Messgeräte, technische Apparaturen, Befragungstechniken oder statistische Verfahren verwendet. All das ist geradezu schreiend selbstbezüglich, weil all diese Messgeräte, Apparaturen, Techniken und Verfahren nicht einfach vorliegen, sondern von der Wissenschaft selbst erzeugt werden.

Aus dieser eklatanten Selbstbezüglichkeit kommt Wissenschaft nicht heraus – selbst wenn ein vermeintlich «realistisches» Programm entworfen wird, oder behauptet wird, dass bestimmte Forschungs- oder Schlusstechniken einen unmittelbaren Zugang zur Wirklichkeit erlauben.[21] Auch diese Programme und Techniken muss man wissenschaftlich konstruieren, um sie zu wissenschaftlichem Wissen zu machen. Wissenschaft erzeugt also stets Wissen, das seine eigene Konstruktivität und Reflexivität mitliefert. Vielleicht ist dies der entscheidende Unterschied zwischen Wissen im Allgemeinen und wissenschaftlichem Wissen im Besonderen.

Die Schnittstelle zwischen Wissenschaft und ihrem Publikum bietet auch besondere Reibungsflächen. Auch hier ist die Pandemie ein besonders anschauliches Beispiel. Selten wurde wissenschaftliches Wissen so explizit nachgefragt: von politischen Entscheidungsinstanzen, von medialen Kommentatoren und von einem allgemeinen öffentlichen Publikum. Selten wurden die Erwartungen an die Leistungen der Wissenschaft so deutlich formuliert, und selten wurde so sichtbar, wie wenige dieser Erwartungen Wissenschaft erfüllen kann. So wurde eindeutiges Wissen erwartet, kausale Bestimmungen von Bezugsgrößen, Berechnungen von Risiken und nicht zuletzt Handlungsempfehlungen. Wissenschaft lieferte aber eine Form der Reflexivität, die den Erwartungen zuwiderlief. Wenn man Belastbares nachfragte, bekam man Hinweise darauf, dass die Daten- und Studienlage nur begrenzte Aussagemöglichkeiten zuließ. Noch unangenehmer erschien der Hinweis darauf, dass man erst irren müsse, um lernen zu können. Letztlich wurde überdeutlich, dass wissenschaftliches Wissen performativ anders funktioniert als alltägliches Wissen, dass es seine Geltungsbedingungen gerade nicht verschleiert und somit eher destabilisierend als stabilisierend wirken kann.

Wenn Wissen die Lösung für das Problem darstellt, eine sichere Realitätsgrundlage für weiteren kommunikativen Gebrauch zu erzeugen, dann scheint ausgerechnet das methodisch kontrollierte wissenschaftliche Wissen diese Grundlage viel weniger herstellen zu können, als man es sich von der Wissenschaft erwarten würde. Denn alltägliches Wissen, das sich in der Zeit durch Wiederholung zu sicherem, bewährtem Wissen kondensiert, duldet die Konfrontation mit seinen Konstruktionsbedingungen nicht in derselben Weise wie wissenschaftliches Wissen. Selbstverständlich gilt auch für wissenschaftliches Wissen, dass es sich durch wiederholende Praktiken stabilisiert, dass es sich durch Tradierung, durch Konventionen, durch Zitationsroutinen, durch Peer-Review-Techniken, durch Paradigmenbildung und durch die Länge wissenschaftlicher Karrieren kondensiert. Auch für wissenschaftliches Wissen – vor allem Wissen über die Wissensgenerierung – gilt, dass es nicht nur Sachaspekte sind, sondern auch Zeitaspekte, die für Sicherheit sorgen. Aber in Ausnahmesituationen wie in der Pandemie wurde sichtbar, dass wissenschaftliches Wissen anders als anderes Wissen stets unter dem Risiko der Sichtbarkeit seiner selbstbezüglichen und instabilen Position steht. Dieses Risiko wird durch Arbeitsteilung, die Unterbrechung von Dependenzen, durch Differenzierung von «Ansätzen» und Formen der Koexistenz zwar gemildert, aber je größer die Erwartungen, desto sichtbarer das Problem: Paradoxerweise schafft die Wissenschaft gar keine Sicherheit im emphatischen Sinne des Wissensbegriffs.

Am Ende geht es auch wissenschaftlichen Praktiken darum, festzustellen, unter welchen Bedingungen es gelingt, bestimmte Formen der Forschung oder des theoretischen Unterscheidungsgebrauchs so zu kontinuieren und mit Plausibilität auszustatten, dass es gelingt, zu eindeutigen (oder zumindest: kommunizierbaren) Aussagen über einen konkreten Gegenstandsbereich zu kommen, ohne ständig einen grundlegenden Zweifel über die Bedingung der eigenen (Un-)Möglichkeit mitlaufen lassen zu müssen.[22]

Wissenschaft hat kein Wissensmonopol. Die Nutzung von wissenschaftlichem Wissen in anderen Bereichen der Gesellschaft – also etwa als Expertise für politische Entscheidungen oder als anwendungsbezogenes Wissen in der Medizin oder in der Produktion von Gütern und im Design von Dienstleistungen usw. – begegnet stets Wissen, das vorher schon da war.[23] Wenn die Annahme stimmt, dass Wissen immer und unvermeidlich in jedem gesellschaftlichen Bereich anfällt und durch seine Trägheit und seine zeitliche Stabilität den Eindruck einer gemeinsamen Welt sichert, dann muss sich *wissenschaftliches* Wissen oftmals gegen dieses vorhandene, womöglich viel stabilere Wissen durchsetzen. Wissenschaft tritt dann gewissermaßen als Aufklärerin gegen nicht-aufgeklärtes Wissen auf oder muss Alltagsplausibilitäten abbauen, die sich so bewährt haben, dass das wissenschaftliche Wissen dagegen geradezu unplausibel erscheint.[24]

Wissenstransfer gehört zu den großen Themen der wissenschaftlichen Selbstreflexion, wie man etwa einem sehr bekannt gewordenen Positionspapier des Wissenschaftsrates entnehmen kann. Darin wird der Wissenschaft anempfohlen, «auf Partner außerhalb der Wissenschaft zuzugehen, um die wissenschaftsbasierte Weiterentwicklung der Gesellschaft voranzutreiben und den gestiegenen Erwartungen aus Politik und Gesellschaft an die Leistungen des Wissenschaftssystems besser gerecht zu werden».[25] Das sind schöne Sätze, die sich an die Selbstbeschreibung wissenschaftlicher Institutionen (Universitäten, Forschungsinstitute, Akademien, Fachgesellschaften) wenden, aber die entscheidende Frage nach der Schnittstelle zwischen Wissenschaft und anderen Bereichen verfehlen. Das besondere Charakteristikum dieser Schnittstellen besteht darin, dass nichtwissenschaftliche Bereiche zwar auf wissenschaftliche Expertise und Anleitung angewiesen sind, aber selbst keine wissenschaftlichen Probleme lösen müssen – und deshalb sehr strategisch (also: politisch oder ökonomisch) auf solches Wissen zugreifen.[26] Man kann es schön an der wissenschaftlichen Expertise in Enquete-Kommissionen des Bundestages beobachten. Wenn hier wissenschaftliche Literatur, Gutachten oder Stellungnahmen von Wissenschaftlern präsentiert werden, ist das ausschlaggebende Selektionskriterium für Entscheidungen am Ende ein politisches und parlamentarisches und nur in zweiter Linie ein wissenschaftliches. Schon dass unterschiedliche Fraktionen durchaus konkurrierendes wissenschaftliches Wissen präsentieren, weist darauf hin, dass die internen Qualitäts- und Pluralitätskriterien der Wissenschaft andere sind als die nicht-wissenschaftlicher Bereiche der Gesellschaft.[27] Man wird also diesen Transfer nicht ermöglichen, indem man Wissenschaft selbst besser wissenschaftlich begründet.

Wie provinziell und am eigenen Alltagswissen orientiert auch Wissenschaftlerinnen und Wissenschaftler sind, lässt sich etwa dort beobachten, wo man das Vertrauen in Wissenschaft durch Hinweis auf wissenschaftsinterne Verfahren und Kriterien erhöhen will – durch Hinweis auf Peer-Reviews und die Replikationsfähigkeit von Ergebnissen, auf methodische Selbstkritik oder schlicht auf den *state of the art*. So erlebte ich es in unzähligen Runden von großen Wissenschaftsorganisationen und Stiftungsgremien, die die Tätigkeit der Wissenschaft in der Pandemie aufarbeiten wollten. Am Ende wurde nur auf sich selbst geschaut und erklärt, man müsse nun möglichst transparent machen, wie wissenschaftliches Wissen zustande kommt. Diese Transparenz ist es aber, die verunsichert und geradezu methodisches Misstrauen herstellt – abgesehen davon, wie oft gerade wissenschaftliche Ergebnisse und Forderungen aus der Perspektive anderer Gesellschaftsbereiche kontraintuitiv aussehen. Das wird sich auch durch bessere (Wissenschafts-)Kommunikation[28] nicht prinzipiell lösen lassen, zumal Wissenschaftsorganisationen allenfalls Kontrolle über ihre Mitteilungsform, eigene Darstellungen und Texte haben, nicht aber darüber, wie daran angeschlossen wird. Das ist aber genau das Entscheidende an Kommunikation (→ Kommunikation).

Wissensgesellschaft?

Leben wir in einer Wissensgesellschaft? Genau genommen gibt es keine Gesellschaft ohne Wissen. Denn ohne die Unterstellung, dass Sachverhalte gelten und dass man das als Wissen kommunizieren kann, fänden kommunizierte Themen keinen Halt. Aber so ist es natürlich nicht gemeint. Dass die Selbstbeschreibung der modernen Gesellschaft als *Wissensgesellschaft* derzeit so erfolgreich ist und plausibel erscheint, hat sicher damit zu tun, dass die sichernde Latenzfunktion des Wissens immer weniger vorausgesetzt werden kann. Wissen wird reflexiv, es wird explizit, man kann sich immer weniger darauf verlassen, sondern muss es reflexiv hervorbringen.[29]

Wissen scheint tatsächlich nicht (nur) die Lösung, sondern ein Teil des Problems zu sein. Sie bietet gerade kein einheitliches Bild der Welt, wenn die Latenz der sicheren Geltung des Wissens in Frage gestellt wird. Und Wissenschaft kann gerade *nicht* dabei helfen, weil sie zwar immer mehr verfügbares Wissen erzeugt, aber gleichzeitig die Produktion und die Bedingungen dieses Wissens sichtbar macht. Die epistemologische Selbstverunsicherung sowohl der Natur- als auch der Sozial- und Kulturwissenschaften reflektiert darauf, dass auch wissenschaftliches Wissen nur *in der Gesellschaft* stattfindet. Gerade Wissenschaft ist zur Reflexivität gezwungen und muss den Beobachter und damit die Beobachterrelativität aller Beobachtung sichtbar machen.

Das Verständnis dessen, was «Wissensgesellschaft» heißen könnte, hat Max Weber 1919 in seinem Münchner Vortrag «Wissenschaft als Beruf» unübertroffen auf den Begriff gebracht: Das Signum der Epoche bestehe nicht darin, dass man nun alles wisse, sondern in dem «Wissen davon oder dem Glauben daran: dass man, wenn man *nur wollte*, es jederzeit erfahren *könnte*, [...] dass man [...] alle Dinge –

im Prinzip – durch *Berechnen beherrschen* könne».[30] Es war und ist dieser Glaube, der zur ungeheuren Produktivkraftentfaltung der sogenannten wissenschaftlich-technischen Zivilisation beigetragen hat – und nicht zuletzt zu jener Erfolgsgeschichte wissenschaftlichen Wissens, das seinen Latenzschutz aber nur so lange wahren kann, wie man nicht gezwungen wird, Transparenz zu gewähren. Ob wir wirklich in einer Wissensgesellschaft leben, lässt sich nicht entscheiden – zumal das ja auch nur eine mögliche Bezeichnung unter anderen ist.[31] Auf die Idee, die Gesellschaft «Wissensgesellschaft» zu nennen, kommt man wahrscheinlich deshalb, weil Wissen tatsächlich zum Problem geworden ist und immer weniger mit Autorität auf Dauer gestellt werden kann. Das Bezugsproblem des alltäglichen Wissensbegriffs ist, das zu genaue Hinsehen vermeiden zu können. Das wird konterkariert dadurch, dass man immer genauer hinsehen muss.

Anmerkungen

Einleitung

1 Aristoteles: Rhet. I. 4–8.
2 Historisches Wörterbuch der Philosophie, hg. von Joachim Ritter, 12 Bände, ein Registerband, Basel 1971 ff. Im Weiteren HWP.
3 Geschichtliche Grundbegriffe. Historisches Lexikon zur politisch-sozialen Sprache in Deutschland, hg. von Otto Brunner/Werner Conze/Reinhart Koselleck, Stuttgart 1972 ff. Im Weiteren GGB.
4 Eine ebenfalls lesenswerte, aber weniger an Systematik interessierte Beschreibung von Begriffen bietet Hans Blumenberg: Begriffe in Geschichten, Frankfurt/M. 1998.
5 Joachim Ritter in HWP 1, S. XII.
6 Eine ganz ähnliche Polarität oder wenigstens Differenz lässt sich begrifflich auch in der Soziologie vorfinden, in der sich eine «analytische Soziologie» am Ideal einer allzu positivistischen Wissenschaftstheorie orientiert und damit die reflexive Soziologisierung der eigenen Tätigkeit mindestens erschwert. Zum Programm dieser so genannten «analytischen» Soziologie vgl. Gianluca Manzo (Hg.): Research Handbook on Analytical Sociology, Cheltenham, UK 2021.
7 Immanuel Kant: Logik, in: Band 5 der Werke in zehn Bänden, Darmstadt 1983, S. 521 (A 139).
8 Vgl. dazu ausführlicher HWP 1, Sp. 780–787.
9 Vgl. Bernd Prien: Kants Logik der Begriffe, Berlin 2006, S. 109 ff.
10 Reinhart Koselleck in GGB 1, S. XXII.
11 Ebd., S. XIV.
12 So ähnlich der didaktische Impetus in Daniel Pascal Zorn: Einführung in die Philosophie, Frankfurt/M. 2017.
13 Hinzuweisen wäre noch auf eine dritte verwandte Form, nämlich auf das 1976 erstmals erschienene Buch *Keywords. A Vocabulary of Culture and Society* des Theaterwissenschaftlers und Kulturtheoretikers Raymond Williams, der als Mitbegründer der cultural studies gilt. In 131 Lemmata entfaltet Williams Begriffe, die einerseits zum Verständnis von Culture und Society hilfreich sind – alphabetisch sortiert von aesthetic bis work –, die aber andererseits selbst performativ in Kultur und Gesellschaft vorkommen und deren Verwendung dort eine reflexive Funktion hat. Williams Keywords erfüllen noch am ehesten so etwas wie eine lexikalische Funktion; die Hauptfunktion

der zum Teil kurzen Lemmata besteht darin, informativ zu sein. Dabei betont Williams, dass sozialer Wandel sich nicht einfach in Begriffen niederschlage, sondern dieser selbst sprachlicher Natur sei. Er schreibt: «... it is a central aim of this book to show that some important social and historical processes occur within language, in ways which indicate how integral the problems of meanings and relationships really are» (Raymond Williams: Keywords. A Vocabulary of Culture and Society, New York 1976, S. 22).

14 Vgl. dazu aber Armin Nassehi: Soziologie. Zehn einführende Vorlesungen, 2. Aufl., Wiesbaden 2011. Hier wird in die Soziologie anhand ihrer Grundbegriffe eingeführt, und zwar nicht im Hinblick auf lexikalisch vollständige und definitorische Fachstandards, sondern anhand des Begriffsgebrauchs. Was ändert sich an der Gegenstandskonstitution, wenn man Anschauungen alltäglicher Situationen und Phänomene an Begriffen schult, die den Gegenstand formen? Dieses Buch ist die geronnene Variante einer Einführungsvorlesung, die ich seit Ende der 1990er Jahre jedes Wintersemester an der Universität München gehalten habe.

15 Ich unterscheide *akademisch* und *wissenschaftlich* danach, dass nicht alles, was an Akademien geschieht und mit der Autorität akademischer Titel, Positionen und Formen auftritt, auf wissenschaftlich generierte Fragen antwortet. Das ist nicht in jedem Falle problematisch, es aber miteinander zu verwechseln, leistet einer allzu starken Orientierung des akademischen Diskurses an Konventionen, Kulturkämpfen und Werturteilen Vorschub.

16 Klassisch dazu Norbert Elias: Engagement und Distanzierung. Arbeiten zur Wissenssoziologie, Band 1, Frankfurt/M. 1983.

17 Vgl. Volker Mueller: Diderots Encyclopèdie im Werden der Aufklärung, in: Andreas Heyer (Hg.): Der lange Weg zur Revolution. Das politische Denken Denis Diderots, Baden-Baden 2021, S. 91–122.

18 Niklas Luhmann: Soziale Systeme. Grundriß einer allgemeinen Theorie, Frankfurt/M. 1984, S. 12.

19 Zur Theoriegeschichte des Funktionalismus vgl. Hans-Jürgen Aretz: Funktionalismus und Neofunktionalismus. Eine Einführung. Band 1, Wiesbaden 2022.

20 Ausführlich dazu Armin Nassehi: Rethinking functionalism. Zur Empiriefähigkeit systemtheoretischer Soziologie, in: Herbert Kalthoff (Hg.): Theoretische Empirie. Die Relevanz qualitativer Forschung, Frankfurt/M. 2008, S. 79–106; Armin Nassehi: Funktionale Analyse, in: Oliver Jahraus et al. (Hg.): Luhmann-Handbuch. Leben – Werk – Wirkung, Stuttgart 2012, S. 83 f.

21 Vgl. Anthony Giddens: Die Konstitution der Gesellschaft. Grundzüge einer Theorie der Strukturierung, Frankfurt/M./New York 1988, S. 350.

22 Vgl. auch HWP 2, Sp. 1142 f.

23 Niklas Luhmann: Soziale Systeme. Grundriß einer allgemeinen Theorie, Frankfurt/M. 1984, S. 83.

24 Vgl. Armin Nassehi: Muster. Theorie der digitalen Gesellschaft, München 2019, S. 29 ff.

25 Vgl. HWP, Sp. 788–808; Reinhard Koselleck: Begriffsgeschichten. Studien zur Semantik und Pragmatik der politischen und sozialen Sprache, Frankfurt/M. 2010; Ernst Müller/Falko Schmieder: Begriffsgeschichte zur Einfüh-

rung, Hamburg 2020; Hans Ulrich Gumbrecht: Dimensionen und Grenzen der Begriffsgeschichte, München 2006.

26 Vgl. klassisch Will Steffen/Jacques Grinevald/Paul Crutzen/John McNeill: The Anthropocene: Conceptual and Historical Perspectives, in: Philosophical Transactions of the Royal Society 369 (2011), S. 842–867. doi:10.1098/rsta.2010.0327.

27 Vgl. Ludwik Fleck: Entstehung und Entwicklung einer wissenschaftlichen Tatsache. Einführung in die Lehre vom Denkstil und Denkkollektiv, Frankfurt/M. 1980; sehr instruktiv dazu Elena Beregow: Theorieatmosphären. Soziologische Denkstile als affektive Praxis, in: Berliner Journal für Soziologie 31 (2021), S. 189-217.

→ Demokratie

1 Vgl. Daniel Loick: Anarchismus zur Einführung, Hamburg 2017.

2 Vgl. dazu schon Armin Nassehi: Abwählen! Warum in Demokratien die Opposition regiert, es aber in Europa nicht gelingt, in: Kursbuch 174: Richtig wählen, Hamburg 2013, S. 25–36.

3 Vgl. dazu Armin Nassehi: Das große Nein. Eigendynamik und Tragik des gesellschaftlichen Protests, Hamburg 2020, S. 66 ff.

4 Vgl. als Überblick Andreas Wimmer: Nation Building. Why Some Countries Come Together While Others Fall Apart, Princeton 2018.

5 Vgl. Andreas Fisahn: Demokratie und Öffentlichkeitsbeteiligung, Tübingen 2002.

6 Vgl. dazu etwa Hans Vorländer: Demokratie. Geschichte, Formen, Theorien, München 2003; Pierre Rosanvalon: Demokratische Legitimität. Unparteilichkeit - Reflexivität - Nähe, Hamburg 2010.

7 Zur Entwicklung des Frühwerks von Marx von den Pariser Manuskripten bis zum Manifest vgl. Peter Trawny: Der frühe Marx und die Revolution, Frankfurt/M. 2018.

8 Karl Marx: Ökonomisch-philosophische Manuskripte, in: Karl Marx/Friedrich Engels: Werke (MEW), Erg.-Bd. 1, Berlin (DDR) 1968, S. 512.

9 Zur Logik knapper Kalkulation vgl. Armin Nassehi: Dehnungsfugen und Reservelücken. Szenen einer knapp kalkulierten Welt, in: Kursbuch 212: Jetzt wird's knapp, Hamburg 2022, S. 75–94.

10 Vgl. Marcello Musto: Der späte Marx. Eine intellektuelle Biografie der Jahre 1881–1883, Hamburg 2018, S. 24 ff.

11 Karl Marx: Ökonomisch-philosophische Manuskripte, in: Karl Marx/Friedrich Engels: Werke (MEW), Erg.-Bd. 1, Berlin (DDR) 1968, S. 534 f.

12 Ebd., S. 535.

13 Ebd., S. 536.

14 Ebd.

15 Historisch korrekt wäre hervorzuheben, dass mit Demokratie 1848 noch nicht die parlamentarische Demokratie unserer Tage gemeint sein konnte, sondern deren Vorformen oder deren Behauptung in einer staatlich zentralisierten Form der Aufhebung individuellen Privateigentums zugunsten eines staatlichen Privateigentums.

16 Karl Marx: Ökonomisch-philosophische Manuskripte, in: Karl Marx/Friedrich Engels: Werke (MEW), Erg.-Bd. 1, Berlin (DDR) 1968, S. 536.
17 Ebd., S. 538 f.
18 Karl Marx/Friedrich Engels: Manifest der kommunistischen Partei (1848), in: Karl Marx/Friedrich Engels: Werke (MEW), Bd. 4, 6. Aufl., Berlin (DDR) 1972, S. 465.
19 Platon: Pol. 558c.
20 Platon: Pol. 557b.
21 Platon: Pol. 564a.
22 Aristoteles: Pol. 1295 b 25.
23 Aristoteles: Pol. 1279 a 35.
24 Aristoteles: Pol. 1279 a 39.
25 Alexis de Tocqueville: Über die Demokratie in Amerika, Stuttgart 1985, S. 139 ff.
26 Zitiert exemplarisch bei Stefan Lessenich: Grenzen der Demokratie. Teilhabe als Verteilungsproblem, Ditzingen 2019, S. 96 ff.
27 Ebd., S. 25.
28 Thomas Hobbes: Leviathan oder Stoff, Form und Gewalt eines kirchlichen und bürgerlichen Staates, Frankfurt/M. 1984, S. 134.
29 Jean Jacques Rousseau: Vom Gesellschaftsvertrag, Stuttgart 2011, S. 16 ff.
30 Vgl. GGB 2, S. 736 f.
31 Vgl. Georg Wilhelm Friedrich Hegel: Grundlinien der Philosophie des Rechts oder Naturrecht und Staatswissenschaft im Grundrisse, Bd. 7 der Werke in 20 Bdn., Frankfurt/M. 1970, S. 157.
32 Im deutschsprachigen Raum als bekannteste Einführung vgl. Manfred G. Schmidt: Demokratietheorien, 5. Aufl., Wiesbaden 2010; vgl. auch Oliver Gerstenberg: Bürgerrechte und deliberative Demokratie, Frankfurt/M. 1997; Claudia Landwehr/Rainer Schmalz-Bruhns (Hg.): Deliberative Demokratie in der Diskussion. Herausforderungen, Bewährungsproben, Kritik, Baden-Baden 2014; Jürgen Habermas: Deliberative Politik – ein Verfahrensbegriff der Demokratie, in: ders: Faktizität und Geltung, Frankfurt/M. 1992, S. 349–398.
33 Zum Folgenden ausführlich bereits Armin Nassehi: Abwählen! Warum in Demokratien die Opposition regiert, es aber in Europa nicht gelingt, in: Kursbuch 174: Richtig wählen, Hamburg 2013, S. 25–36.
34 Vgl. Archibald Foord: His Majesty's Opposition, Oxford 1964.
35 Vgl. Albert Ingold: Das Recht der Oppositionen. Verfassungsbegriff – Verfassungsdogmatik – Verfassungstheorie, Tübingen 2015.
36 Vgl Ernst H. Kantorovic: Die zwei Körper des Königs. Eine Studie zur politischen Theologie des Mittelalters, Stuttgart 1992.
37 In der Bundesrepublik Deutschland sitzt an dieser Funktionsstelle der Bundespräsident. Vgl. dazu Armin Nassehi: Es lebe der König, in: DIE ZEIT vom 8. März 2012.
38 Vgl. Ralf Dahrendorf: Der moderne soziale Konflikt, Stuttgart 1992.
39 Vgl. dazu klassisch Thomas Marshall: Citizenship and social class and other essays, Cambridge 1950.
40 Vgl. dazu Niklas Luhmann: Soziale Systeme. Grundriß einer allgemeinen Theorie, Frankfurt/M. 1984, S. 529 ff. Als Überblick vgl. dazu Gerd Nollmann:

Konflikte in Interaktion, Gruppe und Organisation. Zur Konfliktsoziologie der modernen Gesellschaft, Opladen 1997; Walter Bühl: Theorien sozialer Konflikte, Darmstadt 1976.

41 Ernst-Wolfgang Böckenförde: Die Entstehung des Staates als Vorgang der Säkularisation, in: ders.: Staat, Gesellschaft, Freiheit. Studien zur Staatstheorie und zum Verfassungsrecht, Frankfurt/M. 1976, S. 42–64, hier S. 60.

42 Vgl. Hermann-Josef Große Kracht: Fünfzig Jahre Böckenförde-Theorem. Eine bundesrepublikanische Bekenntnisformel im Streit der Interpretationen, in: Hermann-Josef Große Kracht/Klaus Große Kracht (Hg.): Religion – Recht – Republik. Studien zu Ernst-Wolfgang Böckenförde, Paderborn 2014, S. 155–18.3

43 Vgl. zu dieser Ergänzung der Funktionsbestimmung des Politischen Armin Nassehi: Der Begriff des Politischen und die doppelte Normativität der «soziologischen» Moderne, in: Armin Nassehi/Markus Schroer (Hg.): Der Begriff des Politischen. Sonderband 14 der Sozialen Welt, Baden-Baden 2003, S. 133–170; Armin Nassehi: Der soziologische Diskurs der Moderne, Frankfurt/M. 2009, S. 322 ff.

44 Vgl. Benedict Anderson: Imagined Communities. Reflections on the Origin and Spread of Nationalism, rev. ed., New York 2016.

45 Vgl. Hans-Ulrich Wehler: Nationalismus als fremdenfeindliche Integrationsideologie, in: Wilhelm Heitmeyer (Hg.): Das Gewalt-Dilemma. Gesellschaftliche Reaktionen auf fremdenfeindliche Gewalt und Rechtsextremismus, Frankfurt/M. 1994, S. 73–90; Werner Conze: «Deutschland» und «deutsche Nation» als historische Begriffe, in: Otto Büsch/James J. Sheehan (Hg.): Die Rolle der Nation in der deutschen Geschichte und Gegenwart, Berlin 1985; Eric J. Hobsbawm: Nationen und Nationalismus. Mythos und Realität seit 1780, Frankfurt/M. 2005.

46 Vgl. Peter Rutland: The «Nationality Problem» and the Soviet State, in: Gail W. Lapidus (Hg.): The «Nationality» Question in the Soviet Union, New York/London 1992, S. 2–30; Gerhard Simon: Nationalismus und Nationalitätenpolitik in der Sowjetunion. Von der totalitären Diktatur zur nachstalinschen Gesellschaft, Baden-Baden 1986.

47 Vgl. Armin Nassehi: Zum Funktionswandel von Ethnizität im Prozeß gesellschaftlicher Modernisierung. Ein Beitrag zur Theorie funktionaler Differenzierung, in: ders.: Differenzierungsfolgen. Beiträge zur Soziologie der Moderne, Opladen 1999, S. 153–178.

48 So die Hauptthese von Hedwig Richter: Demokratie. Eine deutsche Affäre. Vom 18. Jahrhundert bis zur Gegenwart, München 2020.

49 Vgl. Dolf Sternberger: Verfassungspatriotismus, Frankfurt/M. 1990; Jürgen Habermas: Staatsbürgerschaft und nationale Identität (1990), in: ders.: Faktizität und Geltung. Beiträge zur Diskurstheorie des Rechts und des demokratischen Rechtsstaats, Frankfurt/M. 1992, S. 632–660.

50 Vgl. Jürgen Habermas: Deliberative Politik – ein Verfahrensbegriff der Demokratie, in: ders: Faktizität und Geltung, Frankfurt/M. 1992, S. 349–398.

51 Vgl. Jasmin Siri: Parteien. Zur Soziologie einer politischen Form, Wiesbaden 2012; Klaus von Beyme: Parteien im Wandel. Von den Volksparteien zu den professionalisierten Wählerparteien, Wiesbaden 2000; Nicole Bolleyer/Patri-

cia Correa: Why Parties Narrow Their Representative Profile: Evidence from Six European Democracies, in: S. Bukow/U. Jun (Hg.): Continuity and Change of Party Democracies in Europe. Politische Vierteljahresschrift Sonderhefte, Wiesbaden 2020, doi.org/10.1007/978-3-658-28988-1_2; Martin Gross/Constantin Schäfer: What Moves' Party Systems in Times of Crisis?, in: ebd., doi.org/10.1007/978-3-658-28988-1_.5

52 Vgl. Niklas Luhmann: Legitimation durch Verfahren, Frankfurt/M. 2001.

53 Vgl. https://de.statista.com/statistik/daten/studie/153854/umfrage/zufriedenheit-mit-der-demokratie-in-deutschland/.

54 Vgl. Steffen Mau: Kamel oder Dromedar? Zur Diagnose gesellschaftlicher Polarisierung, in: Merkur 874, März 2022, S. 5–18.

55 Vgl. Michael Becher et al.: COVID-19, Government Performance, and Democracy: Survey Experimental Evidence from 12 Countries, in: NBER Working Paper Series, Working Paper 29514, 2021. URL: https://www.nber.org/system/files/working_papers/w29514/w29514.pdf; Bertelsmann Stiftung (Hrsg.): eupinions #2021/1 – Demokratie und Rechtsstaatlichkeit in der Europäischen Union, 2021. URL: https://www.bertelsmann- stiftung.de/fileadmin/files/user_upload/eupinions_Demokratie.pdf; Democracy Index 2022. URL: https://pages.eiu.com/rs/753-RIQ-438/images/DI-final-version-report.pdf.

56 Dies ist eine Formulierung von Niklas Luhmann: Komplexität und Demokratie, in: ders.: Politische Planung. Aufsätze zur Soziologie von Politik und Verwaltung, Opladen 1971, S. 35–45, hier S. 40, der in diesem frühen Aufsatz ähnlich wie hier die Demokratie als einen Mechanismus beschreibt, der mit der Komplexität der Gesellschaft umgehen muss und darin entsprechende Flexibilitäten in die Entscheidungsformen und -alternativen einbauen muss. Gegenstand dieses kurzen Textes ist übrigens die Überlegung eines Vergleichs der Kapazitäten westlicher und staatssozialistischer Formen von «Demokratie» bei der Bewältigung komplexer Entscheidungslagen.

57 Vgl. dazu etwa die Beiträge in Stephan Lessenich (Hg.): Wohlfahrtsstaatliche Grundbegriffe. Historische und aktuelle Diskurse, Frankfurt/M./New York 2003.

58 Vgl. Gøsta Esping-Andersen: The Three Worlds of Welfare Capitalism, Cambridge 1990.

59 Vgl. etwa Bruno S. Frey/Oliver Zimmer: Mehr Demokratie wagen: Für eine Teilhabe aller, Berlin 2023; Stephan Lessenich: Grenzen der Demokratie. Teilhabe als Verteilungsproblem, Ditzingen 2019; Isabell Lorey: Demokratie im Präsens: Eine Theorie der politischen Gegenwart, Berlin 2020; Lars Holtkamp/Jörg Bogumil/Leo Kißler: Kooperative Demokratie. Das politische Potenzial von Bürgerengagement, Frankfurt/M./New York 2016; Hanna Ketterer/Karina Becker (Hg.): Was stimmt nicht mit der Demokratie? Eine Debatte mit Klaus Dörre, Nancy Fraser, Stephan Lessenich und Hartmut Rosa, Berlin 2019. An der Frage von Partizipation und Teilhabe, vor allem aber angemessener Repräsentation kondensiert der Diskurs um den «Populismus» (→ Populismus).

→ Freiheit

1 Vgl. Isaiah Berlin: Freiheit. Vier Versuche, Frankfurt/M. 1995.
2 Vgl. HWP 2, Sp. 1085.
3 Platon, Prot. 352c.
4 Vgl. Friedrich Engels: Herrn Eugen Düring's Umwälzung der Wissenschaft, in: MEW 20, S. 106.
5 HWP 2, Sp. 1084.
6 Vgl. Immanuel Kant: Kritik der praktischen Vernunft, in: Band 6 der Werke in zehn Bänden, Darmstadt 1983, S. 264 f. (A 239).
7 Thomas Hobbes: Leviathan (1651), Frankfurt/M. 1984, S. 134.
8 Raymond Geuss argumentiert explizit religiös oder wenigstens inspiriert durch eine katholische, an der Erbsündenlehre geschulte Position, die die prinzipielle Idee der Selbsttransparenz und der Selbstverfügung des Ichs negiert und daraus schließt, dass der Liberalismus mit seiner Verabsolutierung des Ichs selbst eine nicht nur unrealistische, sondern sogar geradezu religiöse Form annimmt. Vgl. Raymond Geuss: Nicht wie ein Liberaler denken, Berlin 2023.
9 Vgl. John Rawls: Politischer Liberalismus, Frankfurt/M. 2003.
10 Immanuel Kant: Kritik der reinen Vernunft. Erster Teil, Band 3 der Werke in zehn Bänden, Darmstadt 1983, S. 257 (A 227).
11 Vgl. Armin Nassehi: Der soziologische Diskurs der Moderne, Berlin 2009, S. 81.
12 Michel Foucault: Die Ordnung der Dinge. Eine Archäologie der Humanwissenschaften, Frankfurt/M. 1971, S. 408 f.
13 Ebd., S. 412.
14 Vgl. Erving Goffman: Asylums. Essays on the social situation of mental patients and other inmates, New York 1961.
15 John Stuart Mill: Über die Freiheit, Stuttgart 1974, S. 19.
16 Vgl. Ayn Rand: Die Tugend des Egoismus, Jena 2015; dies.: Kapitalismus. Das unbekannte Ideal, Jena 2017.
17 Murray N. Rothbard: Law, Property Rights, and Air Pollution, in: Cato Journal 2 (1982), S. 55–99; David D. Friedman: Das Räderwerk der Freiheit. Für einen radikalen Kapitalismus, Grevenbroich 2003.
18 Niklas Luhmann: Komplexität und Demokratie, in: ders.: Politische Planung. Aufsätze zur Soziologie von Politik und Verwaltung, Opladen 1971, S. 35–45.
19 Ausführlich zu diesem Gedanken vgl. bereits Armin Nassehi: Unbehagen. Theorie der überforderten Gesellschaft, München 2021, S. 238 ff.; das Argument in kürzerer Form in Armin Nassehi: Offenheit. Freiheit als Form der Gesellschaft. Theodor-Heuss-Gedächtnisvorlesung 2021, Stuttgart 2022.
20 Alexander Kluge: Die Lücke, die der Teufel läßt. Im Umfeld des neuen Jahrhunderts, Frankfurt/M. 2003.
21 Niklas Luhmann: Kontingenz als Eigenwert der modernen Gesellschaft, in: ders.: Beobachtungen der Moderne, Opladen 1992, S. 93–128.
22 Das ist einer der Grundgedanken der Kybernetik, etwa bei Norbert Wiener, der schon in den 1950er Jahren darauf hinwies, dass Steuerung stets auf unvorhergesehene Rückkopplungen des gesteuerten Systems trifft und dabei

selektiv auf Informationen zugreifen muss. Das bedeutet, dass ein operatives System sich nicht vollständig abbilden und überblicken kann. Vgl. Norbert Wiener: Mensch und Menschmaschine (1952), hg. u. eingel. v. Peter Trawny, Frankfurt/M. 2022.

23 Vgl. Armin Nassehi: Der soziologische Diskurs der Moderne, Frankfurt/M. 2009.

24 Alfred Schütz/Thomas Luckmann: Strukturen der Lebenswelt. Band 1, Frankfurt/M. 1979.

25 George Herbert Mead: Philosophie der Sozialität, Frankfurt/M. 1969.

26 Georg Simmel: Soziologie. Untersuchungen über die Formen der Vergesellschaftung, Gesamtausgabe Band 11, Frankfurt/M. 1992.

27 Pierre Bourdieu: Sozialer Sinn. Kritik der theoretischen Vernunft, Frankfurt/M. 1987.

28 Jürgen Habermas: Der philosophische Diskurs der Moderne. Zwölf Vorlesungen, Frankfurt/M. 1985.

29 Niklas Luhmann: Soziale Systeme. Grundriß einer allgemeinen Theorie, Frankfurt/M. 1984.

30 Vgl. Wolfgang Stegmüller: Hauptströmungen der Gegenwartsphilosophie. Band 4, Stuttgart 1989, S. 186; Charles R. Pidgen: Hume on Is and Ought, New York/London 2010.

31 Vgl. Shmuel N. Eisenstadt: Die Vielfalt der Moderne, Weilerswist 2000; ders.: Multiple Modernities, in: Daedalus 129 (2000), S. 1–29.

32 So etwa Uwe Schimank: Die Entscheidungsgesellschaft. Komplexität und Rationalität der Moderne, Wiesbaden 2005, v. a. S. 429 ff.

33 Vgl. dazu Armin Nassehi: Organizations as Decision Machines, in: The Sociological Review 53 (2005), S. 178–191.

34 Julian Nida-Rümelin: Gründe und Lebenswelt, in: Information Philosophie 4 (2007), S. 7–21. URL: https://www.information-philosophie.de/?a=1&t=648&n=2&y=1&c=1#.

35 Klassisch dazu James G. March/Herbert A. Simon: Organizations, New York 1958; Herbert A. Simon: Theories of Decision Making in Economics and Behavioural Science, in: American Economic Revue 49 (1959), S. 253–283; Gerd Gigerenzer/Reinhard Selten: (Hg.): Bounded Rationality. The Adaptive Toolbox, Cambridge/London 2001.

36 Vgl. Niklas Luhmann: Die Paradoxie des Entscheidens, in: ders.: Schriften zur Organisation 2, Wiesbaden 2019, S. 16–55, hier S. 17.

37 Ebd., S. 18.

→ Fremdheit; der Fremde

1 Vgl. HWP 2, Sp. 1102.

2 Vgl. Armin Nassehi: Der Fremde als Vertrauter. Soziologische Beobachtungen zur Konstruktion von Identitäten und Differenzen, in: Kölner Zeitschrift für Soziologie und Sozialpsychologie 47 (1995), S. 443–463.

3 Georg Simmel: Soziologie. Untersuchungen über die Formen der Vergesellschaftung, Gesamtausgabe Band 11, Frankfurt/M. 1992, S. 764.

4 Ebd., S. 76.5

5 Ebd.

6 Ebd.

7 Robert E. Park: Race and Culture, New York 1964.

8 Robert K. Merton: Social Theory and Social Structure, 11. Aufl., New York 1967; Everett V. Stonequist: The Marginal Man, New York 1937.

9 Vgl. Alfred Schütz: Der Fremde, in: ders.: Gesammelte Aufsätze, Band 2: Studien zur soziologischen Theorie, Den Haag 1971, S. 53–69, hier S. 59.

10 Ebd., S. 68.

11 Rudolf Stichweh: Der Fremde – Zur Evolution der Weltgesellschaft, in: Rechtshistorisches Journal 11 (1992), S. 295–316.

12 Jürgen Habermas: Theorie des kommunikativen Handelns, Bd. 2, Frankfurt/M. 1981, S. 205.

13 Vgl. David Reichel: Staatsbürgerschaft und Integration. Die Bedeutung der Einbürgerung für MigrantInnen, Wiesbaden 2011, S. 17 ff.; William Rogers Brubaker: Citizenship and Nationhood in France and Germany, Boston 1992; Armin Nassehi/Markus Schroer: Staatsbürgerschaft. Über das Dilemma eines nationalen Konzepts unter postnationalen Bedingungen, in: Klaus Holz (Hg.): Staatsbürgerschaft, Wiesbaden 2000, S. 31–52.

14 Vgl. Benedict Anderson: Die Erfindung der Nation. Zur Karriere eines folgenreichen Konzepts, 3. Aufl., Frankfurt/M./New York 2005.

15 Vgl. Hans Mommsen: Nation und Nationalismus in sozialgeschichtlicher Perspektive, in: Wolfgang Schieder/Volker Sellin (Hg.): Sozialgeschichte in Deutschland, Bd. 2: Handlungsräume des Menschen in der Geschichte, Göttingen 1986, S. 162–184; Georg Elwert: Nationalismus und Ethnizität. Über die Bildung von Wir-Gruppen, in: Kölner Zeitschrift für Soziologie und Sozialpsychologie 41 (1989), S. 440–464; Christian Jansen/Henning Borggräfe: Nation, Nationalität, Nationalismus, Frankfurt/Main 2007; Andreas Wimmer: Nation Building, Princeton 2018.

16 Hans-Ulrich Wehler: Deutsche Gesellschaftsgeschichte. Erster Band: 1700–1815, 2. Aufl., München 1989, S. 308.

17 Alois Hahn: Die soziale Konstruktion des Fremden, in: Walter M. Sprondel (Hg.): Die Objektivität der Ordnungen und ihre kommunikative Konstruktion, Frankfurt/M. 1994, S. 140–163, hier S. 163.

18 Hartmut Esser: Ist das Konzept der Assimilation überholt?, in: Geographische Revue 2 (2003), S. 5–22; Richard Alba: Why We Still Need a Theory of Mainstream Assimilation, in: Frank Kalter (Hg.): Migration und Integration, Sonderheft 48 der Kölner Zeitschrift für Soziologie und Sozialpsychologie, Wiesbaden 2008, S. 37–56.

19 Vgl. Alan Posener: Der Jude als Fremder. Über die geistige Wiederaufrüstung des Antisemitismus, in: Kursbuch 185: Fremd Sein!, Hamburg 2016, S. 121–136.

20 Vgl. dazu schon Armin Nassehi: Bekannte Fremde. Warum der Antisemitismus derzeit so merkwürdige Koalitionen hervorbringt – und das Jüdische ein Stachel im Fleisch der Moderne bleibt, in: Süddeutsche Zeitung vom 28. Juli 2014.

21 Richard Wagner: Das Judenthum in der Musik, Leipzig 1869. Eine frühere Version des Textes erschien schon 1850 unter Pseudonym in einer musikwissenschaftlichen Zeitschrift.

22 Allgemein zur historischen und systematischen Struktur des Antisemitismus Klaus Holz: Nationaler Antisemitismus. Wissenssoziologie einer Weltanschauung, Hamburg 2010.

23 Vgl. Lars-Eric Petersen/Bernd Six (Hg.): Stereotype, Vorurteile und soziale Diskriminierung, Theorien, Befunde und Interventionen, Weinheim 2020.

24 Vgl. Naika Foroutan: Wie lange bleibt man ein Fremder?, in: Kursbuch 185: Fremd sein!, Hamburg 2016, S. 51–66.

25 Vgl. Irini Siouti et al. (Hg.): Othering in der postmigrantischen Gesellschaft. Herausforderungen und Konsequenzen für die Forschungspraxis, Bielefeld 2022.

26 Vgl. dazu Stefan Hirschauer: Un/doing Differences. Die Kontingenz sozialer Zugehörigkeiten, in: Zeitschrift für Soziologie 43 (2014), S. 170–191.

27 Armin Nassehi: Die letzte Stunde der Wahrheit. Warum rechts und links keine Alternativen mehr sind und die Gesellschaft ganz anders beschrieben werden muss, Hamburg 2015, S. 296–330. An dem Gespräch wurde von dem Historiker Volker Weiß kritisiert, dass ich die Selbstbeschreibung meines Gesprächspartners als „konservativ" allzu affirmativ aufgenommen hätte. Dieser sei nicht konservativ im klassischen Sinne, sondern eben rechts. In gewisser Weise erkenne ich die Kritik an, auch wenn meine Nichtthematisierung des Begriffs des Konservativen nicht bedeutet, dass ich meinen Gesprächspartner für einen klassischen Konservativen halten würde; vgl. dazu Volker Weiß: Ab wann ist konservativ zu rechts?, in: ZEIT-online vom 19.02.2016. URL: https://www.zeit.de/kultur/literatur/2016-02/rechts-konservativ-nassehi-kubitschek

28 Vgl. Julia Kristeva: Fremde sind wir uns selbst, Frankfurt/M. 1990.

29 Als programmatisch-politische Schrift dieses rechten Konzepts vgl. Martin Lichtmesz: Ethnopluralismus. Kritik und Verteidigung, Schnellroda 2020.

30 Aus einem Online-Glossar der identitären Bewegung. URL: https://www.identitaere-bewegung.de/faq/was-ist-unter-dem-begriff-ethnopluralismus-zu-verstehen/.

31 Vgl. die Beiträge in John Borrows/Kent McNeil (Hg.): Voicing Identity. Cultural Appropriation and Indigenous Issues, Toronto 2022.

32 Vgl. dazu die materialreiche Studie von Sven Reichardt: Authentizität und Gemeinschaft. Linksalternatives Leben in den siebziger und frühen achtziger Jahren, Berlin 2014.

33 Einen wenig analytischen, aber durchaus lesenswerten Einblick in die Problematik aus deutscher Perspektive mit einer eigentümlichen Form der Vorsicht eines weißen und linken Autors (wie er immer wieder betont) in das Thema bietet Lars Distelhorst: Kulturelle Aneignung, Hamburg 2021.

34 Einen Eindruck von der medialen Debatte dazu vermittelt Adrian Daub: Cancel Culture Transfer. Wie eine moralische Panik die Welt erfasst, Berlin 2022.

35 Daran arbeiten sich etwa ethische Reflexionen wie diese ab: James O. Young/Conrad G. Bunk (Hg.): The Ethics of Cultural Appropriation, Chichester 2012.

36 Vgl. dazu schon Armin Nassehi: Die Paradoxie der Sichtbarkeit. Zur epistemologischen Verunsicherung der (Kultur-)Soziologie, in: Soziale Welt 50 (1999), S. 349–362.

→ Gesellschaft

1 Arnold Gehlen: Anthropologische Forschung. Zur Selbstbegegnung und Selbstentdeckung des Menschen, Reinbek bei Hamburg 1961, S. 48.
2 Ebd., S. 70.
3 Sigmund Freud: Das Unbehagen in der Kultur (1930), in: ders.: Das Unbehagen in der Kultur und andere kulturtheoretische Schriften, Frankfurt/M. 1994, S. 29–108, hier S. 78.
4 Emile Durkheim: Die Regeln der soziologischen Methode, Neuwied 1961, S. 111.
5 Lorenz von Stein: System der Staatswissenschaft, Stuttgart 1856, S. 267.
6 Vgl. Armin Nassehi: Society, in: Austin Harrington, Barbara L. Marshall/ Hans-Peter Müller (Hg.): Encyclopedia of Social Theory, London 2006, Sp. 577–581.
7 Paul Nolte: Die Ordnung der deutschen Gesellschaft. Selbstentwurf und Selbstbeschreibung im 20. Jahrhundert, München 2000, S. 37.
8 Diese Rede habe ich damals selbst gehalten. Eine Video-Aufzeichnung der Lecture findet sich hier: https://www.fu-berlin.de/sites/dhc/zVideothek/948_Hegel_Lecture_mit_Armin_Nassehi/index.html.
9 Vgl. Rolf Selbmann: Der deutsche Bildungsroman, 2. Aufl., Stuttgart 1994; Bernhard Fetz: Die Biographie: Zur Grundlegung ihrer Theorie, Berlin 2009; Oliver Sill: Zerbrochene Spiegel:. Studien zur Theorie und Praxis modernen autobiographischen Erzählens, Berlin 1990.
10 Dokumentiert von der Margaret Thatcher Foundation. URL: https://www.margaretthatcher.org/document/106689.
11 Vgl. Richard Vinen: The Politics and Social Upheaval of the Thatcher Era, London 2009.
12 Die schöne Formulierung verdanke ich einer Journalistin, die sich der Trivialisierung des Freiheitsbegriffs verschrieben hat, vgl. Anna Schneider: Freiheit beginnt beim Ich. Liebeserklärung an den Liberalismus, München 2022, S. 21.
13 Vgl. Ludwig v. Bertalanffy: General System Theory, in: General Systems. Yearbook of the Society for the Advancement of General Systems Theory 1, Ann Arbor/Michigan 1956, S. 1–10, hier S. 2.
14 Vgl. dazu ausführlich Peter Felixberger/Armin Nassehi: Deutschland. Ein Drehbuch, Hamburg 2017.
15 Zum Folgenden vgl. Armin Nassehi: Muster. Theorie der digitalen Gesellschaft, München 2019, v. a. S. 44 ff.
16 Ebd., S. 57 ff.
17 Vgl. Niklas Luhmann: Soziale Systeme. Grundriß einer allgemeinen Theorie, Frankfurt/M. 1984, S. 191 ff.; vgl. auch Armin Nassehi: Die Differenz der Kommunikation und die Kommunikation der Differenz. Über die kommunikationstheoretischen Grundlagen von Luhmanns Gesellschaftstheorie, in: Hans-Joachim Giegel/Uwe Schimank (Hg.): Beobachter der Moderne. Beiträge zu Niklas Luhmanns «Die Gesellschaft der Gesellschaft», Frankfurt/M. 2003, S. 21–41.
18 Lorenz von Stein: System der Staatswissenschaft, Stuttgart 1856, S. 268.

19 Als jüngeres Beispiel, pars pro toto, dafür besonders geeignet: Markus Schroer: Geosoziologie. Die Erde als Raum des Lebens, Berlin 2022. Das materialreiche Buch ist eine fleißige Sammlung von Textquellen über die Verschränkung von Natur und Kultur und die Notwendigkeit, diese Verschränkung ernster zu nehmen. «Gesellschaft» kommt hier aber nur als Adresse für Forderung und Einsicht, für Handlungsdruck und Überzeugung vor, nicht aber als Gegenstand, der selbst einer soziologischen Analyse unterzogen würde, wie diese denn die Forderungen erfüllen kann. Denn bloße Einsicht wird es schlicht nicht richten – wessen Einsicht überhaupt?

20 Vgl. Hartmut Rosa: Beschleunigung. Zur Heuristik des Ausnahmezustands, in: Karl-Rudolf Korte/Gert Scobel/Taylan Yildiz (Hg.): Heuristiken des politischen Entscheidens, Berlin 2022, S. 263–288, hier S. 287.

21 Vgl. Niklas Luhmann: Die Politik der Gesellschaft, Berlin 2000, S. 83 ff.

22 Vgl. Armin Nassehi: Der Begriff des Politischen und die doppelte Normativität der «soziologischen» Moderne, in: Armin Nassehi/Markus Schroer (Hg.): Der Begriff des Politischen. Sonderband 14 der Sozialen Welt, Baden-Baden 2003, S. 133–170, hier S. 149 f.

23 Vgl. Georg Wilhelm Friedrich Hegel: Grundlinien der Philosophie oder Naturrecht und Staatswissenschaft im Grundrisse, Werke, Bd. 7, Frankfurt/M. 1970, S. 307 ff.

24 Vgl. Karin Hausen: Die Polarisierung der «Geschlechtscharaktere» – Eine Spiegelung der Dissoziation von Erwerbs- und Familienleben, in: Werner Conze (Hg.): Sozialgeschichte in der Neuzeit Europas, Stuttgart 1976, S. 363–401.

25 Als moderner Klassiker dazu immer noch Heidi Rosenbaum: Formen der Familie. Untersuchungen zum Zusammenhang von Familienverhältnissen, Sozialstruktur und sozialem Wandel in der deutschen Gesellschaft des 19. Jahrhunderts, Frankfurt/M. 1982.

26 Vgl. Armin Nassehi: Unbehagen. Theorie der überforderten Gesellschaft, München 2021, S. 47 ff.; begrifflich läuft hier im Hintergrund die Unterscheidung von Gesellschaft und Gemeinschaft mit: Gesellschaft als ein moderner unpersönlicher Verband, wie er etwa in Marktbeziehungen zum Ausdruck kommt, und Gemeinschaft als ein eher traditioneller Verband reziproker und persönlich gefärbter Beziehungen. Die Unterscheidung wurde vor allem von Ferdinand Tönnies geprägt. Vgl. Ferdinand Tönnies: Gemeinschaft und Gesellschaft, Bd. 2 der Gesamtausgabe, Berlin 2019.

27 Vgl. Klaus Lichtblau: «Vergemeinschaftung» und «Vergesellschaftung» bei Max Weber. Eine Rekonstruktion seines Begriffsgebrauchs, in: Zeitschrift für Soziologie 29 (2000), S. 423-443.

28 Vgl. HWP 3, Sp. 476–480.

29 Vgl. Susanne Lüdemann: Metaphern der Gesellschaft. Studien zum soziologischen und politischen Imaginären, München 2004.

30 Thomas Hobbes: Leviathan oder Stoff, Form und Gewalt eines kirchlichen und bürgerlichen Staates, Frankfurt/M. 1984, S. 63.

31 Ebd., S. 134.

32 Ebd.

33 Crawford B. Macpherson: Die politische Theorie des Besitzindividualismus, Frankfurt/M. 1967, S. 68.

34 Georg Wilhelm Friedrich Hegel: Grundlinien der Philosophie des Rechts oder Naturrecht und Staatswissenschaft im Grundrisse, Bd. 7 der Werke in 20 Bdn., Frankfurt/M. 1970, S. 157.

35 Vgl. dazu ausführlich Armin Nassehi: Der soziologische Diskurs der Moderne, Frankfurt/M. 2009, S. 297 ff.

36 Jean Jacques Rousseau: Vom Gesellschaftsvertrag, Stuttgart 2011, S. 31 f.

37 Emile Durkheim: Über soziale Arbeitsteilung. Studie über die Organisation höherer Gesellschaften, Frankfurt/M. 1988, S. 228.

38 Vgl. dazu Armin Nassehi: Muster. Theorie der digitalen Gesellschaft, München 2019, S. 162 ff.; Armin Nassehi: Die Theorie funktionaler Differenzierung im Horizont ihrer Kritik, in: Zeitschrift für Soziologie 33 (2004), S. 98–118; Hartmann Tyrell: Anfragen an die Theorie der gesellschaftlichen Differenzierung, in: Zeitschrift für Soziologie 7 (1978), S. 175–193; einführend Uwe Schimank: Theorien gesellschaftlicher Differenzierung, Opladen 1996.

39 Vgl. Max Weber: Wissenschaft als Beruf, in: Studienausgabe der Max-Weber-Gesamtausgabe, Band I/17, Tübingen 1994, S. 7 ff.

40 Vgl. Talcott Parsons: Das System moderner Gesellschaften, München 1972, S. 80.

41 Jürgen Habermas: Können komplexe Gesellschaften eine vernünftige Identität ausbilden?, in: ders.: Zur Rekonstruktion des Historischen Materialismus, Frankfurt/M. 1976, S. 92–127.

42 Vgl. Niklas Luhmann: Die Gesellschaft der Gesellschaft, Bd. 2, Frankfurt/M. 1997, S. 595 ff.; Irmhild Saake: Systemtheorie als Differenzierungstheorie, in: Oliver Jahraus et al. (Hg.): Luhmann-Handbuch. Leben – Werk – Wirkung, Stuttgart 2012, S. 41–46.

43 Der Begriff «‹dividuelle› Existenz» stammt von Peter Fuchs: Die Erreichbarkeit der Gesellschaft. Zur Konstruktion und Imagination gesellschaftlicher Einheit, Frankfurt/M. 1992, S. 204.

44 Als Zusammenfassung von Komplexität als Bezugsproblem vgl. Armin Nassehi: Die letzte Stunde der Wahrheit. Kritik der komplexitätsvergessenen Vernunft, 2. Aufl., Hamburg 2018, S. 106–113; vgl. auch Martin Hauff: Drei Modelle der Komplexität in den Sozialwissenschaften, in: Harald Schwalbe/Matthias Lutz-Bachmann (Hg.): Komplexität – System – Evolution. Eine transdisziplinäre Forschungsperspektive, Baden-Baden 2022, S. 93–118; vgl. allgemein einführend in die Theorie der Komplexität Klaus Mainzer: Komplexität, München 2008; Niklas Luhmann: Haltlose Komplexität, in: ders.: Soziologische Aufklärung, Band 5: Konstruktivistische Perspektiven, Opladen 1990, S. 59–76.

45 Zu den drei Sinndimensionen des Sozialen, Sachlichen und Zeitlichen vgl. Niklas Luhmann: Soziale Systeme. Grundriß einer allgemeinen Theorie, Frankfurt/M. 1984, S. 127 ff.

46 Vgl. Armin Nassehi: Gesellschaft der Gegenwarten. Studien zur Theorie der modernen Gesellschaft II, Berlin 2012.

47 Ausführlich zur Bedeutung der Zeitdimension für das Verständnis der Gesellschaft vgl. Armin Nassehi: Die Zeit der Gesellschaft. Auf dem Weg zu einer soziologischen Theorie der Zeit, 2. Aufl., Wiesbaden 2008.

48 Auf ein ähnliches Problem stößt der Philosoph Raymond Geuss, dessen Aus-

führungen über die moderne Form der Arbeit und der Produktion zu der Frage führt, dass man eine Lösung des Problems der Überproduktion, der falschen Anreize und der Gesellschaftsgestaltung womöglich nicht mehr einer demokratischen Eigendynamik überlassen kann, weil hier die individualistischen liberalen Anreize fast notwendigerweise zu falschen Lösungen führen. Es bräuchte also eine dritte Instanz, die zu benennen der Philosoph sich freilich versagt. Vgl. Raymond Geuss: Über die Arbeit. Ein Essay, Hamburg 2023.

49 Vgl. Armin Nassehi: Das große Nein. Eigendynamik und Tragik des gesellschaftlichen Protests, Hamburg 2020, S. 100 ff.

→ Gleichheit/Ungleichheit

1 Ein Transkript der Originalschrift findet sich in den National Archives, abrufbar unter www.archives.org.

2 Vgl. dazu Hans Welzel: Die Naturrechtslehre Samuel Pufendorfs. Ein Beitrag zur Ideengeschichte des 17.und 18. Jahrhunderts, Berlin/New York 1958 (Reprint 2012), S. 97 ff.; Walter Euchner: Naturrecht und Politik bei John Locke, Frankfurt/M. 1979.

3 Vgl. dazu GGB 2, S. 1002.

4 Vgl. Aristoteles: Politik, Erstes Buch, v. a. 1260b ff.

5 Ebd., 1317a.

6 Vgl. GGB 2, S. 1005; Harald Goetz/Wilfried Härle/Henning Schröer: Art. Priester/Priestertum. II: Allgemeines Priestertum, in: Theologische Realenzyklopädie, Bd. 27, Berlin/New York 1997, S. 402–413.

7 Vgl. Sabrina Meckel-Pfannkuche: Die Rechtsstellung der Kleriker in der Rechtsordnung der lateinischen Kirche. Rechtsgeschichtliche Entwicklung, theologische Begründung und rechtliche Kontur, Paderborn 2018. Zum Rechtsprinzip der Ebenbürtigkeit vgl. F. Hauptmann: Das Ebenbürtigkeitsprinzip in den Familien des deutschen Hochadels, in: Archiv des öffentlichen Rechts 17 (1902), S. 529–569.

8 Jean Jacques Rousseau: Abhandlung über den Ursprung und die Grundlagen der Ungleichheit unter den Menschen, Stuttgart 2010, S. 31.

9 Jean Jacques Rousseau: Vom Gesellschaftsvertrag, Stuttgart 2011, S. 35.

10 Vgl. Johannes Berger: «Über den Ursprung der Ungleichheit unter den Menschen.» Zur Vergangenheit und Gegenwart einer soziologischen Schlüsselfrage, in: Zeitschrift für Soziologie 33 (2004), S. 354–374.

11 Vgl. Dagmar Burkhart in GGB 2, S. 1–75.

12 Vgl. dazu Felicitas von Lovenberg: Jane Austen. Ein Portrait, Frankfurt/M. 2007.

13 Immanuel Kant: Zum ewigen Frieden, Stuttgart 1983, S. 24 f.

14 Vgl. Otto Dann: Gleichheit und Gleichberechtigung. Das Gleichheitspostulat in der alteuropäischen Tradition und in Deutschland bis zum ausgehenden 19. Jahrhundert, Berlin 1980; Danielle Allen: Politische Gleichheit, Berlin 2020.

15 Grundlegend vgl. Ronald Dworkin: Was ist Gleichheit?, Berlin 2011.

16 Einführend vgl. Nicole Burzan: Soziale Ungleichheit. Eine Einführung in die zentralen Theorien, 4. Aufl., Wiesbaden 2012.

17 Vgl. dazu schon Armin Nassehi: Zirkulation als Selbstzweck? Kann man Marx und Luhmann in kritischer Absicht lesen – und umgekehrt?, in: Albert Scherr (Hg.): Systemtheorie und Differenzierungstheorie als Kritik. Perspektiven in Anschluss an Niklas Luhmann, Weinheim 2015, S. 56–79.
18 Karl Marx: Zur Judenfrage, in: MEW 1, S. 347–377, hier S. 364 f.
19 Ebd., S. 365.
20 Ebd.
21 Zur Verwandtschaft von Rousseau und Marx im Hinblick auf die Gleichheitsfrage vgl. Barbara Zehnpfennig: Rousseau und Marx oder: Das Ende der Entfremdung, in: Oliver Hidalgo (Hg.): Der lange Schatten des Contrat social, Wiesbaden 2013, S. 177–209.
22 Karl Marx: Einleitung zur Kritik der Politischen Ökonomie, in: MEW 13, S. 615–641, hier S. 616.
23 So argumentiert etwa Robert O. Paxton: The Anatomy of Fascism, London 2004, v.a. S. 206ff.
24 Vgl. dazu Niklas Luhmann: Die Gesellschaft der Gesellschaft, Bd. 2, Frankfurt/M. 1997, S. 1075; Armin Nassehi: Inklusion, Exklusion, Ungleichheit. Eine kleine theoretische Skizze, in: Thomas Schwinn (Hg.): Differenzierung und soziale Ungleichheit. Die zwei Soziologien und ihre Verknüpfung, Frankfurt/M. 2004, S. 323–352.
25 Vgl. Martin Rheinheimer: Arme, Bettler und Vaganten. Überleben in der Not 1450–1850, Frankfurt/M. 2000.
26 Vgl. Michael Vester: Klasse an sich/für sich, in: Historisch-kritisches Wörterbuch des Marxismus, Bd. 7/I, Hamburg 2008, S. 736–775.
27 Vgl. Janne Mende: Der Universalismus der Menschenrechte, Tübingen 2021.
28 Vgl. Heiner Bielefeldt: Philosophie der Menschenrechte. Grundlagen eines weltweiten Freiheitsethos, Darmstadt 2005.
29 Vgl. Hans Joas: Die Sakralität der Person. Eine neue Genealogie der Menschenrechte, Berlin 2011; Hans Joas: Sind die Menschenrechte westlich?, München 2015.
30 Talcott Parsons: Full Citizenship for the Negro American? A Sociological Problem, in: Daedalus 94, 4 (1965), S. 1009–1054.
31 In deutscher Übersetzung vgl. Thomas H. Marshall: Staatsbürgerrechte und soziale Klassen (1949), in: ders.: Bürgerrechte und soziale Klassen. Zur Soziologie des Wohlfahrtsstaates, Frankfurt/M./New York 1992, S. 33–94.
32 Vgl. Gøsta Esping-Andersen: The Three Worlds of Welfare Capitalism, Cambridge 1990; zu Begriffsgeschichte und Bedeutungswandel des Wohlfahrtsstaates vgl. die Beiträge in Stefan Lessenich (Hg.): Wohlfahrtsstaatliche Grundbegriffe. Historische und aktuelle Diskurse, Frankfurt/M./New York 2003.
33 Rainer Bauböck: Transnational Citizenship. Membership and Rights in International Migration, Hants/Vermont 1994.
34 Yasemin N. Soysal: Changing Citizenship in Europe. Remarks on Postnational Membership and the National State, in: David Cesarani/Mary Fulbrook (Hg.): Citizenship, Nationality and Migration in Europe, London/New York 1996, S. 17–29.
35 Will Kymlicka: Multicultural Citizenship, Oxford 1995.

36 Bryan S. Turner: Outline of a Theory of Citizenship, in: Sociology 24 (1990), S. 189–217, hier S. 213.

37 A. Linklater: Cosmopolitan Citizenship, in: Citizenship-Studies 2 (1998), S. 23–41.

38 Jürgen Habermas: Staatsbürgerschaft und nationale Identität, in: ders.: Faktizität und Geltung. Beiträge zur Diskurstheorie des Rechts und des demokratischen Rechtsstaats, Frankfurt/M. 1992; Ulrich Beck: Was ist Globalisierung?, Frankfurt/M. 1997.

39 Vgl. Pierre Rosanvallon: Die Gesellschaft der Gleichen, Hamburg 2013, v. a. S. 195 ff.

40 Vgl. Marc Buggeln: Das Versprechen der Gleichheit. Steuern und soziale Ungleichheit in Deutschland von 1871 bis heute, Berlin 2022.

41 Vgl. dazu Christopher Clark/Wolfram Kaiser (Hg.): Kulturkampf in Europa im 19. Jahrhundert, Leipzig 2003.

42 Vgl. zu dieser Unterscheidung Peter Felixberger: Wie gerecht ist die Gerechtigkeit?, Hamburg 2012, v. a. S. 29 ff.

43 Vgl. Pierre Bourdieu/Jean-Claude Passeron: Die Illusion der Chancengleichheit. Untersuchungen zur Soziologie des Bildungswesens am Beispiel Frankreichs, Stuttgart 1971; Pierre Bourdieu: Wie die Kultur zum Bauern kommt. Über Bildung, Klassen und Erziehung, Hamburg 2001.

44 Zum Habitusbegriff vgl. Pierre Bourdieu/Loic J. D. Wacquant: Habitus, illusio und Rationalität, in: dies.: Reflexive Anthropologie, Frankfurt/M. 1996, S. 147–175.

45 Vgl. zu solch paradoxen Effekten des Bildungssystems Aladin El-Mafaalani: Mythos Bildung. Die ungerechte Gesellschaft, ihr Bildungssystem und seine Zukunft, Köln 2020.

→ Handeln

1 «Früher haben wir versucht, die Menschen wütend zu machen. Heute trösten wir», Interview mit Luisa Neubauer von Benjamin Maack in: DER SPIEGEL 41/2022. URL: https://www.spiegel.de/panorama/luisa-neubauer-frueher-haben-wir-versucht-die-menschen-wuetend-zu-machen-heute-troesten-wir-a-7556cf95-001d-4748-a7eb-910f5cef3d67.

2 David Hume: Eine Untersuchung über den menschlichen Verstand, Hamburg 2015.

3 Adam Smith: Wohlstand der Nationen, München 2013, S. 24 ff.

4 Max Weber: Wirtschaft und Gesellschaft. Grundriss der verstehenden Soziologie, 5. Aufl., Tübingen 1972, S. 1.

5 Ebd.

6 Vgl. Axel Montenbruck: Deutsche Straftheorie I – IV, 4. Aufl., Berlin 2020, S. 125 ff.

7 Vgl. Armin Nassehi: Muster. Theorie der digitalen Gesellschaft, München 2019.

8 Michael Vester: Klasse an sich/für sich, in: Historisch-kritisches Wörterbuch des Marxismus, Bd. 7/I, Hamburg 2008, S. 736–775.

9 Den gründlichsten und detailreichsten Überblick über soziologische Hand-

lungstheorien findet man bei Bernhard Miebach: Soziologische Handlungstheorie. Eine Einführung, 5. Aufl., Wiesbaden 2022.
10 Talcott Parsons: Zur Theorie sozialer Systeme, Opladen 1976, S. 124.
11 Vgl. dazu Wolfgang Ludwig Schneider: Grundlagen der soziologischen Theorie. Band 1: Weber, Parsons, Mead, Schütz, 3. Aufl., Wiesbaden 2008, S. 83–179.
12 Vgl. Kai Wegrich: Steuerung im Mehrebenensystem der Länder. Governance-Formen zwischen Hierarchie, Kooperation und Management, Wiesbaden 2006; Walter Seibel: Verwaltung verstehen. Eine theoriegeschichtliche Einführung, Berlin 2016.
13 Niklas Luhmann: Soziale Systeme. Grundriß einer allgemeinen Theorie, Frankfurt/M. 1984, S. 228 f.
14 Vgl. Alfred Schütz: Der sinnhafte Aufbau der sozialen Welt, Frankfurt/M. 1981, S. 15 f.
15 Vgl. James S. Coleman: Grundlagen der Sozialtheorie. Band 1: Handlungen und Handlungssysteme, München 1991, S. 1.
16 Vgl. Armin Nassehi: The Person as an Effect of Communication, in: Sabine Maasen (Hg.): On Willing Selves. Neoliberal Politics and the Challenge of Neuroscience, Hampshire 2007, S. 100–120.
17 Am deutschsprachigen Buchmarkt sicher die Bücher von Maja Göpel. Vgl. Maja Göpel: Unsere Welt neu denken. Eine Einladung, Berlin 2020; Maja Göpel: Wir können auch anders. Aufbruch in die Welt von morgen, Berlin 2022.
18 Zum Beispiel Christian Zeller: Warum Eltern Ratgeber lesen. Eine soziologische Studie, Frankfurt/M./New York 2018.
19 Zur Theodizeefrage vgl. Jörg Splett: Gotteserfahrung im Denken. Zur philosophischen Rechtfertigung des Redens von Gott, 2. Aufl., Freiburg/München 1978; Johann Baptist Metz: Theologie und Theodizee, in: Willi Oelmüller (Hg.): Theodizee – Gott vor Gericht?, München 1990, S. 103–118.
20 Vgl. hierzu und zum Folgenden Armin Nassehi: Unbehagen. Theorie der überforderten Gesellschaft, München 2021, S. 41 ff.
21 Pierre Bourdieu: Meditationen. Kritik der scholastischen Vernunft, Frankfurt/M. 2001, S. 233.
22 Vgl. Niklas Luhmann: Erleben und Handeln, in: ders.: Soziologische Aufklärung 3, Wiesbaden 1981, S. 67–80. Man kann die Unterscheidung von Erleben/Handeln als einen Vermittlungsversuch von systemtheoretischer und phänomenologischer Soziologie lesen. Vgl. dazu Irmhild Saake: Erleben/Handeln, in: Oliver Jahraus et al. (Hg.): Luhmann Handbuch. Leben – Werk – Wirkung, Stuttgart 2012, S. 77–79.

→ Identität

1 Michel Foucault: Schriften zur Literatur, München 1974, S. 17 f.
2 Roland Barthes: Der Tod des Autors, in: Fotis Jannidis u. a. (Hg.): Texte zur Theorie der Autorschaft, Stuttgart 2000, S. 185–197.
3 Armin Nassehi: The Person as an Effect of Communication, in: Sabine Maasen/Barbara Sutter (Hg.): On Willing Selves. Neoliberal Politics and the Challenge of Neuroscience, Hampshire 2007, S. 100–120.
4 Michel Foucault: Schriften zur Literatur, München 1974, S. 31.

5 Immanuel Kant: Kritik der reinen Vernunft. Erster Teil, Band 3 der Werke in zehn Bänden, Darmstadt 1983, S. 221 (A 183).

6 Zum Folgenden ähnlich Armin Nassehi: Überraschte Identitäten. Über die kommunikative Formierung von Identitäten und Differenzen nebst einigen Bemerkungen zu theoretischen Kontexturen, in: Juergen Straub/Joachim Renn (Hg.): Transitorische Identitaet. Der Prozesscharakter des modernen Selbst, Frankfurt/M./New York: Campus 2002, S. 211–237.

7 Ludwig Wittgenstein: Tractatus logico philosophicus, Werkausgabe, Band 1, Frankfurt/M. 1984, 5503.

8 Die klassischen Formulierungen zu den drei Formen der Identität (numerische, genetische und generische Identität) finden sich im 1. Buch der Aristotelischen Metaphysik (Met. I 3, 1054a 33–1054b 3).

9 Diesen allgemeinen Mechanismus beschreibt Niklas Luhmann systemtheoretisch in diesem Sinne als Differenz zwischen bloßer basaler Selbstreferenz von Operationen und einer reflexiven Selbstbeobachtung, die dann eine Identität erzeugt. Vgl. Niklas Luhmann: Identitätsgebrauch in selbstsubstitutiven Ordnungen, besonders Gesellschaften, in: Odo Marquard/Karlheinz Stierle (Hg.): Identität. Poetik und Hermeneutik VIII, München 1979, S. 315–346.

10 Vgl. Armin Nassehi: Die Form der Biographie. Theoretische Überlegungen zur Biographieforschung in methodologischer Absicht, in: BIOS 7 (1994), S. 46–63.

11 Zum Begriff Biografiegenerator vgl. Alois Hahn: Beichte und Biographie, in: Michael Sonntag (Hg.): Von der Machbarkeit des Psychischen. Texte zur Historischen Psychologie II, Pfaffenweiler 1990, S. 56–76.

12 Jürgen Habermas: Können komplexe Gesellschaften eine vernünftige Identität ausbilden?, in: ders.: Zur Rekonstruktion des Historischen Materialismus, Frankfurt/M. 1976, S. 92–128.

13 Niklas Luhmann: Identitätsgebrauch in selbstsubstitutiven Ordnungen, besonders Gesellschaften, in: Odo Marquard/Karlheinz Stierle (Hg.): Identität. Poetik und Hermeneutik VIII, München 1979, S. 315–346, hier S. 322.

14 Erik H. Erikson: Identität und Lebenszyklus. Drei Aufsätze, Frankfurt/M. 1966, S. 51.

15 Ebd., S. 37.

16 Vgl. ebd., S. 17.

17 Vgl. Lothar Krappmann: Soziologische Dimensionen der Identität. Strukturelle Bedingungen für die Teilnahme an Interaktionsprozessen, Stuttgart 1969.

18 Ulrich Beck: Jenseits von Klasse und Stand? Soziale Ungleichheit, gesellschaftliche Individualisierungsprozesse und die Entstehung neuer sozialer Formationen und Identitäten, in: Reinhard Kreckel (Hg.): Soziale Ungleichheit. Soziale Welt Sonderband 2, Göttingen 1983, S. 35–74.

19 Zum Postmaterialismus vgl. Ronald Inglehart: Modernisierung und Postmodernisierung. Kultureller, wirtschaftlicher und politischer Wandel in 43 Gesellschaften, Frankfurt am Main/New York 1998.

20 Vgl. dazu Armin Nassehi: Gab es 1968? Eine Spurensuche, Hamburg 2018.

21 Vgl. Ernst Mohr: Ökonomie mit Geschmack. Die postmoderne Macht des Konsums, Hamburg 2014.

22 Vgl. dazu ausführlich Armin Nassehi: Unbehagen. Theorie der überforderten Gesellschaft, München 2021, S. 255 ff.

23 Martha C. Nussbaum: Politische Emotionen, Berlin 2016.

24 Vgl. Andreas Reckwitz: Gesellschaft der Singularitäten, Frankfurt 2017, S. 27 ff.

25 Vgl. Andreas Reckwitz: Das Ende der Illusionen. Politik, Ökonomie und Kultur in der Spätmoderne, Berlin 2019, S. 63 ff.

26 Vgl. etwa auch Luc Boltanski/Ève Chiapello: Der neue Geist des Kapitalismus, Konstanz 2003.

27 Vgl. dazu Nils Kumkar/Uwe Schimank: Die Mittelschichtsgesellschaft als Projektion. Wie soziologische Zeitdiagnose gesellschaftliche Selbstbilder nachzeichnet und dabei ihren Gegenstand verfehlt, in: Merkur 872 (2022), S. 22–35; Nils Kumkar/Uwe Schimank: Drei-Klassen-Gesellschaft? Bruch? Konfrontation? Eine Auseinandersetzung mit Andreas Reckwitz' Diagnose der ‹Spätmoderne›, in: Leviathan 49 (2021), S. 7–32. Eine ähnliche Kritik an Reckwitz formulierte ich bereits zuvor in Armin Nassehi: Unbehagen. Theorie der überforderten Gesellschaft, München 2021, S. 166 ff.

28 Vgl. etwa Bernadette Kneidinger-Müller: Identitätsbildung in sozialen Medien, in: Jan-Hinrik Schmidt/Monika Taddicken (Hg.): Handbuch Soziale Medien, Wiesbaden 2022. doi.org/10.1007/978-3-658-25995-2_4

29 Vgl. Combahee River Collective: A Black Feminist Statement, in: G. Hull/P. Scott/B. Smith (Hg.): But Some of Us Are Brave. Black Women's Studies, Old Westbury/New York 1982, S. 13–22.

30 Grundlegende Texte dazu sind Charles Taylor: Multikulturalismus und Anerkennung, Frankfurt/M. 2009; Axel Honneth: Kampf um Anerkennung: Zur moralischen Grammatik sozialer Konflikte, Frankfurt/M. 2010.

31 Zum fiktionalen Element von Identitäten vgl. Kwame Anthony Appiah: Identitäten. Die Fiktionen der Zugehörigkeit, Berlin 2019; vgl. auch Armin Nassehi: Das stahlharte Gehäuse der Zugehörigkeit. Unschärfen im Diskurs um die «multikulturelle Gesellschaft», in: ders. (Hg.): Nation, Ethnie, Minderheit. Beiträge zur Aktualität ethnischer Konflikte, Köln/Wien/Weimar 1997, S. 177–208.

32 Benedict Anderson: Imagined Communities. Reflections on the Origin and Spread of Nationalism, London/New York 1983.

33 Niklas Luhmann: Die Politik der Gesellschaft, Frankfurt/M. 2000, S. 84.

34 So mein Versuch einer Erweiterung der Funktion des politischen Systems in Armin Nassehi: Der Begriff des Politischen und die doppelte Normativität der «soziologischen» Moderne, in: Armin Nassehi/Markus Schroer (Hg.): Der Begriff des Politischen. Sonderband 14 der Sozialen Welt, Baden-Baden 2003, S. 133–170; Armin Nassehi: Der soziologische Diskurs der Moderne, Frankfurt/M. 2009, S. 322 ff.

35 Vgl. etwa Oliver Zimmer: Nationalism in Europe, 1890–1940, Basingstoke 2003.

36 Aktuelle Beispiele: Emilia Roig: Why we matter. Das Ende der Unterdrückung, Berlin 2021; Alice Hasters: Was weiße Menschen nicht über Rassismus hören wollen aber wissen sollten, München 2019; Tupoka Ogette: exit RACISM: rassismuskritisch denken lernen, Münster 2020.

37 Vgl. Jan-Werner Müller: «Das wahre Volk» gegen alle anderen. Rechtspopu-

lismus als Identitätspolitik, in: APuZ 9–11 (2019), 22. 02. 2019. URL: https://www.bpb.de/shop/zeitschriften/apuz/286506/das-wahre-volk-gegen-alle-anderen/?p=all.

38 Aktuelle Beispiele: Cora Stephan: Lob des Normalen. Vom Glück des Bewährten, München 2021; Birgit Kelle: Noch normal? Das lässt sich gendern: Gender-Politik ist das Problem, nicht die Lösung, München 2020; Judith Sevinç Basad: Schäm dich! Wie Ideologinnen und Ideologen bestimmen, was gut und böse ist, Frankfurt/M. 2021; Sahra Wagenknecht: Die Selbstgerechten. Mein Gegenprogramm – für Gemeinsinn und Zusammenhalt, Frankfurt/M./New York 2021.

39 Vgl. Thomas Meyer: Identitätspolitik. Vom Missbrauch kultureller Unterschiede, Frankfurt/M. 2002; Astrid Zimmermann: Kulturkämpfe kann man nicht gewinnen, in: Jacobin v. 08. 12. 2022. URL: https://jacobin.de/artikel/kulturkaempfe-kann-man-nicht-gewinnen-identitaetspolitik-neo liberalismus-rechtsruck-ungleichheit-astrid-zimmermann/.

→ Kommunikation

1 Man denke etwa an populäre Leitfäden für gelungene Kommunikationsstrategien des Typus Dale Carnegie: Besser miteinander reden. Das richtige Wort zur richtigen Zeit – die Kunst, sich überzeugend mitzuteilen. Ein Leitfaden der Kommunikation in Alltag und Beruf, Frankfurt/M. 2011.

2 Claude Shannon/Warren Weaver: The Mathematical Theory of Communication, Urbana 1949; vgl. dazu Armin Nassehi: Die letzte Stunde der Wahrheit. Kritik der komplexitätsvergessenen Vernunft, 2. Aufl., Hamburg 2018, S. 115 ff.

3 Vgl. dazu Armin Nassehi: Muster. Theorie der digitalen Gesellschaft, München 2019, S. 90.

4 Vgl. Carl Sagan et al.: Signale der Erde. Unser Planet stellt sich vor, München 1994.

5 Vgl. dazu http://www.rosettaproject.org/.

6 Vgl. Peter Berger/Thomas Luckmann: Die gesellschaftliche Konstruktion der Wirklichkeit. Eine Theorie der Wissenssoziologie, Frankfurt/M. 1969, S. 103 ff.

7 Vgl. Norbert Wiener: Cybernetics or Control and Communication in the Animal and the Machine, 2. Aufl., Cambridge, MA 1961, S. 60 ff.

8 Ebd., S. 113.

9 George Herbert Mead: Geist, Identität und Gesellschaft. Aus der Sicht des Sozialbehaviorismus, hg. von Charles W. Morris, 7. Aufl., Frankfurt/M. 1988, S. 217.

10 George Herbert Mead: Philosophie der Sozialität. Aufsätze zur Erkenntnisanthropologie, Frankfurt/M. 1969, S. 278.

11 Vgl. Jürgen Habermas: Theorie des kommunikativen Handelns, 2 Bände, Frankfurt/M. 1981.

12 Vgl. Niklas Luhmann: Soziale Systeme. Grundriß einer allgemeinen Theorie, Frankfurt/M. 1984, S. 191 ff.

13 Vgl. Hans-Georg Gadamer: Hermeneutik I. Wahrheit und Methode. Grundzüge einer philosophischen Hermeneutik, 6. Aufl., Tübingen 1990, S. 270 ff.

14 Vgl. Alfred Schütz: Der sinnhafte Aufbau der sozialen Welt, Frankfurt/M.

1983; Peter Berger/Thomas Luckmann: Die gesellschaftliche Konstruktion der Wirklichkeit. Eine Theorie der Wissenssoziologie, Frankfurt/M. 1969.

15 Klassisch vgl. Harvey Sacks/Emanuel A. Schegloff/Gail Jefferson: A Simplest Systematics for the Organisation of Turn-taking in Conversation, in: Language 50 (1974), S. 696–735; vgl. auch Ian Hutchby/Robin Wooffitt: Conversation Analysis, 2. Aufl., Cambridge 2009.

16 Andreas Reckwitz: Gesellschaft der Singularitäten, Berlin 2017.

17 Vgl. Markus Schroer: Das Individuum der Gesellschaft. Synchrone und diachrone Perspektiven, Frankfurt/M. 2001.

18 Helmut Schelsky: Ist die Dauerreflexion institutionalisierbar? Zum Thema einer modernen Religionssoziologie, in: Zeitschrift für evangelische Ethik 1 (1957), S. 153–174, hier S. 159.

19 Ebd., S. 160.

20 Vgl. Rolf Geiger: Dialektische Tugenden. Untersuchungen zur Gesprächsform in den Platonischen Dialogen, Paderborn 2006.

21 Vgl. Armin Nassehi: Gab es 1968? Eine Spurensuche, Hamburg 2018, S. 101 ff. und S. 160 ff.

22 Für den Fall einer nur implizit religiösen Form der religiösen Kommunikation in der Krankenhausseelsorge vgl. Armin Nassehi/Irmhild Saake/Katharina Mayr: Mit Sterbenden sprechen. Die Rolle des Seelsorgers und die Potenz religiöser Rede auf multidisziplinären Palliativstationen, in: Traugott Roser (Hg.): Handbuch der Krankenhausseelsorge, Göttingen 2019, S. 78–91.

→ Konflikt

1 Vgl. Georg Simmel: Soziologie. Untersuchungen über die Formen der Vergesellschaftung, Gesamtausgabe Band 11, Frankfurt/M. 1992, S. 284–382.

2 Anders argumentiert Walter L. Bühl: Theorien sozialer Konflikte, Darmstadt 1976, S. 16 ff. Bühl argumentiert hier freilich in erster Linie logisch statt operativ und übersieht die selbststabilisierende Form binärer Konfliktformen.

3 Vgl. Gerhard A. Ritter: Soziale Frage und Sozialpolitik in Deutschland seit Beginn des 19. Jahrhunderts, Opladen 1998; Helga Grebing (Hg.): Geschichte der sozialen Ideen in Deutschland: Sozialismus – Katholische Soziallehre – Protestantische Sozialethik. Ein Handbuch, Wiesbaden 2005.

4 Karl Marx/Friedrich Engels: Manifest der kommunistischen Partei (1848), in: Karl Marx/Friedrich Engels: Werke (MEW), Bd. 4, 6. Aufl., Berlin (DDR) 1972, S. 462 f.

5 Ebd., S. 463.

6 Ebd.

7 Karl Marx: Das Kapital, Bd. 1, Vorwort zur ersten Auflage, Marx-Engels-Werke, Band 23, Berlin (DDR) 1962, S. 15 f.

8 Karl Marx: Das Kapital, Bd. 1, Vorwort zur ersten Auflage, Marx-Engels-Werke, Band 23, Berlin (DDR) 1962, S. 16.

9 Vgl. Carl Schmitt: Der Begriff des Politischen. Text von 1932 mit einem Vorwort und drei Corollarien, 6. Aufl., Berlin 1996, S. 73.

10 Vgl. Niklas Luhmann: Soziale Systeme. Grundriß einer allgemeinen Theorie, Frankfurt/M. 1984, S. 537 f.

11 Ebd., S. 531. Zur Erläuterung: Luhmann beschreibt die Bildung sozialer Systeme mit Hilfe der von Talcott Parsons stammenden Figur doppelter Kontingenz: Ego macht sein Verhalten von Alter abhängig, während Alter seines vom Verhalten Egos. Die Asymmetrisierung dieser symmetrischen Form führt zur Bildung sozialer Systeme; vgl. dazu ebd., S. 148 ff.

12 Vgl. dazu ausführlich Gerd Nollmann: Konflikte in Interaktion, Gruppe und Organisation. Zur Konfliktsoziologie der modernen Gesellschaft, Opladen 1997.

13 Vgl. Carl Schmitt: Der Begriff des Politischen. Text von 1932 mit einem Vorwort und drei Corollarien, 6. Aufl., Berlin 1996, S. 26.

14 Vgl. ebd., S. 29 f.

15 Ebd., S. 33.

16 Vgl. allgemein zum Komplexitätsbegriff Klaus Mainzer: Komplexität, München 2008; Armin Nassehi: Die letzte Stunde der Wahrheit. Kritik der komplexitätsvergessenen Vernunft, 2. Aufl., Hamburg 2018; Niklas Luhmann: Haltlose Komplexität, in: ders.: Soziologische Aufklärung, Band 5: Konstruktivistische Perspektiven, Opladen 1990, S. 59–76.

17 Zum Folgenden vgl. ausführlicher schon Armin Nassehi: Das große Nein. Eigendynamik und Tragik des gesellschaftlichen Protests, Hamburg 2020, S. 13 ff.

18 Vgl. Armin Nassehi/Irmhild Saake: Kontingenz: Methodisch verhindert oder beobachtet? Ein Beitrag zur Methodologie der qualitativen Sozialforschung, in: Zeitschrift für Soziologie 31 (2002), S. 66–86.

19 Dieses Beispiel schon in Armin Nassehi: Das große Nein. Eigendynamik und Tragik des gesellschaftlichen Protests, Hamburg 2020, S. 15.

20 Pars pro toto etwa Hartmut Rosa: Die Bellizisten sitzen im sicheren Wohnzimmer, in: DER SPIEGEL 30/2022, sowie zwei Offene Briefe mit sich überschneidenden Autorinnen und Autoren: Alice Schwarzer/Reinhard Merkel/Harald Welzer/Juli Zeh et al.: Der offene Brief an Kanzler Scholz vom 29. 04. 2022. URL: https://www.emma.de/artikel/offener-brief-bundeskanzler-scholz-339463; Jakob Augstein/Julia Nida-Rümelin/Johannes Varwick/Harald Welzer et al.: Waffenstillstand jetzt!, in: DIE ZEIT 27/2022.

21 Vgl. Armin Nassehi: Krieg und Frieden. Romanhaftes Weltordnen im offenen Brief, in der Frankfurter Allgemeinen Zeitung vom 18. 05. 2022.

22 Vgl. Herfried Münkler: Der Wandel des Krieges. Von der Symmetrie zur Asymmetrie, Weilerswist 2006, S. 55.

23 Justus Heck: Der beteiligte Unbeteiligte. Wie vermittelnde Dritte Konflikte transformieren, in: Zeitschrift für Rechtssoziologie 36 (2016), S. 58-87. doi.org/10.1515/zfrs-2016-0005

→ Krise

1 So die Formulierung bei Rüdiger Graf: Zwischen Handlungsmotivation und Ohnmachtserfahrung. Der Wandel des Krisenbegriffs im 20. Jahrhundert, in: Frank Bösch/Nicole Deitelhoff/Stefan Kroll (Hg.): Handbuch Krisenforschung, Wiesbaden 2020, S. 17–40, hier S. 33.

2 Jürgen Habermas: Legitimationsprobleme im Spätkapitalismus, Frankfurt/M. 1973, S. 10.

3 HWP 4, Sp. 1235 f.

4 So Reinhart Koselleck in GGB 3, S. 627.

5 Vgl. zum Risikobegriff Niklas Luhmann: Soziologie des Risikos, Berlin 1991, S. 9 ff.; Wolfgang Bonß: Vom Risiko. Unsicherheit und Ungewißheit in der Moderne, Hamburg 1995; Ortwin Renn: Risiko. Über den gesellschaftlichen Umgang mit Unsicherheit, München 2007; Armin Nassehi: Optionssteigerung und Risikokultur, in: Gerhard von Graevenitz/Alois Hahn/Axel Honneth/David Wellbery (Hg.): Konzepte der Moderne, München 1999, S. 82–101.

6 Harrison C. White: Where do Markets Come from?, in: American Journal of Sociology 87 (1981), S. 517–547; Harrison C. White: Markets from Networks. Socioeconomic Models of Production, Princeton 2002.

7 Wie sehr das Kontrollparadigma als wirtschaftspolitische Semantik mehr der politischen Selbstbeschreibung als tatsächlicher empirischer Kontrolle dient vgl. Werner Plumpe: Mächtig machtlos. Romantische Illusionen in der Geschichte staatlicher Steuerung und Wirtschaftskontrolle, in: Kursbuch 212: Jetzt wird's knapp, Hamburg 2022, S. 94–117.

8 Vgl. Niklas Luhmann: Erleben und Handeln, in: ders.: Soziologische Aufklärung 3, Wiesbaden 1981, S. 67–80. Man kann die Unterscheidung von Erleben/Handeln als einen Vermittlungsversuch von systemtheoretischer und phänomenologischer Soziologie lesen. Vgl. dazu Irmhild Saake: Erleben/Handeln, in: Oliver Jahraus et al. (Hg.): Luhmann Handbuch. Leben – Werk – Wirkung, Stuttgart 2012, S. 77–79.

9 Vgl. Werner Plumpe: Wirtschaftskrisen. Geschichte und Gegenwart, München 2010; Werner Plumpe: Das kalte Herz. Kapitalismus: Geschichte einer andauernden Revolution, Berlin 2019, S. 285 ff.; Julia Kiesow: Wirtschaftskrisen in Deutschland: Reaktionsmuster von Vetospielern und Agendasetzern, Wiesbaden 2014.

10 So jüngst Wolfgang Streeck: Zwischen Globalismus und Demokratie. Politische Ökonomie im ausgehenden Neoliberalismus, Berlin 2021.

11 So Jürgen Habermas: Legitimationsprobleme im Spätkapitalismus, Frankfurt/M. 1973.

12 Vgl. dazu Theodor W. Adorno: Spätkapitalismus oder Industriegesellschaft? Verhandlungen des 16. Deutschen Soziologentages in Frankfurt am Main 1968, Stuttgart 1969.

13 Das ist eine der Grundthesen von Ulrich Beck: Risikogesellschaft. Auf dem Weg in eine andere Moderne, Frankfurt/M. 1986.

14 Vgl. Reinhart Koselleck: Kritik und Krise, Frankfurt/M. 1973, S. 156.

15 Georg Wilhelm Friedrich Hegel: Vorlesungen über die Geschichte der Philosophie, Werke Band 12, Frankfurt/M. 1970, S. 74 ff.; Georg Wilhelm Friedrich Hegel: Phänomenologie des Geistes, Werke Band 3, Frankfurt/M. 1970, S. 363 ff.

16 Jürgen Habermas: Zur Rekonstruktion des historischen Materialismus, Frankfurt/M. 1976, S. 9 ff., S. 92 ff., S. 144 ff.

17 Vgl. klassisch Erik H. Erikson: Jugend und Krise. Die Psychodynamik im Wandel, Stuttgart 1998.

18 Vgl. dazu Armin Nassehi: Das große Nein. Eigendynamik und Tragik des gesellschaftlichen Protests, Hamburg 2020, S. 25 ff.

19 So ist es auch möglich, dass die Kritik selbst in die Krise gerät und Gegen-

stand von Kritik werden kann, so etwa Rahel Jaeggi: Das Ende der Besserwisser. Eine Verteidigung der Kritik in elf Schritten, in: Kursbuch 182: Das Kursbuch. Wozu?, Hamburg 2015, S. 78–96.

20 Vgl. Michael Walzer: Kritik und Gemeinsinn. Drei Wege der Gesellschaftskritik, Frankfurt/M. 1993; Robin Celikates: Kritik als soziale Praxis, Frankfurt/M. 2009.

21 Vgl. zu einem «neuen Geist des Kapitalismus» und entsprechend veränderten Formen seiner Kritik Luc Boltanski/Ève Chiapello: Der neue Geist des Kapitalismus, Köln 2018, S. 68 ff.

22 Reinhart Koselleck: Kritik und Krise, Frankfurt/M. 1973, S. 156.

23 Karl Marx: Das Kapital, Bd. 1, Vorwort zur ersten Auflage, Marx-Engels-Werke, Band 23, Berlin (DDR) 1962, S. 16.

24 Vgl. Hans-Peter Müller: Krise und Kritik. Klassiker der soziologischen Zeitdiagnose, Berlin 2021.

25 Armin Nassehi: No Time for Utopia. The Absence of Utopian Contents in Modern Concepts of Time, in: Time & Society 3 (1994), S. 47–78.

26 Im ökonomischen Bereich werden Zielkonflikte mit Hilfe des Pareto-Optimums diskutiert und spieltheoretisch konfiguriert. Ein Pareto-Optimum liegt dann vor, wenn im Rahmen eines Zielkonflikts keine konkrete Eigenschaft verbessert werden kann, ohne eine andere zu verschlechtern. Dass dieses Modell insbesondere in ökonomischen Zusammenhängen erfolgreich ist, liegt auch daran, dass sich mit dem Geld-Medium eine Form finden lässt, in der die Zielkonflikte gemessen und benennbar gemacht werden können. Zum Thema selbst vgl. Harald Wiese: Kooperative Spieltheorie, München/Wien 2005; Joachim Weimann: Wirtschaftspolitik. Allokation und kollektive Entscheidung, Wiesbaden 2009; Andreas Diekmann: Spieltheorie. Einführung, Beispiele, Experiment, Reinbek 2009.

27 Zum Folgenden vgl. schon Armin Nassehi: Der soziologische Diskurs der Moderne, Frankfurt/M. 2009, S. 342 ff.

28 Friedrich V. Reiterer: Kairos, Chronos und Aion im Buch der Weisheit, in: Stefan Beyerle/Matthew Goff: Notions of Time in Deuterocanonical and Cognate Literature, Berlin/Boston 2022, S. 235–284. doi.org/10.1515/978311070 5454-012

29 Zum Überblick vgl. Jochen Schanze et al.: Umweltkrisen, in: Frank Bösch/ Nicole Deitelhoff/Stefan Kroll (Hg.): Handbuch Krisenforschung, Wiesbaden 2020, S. 179–204.

30 Roland Menges: Umweltökonomik, in: Thomas Apolde et al. (Hg.): Kompendium der Wirtschaftstheorie und Wirtschaftspolitik I, Wiesbaden 2019, S. 561–706.

31 Geradezu paradigmatisch Maja Göpel: Wir können auch anders. Aufbruch in die Welt von morgen, Berlin 2022.

32 Vgl. Dietmar Bolscho: Umweltkommunikation und Erziehung, in: Christian Büscher/Klaus-Peter Japp (Hg.): Ökologische Aufklärung, Wiesbaden 2010, S. 203–228.

33 Christoph Sebastian Widdau: Einführung in die Umweltethik, Stuttgart 2021.

34 Vgl. Julian Müller: Bestimmbare Unbestimmtheiten. Skizze einer indeterministischen Soziologie, Paderborn 2015, v.a. S. 182ff.

35 Talcott Parsons: Societies. Evolutionary and Comparative Perspectives, Englewood Cliffs 1966, S. 26; Talcott Parsons: Das System moderner Gesellschaften, München 1972, S. 12 ff.; Talcott Parsons: The Social System, London 1964, S. 99.

→ Kritik

1 Vgl. HWP 4, Sp. 1249 ff.
2 Ebd., Sp. 1266.
3 Reinhart Koselleck: Kritik und Krise. Eine Studie zur Pathogenese der bürgerlichen Welt, Frankfurt/M. 1973, S. 90.
4 Ebd., S. 91 f.
5 Alle Zitate ebd., S. 96 f.
6 Ebd., S. 99.
7 Vgl. Niklas Luhmann: Die Moral der Gesellschaft, Berlin 2008, S. 272 ff.; Karima Lanius: Ironie. Eine Spielart der Satire, in: Gianna Zocco (Hg.): The Rhetoric of Topics and Forms, Vol. 4, Berlin, Boston 2021, S. 415–426.
8 Reinhart Koselleck: Kritik und Krise. Eine Studie zur Pathogenese der bürgerlichen Welt, Frankfurt/M. 1973, S. 102.
9 Gennaro Imbriano: «Krise» und «Pathogenese» in Reinhart Kosellecks Diagnose über die moderne Welt, in: Forum Interdisziplinäre Begriffsgeschichte – E Journal, 2,1 (2013), S. 38–48, hier S. 48. URL: https://www.zfl-berlin.org/tl_files/zfl/downloads/publikationen/forum_begriffsgeschichte/ZfL_FIB_2_2013_1_Imbriano.pdf.
10 Jürgen Habermas: Kultur und Kritik, 2. Aufl., Frankfurt/M. 1977, S. 355–364, hier: S. 357 f.
11 So ähnlich auch Patrick Bahners: Kritik und Krise revisited. Neues zur Pathogenese der bürgerlichen Welt, in: Merkur – Blog vom 15. 09. 2018. URL: https://www.merkur-zeitschrift.de/2018/09/15/kritik-und-krise-revisited-neues-zur-pathogene se-der-buergerlichen-welt/.
12 Kosellecks These von der Universalisierung der Kritik als Kritik nicht an der konkreten Regierung, sondern an der Regierung generell ähnelt dem Motiv von Michel Foucault, Kritik als eine Gegenreaktion auf das Regiertwerden schlechthin zu bestimmen. Vgl. dazu Michel Foucault: Was ist Kritik?, Berlin 1992.
13 Immanuel Kant: Kritik der reinen Vernunft. Erster Teil, Band 3 der Werke in zehn Bänden, Darmstadt 1983, S. 13 (A XII).
14 Ähnlich argumentiert Bruno Latour: Das Elend der Kritik. Vom Krieg der Fakten zu Dingen von Belang, Berlin/Zürich 2007.
15 Armin Nassehi: Gab es 1968? Eine Spurensuche, Hamburg 2018, S. 75 ff.
16 Diese Frage spielt natürlich auf Helmut Schelskys Frage an, ob Dauerreflexion institutionalisierbar sei; vgl. Helmut Schelsky: Ist die Dauerreflexion institutionalisierbar? Zum Thema einer modernen Religionssoziologie, in: Zeitschrift für evangelische Ethik 1 (1957), S. 153–174.
17 Vgl. Kerstin Stakemeier: Kritik, genauer Kunstkritik, in: Ilka Becker et al. (Hg.): Fields of Codes, Köln 2018, S. 24–35.
18 Vgl. Caspar Hirschi: Wie die Peer Review die Wissenschaft diszipliniert, in: Merkur 832, September 2018, S. 5–19.

19 Zu diesem Argument vgl. bereits Armin Nassehi: Das große Nein. Eigendynamik und Tragik des gesellschaftlichen Protests, Hamburg 2020.

20 Vgl. Paul Nolte: Die Ordnung der deutschen Gesellschaft. Selbstentwurf und Selbstbeschreibung im 20. Jahrhundert, München 2000, S. 37; M. Rainer Lepsius: Demokratie in Deutschland, Göttingen 1993, S. 51 ff.

21 Zum historischen Verständnis von Gesellschaft als Arena vgl. Armin Nassehi: Der soziologische Diskurs der Moderne, 2. Aufl., Berlin 2017, S. 33 ff.; vgl. auch Armin Nassehi: Art. Society, in: Encyclopedia of Social Theory, London/New York 2006, Sp. 577–581.

22 Siegfried Landshut: Kritik der Soziologie und andere Schriften zur Soziologie, Neuwied/Berlin 1969, S. 85; vgl. dazu auch Sven Papcke: Krise der Kritik – Siegfried Landshut zu Herkunft und Aufgabe der Soziologie, in: Rainer Nicolaysen (Hg.): Polis und Moderne. Siegfried Landshut in heutiger Sicht, Berlin 2000, S. 125–136; Jürgen Habermas: Die postnationale Konstellation, Frankfurt/M. 1998, S. 92.

23 Max Horkheimer: Traditionelle und kritische Theorie, Frankfurt/M. 1970, S. 56.

24 Theodor W. Adorno: Soziologische Schriften I, in: Gesammelte Schriften, Band 8, Frankfurt/M. 1997, S. 369.

25 Philipp Felsch: Der lange Sommer der Theorie. Geschichte einer Revolte, München 2015.

26 Vgl. Norbert Wohlfahrt: Revolution von rechts? Der Antikapitalismus der Neuen Rechten und seine radikalpatriotische Moral - eine Streitschrift, Hamburg 2022

27 Vgl. Arlie Russel Hochschild: Fremd im eigenen Land. Eine Reise ins Herz der amerikanischen Rechten, Frankfurt/M./New York 2017.

28 Vgl. dazu John Komplos/Hermann Schubert: Die Entwicklung sozialer Ungleichheit und ihre politischen Implikationen in den USA, in: Wirtschaftsdienst. Zeitschrift für Wirtschaftspolitik 99 (2019), S. 216–223; Glenn C. Luory: Why Does Racial Inequality Persist? Culture, Causation, and Responsibility, Manhattan Institute Essay, May, New York 2019. URL: https://media4.manhattan-institute.org/sites/default/files/R-0519-GL.pdf; Dawn Burton: The US Racial Wealth Gap and the Implications for Financial Inclusion and Wealth Management Policies, in: Journal of Social Policy 47 (2018), S. 683–700.

29 Vgl. Richard Delgado/Jean Stefancic: Critical Race Theory. An Introduction, New York 2017.

30 Vgl. Robin DiAngelo: White Fragility. Why it's so hard for white people to talk about racism, Boston 2018.

31 Vgl. dazu schon Armin Nassehi: Die Paradoxie der Sichtbarkeit. Zur epistemologischen Verunsicherung der (Kultur-)Soziologie, in: Soziale Welt 50 (1999), S. 349–362.

32 Vgl. dazu Armin Nassehi: Unbehagen. Theorie der überforderten Gesellschaft, München 2021, S. 266 ff.

33 So die sogenannte «Kritische Weißseinsforschung», vgl. als kurzer Überblick Monika Albrecht: Whiteness, in: DirkGöttsche/Axel Dunker/Gabriele Dürbeck (Hg.): Handbuch Postkolonialismus und Literatur, Stuttgart 2017, S. 232–234, vgl. auch Maureen M. Eggers/Grada Kilomba/Peggy Piesche (Hg.): Mythen, Masken und Subjekte. Kritische Weißseinsforschung in Deutschland, Münster 2006.

34 Vgl. Niklas Luhmann: Soziale Systeme. Grundriß einer allgemeinen Theorie, Frankfurt/M. 1984, S. 112.
35 Vgl. zum Folgenden schon Armin Nassehi: Mehr Kritik bitte! Aber welche?, in: Kursbuch 182: Das Kursbuch. Wozu?, Hamburg 2015, S. 40–58.
36 Bruno Latour: Waiting for Gaia. Composing the common world through arts and politics. A lecture at the French Institute, London, November 2011 (http://www.bruno-latour.fr/sites/default/files/124-GAIA-LONDON-SPEAP_0.pdf).
37 So auch der Posthumanismus der Philosophin Rosi Braidotti, die alles in einer großen Alleinheit aller Wesen aufgehen lässt. Auch hier bleibt als Grundidee nur die Vorstellung einer Gemeinschaftlichkeit von allem als Lösung, eine eklatante Kapitulation vor jeder Komplexität: Rosi Braidotti: Posthuman Knowledge, Cambridge 2019.
38 Eine solche Emanzipationsgeschichte im Gestus der Wiederentdeckung erzählt sich dann auch die Soziologie, etwa in Markus Schroer: Geosoziologie. Die Erde als Raum des Lebens, Berlin 2022.
39 Hartmut Rosa in: Andreas Reckwitz/Hartmut Rosa: Spätmoderne in der Krise. Was leistet die Gesellschaftstheorie?, Berlin 2021, S. 299.
40 So leider auch der Impetus bei Carolin Amlimger und Oliver Nachtwey. Deren empirisch und analytisch hervorragende Studie über eine libertäre Form des Autoritären als eine zivilgesellschaftliche Form wird leider konterkariert durch die allzu einfache Zurechnung auf den Kapitalismus als einer Chiffre, die die Unbenennbarkeit des Gesamten dann am Ende unfreiwillig gut auf den Begriff bringt; vgl. Carolin Amlinger/Oliver Nachtwey: Gekränkte Freiheit. Aspekte des libertären Autoritarismus, Berlin 2022.
41 Eine ähnliche Figur findet sich bei Niklas Luhmann, der den Impetus von «Kritik» so beschreibt: «Die Kritik (im geläufigen Verständnis) setzt eine Diagnose der Gesellschaft voraus, die diese beschreibt als in einer Krise befindlich. Krisen sind vorübergehende Zustände. Man muss die Hoffnung nicht aufgeben. Die krisenhaften Erscheinungen der Gegenwart werden auf Fehlentwicklungen, vor allem Industriekapitalismus, zurückgeführt, die man korrigieren kann. Es muss gleichsam eine gute Gesellschaft hinter der Gesellschaft geben, auf die man Strukturen und Effekte zurückdirigieren kann, um in eine bessere Zukunft zu gelangen» (Niklas Luhmann: Die Gesellschaft der Gesellschaft, Frankfurt/M. 1997, S. 1116 f., Hervorhebung AN).
42 Vgl. Armin Nassehi: Die letzte Stunde der Wahrheit. Kritik der komplexitätsvergessenen Vernunft, Hamburg 2018, S. 189 ff.

→ Kultur

1 Vgl. HWP 4, Sp. 1309.
2 Vgl. etwa Gabriela Kompatscher/Reingard Spannring/Karin Schachinger: Human-Animal Studies. Eine Einführung für Studierende und Lehrende, 2. Aufl., Münster/New York 2021.
3 Für das es sogar ein Glossar in einer Buchreihe mit dem Titel «KörperKulturen» gibt, vgl. Anja Herrmann et al. (Hg.): Fat Studies. Ein Glossar, Bielefeld 2022.
4 Wer sich einen Überblick über die Vielfalt der gegenwärtigen Cultural Stu-

dies verschaffen will, sei auf die Web-Site der Popular Culture Association/American Culture Association (www.pcaaca.org) verwiesen.

5 Vgl. dazu Christoph Conrad/Sebastian Conrad (Hg.): Die Nation schreiben. Geschichtswissenschaft im internationalen Vergleich, Göttingen 2002.

6 Vgl. dazu Jörg Jochen Müller et al. (Hg.): Germanistik und Deutsche Nation 1806–1848. Zur Konstitution bürgerlichen Bewusstseins, Stuttgart 2000.

7 Eine hervorragende Rekonstruktion von Parsons Denkweg findet sich in Hans Joas/Wolfgang Knöbl: Sozialtheorie. Zwanzig einführende Vorlesungen, Frankfurt/M. 2004, S. 107–142.

8 Talcott Parsons: Societies. Evolutionary and Comparative Perspectives, Englewood Cliffs 1966, S. 26; Talcott Parsons: Das System moderner Gesellschaften, München 1972, S. 12 ff.; Talcott Parsons: The Social System, London 1964, S. 99.

9 Vgl. Armin Nassehi: Moral im System. Die Minimalmoral von Kommunikation, in: Jan-Christoph Hellinger/Julian Nida-Rümelin (Hg.): Anthropologie und Ethik, Berlin 2015, S. 171–190.

10 Vgl. Pierre Bourdieu/Loic J. D. Wacquant: Reflexive Anthropologie, Frankfurt/M. 1996, S. 147 ff.

11 Vgl. Joseph de Maistre: Von der Souveränität. Ein Anti-Gesellschaftsvertrag, Berlin 2016, S. 8.

12 Vgl. Beatrice Bondy: Die reaktionäre Utopie. Das politische Denken von Joseph de Maistre, Köln 1982; José María Beneyto: Apokalypse der Moderne. Die Diktaturtheorie von Donoso Cortes, Stuttgart 1988; Carl Schmitt: Politische Theologie. Vier Kapitel zur Lehre von der Souveränität, 3. Aufl., Berlin 1979.

13 Vgl. Arnold Gehlen: Anthropologische Forschung. Zur Selbstbegegnung und Selbstentdeckung des Menschen, Reinbek bei Hamburg 1961, S. 48; Helmut Schelsky: Ist die Dauerreflexion institutionalisierbar? Zum Thema einer modernen Religionssoziologie, in: Zeitschrift für evangelische Ethik 1 (1957), S. 153–174.

14 Vgl. Peter Seele: «Gelt ist auff erden der irdisch got» – Überlegungen zu einer Religionsökonomie des Geldes, in: Theologische Zeitschrift 65 (2009), S. 346–365; Clemens Escher: Wucherjude, in: Wolfgang Benz (Hg.): Handbuch des Antisemitismus. Band 3: Begriffe, Ideologien, Theorien, Berlin 2008, S. 348–349.

15 Manche dieser Motive finden sich ganz ohne Selbstzweifel sogar in empirischen Untersuchungen der ortlosen «globalen Finanzklasse», vgl. Sighard Neckel/Lukas Hofstätter/Marco Hohmann: Die globale Finanzklasse. Business, Karriere, Kultur in Frankfurt und Sydney, Frankfurt/M./New York 2018.

16 Ein Korrelat in der Sozialforschung sind sogenannte partizipative Methoden, die die authentische Perspektive der Betroffenen in Anspruch nehmen möchten, statt sie nur zu beobachten; vgl. etwa mit einem Überschuss an Ethisierung dieser Frage Hella von Unger: Partizipative Forschung. Einführung in die Forschungspraxis, Wiesbaden 2014.

17 Martin Heidegger: Die Zeit des Weltbildes, in: ders.: Holzwege, 6. Aufl., Frankfurt/M. 1980, S. 73–110, hier S. 88.

18 Vgl. Rolf Oerter (Hg.): Menschenbilder in der modernen Gesellschaft. Konzep-

tionen des Menschen in Wissenschaft, Bildung, Kunst, Wirtschaft und Politik, Stuttgart 1999.

19 Georg Wilhelm Friedrich Hegel: Vorlesungen über die Philosophie der Geschichte, Werke Band 12, Frankfurt/M. 1986, S. 31.

20 Vgl. Jürgen Habermas: Rekonstruktion des Historischen Materialismus, Frankfurt/M. 1976.

21 Niklas Luhmann: Gesellschaftsstruktur und Semantik. Studien zur Wissenssoziologie der modernen Gesellschaft, Bd. 4, Frankfurt/M. 1995, S. 48.

22 Ähnlich auch Céline Teney/Li Kathrin Rupieper: A New Social Conflict on Globalisation-Related Issues in Germany? A Longitudinal Perspective, in: Kölner Zeitschrift für Soziologie und Sozialpsychologie (2023). doi.org/10.1007/s11577-023-00884-5.

23 Vgl. Steffen Mau: Kamel oder Dromedar? Zur Diagnose gesellschaftlicher Polarisierung, in: Merkur 874, März 2022, S. 5–18.

24 Vgl. Jürgen Kaube/André Kieserling: Die gespaltene Gesellschaft, Berlin 2022.

25 So habe ich bereits formuliert in Armin Nassehi: Unbehagen. Theorie der überforderten Gesellschaft, München 2021, S. 255.

26 Vgl. Stefan Breuer: Anatomie der Konservativen Revolution, 2. Aufl., Darmstadt 1995.

27 Niklas Luhmann: Kultur als historischer Begriff, in: ders.: Gesellschaftsstruktur und Semantik. Studien zur Wissenssoziologie der modernen Gesellschaft, Frankfurt/M. 1995, S. 31–54, hier S. 39.

28 Vgl. Edward Said: Orientalism. Western Concepts of the Orient, Harmondsworth 1991; vgl. auch Gayatri Chakravorty Spivak: In Other Worlds. Essays in Cultural Politics, London/New York 1987; Paul Gilroy: The Black Atlantic. Modernity and Double Consciousness, London 1993.

29 Homi K. Bhaba: The Location of Culture, London/New York 1994, S. 227.

30 Vgl. Edward Said: Die Politik der Erkenntnis, in: Elisabeth Bronfen/Benjamin Marius/Therese Steffen (Hg.): Hybride Kulturen. Beiträge zur anglo-amerikanischen Multikulturalismusdebatte, Tübingen 1997, S. 88.

31 Vgl. etwa Matthias Schmidt: Volkslied und Allusionstechnik bei Brahms. Beobachtungen an ‹Sonntag› Op. 47/3, in: Die Musikforschung 54 (2001), S. 24–46.

32 Zur Distinktionsfunktion der Kultur ist der locus classicus Pierre Bourdieu: Die feinen Unterschiede. Kritik der gesellschaftlichen Urteilskraft, Frankfurt/M. 1982 (der französische Originaltitel lautet «La Distinction»); Hans-Peter Müller: Differenz und Distinktion. Über Kultur und Lebensstile, in: Merkur 49 (1995), S. 927–934; Günter Eser: Der Zwang zur Distinktion, in: Alexander Deichsel (Hg.): Die produktive Distanz. Beiträge zum Verhältnis von Masse und Elite, Hamburg, S. 55–63; Kai-Uwe Hellmann: Vorüberlegungen zur Funktion der Distinktion für den Konsum, in: Karl-Siegbert Rehberg (Hg.): Soziale Ungleichheit, kulturelle Unterschiede. Verhandlungen des 32. Kongresses der Deutschen Gesellschaft für Soziologie in München, Bd. 1, Frankfurt/M./New York 2006, S. 395–406.

33 Zum Folgenden vgl. schon das Kapitel «Kultur» in Armin Nassehi: Soziologie. Zehn einführende Vorlesungen, 2. Aufl., Wiesbaden 2011, S. 145–162.

34 Vgl. dazu Wilhelm Heinrich Riehl: Die bürgerliche Gesellschaft, Stuttgart/Augsburg 1856.
35 Vgl. Gerhard A. Ritter (Hg.): Arbeiterkultur, Bodenheim 1997.
36 Vgl. Andreas Reckwitz: Gesellschaft der Singularitäten. Zum Strukturwandel der Moderne, Berlin 2017; Andreas Reckwitz: Das Ende der Illusionen. Politik, Ökonomie und Kultur in der Spätmoderne, Berlin 2019.
37 Vgl. Jan Assmann: Stein und Zeit. Das ‹monumentale› Gedächtnis der altägyptischen Kultur, in: Jan Assmann/Tonio Hölscher (Hg.): Kultur und Gedächtnis, Frankfurt/M. 1988, S. 97–114.
38 Vgl. Ernst Cassirer: Philosophie der symbolischen Formen. 3 Bände, Darmstadt 1964.
39 Ernst Cassirer: Zur Logik des Symbolbegriffs, in: ders.: Wesen und Wirkung des Symbolbegriffs, Darmstadt 1965, S. 201–230, hier S. 209.
40 Vgl. dazu Armin Nassehi: Kunst im System, in: ders.: Gesellschaft der Gegenwarten. Studien zur Theorie der modernen Geselschaft II, Berlin 2011, S. 310–336.
41 Vgl. Walther Müller-Jentsch: Kunstkritik als literarische Gattung. Gesellschaftliche Bedingungen ihrer Entstehung, Entfaltung und Krise, in: Berliner Journal für Soziologie 22 (2012), S. 539–568; Paul Buckermann: Die Vermessung der Kunstwelt. Quantifizierende Beobachtungen und plurale Ordnungen der Kunst, Weilerswist 2020.

→ Lebenswelt

1 Edmund Husserl: Nachwort zu meinen Ideen zu einer reinen Phänomenologie und phänomenologischen Philosophie, Hamburg 2009, S. 158.
2 Alfred Schütz: Theorie der Lebenswelt 1. Die pragmatische Schichtung der Lebenswelt. Alfred Schütz Werkausgabe Band V.1. Konstanz 2003, S. 57.
3 Armin Nassehi: Der Fremde als Vertrauter. Soziologische Beobachtungen zur Konstruktion von Identitäten und Differenzen, in: Kölner Zeitschrift für Soziologie und Sozialpsychologie 47 (1995), S. 443–463.
4 Alfred Schütz/Thomas Luckmann: Strukturen der Lebenswelt. Band 2, Frankfurt/M. 1984, S. 124 f.
5 Edmund Husserl: Die Krisis der europäischen Wissenschaften und die transzendentale Phänomenologie, 2. Aufl., Hamburg 1982, S. 35.
6 Ebd., S. 47.
7 Vgl. Armin Nassehi: Muster. Theorie der digitalen Gesellschaft, München 2019.
8 Edmund Husserl: Die Krisis der europäischen Wissenschaften und die transzendentale Phänomenologie, 2. Aufl., Hamburg 1982, S. 47.
9 Ebd., S. 75.
10 Ludwig Wittgenstein: Tractatus logico philosophicus, Werkausgabe, Band 1, Frankfurt/M. 1984, 6.52.
11 Vgl. Ludwik Fleck: Entstehung und Entwicklung einer wissenschaftlichen Tatsache. Einführung in die Lehre vom Denkstil und Denkkollektiv, Frankfurt/M. 1980.
12 Alfred Schütz: Gesammelte Aufsätze I. Das Problem der sozialen Wirklichkeit, Den Haag 1971, S. 286.

13 Ebd., S. 262.
14 Jürgen Habermas: Theorie des kommunikativen Handelns. Band 1, Frankfurt/M. 1981, S. 107.
15 Alfred Schütz/Thomas Luckmann: Strukturen der Lebenswelt. Band 1, Frankfurt/M. 1979, S. 103 ff.
16 Vgl. dazu schon Armin Nassehi: Wir und die Anderen. Ein soziologischer Versuch, die Leitkulturdebatte zu verstehen, in: Bertelsmann Stiftung (Hg.): Vielfalt leben – Gesellschaft gestalten, Gütersloh 2018, S. 71–84.
17 So etwa bei Sabine Hark/Paula-Irene Villa: Unterscheiden und Herrschen. Ein Essay zu den ambivalenten Verflechtungen von Rassismus, Sexismus und Feminismus in der Gegenwart, Bielefeld 2017; Irini Siouti et al. (Hg.): Othering in der postmigrantischen Gesellschaft. Herausforderungen und Konsequenzen für die Forschungspraxis, Bielefeld 2022.
18 Gabriel de Tarde: Die Gesetze der Nachahmung, Frankfurt/M. 2003.
19 Emile Durkheim: Über soziale Arbeitsteilung. Studie über die Organisation höherer Gesellschaften, Frankfurt/M. 1988.
20 Pierre Bourdieu: Sozialer Sinn. Kritik der theoretischen Vernunft, Frankfurt/M. 1987.
21 George Herbert Mead: Philosophie der Sozialität, Frankfurt/M. 1969.
22 Talcott Parsons: The Social System, London 1951.
23 Niklas Luhmann: Soziale Systeme. Grundriß einer allgemeinen Theorie, Frankfurt/M. 1984.
24 Vgl. Immanuel Kant: Grundlegung zur Metaphysik der Sitten, in: Band 6 der Werke in zehn Bänden, Darmstadt 1983, S. 85 (BA 104).
25 Armin Nassehi: Unbehagen. Theorie der überforderten Gesellschaft, München 2021, S. 51 ff.

→ Macht

1 Max Weber: Wirtschaft und Gesellschaft. Grundriss der verstehenden Soziologie, 5. Aufl., Tübingen 1972, S. 28.
2 «Das Faszinierende an Gewalt ist ihre Eindeutigkeit.» Ein Gespräch mit Armin Nassehi, in: Mittelweg 36, 6/2022, S. 91–112.
3 Vgl. Jan Philipp Reemtsma: Vertrauen und Gewalt: Versuch über eine besondere Konstellation der Moderne, Hamburg 2008.
4 Vgl. Ernst Jünger: In Stahlgewittern, Stuttgart 2013.
5 So Niklas Luhmann: Die Politik der Gesellschaft, Berlin 2000, S. 21.
6 Max Weber: Wirtschaft und Gesellschaft. Grundriss der verstehenden Soziologie, 5. Aufl., Tübingen 1972, S. 28.
7 Rationale oder bürokratische, also auf gesatztem Recht basierende Herrschaft, traditionale Herrschaft und charismatische Herrschaft sind jene Idealtypen der Herrschaft, die Max Weber unterscheidet; vgl. ebd.
8 Vgl. dazu GGB 3, S. 820f f.; HWP 5, Sp. 585 ff.
9 Vgl. Niklas Luhmann: Gesellschaftsstruktur und Semantik. Studien zur Wissenssoziologie der modernen Gesellschaft, Bd. 1, Frankfurt/M. 1981, S. 9–71; Norbert Elias: Über den Prozeß der Zivilisation, Band 2, Frankfurt/M. 1976,

S. 312–490, insbesondere die Ausführungen zur Entwicklung des Selbstzwangs (S. 336 ff.) und zur Verhöflichung der Krieger (S. 351 ff.).

10 Vgl. Norbert Elias: Über den Prozeß der Zivilisation, 2 Bände, Frankfurt/M. 1976.

11 Vgl. dazu Christopher M. Browning: Ganz normale Männer. Das Reserve-Polizeibataillon 101 und die «Endlösung» in Polen, Hamburg 1994; Daniel Noah Goldhagen: Hitlers willige Vollstrecker: Ganz gewöhnliche Deutsche und der Holocaust, Berlin 1996; Harald Welzer: Wie aus ganz normalen Menschen Massenmörder werden, Frankfurt 2005.

12 Neben vielfältiger historischer Literatur zur Einzigartigkeit des Holocaust im Vergleich zu anderen modernen Gewaltexzessen vgl. aus einer zivilisationstheoretischen Perspektive Norbert Elias: Studien über die Deutschen. Machtkämpfe und Habitusentwicklung im 19. und 20. Jahrhundert, Frankfurt/M. 1992.

13 Stefan Kühl: Ganz normale Organisationen. Zur Soziologie des Holocaust, Berlin 2014, S. 22 f.

14 Vgl. Hannah F. Pitkin: Wittgenstein and Justice. On the Significance of Ludwig Wittgenstein for Social and Political, London 1971, S. 276.

15 C. Wright Mills: The Power Elite, Oxford 1956.

16 Zu dieser Diskussion ausführlicher Mark Hausgaard: Power, in: Austin Harrington et al. (Hg.): Encyclopedia of Social Theory, London 2006, S. 458 ff.

17 Gaetano Mosca: Die herrschende Klasse, Bern 1950 (ital. Original 1884), S. 51.

18 Vgl. Talcott Parsons: On the Concept of Political Power, in: Proceedings of the American Philosophical Society 107,3 (1063), S. 232–262.

19 Zum Gesamtkomplex vgl. Niklas Luhmann: Die Politik der Gesellschaft, Berlin 2000, S. 256 ff.

20 Vgl. dazu Barbara Kuchler: Macht, in: Oliver Jahraus et al. (Hg.): Luhmann-Handbuch. Leben – Werk – Wirkung, Stuttgart 2012, S. 97–99.

21 Vgl. Thomas Hobbes: Leviathan (1651), Frankfurt/M. 1984, S. 134.

22 Niklas Luhmann: Die Politik der Gesellschaft, Berlin 2000, S. 32.

23 Ebd., S. 47.

24 Vgl. Jürgen Habermas: Theorie des kommunikativen Handelns, Bd. 2, Frankfurt/M. 1981, S. 473; Niklas Luhmann: Die Politik der Gesellschaft, Berlin 2000, S. 256 ff.

25 Vgl. ebd., S. 38 ff.

26 Vgl. Colin Crouch: Postdemokratie, Frankfurt/M. 2008; Colin Crouch: Postdemokratie revisited, Berlin 2021; Chantal Mouffe: Das demokratische Paradox, Wien 2008; Oliver Marchart: Die politische Differenz. Zum Denken des Politischen bei Nancy, Lefort, Badiou, Laclau und Agamben, Berlin 2010.

27 Paul Nolte: Von der repräsentativen zur multiplen Demokratie, in: Aus Politik und Zeitgeschichte, H. 1–2, 2011, S. 5–12.

28 Vgl. Armin Nassehi: Soziologie des Politischen, in: Martin Endreß/Benjamin Rampp (Hg.): Politische Soziologie: Handbuch für Wissenschaft und Studium, Baden-Baden 2023, im Erscheinen.

29 Vgl. dazu Armin Nassehi: Das große Nein. Eigendynamik und Tragik des gesellschaftlichen Protests, Hamburg 2020, S. 111 ff.

30 Heinrich Popitz: Phänomene der Macht, 2. Aufl., Tübingen 1992, S. 24 ff.

31 So die machtkritische Perspektive von Steven Lukes: Power. A Radical View, London 1974.
32 Vgl. dazu Christoph Möllers: Gewaltengliederung. Legitimation und Dogmatik im nationalen und internationalen Rechtsvergleich, Tübingen 2005.
33 Vgl. etwa Axel Honneth: Kritik der Macht. Reflexionsstufen einer kritischen Gesellschaftstheorie, Frankfurt/M. 1988.
34 Michel Crozier/Erhard Friedberg: Die Zwänge kollektiven Handelns. Über Macht und Organisation, Frankfurt/M. 1993.
35 Vgl. Willi Küpper/Günther Ortmann: Mikropolitik. Rationalität, Macht und Spiele in Organisationen, 2. Aufl., Wiesbaden 1988; Thomas Matys: Macht, Kontrolle und Entscheidungen in Organisationen. Eine Einführung in organisationale Mikro-, Meso- und Makropolitik, 2. Aufl., Wiesbaden 2014.
36 Vgl. Niklas Luhmann: Organisation und Entscheidung, Opladen/Wiesbaden 2000, S. 201.
37 Vgl. ebd., S. 183 ff.
38 Hannah Arendt: Macht und Gewalt, München 1970, S. 45.
39 Vgl. dazu auch Jürgen Habermas: Hannah Arendts Begriff der Macht, in: Merkur 341, Oktober 1976, S. 946–960.
40 Hannah Arendt: Macht und Gewalt, München 1970, S. 41.
41 Vgl. ebd., S. 49.
42 Michel Foucault: Der Wille zum Wissen. Sexualität und Wahrheit 1, Frankfurt/M. 1983, S. 113.
43 Ebd., S. 115.
44 Michel Foucault: Analytik der Macht, Frankfurt/M. 2005, S. 297.
45 Noch einmal vgl. Norbert Elias: Über den Prozeß der Zivilisation, 2 Bände, Frankfurt/M. 1976.
46 Michel Foucault: Analytik der Macht, Frankfurt/M. 2005, S. 245.
47 Ebd.
48 Vgl. etwa Gesa Lindemann: Weltzugänge. Die mehrdimensionale Ordnung des Sozialen, Weilerswist 2014, S. 245 ff., hier v. a. relevant der Begriff der symbolischen Generalisierung von Gewalt.
49 Jan Philipp Reemtsma: Vertrauen und Gewalt: Versuch über eine besondere Konstellation der Moderne, Hamburg 2008, S. 136.
50 Ebd.
51 Norbert Elias: Über den Prozeß der Zivilisation, Band 2, Frankfurt/M. 1976, S. 312.
52 Jan Philipp Reemtsma: Vertrauen und Gewalt: Versuch über eine besondere Konstellation der Moderne, Hamburg 2008, S. 126.
53 Vgl. dazu Eddie Hartmann: Soziodizee und Gewaltverzicht. Zur Verstrickung soziologischen Denkens in ein modernes Versprechen, in: Mittelweg 36, 6 (2022), S. 11–32.

→ Natur

1 Vgl. HWP 6, Sp. 443.
2 Ebd., Sp. 433.
3 Immanuel Kant: Kritik der reinen Vernunft. Zweiter Teil, Band 4 der Werke in zehn Bänden, Darmstadt 1983, S. 427–436 (A 444–455).

4 Vgl. Immanuel Kant: Kritik der praktischen Vernunft, in: Band 6 der Werke in zehn Bänden, Darmstadt 1983, S. 264 f. (A 239).
5 Jürgen Habermas: Nicht die Natur verbietet das Klonen. Wir müssen selbst entscheiden. Eine Replik auf Dieter E. Zimmer. Biologie kennt keine Moral, in: DIE ZEIT 09/1998. URL: https://www.zeit.de/1998/09/klonen.txt.19980219.xml.
6 Vgl. dazu schon meinen Kommentar zu der Debatte im selben Jahr: Armin Nassehi: Geklonte Götter, in: Ästhetik und Kommunikation 29 (1998), Heft 102, S. 53–58.
7 Max Weber: Wissenschaft als Beruf (1917/19), Politik als Beruf (1919), ders.: Studienausgabe der Max-Weber-Gesamtausgabe, Band I/17, Tübingen 1994, S. 21.
8 Zum Begriff der «exzentrischen Positionalität» des Menschen vgl. Helmuth Plessner: Die Stufen des Organischen und der Mensch, Berlin 1975.
9 Joseph de Maistre: Von der Souveränität. Ein Anti-Gesellschaftsvertrag, Berlin 2016.
10 Sarah Reimann: Die Entstehung des wissenschaftlichen Rassismus im 18. Jahrhundert, Stuttgart 2017; Christian Koller: Rassismus, Stuttgart 2009; Udo Bermbach: Houston Stewart Chamberlain. Wagners Schwiegersohn. Hitlers Vordenker, Wiesbaden 2015.
11 Stefan Kühl: Die Internationale der Rassisten. Aufstieg und Niedergang der internationalen eugenischen Bewegung im 20. Jahrhundert, Frankfurt/M./New York 2014.
12 Zur Einführung vgl. Bertram Stubenrauch: Dreifaltigkeit, Mainz 2002.
13 Bruno Latour: Wir sind nie modern gewesen. Versuch einer symmetrischen Anthropologie, Berlin 1995, S. 19.
14 Ausführlich dazu meine Kritik an Latour in Armin Nassehi: Unbehagen. Theorie der überforderten Gesellschaft, München 2021, S. 97 ff.
15 So die Formulierung von Markus Schroer: Geosoziologie. Die Erde als Ort des Lebens, Berlin 2022.
16 Vgl. Rosi Braidotti: Posthuman Knowledge, Cambridge 2019.
17 Bruno Latour: Wir sind nie modern gewesen. Versuch einer symmetrischen Anthropologie, Berlin 1995, S. 47.
18 GGB 4, S. 240.
19 John Polkinghorne: Quantentheorie, 3. Aufl., Stuttgart 2019; Werner Vogd/Caslav Brukner: Der Beobachter in der Quantentheorie, in: Werner Vogd: Quantenphysik und Soziologie im Dialog. Betrachtungen zu Zeit, Beobachtung und Verschränkung, Wiesbaden 2020, S. 105–126.
20 Vgl. Risto Saarinen/Christof Böttigheimer: Art. Erbsünde, in: Religion in Geschichte und Gegenwart Band 2, 4. Aufl., Tübingen 1999, S. 1394–1397.
21 Vgl. dazu schon Armin Nassehi: Geschlecht, Geschlechtlichkeit, Religion. Woran liegt die Sexbesessenheit des Religiösen?, in: Friedrich Wilhelm Graf/Jens-Uwe Hartmann (Hg.): Religion und Gesellschaft. Sinnstiftungssysteme im Konflikt, Berlin 2019, S. 229–236.
22 In Lehrbuchform einführend Ralf Brandes/Florian Lang/Robert F. Schmidt (Hg.): Physiologie des Menschen mit Patophysiologie, 32. Aufl., Berlin 2019, S. 953 ff.; Hynek Burda/Jan Zrzavy/Peter Bayer: Humanbiologie, Stuttgart

2014, S. 322–358; Gisela Gruppe et al. (Hg.): Anthropologie. Einführendes Lehrbuch, Heidelberg 2012, S. 355 ff.
23 Vgl. dazu nur Susanne Schröter: FeMale. Über Grenzverläufe zwischen den Geschlechtern, Frankfurt/M. 2002.
24 So auch Paula-Irene Villa Braslavsky: «Trans* Personen nehmen das Versprechen der Moderne ernst». Interview von Nils Markwardt, in: Zeit-online vom 25. 07. 2022. URL: https://www.zeit.de/kultur/2022-06/paula-irene-villa-braslavsky-trans-gender-soziologie.
25 Stefan Hirschauer: Die soziale Konstruktion der Transsexualität. Über die Medizin und den Geschlechtswechsel, Frankfurt/M. 1992; Suzanne J. Kessler/Wendy McKenna: Gender. An Ethnomethodological Approach, New York 1978.
26 Zum Begriff vgl. Thomas Lemke: Veranlagung und Verantwortung. Genetische Diagnostik zwischen Selbstbestimmung und Schicksal, Bielefeld 2004, S. 59 ff.
27 Hier etwa ungeklärt in einem ansonsten sehr informativen Aufsatz von Paula-Irene Villa Braslavsky: Geschlecht. Die Magie der Anisogamie. Ein Kommentar zu Ponseti und Stirn (2019), in: Zeitschrift für Sexualforschung 32 (2019), S. 157–162.
28 Vgl. dazu die Beiträge in Dominik Groß et al. (Hg.): Normal – anders – krank?: Akzeptanz, Stigmatisierung und Pathologisierung im Kontext der Medizin, Berlin 2007.
29 Vgl. Trygve Tollefsbol (Hg.): Transgenerational Epigenetics. Evidence and Debate, London 2014; in einfacher einführender Form Bernhard Kegel: Epigenetik. Wie unsere Erfahrungen vererbt werden, Köln 2009.
30 Vgl. etwa Ruth Müller: Der epigenetische Körper. Zwischen biosozialer Komplexität und Umweltdeterminismus, in: Open Gender Journal 2017. DOI:10.17169/ogj.2017.17; Ruth Müller et al.: The Biosocial Genome? Interdisciplinary Perspectives on Environmental Epigenetics, in: Health and Society 18 (2017), S. 1677–1682.
31 Vgl. dazu Joan Roughgarden: The Genial Gene. Deconstructing Darwinian Selfishness, Berkeley 2009; Joachim Bauer: Das cooperative Gen. Abschied vom Darwinismus, Hamburg 2008.

→ Öffentlichkeit

1 Immanuel Kant: Beantwortung der Frage: Was ist Aufklärung?, in: Ehrhardt Bahr (Hg.): Was ist Aufklärung? Thesen und Definitionen, Stuttgart 1974, S. 8–17, hier S. 11.
2 Ebd.
3 Ebd.
4 Ausführlich dazu vgl. GGB 4, S. 425 ff.
5 Immanuel Kant: Zum ewigen Frieden. Ein philosophischer Entwurf, Stuttgart 1983, S. 69.
6 Vgl. Uwe Hohendahl: Öffentlichkeit. Geschichte eines kritischen Begriffs, Stuttgart/Weimar 2000, S. 50 ff.
7 Vgl. GGB 4, S. 432 f.

8 Vgl. Reinhart Koselleck: Kritik und Krise, Frankfurt/M. 1973, S. 156.

9 Vgl. Jürgen Habermas: Strukturwandel der Öffentlichkeit. Untersuchungen zu einer Kategorie der bürgerlichen Gesellschaft, 2. Aufl., Frankfurt/M. 1990.

10 Paul Nolte: Die Ordnung der deutschen Gesellschaft. Selbstentwurf und Selbstbeschreibung im 20. Jahrhundert, München 2000, S. 37.

11 Vgl. GGB 2, S. 812 ff.

12 Vgl. Jürgen Habermas: Strukturwandel der Öffentlichkeit. Untersuchungen zu einer Kategorie der bürgerlichen Gesellschaft, 2. Aufl., Frankfurt/M. 1990, S. 260.

13 Jürgen Habermas: Ein neuer Strukturwandel der Öffentlichkeit und die deliberative Politik, Berlin 2022.

14 Walter Benjamin: Das Kunstwerk im Zeitalter seiner technischen Reproduzierbarkeit, Berlin 2007.

15 Vgl. Birgit Stark: Fragmentierung Revisited. Eine theoretische und methodische Evaluation im Internetzeitalter, in: Felix Sattelberger/Wolfgang Seufert (Hg.): Langfristiger Wandel von Medienstrukturen. Theorie, Methoden, Befunde, Baden-Baden 2013, S. 199–220; James G. Webster/Thomas B. Ksiazek: The Dynamics of Audience Fragmentation. Public Attention in an Age of Digital Media, in: Journal of Communication 62 (2012), S. 39–56; Cord Knüpfer/Barbara Pfetsch/Annett Heft: Demokratischer Wandel, dissonante Öffentlichkeit und die Herausforderungen vernetzter Kommunikationsumgebungen, in: Michael Oswald/Isabell Borucki (Hg.): Demokratietheorie im Zeitalter der Frühdigitalisierung, Wiesbaden 2020, S. 83–101.

16 Eli Pariser: The Filter Bubble. What the Internet Is Hiding from You, New York 2011.

17 Birgit Stark/Melanie Magin/Pascal Jürgens: Maßlos überschätzt. Ein Überblick über theoretische Annahmen und empirische Befunde zu Filterblasen und Echokammern, in: Mark Eisenegger et al. (Hg.): Digitaler Strukturwandel der Öffentlichkeit. Historische Verortung, Modelle und Konsequenzen, Wiesbaden 2021, S. 303–322.

18 Georg Wilhelm Friedrich Hegel: Grundlinien der Philosophie des Rechts, Werke, Band 7, Frankfurt/M. 1970, S. 483.

19 Ebd., S. 485.

20 Vgl. ebd., S. 486 f.

21 Vgl. dazu Jürgen Habermas: Hegels Begriff der Moderne, in: ders.: Der philosophische Diskurs der Moderne, Frankfurt/M. 1986, S. 34–58, hier S. 50.

22 Vgl. dazu Armin Nassehi: Der Begriff des Politischen und die doppelte Normativität der «soziologischen» Moderne, in: Armin Nassehi/Markus Schroer (Hg.): Der Begriff des Politischen, Soziale Welt-Sonderband, Baden-Baden 2003, S. 133–169.

23 Vgl. Rudolf Stichweh: Computer, Kommunikation und Wissenschaft: Telekommunikative Medien und Strukturen der Kommunikation im Wissenschaftssystem, MPIfG Discussion Paper, No. 89/11, Max-Planck-Institut für Gesellschaftsforschung, Köln 1989.

24 Jeffrey Wimmer: (Gegen-)Öffentlichkeit in der Mediengesellschaft. Analyse eines medialen Spannungsverhältnisses, Wiesbaden 2007.

25 Vgl. Niklas Luhmann: Die Realität der Massenmedien, 2. Aufl., Opladen 1996, S. 9.

26 Ebd., S. 173.

27 Vgl. Armin Nassehi: Muster. Theorie der digitalen Gesellschaft. München 2019, S. 281 ff.

28 Vgl. Jürgen Habermas: Können komplexe Gesellschaften eine vernünftige Identität ausbilden?, in: ders.: Zur Rekonstruktion des Historischen Materialismus, Frankfurt/M. 1976, S. 92–128.

29 Christoph Neuberger/Thomas N. Friebel: Öffentlichkeit als dynamisches Netzwerk, in: Mark Eisenegger et al. (Hg.): Digitaler Strukturwandel der Öffentlichkeit. Historische Verortung, Modelle und Konsequenzen, Wiesbaden 2021, S. 81–96.

→ Populismus

1 Die gesamte Rede ist hier nachzulesen: 2017 Donald Trump Inauguration Speech Transcript, in: Politico 20. 01. 2017. URL: https://www.politico.com/story/2017/01/full-text-donald-trump-inauguration-speech-transcript-233907.

2 Vgl. dazu schon Armin Nassehi: Po:Pu:Lis:Mus, in: Kursbuch 189: Lauter Lügen, Hamburg 2017, S. 38–52.

3 Vgl. Sheri Berman: The Causes of Populism in the West, in: Annual Review of Political Science 24 (2021), S. 71–88.

4 Zur Politik des Aristoteles vgl. Otfried Höffe: Aristoteles. Politik, in: Manfred Brocker (Hg.): Geschichte des politischen Denkens. Ein Handbuch, Frankfurt/M. 2007, S. 31–46; Peter Weber-Schäfer: Aristoteles, in: Hans Maier et al. (Hg.): Klassiker des politischen Denkens I, München 2001, S. 33–52.

5 Vgl. Niklas Luhmann: Legitimation durch Verfahren, 6. Aufl., Frankfurt/M. 2006.

6 Ralf Dahrendorf: Acht Anmerkungen zum Populismus, in: Transit 25 (2003), online auf Eurozine 2007, S. 1. URL: https://www.eurozine.com/acht-anmerkungen-zum- populismus/.

7 Vgl. Rogers Brubaker: Why Populism?, in: Theory and Society 46 (2017), S. 357–385.

8 Vgl. dazu Jan-Werner Müller: Was ist Populismus? Ein Essay, Berlin 2016.

9 Vgl. HWP 11, Sp. 1080–1090; M. Rainer Lepsius: «Ethnos» und «Demos». Zur Anwendung zweier Kategorien von Emerich Francis auf das nationale Selbstverständnis der Bundesrepublik und auf die Europäische Einigung, in: Kölner Zeitschrift für Soziologie und Sozialpsychologie 38 (1986), S. 751–759.

10 Vgl. Armin Nassehi: «Der Begriff des Politischen und die doppelte Normativität der ‹soziologischen› Moderne», in: Armin Nassehi/Markus Schroer (Hg.): Der Begriff des Politischen, Soziale Welt-Sonderband 14, Baden-Baden 2003, S. 133–169.

11 Vgl. Andreas Wimmer: Nation Building. Why Some Countries Come Together While Others Fall Apart, Princeton 2020.

12 Vgl. Benedict Anderson: Die Erfindung der Nation. Zur Karriere eines folgenreichen Konzepts, 3. Aufl., Frankfurt/M./New York 2005.

13 Vgl. dazu Reinhard Koselleck et al. in: GGB 7, S. 141–431; Rogers Brubaker: Citizenship and Nationhood in France and Germany, Harvard 1992; Armin Nassehi: Zum Funktionswandel von Ethnizität im Prozeß gesellschaftlicher Modernisierung. Ein Beitrag zur Theorie funktionaler Differenzierung, in: Soziale Welt 41 (1990), S. 261–282; Armin Nassehi: Das stahlharte Gehäuse der Zugehörigkeit. Unschärfen im Diskurs um die «multikulturelle Gesellschaft», in: ders. (Hg.): Nation, Ethnie, Minderheit. Beiträge zur Aktualität ethnischer Konflikte, Kön/Wien/Weimar, S. 177–208.

14 So ähnlich auch Cas Mudde/Cristóbal Rovira Kaltwasser: Populism. A Very Short Introduction, 2. Aufl., Oxford 2017.

15 Vgl. Karin Priester: Populismus. Historische und aktuelle Erscheinungsformen. Frankfurt/M./New York 2007.

16 Vgl. Anton Pelinka: Populismus. Die Versuchung zur Vereinfachung. Demokratie, Politik und Recht, in: Marina Fleck/Tobias Hirschmüller/Thomas Hoffmann (Hg.): Populismus. Kontroversen und Perspektiven. Ein wissenschaftliches Gesprächsangebot, München 2020, S. 109–124.

17 Vgl. Arlie Russel Hochschild: Fremd im eigenen Land. Eine Reise ins Herz der amerikanischen Rechten, Frankfurt/M./New York 2017, S. 200.

18 Ernesto Laclau: On Populist Reason, London 2005, S. 125 ff.

19 Vgl. Slavoj Zizek: Against the Populist Temptation, in: Critical Inquiry, 32 (2006), S. 551–574.

20 Chantal Mouffe: «Wir brauchen einen linken Populismus.» Interview in der Süddeutschen Zeitung vom 28. 12. 2016. URL: https://www.sueddeutsche.de/politik/interview-mit-der-politologin-chantal-mouffe-wir-br auchen-einen-linken-populismus-1.3312255.

21 Ebd. (Hervorhebung AN).

22 Vgl. Karin Priester: Linkspopulismus – die andere Seite der populistischen Medaille, in: Forschungsjournal Soziale Bewegungen 30.2 (2017), S. 50–59.

23 Jan-Werner Müller: What Is Populism?, Philadelphia 2016.

24 Marius Hildebrand, in: «Der Populismus ist ein Platzhalter für das leere Versprechen der Demokratie geworden». Astrid Séville und Marius Hildebrand im Gespräch mit Conrad Lluis Martell, in: Soziopolis vom 21. 02. 2018. URL: https://www.soziopolis.de/der-populismus-ist-ein-platzhalter-fuer-das-leere-versprechen- der-demokratie-geworden.html.

25 Mit anderer Konnotation die Metapher der Lücke bei Gudrun Hentges: Die populistische Lücke. Flucht, Migration und neue Rechte, in: Katharina Becker/Klaus Dörre/Peter Reif-Spirek (Hg.): Arbeiterbewegung von rechts? Ungleichheit – Verteilungskämpfe – populistische Revolte, Frankfurt/M./New York 2018, S. 101–116.

→ Technik

1 Vgl. Jost Halfmann: Technische Zivilisation. Zur Aktualität der Technikreflexion in der gesellschaftlichen Selbstbeschreibung, Opladen 1998.

2 Vgl. dazu Kurt Bayertz/Michael Quante: Marxistische Technikphilosophie, in: Armin Grunwald/Melanie Simonidis-Puschmann (Hg.): Handbuch Technikethik, Stuttgart 2013, S. 89–93.

3 Uwe Schneidewind: Die große Transformation. Eine Einführung in die Kunst gesellschaftlichen Wandels, Frankfurt/M. 2018.
4 Vgl. etwa Hubert Heinelt/Wolfram Lamping: Städte im Klimawandel. Zwischen Problembetroffenheit und Innovationserwartung, in: Forschungsjournal Soziale Bewegungen 27, 2 (2014), S. 79–89. Doi.org/10.1515/fjsb-2014-0209; Ulrich Dolata: Soziotechnischer Wandel, Nachhaltigkeit und politische Gestaltungsfähigkeit, in: Helmuth Lange (Hg.): Nachhaltigkeit als radikaler Wandel, Wiesbaden 2008, S. 261–286.
5 Vgl. Oliver Geden/Felix Schenuit: Unkonventioneller Klimaschutz. Gezielte CO2-Entnahme aus der Atmosphäre als neuer Ansatz in der EU-Klimapolitik, SWP-Studie 10, Berlin 2020. URL: https://www.swp-berlin.org/publications/products/studien/2020S10_Gdn_Schenuit_CO2Entnahme. pdf.
6 Vgl. Stefan Schäfer/Franz Mauelshagen: Die technologische Kolonisierung des Klimas, in: Dritte Natur. Technik, Kapital, Umwelt 1 (3), 2021, S. 39–58; Sean Low/Stefan Schäfer: Tools of the Trade. Practices and Politics of Researching the Future in Climate Engineering. Sustainability Science, 14(4) (2019), S. 953–962. Doi:10.1007/s11625-019-00692-x.
7 Vgl. klassisch Jeremy Rifkin: The Green New Deal: Why the Fossil Fuel Civilization Will Collapse by 2028, and the Bold Economic Plan to Save Life on Earth, New York 2019.
8 Paradigmatisch Stefan Lessenich: Nicht mehr normal. Gesellschaft am Rande des Nervenzusammenbruchs, Berlin 2022, S. 28.
9 Vgl. Hanna Ketterer/Karina Becker (Hg.): Was stimmt nicht mit der Demokratie? Eine Debatte mit Klaus Dörre, Nancy Fraser, Stephan Lessenich und Hartmut Rosa, Berlin 2019; Niko Paech: Befreiung vom Überfluss. Auf dem Weg zur Postwachstumsökonomie, München 2012; Matthias Schmelzer/Andrea Vetter: Degrowth/Postwachstum zur Einführung, Hamburg 2021; Giorgos Kallis: Degrowth, Newcastle upon Zyne 2018.
10 Vgl. Jürgen Habermas: Technik und Wissenschaft als Ideologie, Frankfurt/M. 1989.
11 Ebd., S. 81.
12 Martin Heidegger: Die Herkunft der Kunst und die Bestimmung des Denkens (1967), in: Petra Jaeger/Rudolf Lüthe (Hg.): Distanz und Nähe. Reflexionen und Analysen zur Kunst der Gegenwart, Würzburg 1983, S. 11–22, hier S. 16.
13 Ebd., S. 16.
14 Vgl. Martin Heidegger: Das Ge-Stell, in: ders.: Gesamtausgabe, Band 79: Bremer und Freiberger Vorträge, 2. Aufl., Frankfurt/M. 2005, S. 24–45, hier S. 33.
15 Edmund Husserl: Die Krisis der europäischen Wissenschaften und die transzendentale Phänomenologie, Husserliana VI, Den Haag 1954, S. 32 f.
16 Ebd., S. 44.
17 Ebd., S. 45 ff.
18 Vgl. Günther Anders: Die Antiquiertheit des Menschen. Band II: Über die Zerstörung des Lebens im Zeitalter der dritten industriellen Revolution, München 1980.
19 Helmut Schelsky: Der Mensch in der wissenschaftlichen Zivilisation, Wiesbaden 1961,

20 Friedrich Georg Jünger: Die Perfektion der Technik, 8. Aufl., Frankfurt/M. 2010.
21 Heiner Minssen/Werner Sauerborn: Zur Kritik des Technikbegriffs in der Theorie der «wissenschaftlich-technischen Revolution», in: Prokla 29 (1977), S. 39–76.
22 Arnold Gehlen: Die Seele im technischen Zeitalter. Sozialpsychologische Probleme in der industriellen Gesellschaft (1957), hg. v. Karl-Siegbert Rehberg, Frankfurt/M. 2007.
23 Ivan Illich: Selbstbegrenzung. Eine politische Kritik der Technik, Reinbek 1980.
24 Vgl. Nick Bostrom: Superintelligenz. Szenarien einer kommenden Revolution, Berlin 2016.
25 Als Überblick vgl. Christoph Müller/Bernhard Nievergelt: Technikkritik in der Moderne. Empirische Technikereignisse als Herausforderung an die Sozialwissenschaft, Opladen 1996.
26 Ernst Knapp: Grundlinien einer Philosophie der Technik. Zur Entstehungsgeschichte der Kultur aus neuen Gesichtspunkten, Hamburg 2015, S. 40 ff.
27 Marshall McLuhan: Understanding Media. The Extensions of Man, Cambridge/London 1994, S. 5.
28 Zum Folgenden vgl. bereits Armin Nassehi: Muster. Theorie der digitalen Gesellschaft, München 2019, S. 196–227.
29 Ernst Cassirer: Form und Technik, in: ders.: Aufsätze und kleine Schriften (1927–1931), Hamburg 2004.
30 HWP 10, Sp. 939 f.
31 Werner Rammert: Technik, Handeln und Sozialstruktur. Eine Einführung in die Soziologie der Technik. Technical University Technology Studies Working Papers TUTS-WP-3-2006, Berlin 2006, S. 8. URL: https://www.ts.tu-berlin.de/fileadmin/fg226/TUTS/TUTS_WP_3_2006.pdf.
32 Ähnlich Karen Barad: Agentieller Realismus. Über die Bedeutung materiell-diskursiver Praktiken, Berlin 2012.
33 Vgl. dazu schon Marcel Mauss: Soziologie und Anthropologie, Bd. 2, Frankfurt/M. 1989, S. 202 ff.
34 Vgl. Niklas Luhmann: Organisation und Entscheidung, Wiesbaden 2000, S. 367, hier mit dem Hinweis, dass strikte Kopplung unter Zeitgesichtspunkten zumeist sofortige Kopplung bedeutet.
35 Vgl. Heinz von Foerster: Wissen und Gewissen. Versuch einer Brücke, Frankfurt/M. 1993, S. 247. Von Foerster schreibt hier: «Das ausgezeichnete Merkmal der trivialen Maschine ist Gehorsam, das der nicht-trivialen Maschine augenscheinlich Ungehorsam».
36 Niklas Luhmann: Die Gesellschaft der Gesellschaft, Frankfurt/M. 1997, S. 518.
37 Ebd., S. 524.
38 Der Unfallbericht rekonstruiert eine banale Ursache mit verheerender Wirkung. URL: https://aviation-safety.net/database/record.php?id=19921004-2&lang=de.
39 Vgl. dazu Julia Zilles/Emily Drewing/Julia Janik: Umkämpfte Zukunft: Zum Verhältnis von Nachhaltigkeit, Demokratie und Konflikt, Bielefeld 2022.

40 Vgl. William R. Ashby: Einführung in die Kybernetik, Frankfurt/M. 1974, S. 298 f.

41 Vgl. Armin Nassehi: Muster. Theorie der digitalen Gesellschaft, München 2019, S. 228 ff.

42 Yann LeCun/Yoshua Bengio/Geoffrey Hinton: Deep Learning, in: Nature 521, 28. Mai 2015, S. 436–444, hier S. 436. DOI:10.1038/nature14539.

43 Vgl. Alan M. Turing: Computing Machinery an Intelligence, in: Mind 59, Nr. 236 (1950), S. 433–460. doi:10.1093/mind/LIX.236.433.

44 Vgl. Luciano Floridi: AI as Agency Without Intelligence: On ChatGPT, Large Language Models, and Other Generative Models (February 14, 2023), in: Philosophy and Technology 2023. http://dx.doi.org/10.2139/ssrn. 4358789.

45 Vgl. Eva A. M. van Dis et al.: ChatGPT: Five Priorities for Research, in: Nature, 614 (2023), S. 224–226.

46 Vgl. dazu Armin Nassehi: Die Notwendigkeit des Zufalls. Eine Collage in nicht zufällig sieben Bildern, in: Kursbuch 213: Alles kein Zufall, Hamburg 2023, S. 40–58.

47 Zum Gesamtkomplex der digitalen Lernfähigkeit vgl. Yann LeCun/Yoshua Bengio/Geoffrey Hinton: Deep Learning, in: Nature 521, 28. Mai 2015, S. 436–444. DOI:10.1038/nature14539; Luciana Parisi: Das Lernen lernen oder die algorithmische Entdeckung von Informationen, in: Christoph Engemann/Andreas Sudmann (Hg.): Machine Learning. Medien, Infrastrukturen und Technologien der Künstlichen Intelligenz, Bielefeld 2018, S. 93–113; Ivano Lauriola/Alberto Lavelli/Fabio Aiolli: An Introduction to Deep Learning in Natural Language Processing: Models, Techniques, and Tools, in: Neurocomputing 470 (2022), S. 443–456; doi.org/10.1016/j.neucom.2021.05.103; als leicht zugängliche Einleitung Thomas Ramge: Mensch und Maschine. Wie künstliche Intelligenz und Roboter unser Leben verändern, Stuttgart 2018.

48 Vgl. Armin Nassehi: Muster. Theorie der digitalen Gesellschaft, München 2019, S. 248 ff.

49 Luciana Parisi: Das Lernen lernen oder die algorithmische Entdeckung von Informationen, in: Christoph Engemann/Andreas Sudmann (Hg.): Machine Learning. Medien, Infrastrukturen und Technologien der Künstlichen Intelligenz, Bielefeld 2018, S. 93–113, hier S. 99.

50 Bernhard J. Dotzler: ‹Down-to earth-resolutions›. Erinnerungen an die KI als eine ‹häretische Theorie›, in: Christoph Engemann/Andreas Sudmann (Hg.): Machine Learning. Medien, Infrastrukturen und Technologien der Künstlichen Intelligenz, Bielefeld 2018, S. 39–54, hier: S. 52.

51 Edmund Husserl: Die phänomenologische Methode. Ausgewählte Texte I, Stuttgart 1998, S. 55.

→ Wissen

1 Vgl. HWP12, Sp. 861.

2 Immanuel Kant: Kritik der reinen Vernunft. Zweiter Teil, Werke in 10 Bänden, Band 4, Darmstadt 1983, S. 689 (B 850).

3 Ebd., (B 851).

4 John Austin: How to Do Things with Words, Cambridge 1962.

5 Immanuel Kant: Kritik der reinen Vernunft. Zweiter Teil, Werke in 10 Bänden, Band 4, Darmstadt 1983, S. 687 f. (B 848).

6 Vgl. Peter Berger/Thomas Luckmann: Die gesellschaftliche Konstruktion der Wirklichkeit. Eine Theorie der Wissenssoziologie, Frankfurt/M. 1980, S. 36 ff.; Jürgen Habermas: Theorie des kommunikativen Handelns, Band 2, Frankfurt/M. 1981, S. 182 ff.; George Herbert Mead: Geist, Identität und Gesellschaft. Aus der Sicht des Sozialbehaviorismus, 7. Aufl., Frankfurt/M. 1988; Talcott Parsons: Gesellschaften, Frankfurt/M. 1975, S. 14 ff.; Niklas Luhmann: Die Wissenschaft der Gesellschaft, Frankfurt/M. 1990, S. 122.

7 Die Behauptung am Anfang dieses Lemmas, dass der FC Schalke 04 in der ersten Bundesliga spiele, stimmte, als dieses Kapitel geschrieben wurde. Zu Zeitpunkt der Fahnenkorrektur (und einer späten Ergänzung dieser Anmerkung) stimmt das leider nicht mehr - und dennoch firmieren beide Sätze als „Wissen".

8 Vgl. Armin Nassehi: What do We Know About Knowledge? An Essay on the Knowledge Society, in: Canadian Journal of Sociology 29 (2004), S. 439–449.

9 Vgl. Alfred Schütz/Thomas Luckmann: Strukturen der Lebenswelt. Band 1, Frankfurt/M. 1979, S. 133f f.; grundlegend außerdem Niklas Luhmann: Die Wissenschaft der Gesellschaft, Frankfurt/M. 1990, S. 123.

10 Vgl. Wolfgang Stegmüller: Glauben, Wissen und Erkennen. Das Universalienproblem einst und jetzt, Darmstadt 1967, S. 12 ff.

11 Klassisch in der Unterscheidung von knowing how und knowing that bei Gilbert Ryle: The Concept of Mind, Chicago 1949 (Nachdruck New York 2000), S. 28–32.

12 Francisco J. Varela: Die biologischen Wurzeln des Wissens – Vier Leitprinzipien für die Zukunft der Kognitionswissenschaft, in: Christa Maar/Hans Ulrich Obrist/Ernst Pöppel (Hg.): Weltwissen – Wissenswelt. Das globale Netz von Text und Bild, Köln 2000, S. 146–160, hier S. 152.

13 Vgl. auch Rudolf Stichweh: Kultur, Wissen und die Theorien soziokultureller Evolution, in: Ulrich Beck/André Kieserling (Hg.): Ortsbestimmungen der Soziologie: Wie die kommende Generation Gesellschaftswissenschaften betreiben will, Baden-Baden 2000, S. 127–138, hier S. 133.

14 Vgl. Gabriel de Tarde: Die Gesetze der Nachahmung, Frankfurt/M. 2003.

15 An dieser Stelle scheiden sich dann die soziologischen Geister, die entweder wie die phänomenologische Soziologie im Anschluss an Alfred Schütz oder auch im Sinne von Jürgen Habermas diese gemeinsame Welt über eine Figur einer in der Lebenswelt (→ Lebenswelt) fundierten Intersubjektivität verstehen, während operative Theorien, wie der Pragmatismus George Herbert Meads oder die soziologische Systemtheorie die zeitlichen Formen der Kondensierungen von Bedeutung im Blick haben. Diese Unterscheidung muss hier nicht weiterverfolgt werden, vgl. dazu aber Armin Nassehi: Luhmann und Husserl, in: Oliver Jahraus et al. (Hg.): Luhmann-Handbuch. Leben – Werk – Wirkung, Stuttgart 2012, S. 13–18; Armin Nassehi: Der soziologische Diskurs der Moderne, Frankfurt/M. 2009, S. 67 ff.

16 Alfred Schütz: Über die mannigfaltigen Wirklichkeiten, in: ders.: Gesammelte Aufsätze. Band 1, Den Haag 1971, S. 237–298.

17 Vgl. Niklas Luhmann: Die Wissenschaft der Gesellschaft, Frankfurt/M. 1990, S. 134.

18 Vgl. Holm Tetens: Wissenschaftstheorie. Eine Einführung, München 2013; Hans Poser: Wissenschaftstheorie. Eine philosophische Einführung, 2. Aufl., Stuttgart 2012.

19 Vgl. dazu Sheila Jasanoff et al. (Hg.): Handbook of Science and Technology Studies, Thousand Oaks 2007; Karin Knorr-Cetina: Epistemic Cultures, Cambridge 1999.

20 Vgl. Bruno Latour/Stephen Woolgar: Laboratory Life. The Construction of Scientific Facts, New York/London 1979.

21 Vgl. dazu etwa die Beiträge in Markus Gabriel (Hg.): Der Neue Realismus, Berlin 2014.

22 Vgl. Armin Nassehi: Geschlossenheit und Offenheit. Studien zur Theorie der modernen Gesellschaft, Frankfurt/M. 2003, S. 31.

23 Thomas F. Gieryn: Boundary-work and the Demarcation of Science from Non-science: Strains and Interests in Professional Ideologies of Scientists, in: American Sociological Review 48 (6) (1983), S. 781–795; ders.: Cultural Boundaries of Science, Chicago 1999.

24 Vgl. Alma Demszky/Armin Nassehi: The Role of Knowledge in Scientific Policy Advice. Doing Knowlegde, in: World Yearbook of Education, London 2014, S. 113–127.

25 Wissenschaftsrat: Wissens- und Technologietransfer als Gegenstand institutioneller Strategien. Positionspapier (Drs. 5665–16, Oktober 2016), S. 5. URL: https://www.wissenschaftsrat.de/download/archiv/5665-16.pdf?__blob=publicationFile&v=2.

26 Vgl. Sheila Jasanoff: The Fifth Branch. Science Advisors as Policymakers, Cambridge 2009.

27 Vgl. Peter Weingart: Wissensgesellschaft und wissenschaftliche Politikberatung, in: Svenja Falk et al. (Hg.), Handbuch Politikberatung, Wiesbaden 2019, S. 67–78; Peter Weingart/Justus Lentsch: Wissen – Beraten – Entscheiden. Form und Funktion wissenschaftlicher Politikberatung in Deutschland, Weilerswist 2008.

28 Vgl. nur die Initiative www.wissenschaftskommunikation.de.

29 Vgl. dazu Nico Stehr: Arbeit, Eigentum und Wissen. Zur Theorie von Wissensgesellschaften, Frankfurt/M. 1994; Nico Stehr/Marian Adolf: Ist Wissen Macht? Erkenntnisse über Wissen, Weilerswist 2015; Hans Dieter Kübler: Mythos Wissensgesellschaft: Gesellschaftlicher Wandel zwischen Information, Medien und Wissen. Eine Einführung, 2. Aufl., Wiesbaden 2008.

30 Max Weber: Wissenschaft als Beruf, in: ders.: Wissenschaft als Beruf/Politik als Beruf. Studienausgabe der MW Gesamtausgabe, Band I/17, Tübingen 1994, S. 9.

31 Vgl. Uwe Schimank/Ute Volkmann (Hg.): Soziologische Gegenwartsdiagnosen I. Eine Bestandsaufnahme, 2. Aufl., Wiesbaden 2007.

Register

Das folgende Register ist kein allgemeines Stichwortregister. Es besteht vielmehr aus denselben Begriffen, die auch die Lemmata begründen. Während innerhalb der Lemmata stets Querverweise zu den anderen Begriffen vorkommen, ist es von diesem Register aus möglich, Hinweise auf die Begriffe in anderen Lemmata aufzufinden.